LES SKOPTZI

ou

MUTILÉS RUSSES

LES COLOMBES BLANCHES & LES NIHILISTES

PAR PIERRE ZACCONE

Arrestation des mutilés russes

ARTHÈME FAYARD, ÉDITEUR

78, BOULEVARD SAINT-MICHEL, 78

LES SKOPTZI

ou

MUTILÉS RUSSES

LES COLOMBES BLANCHES ET LES NIHILISTES

I

Tambov.

L'histoire de la Russie compte un grand nombre de conspirations de palais et de complots militaires, mais peu de sociétés secrètes, de sociétés organisées pour une propagation vaste et rapide et l'exercice d'un pouvoir occulte.

Les masses populaires en Russie ont toujours été accessibles aux sectaires religieux, mais la politique n'a commencé à pénétrer chez elles que depuis quelques années.

Aussi la société dont nous allons raconter l'histoire et dont l'origine remonte à la fin du siècle dernier, au règne de Pierre III, fut d'abord simplement religieuse et ce n'est que depuis quelques années qu'elle s'est transformée en associations politiques sous les noms de *Colombes blanches* et de *Nihilistes*.

Sous ces nouvelles dénominations la secte de Skoptzi se répand aujourd'hui, non seulement en Russie, mais en Allemagne et en Suisse. Et la France, sans doute ne lui échappera pas plus qu'au choléra et à la peste bovine.

Cette secte qui jusqu'en 1868 était restée comme une maladie honteuse, dont la révé-lation étonna le monde par ses monstruosi-tés, se montre aujourd'hui en plein soleil.

La première association de Skoptzi fut découverte à Tambov, chef-lieu du gouver-nement de ce nom. Cette ville de vingt-cinq mille habitants environ est situé sur la Tazna affluent de la Moskova, à 508 kil. Sud-Est de Moscou. Elle est le centre d'un commerce agricole considérable. Rien de plus paisible et, en apparence, de moins mystérieux que cette petite capitale de pro-vince dont les habitants se connaissent entre eux et se regardent vivre. La moindre singularité y prend des proportions énor-mes aux yeux des oisifs, et l'incident le plus vulgaire, comme dans toutes les petites villes, y donne lieu à des cancans et prête à des commentaires interminables.

Aussi le gouverneur de Tambov n'appor-tait-il que peu d'attention aux commérages de ses administrés et jetait dédaigneuse-ment au panier bon nombre de lettres où d'obligeants anonymes lui révélaient des crimes invraisemblables.

Vers la fin de 1868 quelques-uns de ces correspondants inconnus lui signalèrent à plusieurs reprises les progrès d'une secte de Skoptzi; il n'y prit pas garde. Les per-sonnes qui lui étaient dénoncées apparte-naient au haut commerce et à la riche bourgeoisie. Il ne pouvait se résoudre à croire que des négociants honorables qu'il connaissait personnellement, tels que Maxime Plotizine, par exemple, dont le nom revenait souvent sous la plume des délateurs, étaient des scélérats ou des monstres.

Mais un jour le chef de la police se rendit au palais et lui communiqua une lettre qui ébranla sa confiance.

Elle était adressée au chef de la police et signée Maxime Koutzinine Plotizine.

La voici :

Monsieur le Directeur,

« Permettez-moi de recommander à votre humanité trois infortunées actuellement détenues dans la prison de Tambov : Alexandra Bataroff Leda et Elisabetha Berezow, à mes yeux sont innocentes. Je prends à leur sort le plus vif et le plus profond intérêt, car pour dix mille roubles (40,000 francs environ) je les voudrais savoir en liberté.

« Gardez-moi, je vous prie, le secret d'une démarche inspirée par l'amitié la plus pure et la plus désintéressée et veuillez croire à ma reconnaissance éternelle pour tout ce que vous voudrez bien faire en faveur de ces trois infortunées. »

— Dix milles roubles !... Pour la liberté de trois femmes du peuple, qui ne sont ni ses parentes, ni ses alliées... Cela ne vous paraît-il pas étrange, monsieur le gouverneur.

— En effet, monsieur, répliqua celui-ci. Et d'autant plus que Plotizine est un vieillard respectable et d'une chasteté bien connue. Que penseraient de cette offre de dix mille roubles ceux qui le traitent de vieux Skoptz ?

— Mais, monsieur le gouverneur, de ces trois femmes, il n'y en a qu'une de jolie !.. J'ai oublié un moment l'audace criminelle de la tentative de corruption dirigée contre moi, pour ne chercher que la raison de cette tentative.

« Quel intérêt « si vif et si profond » peut-il avoir à la liberté de ces misérables.

« Il y a là-dessous quelque mystère.

— C'est à vous, monsieur, de faire une enquête et de nous apprendre enfin ce que nous devons croire des bruits étranges qui, depuis plusieurs années, circulent sur le compte de Plotizine et quelques autres.

— N'avez-vous jamais entendu parler des Skoptzi ?

— Si, monsieur le gouverneur. Ce sont des individus des deux sexes qui, dit-on, font vœu de virginité et se privent eux-mêmes par une opération chirurgicale des organes essentiels à la génération. On en cite plusieurs, que vous connaissez comme moi et ce Plotizine passe pour être leur chef. J'avoue que cela m'a parfois paru si drôle que je me suis refusé à le croire. Je n'ignore pas la loi : ce crime a été prévu et condamné par elle, donc il est possible. Des femmes, pour se venger d'un mari ou d'un amant infidèle ont commis ce crime de mutilation. Mais quoi ? une société des mutilés volontaires ?

Puis, prévenir de telles actions, ou en obtenir les preuves, me semble assez difficile.

— Une occasion s'offre à vous aujourd'hui, monsieur. Faites arrêter Plotizime comme prévenu de tentative de corruption envers un fonctionnaire de l'Empire et vous serez à même de vous éclairer sur ce point.

— C'est, monsieur le gouverneur, ce que j'avais l'intention de vous demander.

Le gouverneur signa immédiatement un ordre d'arrestation et le chef de la police se retira pour le mettre à exécution lui-même.

Ceux qui connaissent la Russie admireront comme nous le désintéressement de ce chef de la police. Un fonctionnaire incorruptible n'est pas le personnage le moins étonnant de cette histoire extraordinaire.

II

Maxime Plotizine et sa sœur Titiane.

Maxime Plotizine habitait aux environs de Tambov, la petite ville de Morchausk sur la Tazna. Il en était le plus riche négociant. Ses nombreux bateaux chargés de bétail et de grains descendaient jusqu'à Moscou. Il possédait d'immenses domaines tout un peuple de bateliers et d'artisans qui tenaient de lui le travail et le pain de chaque jour. Honnête, charitable, pieux, il jouissait de l'estime général.

Sa maison qui dominait le cours de la rivière s'élevait au sommet d'un coteau au bas duquel étaient ses magasins et ses chantiers de batellerie.

Au dehors, c'était l'habitation du riche bourgeois, au dedans c'était par son luxe artistique et sérieux le séjour d'un grand seigneur. Glaces de France, tapis d'Asie, mosaïques byzantines, objets d'art de tous pays y encadraient l'existence la plus simple et la plus paisible.

A voir Plotizine, grand vieillard de soixante dix ans, avec sa longue barbe blanche, sa robe orientale et son bonnet d'astrakan, on songeait aux patriarches de la Bible. Sa sœur Titiane, moins âgée que lui de quelques années portait aussi noblement sa verte vieillesse.

Tous deux étaient restés célibataires.

Titiane cependent avait été très-belle et les plus brillants partis s'étaient offerts à elle, mais sous différents prétextes elle les avait écartés.

Diverses légendes se racontaient à ce sujet.

On disait qu'elle avait, toute jeune, éprouvé une passion profonde pour un jeune officier mort au Caucase et qu'elle n'avait pu se consoler. — On disait aussi qu'elle avait fait un vœu pendant une grave maladie de son frère.

L'immense fortune de Maxime et de Titiane n'avait d'autres héritiers que des parents éloignés; et encore ces parents depuis très-longtemps ne se montraient plus à Morchausk et certains prétendaient que Plotizine avait fait un testament en faveur des hospices de Tambov et de ses serviteurs les plus dévoués.

Chose étrange et qui prêtait à la malignité de quelques méchantes langues, — il y en a partout — les employés de la maison Plotizine étaient tous célibataires; les servantes restaient vieilles filles et étaient des dragons de vertu.

Enfin maître serviteurs et commis avaient tous un cachet particulier. Maxime excepté, tous étaient imberbes, tous avaient dans leur physionomie et leurs manières je ne sais quelle aménité mignarde et pouponne, et ce qui était plus étrange au milieu d'une population de pêcheurs et de bateliers, de gens de rivière habitués à un langage sonore, à des cris gutturaux, ils avaient des voix de jeunes filles.

D'après ce que nous venons de dire, on comprendra que le chef de la police de Tambov hésitât à faire irruption avec ses agents dans cette petite colonie.

L'arrestation de Plotizine allait produire dans le pays une émotion profonde; aussi M. Borizoff, — c'était le nom du directeur, — eut-il la précaution de se faire accompagner d'un piquet de cavalerie.

Laissant, son escorte à quelques pas de l'habitation il se présenta chez Maxime Plotizine, accompagné de son secrétaire, d'un agent et d'une personne étrangère à son administration.

Ces messieurs, dont l'arrivée à Morchausk avait produit une vive émotion mêlée d'inquiétude furent introduits dans un salon tendu d'étoffes de Perse et meublé à l'orientale de divans et de coussins de drap rouge brodé d'or, d'argent et d'acier et garnis de soie blanche.

Un riche tapis couvrait le parquet.

Le maître de la maison ne tarda pas à paraître.

Bien qu'il dut être surpris de voir M. Barizoff accompagné, cependant aucun trouble n'altérait la sérénité souriante de son visage.

Il invita ses visiteurs à s'asseoir et s'adressant particulièrement au directeur de la police lui demanda à quoi il devait l'honneur de sa visite.

« — Maxime Plotizine, dit ce dernier, je vous apporte la réponse à la lettre que vous m'avez adressée : — c'est un ordre d'arrestation signé de M. le gouverneur.

Le vieillard s'inclina et répliqua avec calme :

— En quoi ma lettre a-t-elle pu provoquer une mesure semblable?

— M. le gouverneur y a vu, ainsi que moi une tentative de corruption dans l'offre faite par vous d'une somme de 10,000 roubles pour la liberté de trois femmes détenues à la prison de Tambov.

— C'est une erreur; je n'ai rien offert. Je me rappelle vous avoir écrit : je prends au sort de ces infortunées le plus vif et le plus profond intérêt, car pour dix mille roubles je les voudrais savoir en liberté. J'ai dit cela comme j'aurais dit pour une fortune, ou pour une année de mon existence. C'est une manière exagérée peut-être, mais généralement employée, d'exprimer avec force ce que l'on désire.

— C'est une offre indirecte, insista le directeur. M. le gouverneur en a jugé ainsi. Il vous interrogera et s'il persiste dans son opinion vous renverra devant la justice qui prononcera en dernier ressort.

Le vieillard s'inclina de nouveau :

— Très-bien, monsieur le directeur, dit-il, je suis prêt à vous suivre à Tambov.

— Ma mission ne doit pas se borner là, Maxime Plotizine. Avant de partir, je dois faire ici perquisition, saisir vos papiers, vos livres de commerce et tout ce que je rencontrerai de suspect.

Plotizine garda le silence.

— Veuillez nous guider dans votre appartement et commençons, s'il vous plaît, par votre cabinet de travail.

— Je suis à vos ordres, M. le directeur, veuillez me suivre.

Nous n'entrerons point dans tous les détails de cette longue et minutieuse perquisition, nous nous bornerons à en citer les résultats les plus intéressants.

N'ayant point le temps de dépouiller la volumineuse correspondance qui comprenait des lettres de toutes provinces de l'Empire et dont les liasses étiquetées avec soin portaient des dates déjà reculées, Barizoff se contenta de la saisir.

Cependant tout en classant ces lettres, le directeur de la police s'étonnait que Plotizine eut des correspondants dans presque tous les chef-lieux de l'Empire. En parcourant rapidement les plus récentes il remarqua que l'on y donnait au négociant de Morchausk les titres de vénérable frère ou de vénérable patriarche.

Certains cachets attirèrent aussi son attention par leur bizarrerie.

L'un dont l'empreinte de cire portait le mot latin *nihil*, rien; un autre un scalpel. Il classa ces dernières à part.

Les livres de commerce confirmèrent ses soupçons en lui prouvant que les relations de Plotizine comme négociant se bornaient aux villes riveraines de la Tazna et à la ville de Moscou.

Interrogé sur ce que contenait un petit carnet dont les pages étaient couvertes de caractères hébraïques, Plotizine répondit qu'il avait été oublié chez lui par un voyageur et qu'il n'en avait pas pris connaissance.

Du cabinet de travail l'on passa dans différentes pièces de l'appartement où rien d'intéressant ne fut trouvé.

Mais la chambre à coucher réservait à Barizoff de nouvelles surprises.

Là, selon une coutume ancienne, se trouvait un coffre-fort.

C'était un coffre énorme garni de fer et fermé par huit serrures. Lorsque le négociant eut ouvert ce meuble antique ce fut un éblouissement. Le spectacle qui s'offrait aux visiteurs était tellement beau qu'il leur arracha un cri d'admiration.

Le coffre était à demi rempli de pièces d'or étincelantes, toutes mises en piles d'égale hauteur et symétriquement rangées.

— Combien de roubles avez-vous là? demanda Barizoff.

— Un million...

Borizoff plongea sa canne dans la caisse pour en mesurer la profondeur, puis la reporta au dehors pour s'assurer si la capacité du coffre correspondait à ses dimensions.

— Il y a un double fonds, dit-il.

Plotizine parut contrarié par cette observation, il hésitait à répondre.

— Oui, monsieur, dit-il enfin.

— Ouvrez-le.

Le vieillard se pencha, sa main se promena un instant sur les sculptures qui décoraient le soubassement inférieur du bahut, puis appuya fortement le doigt sur une fleur de la guirlande qui serpentait le long du meuble.

Un tiroir admirablement dissimulé s'ouvrit aussitôt.

Borizoff se jeta à terre pour en examiner le contenu.

Il en retira successivement un petit livre de caisse; puis un couteau à manche d'ivoire dont la lame, était enfermée dans une gaîne de velours rouge; des ciseaux de dimension et de forme inusitées; des instruments de chirurgie, dont il ne pouvait s'expliquer l'emploi; un livre de chirurgie avec planches coloriées, traitant spécialement de castration et d'ovariotomie, enfin divers produits pharmaceutiques.

— Que faites-vous de ces objets? demanda le chef de la police.

— Rien, répondit Plotizine.

— Pourquoi les avez-vous?

— A titre d'objets de curiosité.

— Un traité est un livre d'étude et non un objet de curiosité.

— Je fais le commerce de bestiaux et de chevaux, et j'ai dû apprendre à opérer la castration sur les animaux. Naturellement j'ai cru utile de faire des études comparées entre l'anatomie de l'homme et celle des animaux. C'était pour moi à la fois curieux et nécessaire.

— Si je vous entends, vous avez fait des expériences chirurgicales sur des hommes?

— Non, répondit Plotizine d'un air d'indifférence, les planches coloriées de cet ouvrage suffisaient à me renseigner.

— On en a parlé dans le pays cependant.

— Que ne dit-on pas! fit le vieillard en haussant les épaules avec dédain.

— Et ces fioles? Ces boîtes d'onguent? m'en expliquerez-vous l'usage?

— Certainement; c'est ma pharmacie de vétérinaire.

Borizoff referma le tiroir secret.

— Continuons, dit-il, sauf à revenir sur nos pas; à cette chambre attiennent d'autres pièces plus petites?

— Il y a un cabinet de toilette.

— Et puis?

— Vient ensuite l'appartement de ma sœur.

— Vous oubliez quelque chose?

— Mais non.

— Une pièce commune à vous et à votre sœur.

— Je ne sais ce que vous voulez dire.

— Votre oratoire.

Plotizine fit un mouvement de surprise.

— Avant de venir, repartit le chef de la police, je me suis fait donner le plan de la maison et je l'ai étudié.

Il tira de sa poche un papier qu'il déplia et examina un instant, puis passant derrière le large divan couvert de fourrures qui servait de coucher, il indiqua la muraille en disant :

— C'est ici.

Il frappa le mur de sa canne et prêta l'oreille :

— Il y a une porte dérobée et l'appartement, à ce qu'il paraît, ressemble au coffre-fort. Voyons, Maxime Plotizine, ne me laissez pas chercher le secret de cette porte, je n'ai pas de temps à perdre.

— Ne respectez-vous rien, répliqua le vieillard, même la retraite sacrée de la prière.

— Ouvrez, vous dis-je, ou je fais enfoncer la porte à coups de hache par un de vos domestiques.

Plotizine eut un sourire amer.

— Parmi mes domestiques, répondit-il, vous n'en trouverez pas un seul qui consentit à vous obéir.

— Eh bien, j'ai ici près des soldats que je vais appeler.

— Je vous épargnerai cette violence impie, M. Borizoff, dit le veillard, je vais ouvrir ; mais je rougis pour vous de semblables excès.

Le directeur le regarda fixement :

— N'auriez-vous pas plutôt à rougir de quelque honteux mystère? demanda-t-il.

A cette accusation une vive rougeur colora le front dénudé de Plotizine; ses yeux jusqu'alors calmes et doux eurent un éclair d'indignation. Il se redressa de toute sa hauteur et toisant le fonctionnaire :

— Soixante-dix ans de vertu, dit-il, me mettent au-dessus de vos soupçons, Michel Borizoff. Mais la vertu pour l'impie reste un mystère. Profanez donc la retraite de ma piété, la honte en sera pour vous.

Il s'avança ensuite vers la cloison, y pressa un ressort et un large panneau en se retirant découvrit une chapelle.

Une lampe suspendue à un plafond élevé l'éclairait d'une lumière douteuse.

Tout d'abord Borizoff et les siens en distinguèrent à peine l'intérieur. Lorsque leurs yeux se furent habitués à cette obscurité, ils aperçurent un autel dans le fond et au pied de cet autel une femme en prière.

Au bruit de leurs pas, cette femme se leva et se tourna vers eux.

Qui êtes-vous? fit Borizoff surpris à cette apparition.

La femme resta silencieuse et du regard interrogea Plotizine pour savoir si elle devait répondre.

« C'est ma sœur Titiane, dit le vieillard.

— Allumez quelques flambeaux, Maxime Plotizine, ordonna le chef de la police, nous ne sommes pas habitués à cette obscurité. »

Le vieillard tira une chaînette qui correspondait à la lampe et une clarté plus vive se répandit aussitôt sur les marbres des parois, sur les cuivres et les dorures de l'autel; et sur plusieurs tableaux de piété.

Au premier coup d'œil cet oratoire n'avait rien que d'édifiant.

Mais un examen attentif des objets qu'il

renfermait devait frapper un esprit déjà prévenu par les singulières trouvailles dont nous avons parlé.

Le regard du chef de police ne s'arrêta pas longtemps aux candelabres de porphyre de l'autel, ni à ses splendides orfévreries de Toula. Il quitta ces objets éblouissants pour les iconostases domestiques, et parmi ces images de saints patrons, si chères à la dévotion russe, il en remarqua deux dont il épela les noms écrits en caractères grecs : *Origène* et *Léonce d'Antioche.*

Qui n'a entendu parler de ces fanatiques de chasteté ?

Au-dessous de leurs images était une sorte de lit bas et étroit, couvert de cuir verni. Au pied de ce lit un bassin de marbre et des éponges.

M. Barizoff demeura plusieurs minutes perdu en conjectures.

Enfin appelant à lui le seul de ses compagnons qui ne portait point l'uniforme :

« Docteur, lui demanda-t-il à voix basse que pensez-vous de cela?.. Ce lit, ce bassin ces éponges dans un oratoire et au-dessous de l'image d'Origène?

— Ce que vous en pensez vous-même, Borizoff, car votre question me permet de deviner l'opinion que vous vous êtes formée. Ce lieu est le temple d'un culte nouveau; ce lit, le siège de la grande épreuve de ses adeptes. Ce bassin reçoit le sang des nouveaux convertis. Voilà ce que je pense, Michel Borizoff.

Le chef de police hocha la tête en signe d'assentiment; puis, s'adressant à Plotizine :

— A quoi servent ce lit et ce bassin? lui demanda-t-il.

— Le lit au repos; le bassin aux ablutions, répondit le vieillard.

— Vient-on ici pour faire la sieste? répartit ironiquement Borizoff.

— L'âme a sa sieste comme le corps, dit Plotizine. Après s'être longtemps nourrie de la parole de Dieu, l'âme a besoin de méditations laborieuses, sous l'ardeur et le poids desquelles fléchissent les forces du corps. Les élans de la foi, les ardeurs prolongées de la prière, le délire sacré de l'extase, nous laissent parfois dans un profond accablement. Nos genoux refusent de nous porter et la dalle, à mon âge surtout, est trop froide pour soutenir un corps chancelant. Ce lit est donc nécessaire. Si votre piété, monsieur le directeur de police, ne vous entraîna jamais à l'épuisement physique dont je parle, comment pourriez-vous en juger?

— Très-bien; fit Borizoff, vous êtes un dévôt, Maxime Plotizine, mais un dévôt d'un nouveau genre.

— Et que font dans cet oratoire, ou ce temple, ces images d'Origène et de Léonce d'Antioche? Je ne crois pas que l'Eglise ait mis jamais ces fanatiques aux nombre des saints?

— Origène n'a pas été admis au nombre des saints; mais c'est un des plus illustres docteurs de l'Eglise grecque du premier siècle. Pour n'être pas canonisé il n'en est pas moins digne de notre vénération.

— Ce qui rendit Origène célèbre ce fut précisément l'acte par lequel l'Eglise le condamna. S'il vivait de nos jours il serait poursuivi et condamné par nos tribunaux comme Skoptz.

— N'avez-vous jamais entendu parler des Skoptzi, Maxime Plotizine? ajouta le chef de police en fixant sur le vieillard un regard à la fois ironique et scrutateur.

— Non, répondit ce dernier, avec son flegme habituel.

— Cependant, voyez quelle coïncidence extraordinaire. L'opinion publique à Tambov est que vous êtes un de ces sectaires et nous découvrons chez vous tout ce qui peut confirmer ce soupçon.

Puis, se tournant vers la sœur de Plotizine qui jusque-là avait assisté impassible et muette à cette scène d'investigation judiciaire :

« Et vous Titiane Koutzinine, reprit Borizoff, n'avez-vous jamais entendu parler d'une association de personnes qui imitent votre docteur Origène?

— Oubliez-vous que vous parlez à une femme? fit Plotizine.

— Je ne sais pas ce que voulez dire, répondit Titiane.

— D'autres que moi vous poseront à ce sujet des questions plus claires auxquelles vous serez obligée de répondre.

— Pour le moment ma mission se borne à dresser procès verbal de ma perquisition, à mettre les scellés sur la porte de cet oratoire, de la chambre à coucher et du cabinet de travail, et enfin à vous emmener à Tambov.

— Comment! se récria Plotizine, que vous m'arrêtiez, je le comprends à la rigueur , puisque vous m'avez accusé d'avoir tenté de vous corrompre, mais elle, pourquoi l'arrêteriez-vous et de quoi est-elle prévenue?

— Vous êtes prévenu, monsieur Ploti-zine, de tentative de corruption et de mutilation criminelle et volontaire exercée sur vous-même et sur votre sœur.

— Votre sœur est prévenue de s'être rendue coupable du même crime de complicité avec vous.

— Je le nie! s'écria énergiquement le vieillard.

— Vous le niez? fit Borizoff. J'avais prévu le cas où vous m'opposeriez à des découvertes compromettantes de simples dénégations et dans cette prévision, j'emmenai avec moi M. le docteur Pietrowski. Dans le cas dont il s'agit la preuve est facile à faire. Si l'opinion publique se trompe; si les objets trouvés dans le tiroir secret sont des objets d'art vétérinaire ou de simple curiosité; si ce lit, ce bassin, ces images, ces emblèmes suspects n'ont ni l'emploi ni la signification que je leur suppose, — Maxime Plotizine vous pouvez le prouver dès à présent. Retirez-vous un instant dans votre cabinet de toilette avec le docteur et sur son attestation je renoncerai à l'accusation de mutilation criminelle et je laisserai votre sœur en liberté.

— Y consentez-vous.

— Non, répondit Plotizine avec énergie.

Je proteste avec indignation contre un acte inquisitorial, un abus de pouvoir monstrueux, un véritable attentat à la pudeur. Je vous déclare qu'en allant à Tambov j'y porterai plainte à M. le gouverneur contre les indignes conditions que vous faites à la liberté d'une femme jusqu'ici honorée des respects de tous.

— D'accusé je deviens accusateur.

— J'approuve mon frère, ajouta Titiane, et j'appuie sa protestation.

— Très-bien, répliqua le chef de la police. Je maintiens mes conclusions. Maxime Plotizine et vous Titiane Kout-zinine, suivez-moi.

— Je ne vous suivrai pas, répondit Titiane.

— Alors à votre rebellion je répondrai par la force. J'ai près d'ici des agents et un piquet de cavalerie.

— Résignons-nous, dit Maxime.

III

L'Instruction.

Titiane suivit son frère et le directeur de la police.

Ce dernier dicta à son secrétaire un procès verbal de sa perquisition où il dressa un inventaire exact des objets qui lui avaient paru suspects.

Il fit signer ce document par le docteur et l'agent.

Invités à certifier par écrit de l'exactitude de ce procès-verbal les deux prévenus refusèrent.

M. Borizoff, malgré cette attitude hostile voulut encore user de ménagement envers ces deux vieillards.

— Nous partons pour Tambov, leur dit-il, avez-vous des ordres à donner à vos gens?

— Je désire prévenir de mon départ mon intendant Iwan Kouszterew, répondit Plotizine.

M. Borizoff envoya chercher Iwan.

Celui-ci ne tarda point à paraître.

C'était un paysan d'une quarantaine d'années qui en paraissait trente à peine. Il avait cette mine de chanoine dont jouissaient tous les serviteurs de la maison. Ses fonctions d'intendant l'autorisaient à porter un costume bourgeois, un paletot de veau marin garni de fourrure et des bottes fines.

Son maître lui fit part en peu de mots

du malheur qui l'éloignait de Morchausk et lui donna des ordres.

Pendant ce temps M. Borizoff avait mandé diverses personnes qu'il avait constituées gardiennes des scellés.

Après avoir pris cette dernière mesure :

— Maxime Plotizine, dit-il, désirez-vous vous rendre à Tambov en voiture ou à pied?

— Nous irons à pied, répondit le vieillard.

La distance de Morchausk à la ville n'est que de trois ou quatre verstes, une lieue environ.

Plotizine et sa sœur quittèrent enfin leur maison.

Ils sortirent le front haut, l'air calme et souriant, adressant de la main quelques signes d'adieu à leurs nombreux ouvriers employés et domestiques.

Tout ce monde que l'inquiétude avait attiré se tenait rangé sur leur passage.

Tous donnaient les marques de l'affliction la plus vive et la plus sincère et plusieurs se jetèrent à genoux au-devant des vieillards pour leur demander leur bénédiction.

Les deux prisonniers furent placés entre six cavaliers. On les laissa marcher sans liens, par égard pour leur âge.

De tous côtés, paysans et mariniers accouraient pour les voir. A Tambov il se forma bientôt derrière eux une foule considérable, mais plus curieuse qu'hostile.

Ce n'étaient pas des prisonniers vulgaires que le gardien des agents chasse vers le dépôt qui les attend. On se demandait de quel crime ils étaient accusés. Personne ne s'en doutait.

Dans l'établissement infect qui sert de maison de détention, le geolier surpris et alléché sans doute par un vague espoir de récompense, s'efforça de préparer au riche négociant et à sa sœur une chambre d'une propreté au moins intentionnelle, sinon

effective. Il se priva même en leur faveur de deux escabeaux qui faisaient partie de son mobilier.

Mais à peine entré, Plotizine lui adressa une demande exhorbitante et peut-être sans précédente.

Il désirait du papier une plume et de l'encre afin d'écrire au Gouvernement.

Il possédait bien une plume qui, depuis plusieurs années n'avait pas été taillée et dont les barbes lui servaient quelquefois à graisser d'huile ses plus vieilles serrures, mais en fait de papier, il n'avait chez lui que les feuilles paginées de son registre d'écrou.

Enfin il se demanda s'il ne hasardait point de perdre sa place en accordant au détenu ce qu'il lui demandait.

Il répondit qu'il allait en référer au directeur de la police et une heure plus tard revint avec un refus.

Le même jour M. Borizoff eut avec le gouverneur un long entretien.

Ce que ce dernier avait pris pour une bouffonnerie ou une mystification lui était présenté comme une monstrueuse réalité et l'instruction de l'affaire fut conduite avec une rapidité extraordinaire.

La justice se transporta à Morchausk; les scellés furent levés, la correspondance la caisse, les objets suspects furent saisis et transportés à Tambov.

Le dépouillement de la correspondance révéla des faits inouïs qui intéressaient à la fois la morale publique et l'économie politique de l'Empire.

Nous les résumerons d'abord en nous réservant de leur donner plus loin le développement explicatif nécessaire.

Maxime Plotizine était le chef ou patriarche d'une secte religieuse et politique, de tout un peuple de frères occultes.

Cette secte s'est donnée pour mission LA DESTRUCTION DE LA RACE HUMAINE.

Elle a pour dogme principal que l'homme est mauvais et ennemi de Dieu, qu'il faut le détruire afin que Dieu, qui est juste et bon, reste seul.

Ce dogme admis, les sectaires cherchent le moyen de l'appliquer sans scandale et sans bruit. Les Thugs de l'Inde, imbus de la même doctrine en cherchaient l'application dans l'assassinat. Les Skoptszi, ou mutilés, comme leur nom l'indique, ont adopté un moyen en apparence moins violent et en réalité aussi sûr.

Ils partent, courent les marchés, les fêtes publiques et y cherchent des adeptes.

Les adhérents à la nouvelle religion commencent par l'abandon d'une partie de leurs biens entre les mains du chef de la communauté, puis ils font vœu de virginité perpétuelle.

Mais ce n'est pas assez; un vœu n'est pas suffisant au patriarche, et celui-ci ou un fidèle délégué par lui pratique sur le nouveau converti ce que quelques moines fanatiques pratiquèrent sur eux-mêmes pour déjouer les tentations du démon de la chair.

Hommes et femmes, personne n'est épargné.

Les femmes se prêtent calmes et déterminées au couteau de l'exécuteur qui leur coupe le bout des mamelles afin qu'elles ne puissent être nourrices et qui, ensuite, par une opération des plus délicates détruit jusque dans leur sein les germes de toute fécondité.

Ces chirurgiens spécialistes, sont à ce qu'il paraît d'une habileté extrême. Néanmoins, il est permis de croire que bon nombre de malheureuses sont estropiées de leur fait et meurent de leurs blessures.

Maintenant quels avantages matériels les Skoptzi retirent-ils de leur association.

Les voici :

Par l'apport social que chaque membre fait en entrant dans la communauté, et par les legs très nombreux de membres qui, sans héritiers, laissent leurs biens en totalité à la caisse commune, la secte des Skoptzi est devenue immensement riche.

Les papiers saisis chez Plotizine révélaient plus de 20,000 sectaires appartenant à toutes les classes sociales, mais surtout à celles des banquiers et des commerçants.

Cette caisse est destinée à venir au secours des membres malheureux et à aider de son crédit les plus intelligents.

La société forme une grande famille, où la fraternité n'est pas un vain mot.

Tel individu qui en dehors d'elle se trouve sans appui et sans ressources, obtient en en faisant partie, des protecteurs et du crédit, dans n'importe quelle province de l'empire et même à l'étranger.

Il est effrayant de penser aux résultats d'une société semblable :

Dépopulation, — extinction des sentiments naturels les plus généreux, — dégradation de l'espèce humaine, — accaparement de toutes les ressources sociales, — perturbation de lois économiques, etc.

Et que l'on ne pense pas que nous exagérons la funeste importance de cette secte.

Le gouvernement russe en est sérieusement alarmé.

Il a sévi à plusieurs reprises et au procès, de Tambov ont succédé d'autres procès. Mais la terreur des peines les plus sévères ne suffit pas à extirper le mal.

La société semble au contraire prendre une plus grande extension et nous en jugeons surtout à ce signe que depuis 1868 elle s'est divisée en plusieurs sectes : *Les Colombes blanches* et les *Nihilistes*.

Ces deux branches nouvelles, ont entre elles de sensibles différences.

Le dogme de la castration volontaire pour les deux sexes leur est commun ; mais chez les Colombes blanches, on trouve un esprit de tolérance religieuse, qui n'existe pas assez chez les premiers Skoptzi ; et les Nihilistes se sont alliés aux néo-socialistes européens et, tout en renonçant à faire des enfants prétendent reformer le monde.

Le premier point de leur doctrine est qu'il faut avant toute organisation nouvelle faire *table rase* du monde actuel.

Détruire ; ne rien laisser ni des religions, ni des philosophies, ni des systèmes politiques, ni des institutions qui concourent actuellement à l'existence des nations.

Nihil, Rien : telle est leur devise.

Ils étonneraient Attila.

Il va sans dire qu'ils ont renoncé aux antiques superstitions des premiers patriarches. Ils ne demandent de sanction ni à la Bible ni aux évangiles. Leur doctrines se répand non-seulement en Russie, mais en Allemagne et en Suisse, et comme nous le disions plus haut, la France ne sera pas épargnée par ce nouveau phylloxera.

Les Colombes blanches sont également très-répandues, mais elles sont d'humeur plus pacifique. Le correspondant d'un journal parisien écrivait dernièrement de la capitale de la Moldavie : « Ce n'est pas seulement par des volontaires que l'élément russe est représenté ici. Il y a aussi les cochers des voitures de place les *Mendiles*. Figurez-vous de grands gaillards imberbes, à la figure grassouillette, aux joues roses, vêtus d'une longue houppelande bleu foncé serrée à la taille par une écharpe multicolore ; pour coiffure, la calotte à fond plat bordée d'un ruban de fourrure. Ceux qui habitent Jassy appartiennent à la secte des *Colombes blanches*.

« Ils sont doux, intègres, dévoués, et s'entendent à merveille à leur métier d'automédons.

« A la suite de persécutions en Russie, ces gens sont venus chercher un refuge en Roumanie, et le Roumain, naturellement tolérant et hospitalier, les a parfaitement accueillis.

« Aussi, malgré leur négation du précepte de l'Écriture : « Croissez et multipliez, » leur nombre augmente chaque année dans de notables proportions par l'arrivée de nouveaux contingents d'adeptes. Mais cette invasion russe d'espèce si singulière est peu dangereuse pour le caractère national de la principauté. Les Colombes blanches ne font pas de propagande politique et ne passent pas leur temps à répandre la nouvelle carte politique, à l'usage des panslavistes.

Journal Le Soleil, 9 novembre 1876.

Ainsi depuis le procès de Tambov en 1868, que nous rapporterons plus loin, « la secte chaque année dans de notables proportions » et en effet plusieurs autres procès ont eu lieu depuis celui de Maxime Plotizine.

Mais avant de rendre compte des antécédents du patriarche de Marchausk et de son procès nous devons nous arrêter un moment encore à l'historique de cette affaire et expliquer les origines de cette secte étrange.

Autrement le lecteur ne pourrait voir dans les Skoptzi que des fous ou des excentriques.

IV

Origines des Skoptzi.

Rien de nouveau sous le soleil.

La société secrète dont il s'agit date en Russie de la fin du siècle dernier, du règne de Pierre III et d'Elisabeth ; mais déjà à cette époque elle était pas une nouveauté. Nous retrouvons en effet des sectes analogues dans l'antiquité et au moyen-âge, et avant d'être pratiquée par une secte religieuse, la castration avait été dans les lois pénales de plusieurs pays et exercée par la justice populaire.

Ainsi dès la plus haute antiquité, en Egypte, elle était infligée aux individus coupables d'adultère ou de viol. A Rome, sous la République elle servait de châtiment aux mêmes crimes et pendant longtemps au moyen âge il en fut de même chez les Espagnols et les Polonais.

Dans l'antiquité pour être prêtre de Cybèle, ou Galle, il fallait se faire ennuque de ses propres mains. Lucien le rapporte ainsi : « A la fête de la déesse, dit l'écrivain grec, se rendent un grand nombre de gens tant de la Syrie que des pays voisins. Au jour convenu cette foule accours au temple; une multitude de galles s'y trouvent et y célèbrent les mystères. Ils se tailladent les coudes et se donnent réciproquement des coups de fouet sur le dos. La troupe qui les entoure joue de la flûte et du tympanon; d'autres saisi d'une sorte d'enthousiasme improvisent des chants sacrés.

« C'est en ce jour que l'on créée des Galles.

« Le son des flûtes inspire à quelques assistants une sorte de fureur.

« Alors le jeune homme qui doit être initié quitte ses vêtements et poussant de grands cris s'élance au milieu de la troupe. Il tire son épée et se fait ennuque lui-même.

« Il court ensuite par la ville portant dans les mains les marques de sa mutilations et les jette enfin dans une maison où il prend l'habit de femme. »

C'est en souvenir d'Athys que les prêtres se mutilaient ainsi.

Quelques historiens prétendent que l'empereur Héliogabale se soumis à cette opération afin d'être archi-galle.

En Syrie et en Assyrie et l'on pourrait dire chez tous les peuples orientaux de l'an-tiquité, rois et grands seigneurs faisaient garder et servir leurs femmes par des esclaves ennuques.

La conquête de l'Asie en empoisonna l'Empire romain. Le gynecée grec, la famille romaine imitèrent les pratiques et partagèrent les corruptions des sérails asiatiques.

Les instruments infâmes se retournèrent contre leurs auteurs, les esclaves prostitués et ennuques firent descendre les maîtres au derniers degrés de l'abrutissement.

Chose remarquable et qui dut inspirer les fondateurs de la secte russe, les ennuques conquirent une place à part chez ceux qui les employaient. Dans les cours des rois d'Asie et plus tard chez les empereurs bysanthins ils jouirent d'une influence considérable. On en vit s'élever aux premières charges de l'Etat, amasser d'immenses richesses, exercer le pouvoir.

Ils se distinguèrent à la fois par leur ambition, leur esprit d'intrigue et leur cupidité.

Leur influence fut un des poisons qui hâta la décomposition du monde antique.

La castration chez les anciens au lieu d'être considérée comme une immoralité et une dégradation physique, semble acceptée comme une action préventive des plus simples.

Ainsi Combabus chargé d'accompagner en voyage la reine de Syrie Stratonia, qui était fort belle, dans la crainte d'être à son retour l'objet des soupçons du roi, — ou peut-être afin de prévenir des désirs auxquels il aurait pu succomber, — s'opéra lui-même. Il enferma ensuite les organes mutilés dans une boîte garnie d'aromates qu'il scella soigneusement et qu'il pria le roi de garder jusqu'à son retour de voyage.

L'événement justifia les craintes du prévoyant ministre.

A peine Combabus rentrait-il au palais

avec sa royale compagne, ses ennemis l'accusèrent d'avoir abusé des libertés du tête-à-tête, et usurpé sous la tente de voyage les prérogatives de son maître.

Combalus était jeune et s'était acquis une certaine réputation de galanterie.

Pendant sa longue absence, il avait laissé chez lui ses femme, et ses belles esclaves.

Stratonia était jeune et belle.

Le roi prêta l'oreille aux accusateurs et comme la femme d'un monarque ne doit pas même être soupçonnée, il résolut de laver le soupçon dans le sang et de faire périr la reine et le ministre.

Mais ce dernier confondit facilement ses accusateurs en priant le roi d'ouvrir la boîte qu'il lui avait confiée.

Ce que Combalus fit pour sauver sa tête, d'autres plus tard ont pu le faire pour rester fidèles à un vœu de virginité.

Dans les premiers siècles de l'Eglise, des moines fanatiques, qui en se voyant au célibat avaient trop préjugé de leurs forces se mutilèrent pour échapper aux tentations de la chair.

Origène et Léonce d'Antioche sont les plus célèbres, mais ils eurent de nombreux imitateurs qui s'appuyaient sur une fausse interprétation de ces paroles de l'évangile : « Si votre œil vous scandalise, arrachez-le et jetez-le loin de vous. »

Le concile de Nicée condamna ces excès. Néanmoins on vit naître et se répandre une secte de mutiles ou de mutilateurs. Des bandes d'hérétiques Valériens parcoururent le monde le couteau à la main pour faire ennuquer tous les enfants qu'ils rencontraient.

D'autre part, si le christianisme qui, en exaltant la virginité comme une vertu qui nous rend semblable aux anges et nous rapproche de la perfection, avait eu à déplorer des accès qu'il condamne le mahométisme en adoptant la polygamie et l'esclavage perpétua l'usage des ennuques en Orient en Afrique et jusque sur le continent Européen. Les invasions Sarrazines et les guerres des croisades répandirent parmi les peuples chrétiens la pratique de la castration.

Elle survécut longtemps en Espagne à la domination des Maures. La Russie et la Hongrie subirent longtemps l'influence des mœurs orientales. Certaines provinces de l'est et du sud de l'empire russe ont gardé une physionomie asiatique. La castration ne peut y être, même aujourd'hui, un sujet d'horreur et elle peut être considérée comme une garantie matérielle dans une société dont toute la force repose dans le célibat de ses membres.

Lorsque la nouvelle des causes qui avaient amené l'arrestation de Plotizine et de sa sœur se répandit dans Tambov elle y souleva moins d'indignation que de curiosité.

Sur l'ordre du magistat chargé d'instruire le procès, le négociant de Morchausk et sa sœur furent soumis à un examen médical et fournirent ainsi eux-mêmes les preuves incontestables de leur crime.

Dès lors les deux vieillards abandonnèrent le système de dénégation dans lequel ils s'étaient enfermés.

Plus de vingt personnes des deux sexes appartenant à la secte furent arrêtées à Tambov et à Morchauk.

Parmi ces dernières le personnage le plus important était l'intendant de Plotizine. Ivan Koustezeu était l'opérateur de la petite église.

Ses aveux simplifièrent beaucoup la tâche du juge instructeur. C'était un homme convaincu et ennemi du mensonge. Il déclara dans son premier interrogatoire qu'il avait opéré plus de 2,00 frères !

Des arrestations simultanées eurent lieu dans les provinces voisines. A Moscou, la ville sainte, la police fit les découvertes les

Je devins habile à tirer l'arc.

plus importantes, et opéra la saisie de sommes considérables.

Le gouvernement s'alarma de la gravité de ce fléau ; les ordres les plus sévères furent donnés aux gouverneurs de provinces, et naturellement le procès de Tambov se trouva ajourné par la necessité où la justice criminelle de cette ville se trouvait d'attendre que les investigations de la police fussent terminées.

V

Ceslaw-Romen.

Habitué à une existence active et laborieuse, Maxime Plotizine ne tarda pas à souffrir de la vie monotone et étouffée de la prison. Après avoir fait au juge instructeur sa profession de foi, il avait cru sa tâche de magistrat terminée.

Mais celui-ci ne se tenait pas pour satisfait.

Il voulait connaître le passé du prévenu. Plotizine ne s'était fixé dans la province du Tambov que depuis trente ans.

Où était-il né?... Où avait-il vécu auparavant?

Comment s'était-il affilié à la société des Skoptzi?

Avait-il des antécédents judiciaires?...

Pressé de questions sur tous ces points, Plotizine s'était de nouveau renfermé dans un silence absolu.

Le magistrat n'avait pas été plus heureux auprès de Titiane.

Cette vieille fille puisait dans sa croyance et dans son amitié pour son frère une énergie inébranlable. A presque toutes les questions du magistrat, elle répondait :

« Je n'ai rien à vous dire. »

Ou : « Adressez-vous à mon frère. »

Ce mutisme obstiné donnait à supposer un secret, quelque mystère coupable. En attendant les renseignements que l'on avait demandés à la police de tous les chefs-lieux de province, on essaya du moyen vulgaire dont on use envers les prévenus dans tous les pays du monde.

On se souvient de l'intérêt que Plotizine portait aux trois femmes en faveur desquelles il avait écrit à Borizoff; on gagna l'une d'elles nommée Alexandra et on l'attacha au service de Titiane.

Mais la douceur hypocrite de ce *mouton* et ses questions insidieuses n'obtinrent aucun succès.

On résolut alors d'employer un moyen de contrainte qui semblait devoir être plus efficace. Jusqu'alors le frère et la sœur avaient pu souffrir en commun; on les sépara.

L'isolement absolu affaiblit la volonté, tue l'énergie morale.

Plusieurs mois s'écoulèrent ainsi.

Les rapports quotidiens du geôlier ne laissaient prévoir aucun changement dans l'état moral des deux prévenus.

Ils semblaient même avoir pris leur parti et ne plus songer à un procès remis indéfiniment. La prière les soutenait, car ils étaient des croyants sincères et paraissaient plus tristes, mais non plus abattus.

Cependant, comme tout doit avoir une fin, même un emprisonnement préventif, l'affaire Plotizine fut appelée devant le tribunal de Tambov.

La nouvelle en fut donnée au vieux Skoptz et parut lui causer la joie la plus vive.

On lui permit de revoir sa sœur, et l'entrevue des deux vieillards après une longue séparation fut des plus touchantes.

Toutes les tendresses que nous partageons entre les différents membres d'une famille se concentraient pour eux en un seul objet d'affection. Maxime aimait Titiane comme sa sœur, son épouse et sa fille.

Et Titiane reportait sur Maxime tous les trésors d'un cœur aimant.

On s'étonna alors du courage avec lequel ils avaient supporté leur cruelle séparation.

Ils semblaient renaître.

— Puissions-nous, disaient-ils, être tous deux condamnés à la même peine. Puissions-nous être enfermés dans la même mine de Sibérie ou du Caucase!...

Dès les premiers jours de sa détention, Maxime Plotizine avait déclaré qu'il ne prendrait point d'avocat et se chargeait de présenter sa défense et celle de sa sœur.

Mais sur le point de comparaître devant ses juges, il changea de détermination.

Il fit choix d'un avocat d'origine polonaise, M. Ceslaw Romen, inscrit depuis peu au barreau de Tambov.

Ceslaw Romen était un jeune homme de vingt-huit ans, sans fortune, mais bien doué et plein d'avenir. Sa physionomie sympathique, son organe d'un timbre agréable, sa parole ardente et colorée l'avaient déjà fait remarquer dans plusieurs procès criminels et le désignaient pour plaider les causes qui empruntent aux grandes passions un intérêt dramatique.

Plotizine ne le connaissait pas; il lui plut de prime abord, et Titiane partagea sa confiance.

Ceslaw, de son côté, impressionnable et communicatif, fut également frappé de la noblesse d'attitude et de la distinction du vieux négociant de Marchausk, et avec un abandon naturel laissa paraître l'impression sincère qu'il éprouvait.

La première visite qu'il fit à ses clients fut toute de politesse et l'entretien ne roula que sur des sujets indifférents ou étrangers à l'affaire.

Comme des gens heureux de faire connaissance, ils cherchaient quels points de contact ils pouvaient avoir de commun et causaient un peu de tout, de politique, d'arts, de commerce, de voyages.

Ceslaw reconnut dans Plotizine un esprit libéral et lettré, un homme instruit et qui avait beaucoup vu.

Il multiplia ses visites et il s'intéressait déjà à ses clients comme à des amis, lorsqu'un jour il fit observer à Plotizine qu'il était temps de s'entretenir de son affaire.

— N'en avez-vous pas déjà pris connaissance, dit Maxime.

— Sans doute, répondit le jeune avocat, j'ai un cahier bourré de notes arides sur votre arrestation et les accusations portées contre vous. J'ai l'inventaire des objets saisis à Marchausk, mais tout cela pour moi ne constitue pas la cause. Je n'ai là que des éléments inertes et sans signification, un bric-à-brac de police, qui ne me dit rien, qui me laisse froid.

« Ce qui m'intéresse dans la cause, c'est vous, et je ne vous connais pas !...

« Quand je plaide, je me mets dans la peau de mon client. Je cherche avant tout à m'identifier avec lui. En prenant en main ses intérêts, j'épouse ses passions. J'ai appris à connaître en vous un cœur généreux, un esprit éclairé, un vieillard vénérable, mais ce n'est pas tout, ce n'est pas assez !

« Si j'avais vécu avec vous à Marchausk si j'étais un de vos employés ou de vos adeptes, je me sentirais plus fort.

« Nous avons jusqu'à présent causé comme dans un salon, il faut nous ouvrir davantage l'un à l'autre.

« Je veux être votre ami, soyez le mien.

« Nous allons ensemble dans peu de jours engager une lutte terrible et décisive, il nous faut être unis de cœur. — Le voulez-vous ?

Et le jeune avocat tendit la main au vieillard, qui la serra avec émotion, mais en silence.

— Je serai votre ami de la dernière heure, reprit Ceslaw Romen ; mais alors vous me parlerez comme à un adepte et comme à un frère. Plus de voile entre nous, plus de mystère. Nos cœurs s'épancheront l'un dans l'autre afin d'être plus forts quand l'heure de la lutte aura sonné. Autrement quel piètre rôle me serait réservé devant le tribunal ?

Discuter l'importance des trouvailles faites par M. Borizoff !... Ecouter l'accusation afin d'apprendre d'elle sur votre passé des particularités que j'ignore.

Dois-je être moins instruit de ce qui vous concerne que le juge instructeur et le chef de police.

— Ils ne savent rien, répondit Plotizine.

— Mais encore tiennent-ils de vous, ou d'autres, quelques notes biographiques.

— Aucune.

— Est-ce possible !

— Aucune du moins dont la date soit antérieure à mon arrivée à Marchausk, il y a trente ans.

— Mais ils savent au moins, reprit Ceslaw, de quel pays vous êtes originaire.

— Pas même.

— Ils vous l'ont demandé ?

— J'ai refusé de le leur dire.

Romen regarda Plotizine avec étonnement.

— Si je leur avais dit le lieu de ma naissance, un d'eux s'y serait aussitôt transporté. Ils auraient fouillé mon passé comme ma maison. Je ne l'ai pas voulu. Ils ont cherché et n'ont rien trouvé. Pour eux, je suis un inconnu.

— Mais ceux de vos frères qui sont arrêtés, Peroff, Sivan, Koustezew, ne pourront-ils les renseigner?

— Non, répondit Plotizine. Dans le gouvernement de Tambov mon existence date de trente ans. J'y suis arrivé étranger, inconnu.

— Etiez-vous nihiliste alors?

— Oui, déjà..

— Et vous étiez recommandé à quelque membre de votre société.

— La société ne comptait pas encore un seul membre dans la province avant mon arrivée. Le premier que j'ai converti est Sivan. C'est un paysan grossier qui gardait mes bestiaux. Il opérait mes taureaux et mes béliers avant d'opérer des hommes. C'est un homme plein de zèle, d'une foi robuste, d'un dévouement à toute épreuve, mais d'un esprit étroit, comme le sont d'ailleurs presque tous les paysans et mariniers dont j'ai vécu entouré. Si vous m'aviez connu à Marchausk; vous comprendriez que parmi tant d'amis véritables je n'aie pas trouvé un seul confident.

« Mon seul ami, le confident de mes plus secrètes pensées, c'est ma sœur.

— Mais vous aviez des relations à Tambov, à Moscou?

— Des relations de commerce.

— Et vos parents?

Plotizine garda le silence.

Romen comprit que cet homme ne voulait pas s'ouvrir à lui.

Il renonça à provoquer des confidences, dont il n'était pas jugé digne sans doute, et reprit la conversation, mais en en changeant le cours.

— Une telle solitude morale, dit-il, me paraîtrait pénible... Je ne suis pas de ce pays, je n'ai à Tambov ni parents ni alliés, mais j'éprouve le besoin d'aller revoir ma famille.

— La jeunesse est expansive, dit le vieillard.

— Et j'ajoute, reprit Ceslaw, que j'éprouve également un vif plaisir à revoir le pays où s'est écoulée mon enfance.

— Tous les Polonais aiment leur patrie, fit observer Plotizine, et je les en loue. On peut ne pas avoir de patrie en politique, mais un homme intelligent a toujours un pays d'affection et de prédilection.

Ils parlèrent encore quelque temps de la Pologne, que Plotizine connaissait, puis ils se serrèrent la main et se séparèrent.

Le jour suivant le jeune avocat revint à la prison, comme d'habitude, mais cette fois bien décidé à ne plus causer que de choses indifférentes.

Mais il rencontra un accueil plus bienveillant encore que les autres jours.

Maxime Plotizine avait tenu conseil pendant la nuit avec sa sœur, et Titiane lui avait dit :

— Ouvre-toi à ce jeune homme; j'ai confiance en lui comme en un frère. Dis-lui tout.

— Je vais, reprit Plotizine, vous raconter mon histoire depuis mon enfance jusqu'au jour où je m'établis à Morchausk. Je vous initierai ainsi à toutes mes luttes, mes souffrances, mes passions et aussi aux mystères de la religion dont je suis un des patriarches.

« Je raffermirai ainsi le lien qui s'est formé entre nous, et dans l'estime que vous concevrez pour moi, vous puiserez une nouvelle énergie.

Ceslaw remercia avec effusion le vieillard qui raconta ce qui suit:

Les confessions d'un Skoptz.

Je suis né sur un bateau qui descendait

le Volga, de Saratov à Astrakan et à peu de distance de cette ville.

C'était un de ces bateaux immenses où flotte toute une population bigarrée, sortes de caravanes fluviales, où les voyageurs s'arrangent selon leurs coutumes et leurs fantaisies, et vivent des provisions qu'ils ont emportées.

Ma mère était seule et sans ressources, mais les secours ne lui manquèrent pas.

Je fus ondoyé dans l'eau du grand fleuve et enveloppé dans la vieille veste d'un marinier.

Jusqu'à notre arrivée à Astrakan, je fus l'enfant adoptif du bateau.

Un serf de plus ou de moins en ce monde ne compte pas.

Quel seigneur ma naissance venait-elle d'enrichir d'une âme de plus? Je l'ignore. Le berger sait-il le nombre des agneaux qui naissent chaque jour, des milliers de brebis qu'il traîne après lui?..

Il serait donc aussi difficile de retrouver les traces de mon obscure origine que celle d'un animal de la steppe d'Astrakan.

Dans la ville immense et de constructions désordonnées où je fus débarqué, je disparus également.

La plus complète obscurité règne sur ma première enfance, et mes souvenirs personnels ne m'aident que fort peu pour me la représenter. Je ne tenais à rien, menant une existence précaire et nomade, et ma mère qui, lorsqu'elle m'avait mis au monde, avait quinze ans à peine, tenait fort peu à moi.

Quant à mon père, je n'en ai jamais entendu parler. Etait-ce un jeune et beau seigneur? Il est possible; ma mère était d'une beauté rare. Etait-ce un serf auquel elle avait été unie de force pour peupler le domaine, ainsi que cela se pratiquait avant l'abolition du servage? C'est possible également.

Il ne faut pas s'étonner que dans un pays où le servage a fait de la vie de famille un privilége, où des populations naissent et meurent comme des troupeaux de bétail, où la vie humaine dans la classe sociale la plus nombreuse est si peu de chose, il se trouve tant d'hommes qui prennent pour devise le mot: *Rien*.

Ce fut un vieux paralytique à qui je servais de distraction qui, pour passer le temps, m'apprit à lire. Bienfait inestimable!..

Et je dus mes premières idées religieuses à l'admiration que m'inspiraient les églises magnifiques de la ville. Je me fis à les contempler une religion de mon imagination jusqu'au jour où je pus lire une Bible et en comprendre une page, ce qui n'est pas toujours facile.

Pieds nus, nu-tête, j'errais en liberté par la ville. J'avais six ans; j'avais pour gîte un coin dans l'entrepôt d'un riche négociant en laines au service duquel était ma mère, et pour nourriture j'avais ce que ma mère m'apportait chaque matin dans ma niche.

Un jour, ma mère ne vint pas.

Je demandai après elle; on parut fort surpris de m'entendre, et l'on me dit enfin que je ne la verrais plus, qu'elle était partie.

Je ne sais ce que j'éprouvai; le sentiment de cet abandon cruel, mêlé sans doute à la peur de manquer de pain. Je me pris à pleurer.

Pour la première fois je souffris de mon dénûment. Je n'avais plus ni père ni mère, ni abri, ni nourriture, j'étais moins qu'un chien, car je n'avais même pas de maître.

Les deux mougiks, témoins de mon désespoir, s'efforcèrent aussitôt de me consoler.

— Ne crains rien, enfant, me dit l'un d'eux, tu pourras toujours coucher ici, et nous te donnerons à manger.

— Comment t'appelles-tu? me demanda l'autre.

— Maxime.

— Et ta mère?

— Paulowna.

— Que fais-tu? Que sais-tu faire?

— Rien.

— A qui es-tu?

— A personne.

— Ne pleure pas; nous te trouverons un maître.

Ces témoignages d'intérêt étaient les premiers que j'eusse reçus. J'en fus non-seulement touché et réconforté, mais étonné au delà de ce que je puis dire.

Ces deux moujiks me parurent grands comme des héros, grands comme le monde. Ils dégagèrent dans mon cerveau inculte l'idée de l'humanité morale.

Comme la beauté des églises et des images saintes peintes à la poupe des navires m'avait donné des idées religieuses, ces deux esclaves charitables me donnèrent l'idée de la fraternité humaine.

Pendant quelques jours ils m'apportèrent chaque matin et chaque soir une écuelle de nourriture, prélevée, je le comprenais, sur leur nécessaire. Ils y joignaient quelque parole bienveillante ou quelque gai propos.

Un d'eux enfin me conduisit un jour près de ce paralytique dont je vous ai parlé. Cet homme avait eu les pieds gelés. Je lui faisais ses commissions, et il m'apprit à lire.

A partir de ce moment mon intelligence prit un développement rapide. Je me civilisai. J'avais même déjà des ambitions secrètes. Je voulais apprendre le calcul afin de devenir commis marchand et voyager sur le fleuve.

Mais ma croissance d'une force vraiment extraordinaire imposait des sacrifices trop lourds à mon maître pour le peu de services que je lui rendais; mon travail ne payait pas ma nourriture et mon entretien. Et sans que je m'en doutasse, on songeait à se débarrasser de moi.

En revenant de faire une course dans la ville, je trouvai mon maître en compagnie d'un individu au teint cuivré, au visage plat et large, au costume de peau de mouton; espèce de sauvage des déserts du Sud.

— Voici le garçon, lui dit mon maître, dès que j'apparus. Vois bien qu'il n'a pas douze ans, il est grand et fort comme un jeune homme de quinze.

Le marchand de moutons me considérait en silence de tous ses yeux petits et perçants.

— Aies en soin, poursuivit le paralysé, ne le bats point, nourris-le bien, et tu en seras satisfait.

« Maxime, ajouta-t-il, je ne peux plus te garder avec moi, il faut nous séparer, mais voilà le marchand Peroff qui se charge de toi.

Je l'écoutai avec stupéfaction.

— Puisque je n'ai pas de seigneur, répliquai-je, puisque je ne suis à personne, je puis me donner ou me vendre à qui je veux. Pourquoi disposez-vous de moi comme d'un chien? Et qui vous dit que je consente à suivre cet homme?

— Fais comme tu le voudras, Maxime, mais tu es trop grand et trop fort, je ne peux plus te garder ici, tu manges trop.

— Je veux être batelier, répondis-je.

— Batelier, s'écria le paralysé, on voit bien à t'entendre que tu ne connais le Volga qu'à son embouchure. Tu ne connais rien de ce pénible métier. Tu ne sais pas ce que c'est que le fleuve avec ses immenses bancs de sable qui arrêtent chaque voyage le navire, et ses tempêtes, et dans le nord ses hivers terribles. Tu ne connais les mariniers que pour les avoir vus dans le port s'amusant à boire... Mais sur le bateau, pas une heure de repos! Un travail d'esclave et pour toute nourriture du poisson et des coups!

« Tu veux te vendre, dis-tu? ne vaut-il pas mieux te louer? Peroff est riche.

Alors Peroff prit à son tour la parole, bien qu'il s'efforçât de parler russe, je ne compris que le sens général de son discours.

Il me promettait des gages, une nourriture excellente, — mouton, gibier, volaille en abondance, — vêtements et la liberté du désert.

Pour tant de biens je n'aurais rien à faire qu'à promener quelques milliers de moutons à travers la steppe. J'avais souvent entendu parler de la steppe de ces immenses solitudes que parcourent des tribus nomades, semblables à celles des patriarches de la Bible. Ma nature sauvage, mon désir de voir du pays, le sentiment de la poésie particulière à cette vie libre et errante, l'espoir d'avoir un cheval, des chiens, une tente, des armes, me firent accepter les offres de Peroff.

— Soit, dis-je, je suis prêt à te suivre et à te servir.

— Viens donc, Maxime, me dit Peroff.

Mon premier maître m'embrassa et me glissa un rouble dans la main.

— Tu reviendras me voir, me dit-il, et peut-être aurai-je plus tard quelque chose à te dire au sujet de ta mère.

— Pourquoi ne me le dites-vous pas aujourd'hui? lui demandai-je en frémissant de curiosité.

— Tu es trop jeune, Maxime, me répondit-il. Plus tard, quand tu seras un homme. Adieu!

Je m'éloignai le cœur gros et les yeux pleins de larmes, et je suivis Peroff.

Celui-ci m'emmena dans un bazar où il m'équipa des pieds à la tête à la mode de la steppe. Je lui dus aussi mon premier bonnet d'astrakan et mes premières bottes; je me trouvais superbe. Et de fait le costume m'allait très-bien.

Il me fit ensuite déjeuner dans un des meilleurs cabarets du port, je m'y régalai de mouton au riz à la persane, et il m'assura que j'en mangerais souvent ainsi.

Au dessert il demanda une bouteille d'eau-de-vie et il en remplit deux verres.

Mais j'écartai le verre qu'il me présentait:

— Mon maître, lui dis-je, plus tard, quand je serai grand.

Il insista, puis sourit d'un air satisfait en sortant du cabaret:

— Va maintenant dire adieu à ta maîtresse, me dit-il, car nous partons demain.

Je le regardai avec surprise.

— Maître, lui dis-je, je n'aurai jamais qu'un amour, et le nom de ma femme n'est pas encore écrit au Ciel.

— Tu es un honnête garçon, Maxime, répliqua Peroff.

Je compris qu'il avait voulu me mettre à l'épreuve.

Il me conduisit alors à l'hôtellerie où il était descendu et, passant dans l'écurie, il me montra deux chevaux en me disant :

— Celui-ci est à toi.

C'était un petit cheval au ventre rond, aux jambes fines et velu comme un ours, mais dont la tête expressive et pleine de feu me frappa.

Je le considérai d'abord avec surprise, puis avec une émotion croissante.

Un être vivant allait donc m'appartenir et m'obéir! j'aurais un compagnon dont je serais le maître!

Quelle fortune! Et comme je sentais déjà que je l'aimerais!

Je m'approchai du petit cheval, lui jetai les bras autour du cou et l'embrassai de bon cœur.

— Nous serons deux amis, lui dis-je.

— Tu aimes les chevaux, Maxime, fit le marchand de moutons sans étonnement, car tout Russe aime son cheval.

Nous tenons de notre origine asiatique la bonté et la justice envers les animaux, qualités inconnues aux peuples d'Occident.

— C'est toi, reprit Peroff, qui prendra soin de tous les deux.

— Vous me direz, maître, ce qu'il faudra faire.

— Tu n'as jamais soigné un cheval?

— Non.

Je tremblais qu'il me demandât si je savais monter. Je ne le savais pas et je craignais que mon ignorance ne me fît renvoyer.

Mais il ne pensa point à m'adresser cette question. Dans la steppe, dès qu'un enfant sait marcher, il sait monter à cheval.

Il donna à manger aux chevaux et me dit ce qu'il leur fallait par jour, puis nous sortîmes pour faire en ville quelques menues emplètes pour sa famille: des étoffes pour sa femme, des jouets ou des parures pour ses jeunes enfants.

Passant devant une église:

— Entrons, me dit-il, nous prierons pour notre voyage.

J'acceptai avec joie.

Quand nous fûmes sous les hautes voûtes d'où le recueillement tombe comme la rosée sur la prière, l'homme de la steppe m'indiqua la grande image de Saint-Wladimir.

— Prie celui-là, me dit-il, il ne t'oubliera jamais.

Je me mis à genoux et demandai à ce patron de la Sainte Russie la grâce de me tenir solidement à cheval.

De ma solidité en selle devait dépendre mon bonheur. Hélas! j'en tremblais.

Le soir, comme mon maître avait un dernier compte à régler avec un marchand de laines, il me laissa seul à l'auberge. Je résolus de mettre ce temps à profit pour prendre ma première leçon d'équitation.

Trouvant donc un garçon d'écurie, je lui contai mon embarras et lui offris cinquante kopecks pour m'apprendre à seller le cheval et à me tenir dessus.

Le harnachement était des plus simples, comme vous savez. Le garçon eut soin de placer en croupe le porte-manteau qui devait contribuer à me soutenir. Je flattai le ponney, lui prodiguai les caresses et les noms les plus tendres, et me confiai à lui.

Nous fîmes ainsi au pas plusieurs tours de la grande cour de l'auberge, au clair de la lune. J'étais très-bien. Mais quand il prit le trot ce fut autre chose.

Ce ponney, qui pourtant était très-doux, me brisait les reins et la poitrine. J'allais ballotté comme un homme ivre, n'osant me plaindre, et à la torture.

La selle très-creuse me soutenait, mais le diable de ventre ballonné du cheval, en faisant de mes jambes deux demi-cercles, me gênait terriblement.

Le garçon riait à se tenir les côtes, tout en m'assurant que c'était très-bien et qu'il répondait de moi.

Il me fit galoper, et je me sentis mieux. J'éprouvai même une sensation agréable de la vitesse et du mouvement souple et toujours égal de ma monture.

Au bout d'une demi-heure de ces exercices j'étais rompu, mais j'étais fier de n'être pas tombé, malheur qui me semblait inévitable.

En me quittant, mon professeur d'équitation me fit cadeau d'un morceau de suif en m'en recommandant l'usage, pour le soir même.

Mon maître rentra et me dit que nous partirions le lendemain au lever du jour.

Il jeta une fourrure en dedans de la porte de sa chambre, et je me couchai, non pour dormir, mais pour penser aux épreuves du lendemain.

Notre voyage devait durer plusieurs journées.

Le lendemain je quittai Astrakhan, le cœur serré, mais pourtant plein d'espérance.

A la vue des bijoux de Paulowna la dame pâlit.

Malgré l'heure matinale, la ville était déjà encombrée de peuple, d'animaux et de chariots. Nous marchions lentement.

Quand nous eûmes laissé derrière nous les remparts de la ville, je poussai un long soupir.

Peroff le remarqua.

— Tu vas, me dit-il, entrer dans un autre monde. A Astrakhan on étouffe; l'air est empesté de la puanteur des marais et du poisson. On ne voit pas le ciel. Tu es comme un petit poisson qui sort d'un ruisseau boueux pour entrer dans le fleuve. Tu vas savoir bientôt ce que c'est que l'air et le ciel.

Le premier jour de notre voyage vers l'ouest fut pour moi extrêmement pénible. Peroff s'en aperçut; je lui avouai que je montais à cheval pour la première fois : il n'en prit pas de mauvaise humeur et fit ce qu'il put pour me ménager.

C'était un excellent homme.

Il aimait le désert, la vie errante à travers l'espace libre; il détestait les villes et se réjouissait de me faire partager son existence.

Je commençais à m'habituer à son langage, et je l'écoutai avec plaisir me parler de sa famille et de ses troupeaux.

Il avait une femme et trois garçons et de nombreux domestiques.

Il avait quitté un de ces derniers à la ville et je le remplaçais.

A la fin de notre première étape, nous eûmes encore un toit pour abri ; mais à la seconde nous étions en pleine steppe et nous couchions à la belle étoile.

Peroff jetant un regard circulaire sur la plaine immense où nous étions à peine comme un point noir, me dit avec joie : —

— Nous sommes chez nous !...

De fait, lorsque pour la prière du soir je me mis à genoux devant cet horizon immense, frangé de la dernière pourpre du couchant, que je fus enveloppé d'un absolu silence, n'ayant au-dessus de ma tête que la majestueuse coupole d'un bleu profond et doux où tremblaient les étoiles comme des larmes d'or, je sentis mieux la grandeur de Dieu.

A mesure que nous avancions dans la solitude, j'éprouvais de nouvelles sensations.

On croit le désert monotone ; c'est une erreur.

Les lignes de ses plaines sont ondulées, et de leurs replis s'élèvent au murmure des sources des bouquets de verdure qui sont comme les notes vives de cet ensemble harmonieux. L'air est chargé des senteurs des fleurs sauvages. L'herbe, comme la mer, y change de tons. Ici d'un vert cru, là d'une couleur sombre. Son tapis de verdure a ses déchirures et ses lacunes ; un sol desséché le roussit, une fontaine le couvre de fleurs.

De loin en loin on aperçoit une large bande blanche ou noire qui se meut sur la prairie : c'est un troupeau qui passe.

La solitude, le désert, n'est pas chez nous le sable aride de l'Afrique.

Une vie féconde y est répandue.

Gibiers de plume et de poil y abondent. Seuls les fruits et les légumes y sont rares. Le nomade ne cultive pas.

Il prend à la terre ce qu'elle lui donne. Il la parcourt sans qu'elle garde la trace de ses pas.

Après quatre jours de marche, Peroff m'indiquant au fond de la plaine quelques points noirs, me dit :

— Voici mes tentes.

Bientôt nous entendîmes des chiens hurler de joie et nous eûmes du mal à modérer les élans de nos montures.

De grands chiens au poil gris ou roux arrivèrent bondissant au nez de nos chevaux. Et je distinguai cinq ou six tentes en forme de ruche d'abeilles, hautes d'une dizaine de pieds, devant lesquelles se tenaient la femme et les enfants de Peroff.

Comment serais-je accueilli de ces inconnus ? Mais je m'embarrassais d'une chimère.

Dans la steppe, l'étranger est toujours le bien venu.

VII

La vie au désert.

La contrée où j'allais habiter est comprise entre le Volga, la mer Caspienne, le pays des Kalmouks et le Don. Il confine aux provinces du Caucase.

Ce territoire élève un nombre considérable de moutons et de chevaux excellents.

Les Cosaques du Don sont de mœurs douces et paisibles. Appelés au service du Czar, ce sont des cavaliers infatigables et intrépides, et de toute l'armée russe, ce sont les soldats les plus populaires.

J'ai passé au milieu d'eux les meilleures années de ma vie.

Pour me séparer d'eux, il fallut les événements tragiques que je vous raconterai.

La famille de Peroff me fit l'accueil le plus cordial. Au bout de quelques jours il semblait que j'en fisse partie. Un berger nommé Joseph fut chargé de m'initier à mes nouvelles fonctions. Il me fit d'abord visiter les parcs de moutons établis près des tentes et placés sous notre garde et celle d'une vingtaine de chiens aux crocs redoutables. Il me remit une lance, un arc et des flèches. J'appris à dresser et à plier une tente, à mettre les entraves à un cheval, à faire la cuisine en plein air.

Nous partions avec notre troupeau pour plusieurs jours. Notre plus grand travail consistait à établir notre campement du soir; nos occupations étaient aussi nombreuses que variées, et dans les premiers temps j'y pris le plus grand intérêt.

Ces longs parcours étaient pour moi de véritables parties de plaisir.

Je devins habile à tirer l'arc, et cet art me fut aussi utile qu'agréable. Mes flèches protégeaient le troupeau contre les aigles, nos plus redoutables ennemis, et nous permettaient de rôtir des lièvres et des perdreaux.

Au bout d'un an j'aurais refusé de changer ma tente de pâtre contre la plus riche maison d'Astrakhan.

Je ne m'apercevais pas que j'avais un maître; je n'avais en Peroff qu'un bienfaiteur, et je me promettais bien de ne jamais le quitter. J'avais retrouvé en lui un père, et des frères dans ses enfants.

Pendant la mauvaise saison, j'entrepris de donner à ces derniers des leçons de lecture et d'écriture, et je réussis assez bien.

Vous concevez la satisfaction de Peroff qui, ne sachant ni A ni B, était réduit à signer d'une croix les marchés qu'il faisait, et qui pouvait voir dans ses jeunes héritiers de riches négociants.

De mon côté j'appris beaucoup du commerce de bétail, de chevaux et de laines.

Ce que je sais le mieux, ce qui m'a servi à faire fortune, je le dois à mon long séjour dans la steppe.

Deux ans s'écoulèrent ainsi avant que je revisse Astrakhan.

Je ne regrettai rien de la ville, et cependant j'acceptai avec joie la proposition que me fit Peroff de l'y accompagner.

Cette fois le voyage me fut facile, j'étais devenu un véritable écuyer.

Rien de ce que j'avais quitté n'était changé, tandis que j'étais devenu plus grand et plus fort.

Je fis visite à mon ancien maître, qui se réjouit beaucoup de ma transformation, et lorsque je lui eus fait part de mon bonheur, il ne manqua point de s'écrier :

— N'oublie pas, Maxime, que c'est à moi que tu le dois!

Je l'assurai de ma reconnaissance, et j'ajoutai :

— A votre tour, n'oubliez pas la promesse que vous m'avez faite à mon départ.

— Quelle promesse? fit-il.

— De me dire comment et pourquoi ma mère m'a abandonné, lui dis-je.

Il parut contrarié de ma question.

— C'est bien pénible, répondit-il. Il vaudrait mieux que tu l'ignores.

— Pour quelle raison?

— Parce que ce que j'ai à te dire ne peut t'être en définitive d'aucune utilité, et que lorsqu'on pense à sa mère, il est bon, il est sain à l'âme, de n'en penser que du bien. Ta mère s'est mal conduite, Maxime.

Je baissai la tête, humilié et triste.

Il garda un instant le silence et reprit :

— Est-ce que tu l'aimes, ta mère?

— J'y pense souvent, répondis-je évasivement.

C'était la vérité; mais j'aurais pu ajouter qu'elle n'avait jamais été si bonne pour moi que son souvenir dût s'imposer à ma reconnaissance.

Il me comprit.

— Eh bien, reprit-il, je puis te le dire, ta mère ne t'a jamais aimé. Elle était trop jeune lorsqu'elle te mit au monde; elle était à peine une femme et son cœur n'était pas encore mûr pour la maternité. Elle était sans aucune ressource, et s'était enfuie de sa terre pour échapper à son mari qu'elle n'aimait pas et qui se nommait Plotizine.

« Tu lui étais à charge. Elle t'appelait son second malheur.

« Cependant c'était à cause de toi qu'elle était secourue par les personnes charitables.

— Et de quelle seigneurie venait-elle?

— De la province de Nijeninovgorod. Paulowna Plotizine appartenait aux domaines du prince Nadief Ojinski. Elle garda longtemps ce secret pour elle et prétendait qu'elle était des environs, malgré toute vraisemblance. Elle devait être d'origine moscovite. Elle avait, tu t'en souviens peut-être, Maxime, un teint de neige, des cheveux d'un blond d'or et les yeux noirs.

« C'était une beauté étrange, et qui l'avait vue une fois ne pouvait plus l'oublier.

« Elle le savait et en avait toutes les ambitions de richesse et de grandeur.

« Un jour, devant une image de Catherine, femme de Pierre le Grand, elle me dit:

— C'était une servante.

« Elle souffrit d'abord beaucoup de la pauvreté, surtout lorsqu'elle dut, pour ne pas mourir de faim, se soumettre à des travaux qui pouvaient déflorer sa beauté.

« Dans les derniers temps de son séjour ici, elle était au service d'un Persan qui vend des étoffes de prix, des parfums et des bijoux.

« Que te dirai-je?...

— Ce que je vous demandais tout d'abord, lui dis-je, c'est-à-dire, comment et pourquoi elle m'a abandonné. Alors je n'étais pas embarrassant pour elle. Je logeais seul dans un coin du hangard; elle me donnait chaque jour un morceau de pain et quelques débris de sa table et je ne lui demandais rien de plus, pas même pourquoi j'étais seul et à demi nu.

— Ta mère, Maxime, comptait sur sa beauté pour faire fortune. Un jour, un régiment de cavalerie qui se rendait au Caucase séjourna à Astrakhan. Le prince qui commandait ce régiment était jeune et beau. Il vit Paulowna au bazar persan. Il en devint amoureux et fou, elle consentit à le suivre.

— Ainsi, repris-je les yeux baissés, le cœur serré, Paulowna Plotizine est au Caucase?

— Oui.

— Et comment se nomme le prince?

— Fédor.

— Vous l'avez vue au moment de son départ?

— La veille.

— Et ne vous parla-t-elle point de moi?

— Non. Je croyais naturellement qu'elle t'emmenait. Aussi, grande fut ma surprise, lorsqu'on me proposa de me charger de toi.

— Oh! m'écriai-je, que Dieu lui pardonne!...

Et je me pris à pleurer.

Quand ma première douleur se fut épanchée, mon ancien maître reprit:

— Son départ fut tellement précipité qu'elle n'emporta rien de ce qui lui appartenait. Elle laissa un coffre rempli de vieilles hardes et de bijoux communs. Les hardes sont mangées des vers, quant aux bijoux, je vais te les remettre. Aide-moi à me traîner jusqu'à l'armoire.

Je le soutins, et lorsqu'il eut ouvert le meuble, il me remit une petite boîte qui contenait des bracelets, des boucles d'argent et un anneau de mariage, à l'intérieur duquel était gravé le nom de ma mère et celui de son mari.

Les bracelets portaient la marque de la ville de Nijeninovgorod. Enfin un petit miroir encadré d'étain.

C'était tout l'héritage maternel.

Je le tournai un instant dans mes mains, presque honteux de paraître attacher du prix au souvenir d'une femme qui m'avait si cruellement abandonné; mais n'osant non plus le rejeter, je le gardai.

Qne ne les ai-je laissés là!...

Ces objets devaient trop souvent me parler d'elle...

L'oubli eût mieux valu pour moi.

J'emportai donc dans ma solitude ce coffret que je cachais à tous les yeux, et je ne dis rien à Peroff de ce que j'avais appris.

Cependant ma mélancolie n'échappa point à ce dernier; il s'inquiéta de sa cause.

— J'ai trouvé mon ancien maître bien affaibli, lui répondis-je, et je crains bien de l'avoir vu aujourd'hui pour la dernière fois.

Sans m'en douter, j'avais prédit juste, car l'année suivante le paralytique mourut et je ne le revis pas.

Mes voyages annuels à Astrakhan me furent presque tous funestes:

Du premier, je rapportai dans la steppe de douloureuses révélations.

De ceux qui suivirent, j'emportai les germes d'une passion dont je n'avais pas encore ressenti l'atteinte, qui devait troubler la sérénité de mes rêveries et peupler mon désert de fantômes énervants.

J'étais d'une nature vigoureuse et précoce et lorsque mon sang charria le feu des premiers désirs, j'eus à subir une crise terrible. On se marie jeune chez nous, mais j'étais trop jeune d'âge encore lorsque déjà ma main tremblait au contact de la main d'une femme, et que tout mon être se troubla sous le regard indifférent des jeunes filles que je rencontrai en voyageant avec Peroff.

L'air que l'on respire dans la solitude à seize ans est enflammé.

La nature extérieure est comme un immense et magique miroir où se reflètent nos passions.

Elle nous apparaît selon ce que nous sommes.

Il n'est pas même jusqu'aux lignes, jusqu'au dessin du monde végétal ou minéral qui ne se modifient, selon que nous les considérons avec l'amour ou la haine, la joie ou le désespoir.

Cette répercussion, ce reflet, ces échos de nos affections, surexcitent nos affections mêmes.

Le silence a des bourdonnements, des mélodies. L'ombre a des vertiges comme aussi les rayons verticaux d'un ardent soleil.

On comprend le naturalisme païen qui peuplait les campagnes, les forêts, les eaux, de génies bienfaisants ou perfides, mais presque toujours érotiques. Il n'était pas difficile de croire que l'écorce des arbres cachaient des faunes, et les grands roseaux des étangs attiédis, des nymphes.

Les vapeurs blanches qui élèvent et traînent leurs voiles bizarres au clair de lune des prairies, dessinaient des nymphes encore... et toujours.

La même rêverie lascive a peuplé de ses fantômes tous les déserts.

L'amour a ses mirages comme la soif, ses hallucinations comme la faim.

« Il n'est pas bon, dit la Bible, que l'homme soit seul... »

Le désert, où j'avais goûté une paix si profonde, ne me suffisait plus.

Au contraire, je songeai souvent à la ville, et ce qu'avaient emporté d'elle mes plus récents souvenirs, c'étaient des images de femmes, de jeunes filles, à peine entrevues le long des rues, dans la file pressée des passants ou dans le tumulte des marchés.

Ces images vivantes me suivaient partout, dans la prairie, en marche comme en halte, quand le troupeau roulait devant nos chiens les vagues de laine brune, ou quand, la tête dans un buisson je cherchais le repos. Éperdu, ivre, affolé, il m'arrivait alors de prendre pour témoins, pour confidents de ma fièvre, un arbre que j'étreignais, une fleur que je séchais sous mes lèvres.

La chasse, les courses à cheval étaient les seuls remèdes à mes maux. Je m'étourdissais par une activité extrême; j'épuisais l'ardeur de mon ponney en courses extravagantes.

Le jeu aussi me venait en aide.

J'avais fini par rendre joueur mon placide compagnon Joseph.

Je traversai donc une crise qui ne pouvait sans péril se prolonger bien longtemps.

Comme il fallait un aliment à mon imagination, j'en trouvai un dans le souvenir de ma mère.

Chose remarquable et dans la logique des sentiments qui m'agitaient, depuis le commencement de la crise ma mère me paraissait moins coupable.

Comment m'avait-elle oublié, par quoi avait-elle été entraînée? Par amour.

Je ne songeai plus à l'ambition, au besoin de luxe et de grandeur qui l'avait séduite. Je me disais: Paulowna Plotizine était belle et elle aimait.

Je me représentais sa fuite de Novgorod, sa misère, pendant ma première enfance, les séductions dont elle était entourée. Et je me répétais qu'elle n'était pas née pour être la compagne d'un grossier moujik, ou la servante d'un marchand. Elle avait d'autres destinées. J'avais été pour elle un juge inexpérimenté et trop sévère.

Elle m'avait abandonné; mais pouvait-elle m'emmener avec elle?

Son amant aurait-il voulu de moi?

Elle eût paru moins jeune de huit ans en me traînant par la main.

J'étais un obstacle à l'accomplissement de sa destinée... Et mille autres folies.

« Aujourd'hui, me disais-je, si je la revoyais, elle me ferait sans doute un bon accueil. Sa fortune faite, elle ferait la mienne. »

Car il me semblait la voir dans la société la plus brillante, riche, recherchée, influente.

Vous verrez si je me trompais de beaucoup.

Je pensai bientôt à revoir ma mère, aller à sa recherche dans les garnisons du Caucase.

Joseph avait parcouru le Caucase, dans sa jeunesse; je le questionnai au sujet de ce pays, de la distance qui nous en séparait et des moyens de communication.

— Tu iras un jour, Maxime, me disait-il, quand tu seras soldat.

— C'est pour cela, répliquai-je, que je te questionne ainsi. J'aime les Peroff et notre vie pastorale, mais je ne serais pas fâché aussi de voir du pays. Il me semble qu'ensuite je serai content sous la tente de la steppe, de raconter tout ce que j'aurai vu.

Mais je trouvais bien long d'attendre le recrutement des milices pour aller au Caucase, et autant le souvenir des femmes d'Astrakhan m'avait tourmenté, autant le désir de voyager à la recherche de Paulowna enflammait mon imagination.

J'en étais obsédé.

Cependant les moyens d'exécution me manquaient pour cette difficile entreprise.

Il me fallait de l'argent.

Je gagnais chez Peroff un rouble par mois, je n'en avais pas en quatre ans mis de côté vingt-cinq. Je résolus de m'imposer la plus sévère économie.

Pour ce voyage, il me fallait un cheval, des armes et quelques provisions. Mes stations dans les différentes villes seraient peut-être longues et coûteuses. Je ne voulais pas non plus me présenter en haillons aux yeux d'une femme aussi orgueilleuse que Paulowna.

Je remis à notre prochaine visite à la ville la solution de ce problème.

VIII

La caravane

Il y a de nombreuses caravanes de marchands qui se rendent d'Astrakhan dans le Caucase ; je méditai de m'entendre avec l'une d'elles en lui offrant mes services, soit comme homme d'escorte, soit pour tout ce que je pourrais faire d'utile.

En me rendant en ville avec Peroff, je lui dis que j'étais décidé à faire de nouvelles recherches au sujet de ma mère.

— Tu as tort, me répondit-il. En supposant que tu la retrouves, je ne prévois qu'un malheur de plus. Elle te repoussera. Et quel fruit auras-tu tiré de ta peine ?

— C'est une idée qui me tourmente, répondis-je. Il faut que je la satisfasse, ou je n'aurai jamais de repos.

— Ta mère est au Caucase, reprit Peroff, consentirais-tu à me quitter pour aller la voir ?

— La voir... oui ; je reviendrais ensuite le cœur plus tranquille auprès de vous.

Peroff réfléchit un instant et reprit :

— C'est Joseph qui t'a farci la tête de ces idées de voyages au Caucase. Il t'aura probablement vanté la beauté des femmes de ce pays-là et la facilité de leurs mœurs, je devine bien de quoi il s'agit.

— Je vous assure ! m'écriai-je.

— Peut-être n'en conviens-tu pas avec toi-même, dit Peroff, mais tu as de l'amour en tête, Maxime ; c'est certain. N'en rougis pas, cela est naturel à ton âge...

« Mais pourquoi aller si loin pour chercher une femme ?... Parce que ta mère est là-bas et te sert de prétexte. Tu crois avoir besoin d'un prétexte. Quelle folie !...

« Eh bien ! Ne vas pas si loin, Maxime, reste avec nous, et moi, je me charge de te choisir une femme, une honnête femme, bien préférable à ce que tu trouveras au Caucase, où il n'y a que des prostituées.

— Je vous remercie, répondis-je, mais ce n'est pas ce que vous supposez. Joseph ne me parle jamais de femmes ; mais je voudrais revoir ma mère. A mesure que je grandis, je suis plus pénétré de l'injustice de son abandon.

Alors se tournant vers moi avec un sourire amer et des yeux pleins de tendres reproches :

— Je t'ai servi de père, Maxime, me dit-il, et tu m'abandonnes également.

Je me jetai dans ses bras, je lui demandai pardon, et je lui promis de ne pas le quitter. Mais ma promesse, sincère dans le moment, ne devait pas être tenue.

En effet, dès que nous fûmes en ville, mon désir de voyage devint plus impérieux que jamais.

J'appris qu'une caravane se préparait pour Alexandrov et les forteresses des bords du Terek.

J'étais grand et robuste, on consentit à me prendre dans l'escorte.

Il faut vous rappeler qu'à cette époque il n'existait point de chemins de fer, et que le pays que nous devions traverser était presque désert, sans relais de poste et encore exposé aux incursions des pillards Tchetchènes (Caucasiens non soumis aux Russes).

Lorsque j'eus pris l'engagement de partir, j'éprouvai une douleur extrême.

Une voix intérieure me criait : Maxime, tu ne seras plus heureux, tu as tué ton bonheur.

Mais la Providence a ses vues, et malgré nous il faut que nous les remplissions.

Peroff lut mon chagrin sur mon front.

— Quand pars-tu? me demanda-t-il.

—Dans deux jours, répondis-je sans oser lever les yeux, écrasé de honte et de peine.

Puis je lui racontai l'engagement que j'avais pris. Il m'écouta impassible, et nous n'en parlâmes plus.

Mais je vis ses traits s'altérer. Cet homme avait pour moi une amitié profonde. Nous n'osions plus nous parler de crainte de céder à la violence de notre émotion.

Au moment du départ, il me fit cadeau de différents objets de toilette et me dit :

— Tu peux emmener ton cheval.

Alors je pleurai comme un enfant.

Je partis enfin... Dieu le voulut...

J'avais dix-huit ans.

. . . .

Comme la caravane traînait d'énormes chariots chargés de marchandises de toutes sortes : vêtements, meubles, comestibles, et qu'il n'y avait pas un seul chemin entretenu, nous voyagions au tour de la roue avec une excessive lenteur.

Nous devions traverser la steppe à l'est, puis remonter les bords de la Kouma, toucher à Alexandzov et là prendre la route de Terck.

Je revis donc, pour lui faire mes adieux, ce cher paysage de la plaine avant de m'aventurer dans la contrée montagneuse, les rochers et les forêts.

Au sortir de la steppe on entre dans le pays des Kalmoucks, nomades indépendants païens et grossiers; puis de leur territoire, qui est toujours la plaine, nous descendions chez les Koumicks, peuple agriculteur, supérieur en tout aux Kalmoucks.

La plaine des Koumiks est entourée de toutes parts de hautes montagnes boisées. Ces indigènes, qui avaient une certaine civilisation mahométane et cultivaient avec soin leurs terres, avaient une propriété foncière fort bien définie et une canalisation très-bien entendue des eaux nécessaires à la culture du riz et de la garance qui croissent à merveille dans le pays.

Souvent des bandes de Circassiens se glissaient à travers bois sur les terres de ces Cosaques agriculteurs, pillaient les granges et les troupeaux, ou attaquaient les voyageurs et les postes.

Le gouvernement formait les Koumiks en milices. Les garnisons des forteresses se servaient de ces soldats mariés comme ouvriers ou manœuvres. Ils étaient réquisitionnés comme charretiers, cordonniers, tailleurs, boulangers, et se faisaient accompagner de leurs femmes et de leurs filles, qui pour la plupart ne s'occupaient que de galanterie.

Je remarquai que ces jeunes filles étaient extrêmement jolies. Les Koumicks sont de race arabo-circassienne, et l'on sait que les Circassiennes et les Georgiennes sont les plus belles femmes du monde.

Enfin, ce qui ajoute à la licence des mœurs chez ces peuples, on y pratique la polygamie sans sequestrer les femmes dans des harems.

A partir d'Alexandrov, tout pour moi fut un sujet de surprise, tout était nouveau, la nature comme les hommes.

Je cessai de faire partie de l'escorte. Mes services étaient devenus inutiles et je dus voyager à mes frais en accompagnant la caravane. La grande route qui suit les bords escarpés du Terck était gardée alors de lieue en lieue par des piquets de cosaques de la ligne, avec leurs sentinelles placées sur de hautes tourelles en bois.

Des troupeaux immenses de bêtes à cornes et de brebis étaient gardés comme en pays ennemi, par des cavaliers parfaits, et habillés de cette élégante tunique que nous avons empruntée à nos ennemis les Circassiens.

C'était une toute jeune femme à en juger par la sveltesse de sa taille.

De distance en distance s'élevaient des forteresses. Le voyageur sur cette route militaire n'avait plus la liberté d'aller et venir où bon lui semble. On ne pouvait s'écarter de la zône protégée par les piquets de cavalerie et les canons des forts sous peine de se faire enlever par les éclaireurs de Shamil.

Le paysage prend en cette contrée un aspect sauvage et parfois désolé. Les montagnes sont ou dénudées ou couvertes d'épaisses forêts qui leur font donner le nom de montagnes noires.

Ce paysage me rendait aux pressentiments tristes qui s'étaient emparés de moi à mon départ d'Astrakhan et qu'avaient dissipés pendant quelques jours la beauté de la plaine des Koumiks.

Nos marchands cependant allégeaient chemin faisant leurs chariots de leurs ballots et de leurs caisses. On en laissait quelques-uns dans chaque aoul que l'on traversait.

Je m'étais fait une petite pacotille de menus objets de toilette, tels que savons, peignes, épingles, boucles, rubans, pommades et parfums ; bien moins dans l'intention de gagner de l'argent que pour avoir une profession qui m'autorisât à circuler dans le pays et à m'introduire chez les dames des villes, où des forteresses.

La caravane devait s'arrêter à Grosnaïa. Après avoir marché à travers des défilés et des vallées assez dangereuses, nous débouchâmes vers le soir dans la plaine où la forteresse de Grosnaïa nous apparut dans le lointain, avec ses beaux sycomores qui ombragent de jolies maisons blanchies à la chaux.

Avant d'y arriver, notre colonne traversa un pont jeté sur un ravin au fond duquel coule un ruisseau d'où s'exhale une forte odeur de naphte.

Ce pont était protégé par une tour armée de plusieurs pièces d'artillerie.

Enfin nous arrivâmes à Grosnaïa. Cette petite ville groupe ses maisons de briques non cuites et blanchies, mais bien bâties, sur les bords de la Sounja et sous la protection des canons du fort.

Rien de plus bariolé, de plus étrange que la population d'une telle colonie militaire.

Là se rencontrent et se mêlent les mœurs asiatiques et les coutumes européennes, la vie de bohème et la vie de garnison.

Des jeunes gens appartenant aux plus riches et aux plus nobles familles de Russie vivent au Caucase, sans morgue aristocratique, sans raideur militaire, ne gardant à la tête de leurs régiments, que l'attitude convenable à leur grade et à leur rang dans la société.

Ces régiments d'ailleurs, sont les plus braves, les plus gais, les plus bons vivants de l'armée.

Quelques femmes distinguées par leur éducation et par leur beauté, représentent la haute galanterie à Grosnaïa.

Elles y sont entourées d'un luxe inouï, dans un pays sans communications et sans commerce. On n'a pas l'idée de ce qu'on achète dans ces villes perdues, de modes de Paris, de bijoux, de parfumerie orientale, de bières anglaises, de champagne, de folies. L'esprit le plus tolérant anime cette société, pour qui les plaisirs alternent avec les dangers d'une guerre impitoyable.

Le monde indigène y prend le ton sur la colonie étrangère. Les belles Koumikis ou Circassiennes se modèlent sur les dames venues à la suite des régiments, et soldats et irréguliers partagent l'ardeur de leurs supérieurs pour les plaisirs.

Était-ce dans ce monde que je devais retrouver Paulowna Plotizine?

VIII

A Grosnaïa.

Je commençai mes explorations, ma boîte au dos, allant de porte en porte offrir mes marchandises ; tenant peu, je l'ai dit, à faire de l'argent, craignant même de voir diminuer une pacotille si difficile à renouveler et qui me permettait de circuler.

En effet, malgré des prix d'une chéreté dérisoire, mes marchandises s'enlevaient rapidement.

A cette époque un portrait était chose rare. Je n'avais pas celui de ma mère et je n'avais gardé de ses traits qu'un vague souvenir.

Comment la reconnaîtrai-je?

Elle avait sans doute changé de nom. A coup sûr elle n'avait jamais prononcé celui de son mari.

Enfin depuis quinze ans il était possible qu'elle fût morte, ou rentrée en Russie avec son amant.

L'entreprise qui tout d'abord m'avait paru

si simple, me parut alors presque insensée

Je me considérai au milieu de ce monde joyeux, et avec mes graves préoccupations je me fis l'effet d'un hibou au soleil.

A qui confier mon secret?., A ces femmes rieuses?.. A ces insoucieux officiers?..

A qui, si je ne voulais passer pour un fou.

J'avais déjà visité un grand nombre des meilleures maisons, lorsque je fus assailli de ces doutes décourageants.

Alors une rage sourde s'empara de moi et je tournai contre les gens qui m'étourdissaient de leur gaieté, la colère de mon désappointement.

Dans cette fâcheuse disposition d'esprit il n'eut pas fallu qu'on se moquât de moi, la moindre impertinence m'eut fait faire un éclat.

Sur ces entrefaites, j'appris que le prince Worontzoff, qui commandait alors le Caucase, devait donner un grand bal.

Ce bal devait précéder une expédition dans la Tchetchna, contrée couverte de bois séculaires, dont la possession nous était vaillamment disputée.

Dans cette intention, le prince avait déjà porté son quartier général à Tchervlenaia.

La ville de Grosnaïa avait reçu pour le bal de nombreuses invitations ainsi que les gros bourgs des environs.

« Là me dis-je vont se réunir les plus belles femmes du pays, si Paulowna est encore belle et aimée elle y sera.

Il s'agissait donc de me rendre à Tchervlenaia et là d'obtenir la permission de stationner sur le passage des invités, à l'entrée de la maison du prince...

Enfin, une fois là, aurais-je quelque chance d'être remarqué, de bien voir et d'être vu? Je songeai à m'y lier avec les domestiques du prince à les interroger sur les dames, je me mettais l'imagination à la torture, lorsqu'enfin je crus avoir trouvé la

clef du problème, le meilleur moyen d'aboutir dans mes recherches.

Voici ce que j'imaginai.

J'écrivis le petit écriteau, suivant que je plaçai au dessus du plus beau bijou de mon écrin :

A Pulowna Plotizine.

Si ma mère passe devant moi, me disais je si son regard tombe sur cette inscription elle m'interrogera.

Puis, je réfléchis encore.

Paulowna savait-elle lire? Ou plutôt avait-elle appris à lire depuis son départ d'Astrakhan?

C'était possible mais douteux cependant,

Je perfectionnai mon invention.

Je plaçai à l'endroit le plus apparent du petit éventaire où j'étalais mes marchandises de choix, les bracelets et les boucles qui avaient appartenu à ma mère et je les surmontai de l'écriteau.

J'avais ainsi deux chances pour une.

Ces dispositions prises, j'achevai mes préparatifs de voyage.

Enfin le jour venu, je pris la route du quartier général.

J'en étais séparé par une douzaine de lieues ; une journée de marche.

Il faisait un temps superbe. Le chemin jalonné de postes et de fortins, comme celui du Térek. était déjà encombré par les petits marchands et les vivandiers.

On riait, on s'interpellait, on envoyait aux échos de la montagne les refrains de chansons russes ou tartares.

Quant à moi ce jour là par exception j'étais d'une gaieté que je n'ai plus goûté depuis. j'avais le pressentiment du succès ou du moins du dénouement de mon aventure et je m'étais juré de reprendre le chemin de la steppe d'Astrakhan si je ne parvenais point cette fois à rencontrer ma mère.

En route, tout en causant avec les compagnons que le hazard m'adressait, je completai mes renseignements sur le pays curieux que nous traversions.

Je vous ai parlé tout-à-l'heure, d'une source de naphte, le Caucase surtout à l'Orient vers les bords de la mer Caspienne compte un grand nombre de sources semblables qui sont aujourd'hui l'une des richesses de la province et des eaux minérales précieuses.

Les richesses minérales de la chaîne Caucasique commençaient à attirer l'attention du gouvernement et déjà des sondages et des essais d'exploitation avaient été faits.

Il y avait une mine de cuivre ouverte à Tchervlenaia et comme on ne pouvait se procurer des ouvriers ni y employer les indigènes libres ou les soldats, on y faisait travailler les prisonniers de guerre et les condamnés pour crime.

Les Circassiens n'agissaient pas mieux à l'égard de nos prisonniers.

Le travail dans les mines est excessivement pénible. Vous avez sans doute entendu déjà parler de la cruelle condition faite aux condamnés aux mines de Sibérie?

Ce sont les mêmes au Caucase.

La mort serait moins cruelle.

Le forçat russe est le plus malheureux de l'univers et son sort rappelle celui des esclaves condamnés aux mines de l'antiquité ou des infortunés Péruviens sous le joug espagnol.

Le condamné entré dans la mine n'en sort plus que deux fois par an et pour quelques heures; le jour de Noël et le jour de la fête du Czar.

Il est enterré vif.

Comme adoucissement à sa peine et par mesure de clémence impériale, il peut obtenir pour sa femme l'autorisation de partager son sort.

Mais entrée dans la mine, la femme ne doit plus en sortir!...

Dans certains cas et dans certains endroits, la charité est parfois tolérée lorsqu'elle demande à s'exercer envers les forçats.

Tel est l'envers d'une civilisation qui s'offre à nos yeux sous des apparences de douceur et de générosité.

Ces détails firent sur moi une vive impression, et jetèrent une ombre sur ma gaieté. En portant mes regards sur les montagnes de la petite ville dont nous approchions, je croyais déjà sentir dans le dos la fraîcheur glaciale des galeries de la mine.

Oh! oui, la steppe valait mieux que le Caucase!...

IX

Le bal

Je passerai sous silence mon installation à Tchervlenaia. Les auberges y étaient presque inabordables, et tout y avait pris un air de fête. Les dames, accompagnées de brillants officiers, y arrivaient de tous côtés, à cheval ou en calèche.

Mon premier soin fut de rechercher quelque domestique qui me permît d'approcher de la résidence.

Une grande allée de sycomores conduisait à celle-ci dont le perron élégant était précédé d'une belle cour sablée, ornée d'arbustes et de fleurs en caisses.

Stationner dans l'allée eût été pour moi inutile; pénétrer dans la maison était impossible; j'obtins à prix d'or du directeur des écuries, de m'établir près de la grille qui servait de passage entre la cour et un parterre anglais.

Là, me dit mon protecteur, vous verrez passer de nombreux promeneurs, car les salons seront probablement encombrés.

Je demeurai là, inaperçu, pendant de longues heures. Enfin l'encombrement prévu m'envoya de nombreux promeneurs.

Je renonce à vous dire avec quels battements de cœur, je voyais quelques dames jeter sur moi ou sur mes bijoux un regard distrait et curieux.

Combien de fois me suis-je dit : — Est-ce elle?

Ma singulière inscription fut remarquée de plusieurs et provoqua des commentaires.

On ne soupçonnait point que j'en fusse l'auteur, et l'on supposait quelque galanterie énigmatique. Puis, le peu de valeur, la grossièreté des bijoux faisaient sourire.

Quelques personnes crurent que je demandais l'aumône et me jetèrent de l'argent que je ramassai en silence, la rougeur au front.

L'épreuve que je subissais ainsi était rude, et le temps me semblait long.

J'allais me retirer, quand une dame des plus belles que j'eusse vues, et une jeune demoiselle, qui semblait être sa fille, accompagnées d'un colonel de hussards, entrèrent dans le jardin, et s'arrêtèrent à leur tour devant mon magasin ambulant.

A la vue des bijoux de Paulowna, cette dame pâlit. Elle m'enveloppa d'un regard de surprise mêlé d'effroi et de colère.

Ce regard rapide et brûlant me bouleversa, je ne doutai pas que cette femme ne fût Paulowna Plotizine.

Je crus qu'elle allait m'adresser la parole, mais elle détourna la tête et continua son chemin.

Je la suivis un instant des yeux et je ne revins de mon saisissement que pour mesurer la profondeur de l'abîme qui s'était creusé entre ma mère et moi. Je tremblai de tous mes membres.

Le regard qui avait accueilli mon exhibition n'avait rien de naturel; il me présageait le plus implacable ressentiment et je me repentais de ma folie.

« Elle m'a reconnu et a poursuivi son chemin; il suffit. Retirons-nous et de notre côté, poursuivons notre chemin. »

Je fermai mon éventaire et me dirigeai vers la sortie de la résidence, le cœur navré, les genoux tremblants.

« Ah! mon cher et bon Peroff! murmurai-je, je vais vous rejoindre. Qu'il me tarde de vous revoir! Vous seul m'avez aimé! »

Mais comme je jetai un dernier regard à la résidence, je vis courir à moi un domestique qui me faisait signe de l'attendre.

— Tu es le marchand qui se tenait à la porte du jardin? me demanda-t-il.

— Oui.

— Je suis au prince Fedor Iw... reprit-il. La princesse t'ordonne de te retirer d'ici et de venir chez elle demain à midi. Voilà une bourse pour toi.

Je pris la bourse, j'en vidai l'or dans ma main, et l'offris au valet.

— Prends cela pour toi, lui dis-je, je garde le filet de soie.

Le domestique hésita fort étonné, puis se résigna au cadeau.

— La princesse, dit-il encore, vous ordonne de garder sur tout ceci le plus profond silence.

— Dis-lui que je lui obéirai.

Mais à peine rentré à mon auberge, je me demandai si je devais obéir; il me semblait que rien de bon pour moi ne pouvait résulter de mon entrevue avec cette femme orgueilleuse et que la prudence me commandait au contraire de quitter là la ville et la province au plus vite.

Puis je réfléchis et enfin me décidai à me rendre le lendemain chez l'esclave parvenue qui avait été ma mère.

X

L'entrevue

A l'heure fixée, je me rendis à la maison occupée par le prince Fédor. A peine arrivai-je à la grille, qu'une femme de la princesse vint au-devant de moi.

Je la suivis. Tout le monde dormait encore, le bal avait fini très tard.

Paulowna ne s'était sans doute pas couchée.

Elle était assise, déshabillée, sur un divan, au fond de sa chambre.

Je m'arrêtai sur le seuil, attendant une parole d'encouragement, osant à peine la regarder.

— Approche, dit-elle, d'un ton sec.

Je fis quelques pas jusqu'au milieu de la chambre.

— Tu as les mêmes bijoux que tu étalais hier à la résidence du prince?

— Oui, madame,

— Voyons.

J'ouvris mon écrin, mais sans bouger de place.

Eh bien, qu'attends-tu donc?... Donne-moi ces bijoux. je te les achète.

— Ils ne sont pas à vendre, madame.

— N'es-tu pas marchand? que signifie cela?

— Je suis marchand mais je ne puis vendre les bijoux que vous me demandez. Ils ne m'appartiennent pas.

Elle fronça le sourcil et fit un geste d'impatience dédaigneuse.

— C'est une comédie.

— Non, madame et vous avez pu remarquer qu'il y avait sur ce bijoux une étiquette.

— Eh bien.

— La voici. Elle porte le nom de la personne à qui les bijoux ont toujours appartenu.

Paulowna ne savait pas lire,

— Quel nom? fit-elle frémissante.

Paulowna Plotizine, madame répondis-je

Et cette fois j'osai arrêter mon regard sur elle.

— Quelle est cette femme? demanda-t-elle avec aplomb.

— Ma mère, dis-je en pâlissant. Je me nomme Maxime Plotizine. Je suis né sur un bateau du Volga et ..

— Qui te demande tout cela.

— Il est vrai que ma naissance est en effet sans intérêt pour votre seigneurie.

— Certes.

— Mais je pensais devoir cette explication à votre curiosité. Ces bijoux sont vulgaires et sans valeur, et vous êtes, madame, la première, la seule personne qui les ait remarqués.

— C'est un caprice. Je sais payer mes caprices, parce-qu'il n'en est point que je ne puisse satisfaire. Je t'achète tes bijoux de cuivre et d'argent au prix de l'or. Donne-les moi.

— Je vous les donnerais, madame, si vous étiez ma mère.

— Impertinent, murmura-t-elle.

— Son émotion était très-vive. Elle portait la main à sa poitrine comme pour en comprimer les mouvements.

— Elle reprit d'un ton irrité.

— Si tu ne me les donnes de bon gré, je puis te les faire prendre.

— Faites, dis-je.

— Ah! c'en est trop!...

— Oui, madame, c'est trop d'orgueil et de cruauté.

— Mais malheureux, qui es-tu donc? qui t'envoie ici et que me veux-tu?...

— Ma mère m'a abandonné enfant sur le pavé d'une grande ville. Elle m'a laissé à la faim et au froid, sans un morceau de pain, sans un baiser d'adieu. Elle est partie pour le Caucase; elle m'a oublié, moi je me suis souvenu d'elle, j'ai voulu la revoir je l'ai revue. Je la retrouve telle qu'elle était il y a dix-huit ans, car la fortune n'a point changé son cœur... il est resté de marbre...

— Oh ! c'est inouï ! se récriait Paulowna en se tordant les mains de rage, c'est inconcevable. Prétends-tu donc que je suis ta mère ?

— Je ne prétends rien.

— Oui, je me nommai jadis Paulowna Plotizine quelques uns le savent encore. Mais je n'eus jamais d'enfant, je ne te connais pas, et je te défends d'inscrire mon nom sur tes marchandises et de l'afficher. Rappeler publiquement ce nom que je ne porte plus l'inscrire sur des objets ridicules, c'est vouloir m'insulter et je ne le souffrirai pas.

— Ne craignez rien, madame, mon dessein est remplis. Vous êtes Paulowna Plotizine? Voilà vos bijoux.

Je lui jetai les bijoux à ses pieds.

— Voilà votre nom, ajoutai-je en déchirant l'étiquette avec mépris. Vous me reniez; je vous renie. Vous m'avez abandonné enfant, comme vous me chassez, je vous méprise. Que Dieu vous juge!... Mais je m'appelle Maxime Plotizine ; ces noms je les tiens de l'esclave votre premier mari et mon père... je les garde... je n'ai pas à rougir du nom de Plotizine; vous ne le portez plus.

Cette réplique acheva de l'exaspérer.

— Va-t'en! me cria-t-elle, en m'indiquant la porte d'un geste furieux. Va-t'en !...

Je m'éloignai lentement.

A peine la porte s'était-elle refermée derrière moi, j'entendis Paulowna parler avec animation.

Quelqu'un venait sans doute d'entrer chez elle.

Je regagnai mon auberge, le cœur navré.

Je ne saurais vous dire ce que j'éprouvais. J'étais accablé : je me jetai sur ma fourrure, brisé de douleur.

Plusieurs heures se passèrent ainsi. Enfin je repris mon énergie, et je me levai pour faire mes préparatifs de départ.

Je pensais bien que j'avais tout à redouter de la méchanceté de cette femme.

Sans doute que la veille ma fatale exhibition avait prêté à des cancans et à des railleries dont elle ne devait jamais me pardonner d'avoir été la cause.

Je pris mon léger bagage, et descendis dans la salle basse pour payer l'hôtelier.

Comme j'y entrais, des soldats y firent soudain irruption. C'étaient des hussards, bientôt suivis de domestiques du prince Fédor.

— Ah! le voilà! s'écrièrent-ils, en me voyant.

Et ils m'entourèrent.

— Que me voulez-vous? leur demandai-je.

— Il faut nous suivre, dit un brigadier.

— Où cela?

— Au poste.

— Et pourquoi, je vous prie?

— Tu le sais mieux que nous. Allons en route. Pas de résistance.

— Mais qui vous a dit de m'arrêter?

— Le colonel Fédor.Ne viens-tu pas de chez lui?

— Oui, mais...

— Viens, suis-nous, et pas tant de paroles.

Je me laissai emmener.

Je me trouvai au poste en présence d'un lieutenant :

— Fouillez ce coquin, dit-il à ses hommes.

Je compris, je crus comprendre.

On ouvrit ma boîte, mon porte-manteau, puis on me commanda de retourner mes poches.

— Ah!... s'écria le lieutenant, en voyant tomber d'une de mes poches, la bourse en filet, que j'avais reçue la veille, en sortant de la résidence :

« Voilà la bourse de la princesse. »

Et s'adressant à un valet et à la femme de chambre de Paulowna :

— La reconnaissez-vous?

— Parfaitement, répondit la camériste, c'est celle que Madame réclame.

— Comment! répliquai-je, c'est elle-même qui, hier soir à la résidence, me la fit donner par un domestique du général. J'ai donné l'or à ce domestique, et j'ai gardé la bourse.

— Ah! très-bien! fit l'officier, tu as donné l'or, et gardé la bourse!.., Comme c'est naturel! Comme c'est vraisemblable!

Et toute l'assistance éclata de rire. Je parlais; on ne m'entendait plus.

Tout le monde se disait en riant : La princesse qui lui envoie une bourse pleine d'or!.., Et lui qui rend l'or, et garde la bourse vide!...

La femme de chambre prit le filet de soie de sa maîtresse et s'éloigna triomphante, tandis que le lieutenant disait :

— Mon coquin, je t'apprendrai à voler les dames. Cinquante coups de knout à ce drôle. Cinquante, bien appliqués, entendez-vous.

Je voulus encore me défendre :

— Veux-tu te taire, me cria l'officier; me prends-tu pour un imbécile?

Et il me tourna les talons.

Quatre soldats s'emparèrent de moi, et le trompette qui remplissait au poste l'office d'exécuteur, décrocha d'un coin de la salle l'instrument de supplice : le martinet aux lanières de cuir, armées de balles de plomb.

Vous connaissez ces flagellations barbares?

Couché à demi nu sur un banc et solidement attaché, je reçus des coups d'une telle violence, qu'au quatrième, je m'éva-

nouis. Je doute que l'on m'ait appliqué la peine tout entière; on m'aurait tué.

Quand je revins à moi, j'étais en prison. La prison militaire peut-être. Je ne l'ai jamais su; mais qu'importe?...

XI

La prison

J'étais dans une cave, couché sur une botte de paille, saignant, déchiré et dévoré par la fièvre.

J'étais seul dans ce souterrain qui me parut assez grand à la lueur qui tombait d'un soupirail élevé et grillé.

Au-dessus de moi, j'entendais quelque fois un bruit de pas, ce qui me fit penser que j'étais sous le poste. Qu'allait-on faire de moi?..!

Sans doute lorsque mes blessures seraient fermées, on me jetterait dehors. La vengeance de ma mère serait satisfaite. Un paysan Koumick qui devait être sourd, car il ne parut jamais entendre une seule de mes questions, m'apportait chaque jour les maigres provisions auxquelles avait droit un condamné.

Au bout de neuf jours, ce taciturne visiteur me souleva sur ma couche, et me passa la main doucement sur les épaules et les reins, pour juger de l'état de mes blessures.

La peau avait été lacérée, les chairs meurtries; j'avais été couché sur la paille de cette cave dans un état affreux, mais l'enflure avait presque disparue, les plaies s'étaient cicatrisées.

Le geôlier fut content de son examen.

— Bon, très-bon, me dit-il. Bientôt guéri.

Je le remerciai, croyant à sa pitié.

— Bon pour toi et pour moi, me répliqua-t-il.

Où allons-nous lui demandai-je.

Je compris que ma guérison le débarras-
serait de ma personne.

Quelques jours plus tard un chirurgien
descendit dans ma cave.

Le geôlier l'éclairait.

Il examina mon dos et me dit :

— Tu es guéri, tu vas sortir.

Vous concevez la joie que je ressentis !..,

— Est-ce que le prince Fédor Iv... est
encore au quartier général? lui demandai-je.

— Sans doute me répondit-il, toute
l'armée se concentre ici pour une grande
expédition.

Sur ces paroles il se retira.

« Pourvu qu'en sortant je ne rencontre
pas ma mère, pensais-je.

Puis, je me réjouis à la pensée de ma prochaine liberté.

Je ne possédais plus un kopck, mon
cheval probablement avait été vendu pour
payer ses frais d'écurie; je m'en retour-

nerais donc à pied vers la steppe d'Astrakhan. Mais, dussé-je m'y traîner sur les mains, je m'estimerais encore heureux d'échapper à ce pays funeste.

Une heure après la visite du major, le geôlier me cria :

— Lève-toi, et viens.

Je ne me fis pas prier et gravis assez facilement les escaliers boueux de la cave.

Je me trouvai dans une petite cour.

Un piquet de cavaliers m'y attendait.

Le geôlier me saisit les mains et les lia avec la dextérité que donne l'habitude.

— Que fais-tu? me récriai-je. Mais ne suis-je pas libre?

Les soldats riaient.

— Où me conduit-on? repris-je effaré.

— On te conduit aux mines, me répondit le geôlier.

— Aux mines!...

Je tombai privé de connaissance.

Deux soldats me prirent, et me lièrent sur un cheval. Quand je repris l'usage de mes sens, la nuit tombait.

De longtemps je ne devais plus voir le soleil... Nous approchions des mines.

Comme je vous l'ai dit, je savais à quoi m'attendre dans cet affreux séjour.

XI

La mine

Un campement industriel, une agglomération de cabanes pour les employés, les gardes, des tentes, des hangars pour les marchands de boissons, les vivandiers, les petits marchands forains, un poste militaire, un parc pour les bestiaux, un abattoir, enfin tous les éléments grossiers et informes d'une bourgade naissante, tels étaient les abords de la mine récemment ouverte dans le flanc de la montagne.

Tous ces détails m'apparurent d'abord dans un pêle-mêle confus, mais il n'en fut pas de même de l'entrée de la mine.

Par un sentiment commun à tous ceux que l'on jette en prison, j'examinai avec une attention d'une intensité extrême la gueule de l'abîme dont on me faisait la proie.

Lorsque dans une des barraques dont je viens de vous parler, on m'eut fait revêtir l'équipement du mineur et accomplir les formalités d'écrou, on me dirigea vers la mine, ou la carrière de malachite (1).

Je dévorai des yeux l'énorme caverne creusée dans les rochers, bordée de broussailles et surmontée d'une noire forêt de pins.

Des sentinelles gardaient les entrées. A celles-ci aboutissaient des chemins solidement empierrés qui servaient au transport des blocs précieux arrachés au sein de la montagne.

Je vis des malheureux attelés comme des bêtes de trait à de lourds chariots. Ils étaient noirs, verts, comme des cadavres de cholériques ambulants. Leur aspect m'effraya d'autant plus, que j'ignorais la nature de la carrière, et que j'attribuais à leurs souffrances l'horrible couleur dont les couvrait la poussière du malachite.

L'exploitation de la carrière était faite d'une façon toute primitive. On avait du champagne et des modes de Paris au Caucase, mais on y manquait encore de machines à vapeur et du grand outillage moderne qu'on y emploie actuellement.

Une grotte naturelle, avait offert la première entrée ; on l'avait agrandie, déblayée et elle servait de point de départ à quatre grandes galeries, et de lieu de réunion au personnel.

Je fus frappé du pittoresque sombre de cet immense vestibule, dont les voûtes élevées disparaissaient dans une sorte de

(1) Pierre opaque d'un beau vert.

brouillard d'un bleu foncé comme le ciel.

Des lampes dont l'huile minérale était fournie par des sources voisines, éclairaient les galeries.

Je portais déjà sur ma veste le numéro de l'équipe à laquelle j'étais incorporé. Un surveillant me dit de le suivre, et nous nous engageâmes dans une des galeries.

Ces allées aboutissaient à des ronds-points et à des carrefours où s'ouvraient des galeries plus petites. Leur direction souvent contrariée par des couches granitiques difficiles à percer était irrégulière, comme leurs dimensions.

Je remarquai aussi des espèces de niches de dix pieds de hauteur, sur six de largeur environ, et j'en devinai la destination en me rappelant que les ouvriers couchaient dans la mine.

Des planches pourries, de la paille et quelques peaux de mouton, y servaient de coucher.

Je ne vous raconterai point mes travaux de chaque jour dans la carrière ; rien de plus monotone.

Chaque matin le chef d'équipe faisait l'appel de ses hommes dans un des ronds-points de la galerie. La distribution des vivres avait lieu ensuite. Le riz, le lard et un pain détestable, composaient notre nourriture. Le riz apporté tout chaud dans des gamelles, était toujours bien accueilli. Le lard était rance ou pourri. Il était rare que la pitié ou la charité changeât quelque chose à cet ordinaire ; et encore la bonne aubaine d'un peu de tabac, d'un verre de thé ou d'eau de vie, d'un morceau de viande n'était possible que pour les individus qui sortaient avec les chariots.

Je fus même longtemps avant de m'en douter.

Enfin ce qui était moins rare, c'étaient les distributions de knout, seul stimulant qui ne nous fût pas épargné, quand le mou-

vement du pic ou de la pelle semblait se ralentir.

Chaque dimanche, deux popes venaient dans la mine nous apporter la parole de Dieu.

L'habitude avait endurci le caractère de ces prêtres, qui s'acquittaient machinalement de leurs fonctions.

J'étais arrivé un samedi. Le second dimanche, le pope après la prière, parut remarquer qu'il comptait une âme de plus. Il s'approcha de moi, me tira à part et me dit :

— Tu es le marchand condamné pour vol chez la princesse Fedor ?

— Oui, mon père.

— Quelqu'un s'intéresse à toi, et m'a chargé de t'en informer. Ne désespère pas.

— Qui donc ?

— Une personne riche, puissante et bonne comme un ange. Tu la verras bientôt. Ne cherche pas qui ce peut être. Cette personne t'est tout à fait inconnue.

— Et elle me connait…

— Elle t'a vu deux fois.

— Étrange !

— Ne parais pas te souvenir de ce que je viens de te dire, car tu inspirerais des soupçons, et tout serait perdu. Adieu, je t'en ai dit déjà trop.

« Mets-toi à genoux, ajouta le pope.

Je me mis à genoux, et il me donna sa bénédiction.

Dès lors le souterrain me parut moins affreux ; dans ses ténèbres pour moi il y avait un rayon d'espérance.

D'après ce que m'avait dit le pope, je songeais que cette personne devait être une femme. Mais laquelle ?..

Je me perdais en conjectures. Je ne connaissais dans ce pays personne qui pût s'intéresser à moi. Peut-être ma mère se repend-elle de sa cruauté, me dis-je enfin. Et je m'attendais à la voir paraître.

Si j'avais été moins absorbé dans mes réflexions j'aurais remarqué que depuis mon entretien avec l'aumônier, mes chefs me parlaient avec moins de rudesse.

Deux jours après, je fus commandé pour aller mesurer des blocs de malachite en dépôt à l'entrée de la carrière. Ce travail relativement facile était une faveur.

Je m'y rendis avec mon brigadier.

A peine y étions-nous que j'entendis le galop d'un cheval sur la route et presque aussitôt j'aperçus une amazone se dirigeant vers nous. J'interrompis mon travail. Je n'en pouvais douter, c'était *elle*.

Elle descendit avec une habileté gracieuse, jeta la bride de son ponney à un moujick accouru à sa rencontre et vint à nous d'un pas délibéré.

C'était une toute jeune femme à en juger à la sveltesse de sa taille; une voilette épaisse me cachait en partie ses traits.

Elle était grande et le costume qu'elle portait seyait à ravir à sa beauté à la fois élégante et robuste. Sa démarche, son geste étaient la grâce même.

Elle s'adressa à moi sans hésiter et pour me parler, relevant un coin de son voile, me laissa voir le bas de son visage, un teint de lait, une bouche vermeille et souriante.

— Maxime Plotizine, me dit-elle, ta condamnation est due à une erreur, je le sais. Ton infortune m'a touchée. Je ne puis te délivrer, mais je veux du moins contribuer à adoucir la cruauté de ton sort.

— Oh ! merci ! m'écriai-je; vous ne me croyez donc pas un voleur.

Tu es un honnête homme et un cœur généreux, Maxime Plotizine; ton voyage au Caucase me le prouve, car j'en connais la cause.

— Juste ciel!... qui a pu vous l'apprendre?... Dieu sans doute, car vous êtes un de ses anges.

— Prends toujours cette bourse, me dit-elle. Celle-ci ne te portera pas malheur ; tu pourras acheter ici quelque nourriture et des vêtements.

Je m'inclinais pour recevoir la bourse, quand le brigadier s'avança entre nous :

— Madame, dit-il en saluant profondément, pardonnez-moi, mais le règlement s'oppose à ce qu'un détenu garde de l'argent sur lui.

Elle réfléchit un instant. Elle comprit sans doute que si elle remettait ce secours à cet homme je n'en aurais rien :

— Eh bien, fit-elle, pour aujourd'hui, vous partagerez cela ensemble. J'en apporterai le double une autre fois.

Le brigadier n'invoqua plus le règlement.

Le cas n'y était pas prévu sans doute. Elle vida la bourse dans le creux de sa main.

Il y avait six pièces d'or.

Elle en remit trois à mon chef qui les accepta effrontément et me donna les trois autres. Je n'eus pas le temps de la remercier.

— Bon courage ! Maxime Plotizine, me dit-elle en s'éloignant. Et à bientôt !...

Le moujis amena son cheval et elle partit au galop.

Je demeurai stupéfait suivant des yeux jusqu'au bout de la plaine cette apparition céleste.

— Tu as eu de la chance, jeune homme, me dit le brigadier. Mais cache bien ton or ou gare le knout!... Il faudra le changer peu à peu à la cantine quand tu t'y trouveras seul. Méfie-toi bien des camarades, car ou ils te voleront, ou ils te dénonceront, ou encore ils t'en demanderont en te menaçant de te dénoncer.

« Que vas-tu acheter avec cela?

— Une chemise de laine, répondis-je; j'ai froid puis nous mangerons un bon morceau de mouton et nous boirons un coup.

— Allons, dit le brigadier ; profitons de ce que nous sommes seuls.

« Tu sais, ajouta-t il, que la dame a promis de revenir et d'en apporter le double oh ! c'est une fortune cela !... Mais gare au knout !

Elle est arrivée, elle est partie comme un oiseau.

— Tu l'attendais demandais-je?

— Belle question !

— La connaitrais-tu?

— Moi? Est-ce possible !.. Bien que, — ajouta-t-il en se regorgeant, — j'ai connu autrefois des femmes très distinguées.

— J'aurais voulu seulement savoir son nom, repris-je, pour pouvoir la nommer à Dieu dans mes prières.

— Le bon Dien sait son nom, reprit le brigadier en riant, mais le pope le sait aussi. Demande-le-lui. Si j'ai l'occasion de lui offrir une goutte, je le saurai.

Lorsque j'eus fait mes emplettes dans un bazar, et que nous eûmes mangé un morceau. et bu une bonne bouteille :

— Sais-tu, reprit le brigadier, qu'elle est bien jolie?

Si je le savais !

Son image ne me quittait plus .Je voyais toujours ses grands yeux briller derrière la dentelle de son voile, et son sourire perlé de dents blanches, son menton, son cou blanc, et sa main et ses pieds mignons... J'aspirais ardemment à la fin de la journée pour être seul avec son souvenir et m'en rassasier ! Jamais femme n'avait produit sur moi impression pareille. Ei ce jour fut certainement un des plus beaux de ma vie.

Je n'allais plus vivre que dans l'attente de son retour.

Chose étrange ; tout se transfigura autour de moi et tout pour moi fut changé.

Les heures n'étaient plus des heures, leur durée se prolongeait ou s'écoulait selon la nature de mes pensées. Le travail me paraissait moins rude, la mine me semblait supportable

J'oubliai la steppe.

Je me promis de ne pas dépenser mes trois pièces d'or êt d'en garder toujours au moins une. Je choisis la plus brillante de ces pièces qui avaient touché le creux de sa main et je la couvris de baisers.

Un jour, j'eus une peur affreuse :

Le brigadier, sorti de la mine, y était rentré ivre... Je tremblai que notre secret ne fut découvert...

Le dimanche revint, et avec lui le pope. Après la messe je l'abordai.

— Je l'ai vue; mon père, lui dis-je, mais dites-moi son nom, je vous en supplie.

— Je ne le sais pas, me répondit-il d'un air de sincérité qui ne laissait aucun doute.

Elle m'a abordé sur le chemin de la mine et m'a parlé de toi comme d'une victime innocente. Elle est très pieuse, et très généreuse aussi. Tout ce que j'ai deviné c'est qu'elle est fille d'officier supérieur, qui à cette heure fait partie de l'expédition contre les Tchetchènes. Espère ; quand le prince Worontzoff sera de retour, au lendemain de la victoire, elle lui demandera ta grâce, et elle est trop belle pour qu'on lui refuse rien.

Le lundi le brigadier me dit :

— Maxime, nous irons demain compter les blocs de malachite.

Je m'étais procuré un peigne et du savon et je passai une partie de la nuit dans ma niche à la lueur de ma lampe de mineur, à me décrasser de la poussière qui déjà m'avait donné une couleur de bronze.

Déjà je m'étais demandé quelle impression j'avais dû faire sur elle. Et je savais qu'autrefois je n'étais pas laid.

Puis ma toilette faite, je tremblai que ce nettoyage extraordinaire n'éveillât l'attention des surveillants.

Allais-je me compromettre pour si peu?...

Et si elle remarquait cette propreté exceptionnelle, ne lui paraîtrais-je point ridicule.

A coup sûr elle ne pourrait y voir l'audacieuse prétention de lui plaire. Un homme de ma condition, fût-il libre, ne peut avoir de ces prétentions folles.

Ma mère cependant...

Et je me rappelai que je ressemblais à ma mère. J'avais son front hautain, ses grands yeux, ses traits...

Je souris de mon extravagance et cependant je ne pus me résoudre à me machurer de nouveau de noir et de vert. Je me contentai d'enfoncer mon bonnet le plus possible et de relever le collet de ma veste.

Le jour me trouva debout.

XII

Son nom.

Si je m'arrête à de semblables détails c'est afin de vous marquer les progrès du sentiment passionné qui s'empara de moi et m'entraîna peu à peu sans que j'en eusse conscience.

A dix-huit ans j'avais la naïveté d'un enfant et les passions d'un jeune homme, sans en avoir la corruption. Quelques mois de séjour au Caucase auraient suffi à me perdre mais je n'avais fait que le traverser rapidement.

Cependant il m'était difficile dans la triste condition où la cruauté de ma mère m'avait plongé, de ne pas éprouver une sorte d'adoration pour la créature dévouée, jeune fille ou femme, qui descendait jusqu'au bord de mon abîme pour m'apporter l'aumône de sa bonté et l'espérance.

Cette étrangère était pour moi l'ange de l'espérance.

Et d'ailleurs la voir, — n'importe où, — c'était l'aimer.

A l'heure convenue nous nous retrouvâmes hors de la carrière avec l'inséparable brigadier.

A la même heure que huit jours auparavant la même amazone galoppa vers nous.

Mais ce jour là, par un très beau soleil; il faisait un vent assez violent et ma protectrice en descendant de cheval ne put retenir son voile assez vite pour me dérober ses traits.

Mon regard plein d'une admiration naïve l'émut et je la vis rougir.

— Maxime Plotizine, me dit-elle, ne cherche pas à me connaître, ce ne serait qu'un malheur de plus pour toi. Qu'il te suffise de savoir qu'en venant ici j'obéis au sentiment le plus naturel, mais que je m'expose à un châtiment sévère.

— Vous exposer pour moi! me récriai-je. Oh! ne le faites plus, vous voir est un bonheur immense, mais j'y renoncerai.

— Je reviendrai encore, dit-elle. Car une injustice comme celle dont tu es victime appelle la malédiction de Dieu sur ses auteurs. Il faut que je la rachète autant qu'il est possible. C'est un devoir. T'abandonner ce serait un crime qui troublerait le repos de mes nuits.

« Le jour où j'apprendrai que tu es libre je serai délivrée moi-même.»

Mais alors fuis bien loin; oublie à jamais ce pays. Ne cherche plus à revoir qui t'a repoussé. Ne lui fais plus de ton nom, pauvre garçon, une mortelle offense, subis ta destinée...

Sa voix en prononçant ses dernières paroles s'attendrit d'une pitié étrange et je ne pus retenir mes larmes.

« Pauvre garçon! m'avait-elle dit. Elle s'intéressait donc à moi. Il y avait dans ses paroles et plus encore dans l'accent quelle leur prêtait, le témoignage d'une véritable affection.

Sa voix avait pour moi une puissance de pénétration, si je puis dire, un charme musical incomparables.

— Soyez bénie! lui répondis-je. Vous m'avez fait trouver bon le pain de la prison et légère ma chaîne de condamné. Vous m'avez rendu des forces et vous avez relevé mon courage. Votre vue est l'apparition d'un monde meilleur, votre présence a révélé à mon cœur une vie nouvelle. Soyez bénie!... Je ne chercherai jamais à connaître le nom de votre famille, ni votre position dans le monde et si j'échappe a cette prison je disparaîtrai et j'irai me cacher bien loin dans la solitude. Mais quel nom donnerai-je à votre souvenir?

La jeune fille baissa les yeux et parut hésiter. Je regrettai déjà mon audace.

XIII

Interruption

Comme Maxime Plotizine en était arrivé à ce moment délicat de son récit, sa sœur qui jusque-là l'avait écouté avec attention, se leva et se retira toujours silencieuse.

Le vieillard s'arrêta un moment et l'avocat Ceslaw Romen profita de cette interruption pour lui exprimer tout l'intérêt qu'il prenait à ses mémoires.

— Vous m'apprenez à vous estimer et à vous aimer, lui dit-il, et vous ne sauriez imaginer quelles forces je puiserai dans ces sentiments pour plaider votre cause. Quel jury ne s'intéresserait à cet enfant abandonné, persécuté et aimant?

Votre biographie est attachante comme un roman. Et qu'il est regrettable qu'elle ne puisse être retracée dans tous ses détails intimes devant le tribunal de Tambov. Mais je pourrai du moins en présenter une vigoureuse esquisse...

— Attendez! fit le vieillard avec un sourire. Dans ce qui me reste à dire, il y a des pages qui ne pourraient s'écrire qu'avec du feu; il y a des mystères au seuil desquels nous arrivons dont la peinture est je crois bien difficile même pour un orateur de votre talent.

« Je suis arrivé au point critique de ma vie.

« N'avez-vous déjà point deviné que j'aimais ma jeune consolatrice, sans savoir la nature des sentiments passionnés que j'éprouvais pour elle. »

— Oui, sans doute, répondit Romen, mais cet amour était pur autant que naturel.

— Il était fatal, dit Plotizine, — et peut-être direz-vous qu'il était funeste. Mais avant de poursuivre, je vous demanderai à prendre un instant de repos.

— Encore un mot, je vous prie, fit l'avocat.

— Dites.

— Lorsque vous vous êtes interrompu, vous rapportiez les paroles par lesquelles vous suppliez votre consolatrice de vous dire son nom?...

— Oui.

— Que vous répondit-elle?

— Après un moment d'hésitation, reprit Plotizine, elle me répondit :

— Je me nomme Nadèja.

Puis elle me quitta brusquement.

A quelques pas de là, elle se retourna et me dit avec un geste amical :

— Adieu !...

Et disparut sans m'avoir promis une troisième visite et me laissant dans un doute affreux.

. . . .

« Nadèja » se répéta Ceslaw Romen. Et bien que ce nom fut très commun, il chercha un moment, mais il ne trouva point.

Il se leva remercia le vieillard et lui promit de revenir le lendemain pour entendre la suite de son récit.

Le soir de ce jour dans un salon de Tambov où se trouvaient des officiers et des fonctionnaires de l'Etat, il fut naturellement amené à parler de ses clients et s'exprima sur leur compte dans les termes les plus élogieux.

Son enthousiasme fit sourire.

On lui opposait les articles railleurs ou indignés de la presse russe et de la presse étrangère.

— Ce sont de honteux coquins, lui disait-on.

— Non, répliquait-il, en ma consience, ce sont d'honnêtes gens.

— Mais enfin ce sont des *Skoptzi*, reprenaient ses contradicteurs. Est-ce pour cela que vous les trouvez honnêtes? Il n'y a pas de vertu sans lutte. Ils ne feront jamais des libertins, mais faut-il se couper les jambes pour ne point faire de faux pas?

— Vous êtes trop convaincu pour ne pas être disposé à être converti, lui disait-on encore.

Et l'on ajoutait :

— Si vous gagnez cette cause, Romen, vous ne trouverez jamais à vous marier à Tambov, songez-y !

Cependant l'opinion d'abord très-montée contre les Skoptzi commençait à se calmer et probablement les propos de Ceslaw Romen colportés en ville contribuaient à ce changement.

Le lendemain ainsi qu'il l'avait promis il retourna à la prison et Maxime Plotizine reprit son récit.

XIV

Suite des confessions d'un skoptz

Plus d'une semaine s'écoula sans que Nadèja reparut.

Le dimanche, l'aumônier se déroba lorsque je voulus lui parler, ce qui me parut déjà d'un fâcheux présage.

Le mardi, jour qu'elle avait choisi deux fois, nous allâmes dehors le brigadier et moi, mais elle ne vint pas.

Avait-elle renoncé à venir ou en avait-elle été empêchée?

Avait-on dénoncé ses démarches à sa famille et allait-elle être punie de sa charité?

Je renonce à vous dépeindre mes inquiètudes et mon chagrin. Quant au désappointement du brigadier qui avait déjà pris la douce habitude de se faire une rente de sa discrétion il m'aurait donné à rire si j'en avais eu le courage.

La carrière reprit pour moi son aspect naturel et ma prison redevint ce qu'elle devait être, un enfer.

Alors mes idées prirent un nouveau cours.

J'avais amassé un petit pécule qui en pareil lieu pouvait passer pour un trésor je songeai à en profiter pour m'évader.

Tarder était imprudent: car du jour où le brigadier mon complice n'aurait plus à attendre de nouvelles aubaines, et où il aurait laissé à la cantine le plus clair de son argent, sans doute il n'hésiterait pas à faire appel à ma bourse.

D'autre part, j'appris que l'expédition contre les Tchetchenes étaient terminée et que les troupes rentraient.

Leur retour m'ouvrait les montagnes et les bois qui nous environnaient et nous séparaient des Tchetchenes, seuls territoires où je pusse me réfugier pendant quelque temps.

J'avais bien entendu parler de la férocité de nos ennemis, mais je ne croyais avoir rien à redouter d'eux qui fût plus cruel que la carrière.

Je cherchais donc le moyen de sortir vers

Je t'emportai dans mes bras en courant.

le soir, de me cacher aux environs et de profiter de la nuit pour me jeter à la grâce de Dieu dans la montagne.

Je découvris près de l'endroit qui servait de dépôt au dehors, un trou où je pouvais me blottir. Certain de ce premier refuge je fixai le jour de mon évasion au jeudi de la semaine suivante.

J'aurais ainsi attendu le retour de Nadèja plus de quinze jours.

Sans laisser pénétrer mon dessein à mon dangereux confident, je l'invitai plusieurs fois à la cantine, et je profi'ai de ces sorties pour acheter des chaussures, un couteau, — qu'il ne vit pas, — et diverses provisions indispensables à mon entreprise.

Cependant à mesure que le jour fixé approchait, ma résolution s'affaiblissait. J'éprouvai un serrement de cœur inexprimable.

C'est que si j'allais tenter de reconquérir

ma liberté, chaque pas que je ferais vers elle m'éloignerait de Nadèja!...

Ne devais-je plus la revoir?

Si je restais, ne pouvais-je pas conserver cette espérance?..

Ce doute suffisait à ébranler ma raison, et à river ma chaîne.

Enfin le jour que je m'étais fixé arriva.

Les heures s'écoulèrent lentes et pleines d'angoisses. Le soir tomba...

Je pris dans mon trou ce que j'y tenais prêt, et me dirigeai vers la sortie.

Tout-à-coup un grand bruit se fit au dehors, et une compagnie de soldats s'élança précipitamment vers l'entrée de la caverne.

— Ordre du Général-Gouverneur! criait l'officier qui commandait l'escouade.

Le chef de ma galerie courut au devant de lui.

— Faites garder les issues de la mine, commanda l'officier.

— Pardon mon lieutenant, lui demanda-t-on, de quoi s'agit-il?

— Il s'agit, répondit-il, d'une tentative d'évasion, puisqu'il faut qu'on vous l'apprenne, voici l'ordre: Faites arrêter immédiatement le nommé Maxime Plotizine, et mettez-le aux fers. C'est de lui qu'il s'agit.

Je reçus ce coup à bout portant, j'étais à quelques pas de l'officier.

— Maxime Plotizine s'écria mon chef de galerie, en me désignant, — le voici!.

On me saisit aussitôt et l'on me fouilla.

On fut ébahi de la quantité d'or que j'avais sur moi; mon couteau, mes provisions, auraient suffi à lever tous les doutes.

— Doit-il être interrogé? reprit mon chef.

— Non, répondit l'officier.

— Emmenez-le, ordonna mon chef — Et cinquante coups de knout,

— Un instant, fit l'officier. Il n'est pas question de knout. L'ordre porte sim-

plement « sera mis au cachot et aux fers pour un an. C'est bien assez comme cela. »

En effet, il avait sans doute entendu dire comme moi que les cachots de la mine étaient de véritables oubliettes, où les exemples de longévité étaient fort rares.

Je ne me faisais point d'illusion et je crus avoir entendu mon arrêt de mort.

Le brigadier, mon ami, fut chargé de l'exécution de l'arrêt.

Il me prit par le bras, afin de pouvoir me parler en route, et suivi de quatre soldats, m'entraîna vers les cachots.

Le contact de cet homme me faisait horreur.

« C'est lui, pensai-je, qui m'a dénoncé. »

— Je sais ce que tu penses de moi, me dit-il à voix basse, mais tu te trompes, Maxime. C'est le pope qui t'a trahi, et peut-être irai-je bientôt te rejoindre.

— Que celui qui l'a fait soit maudit, répondis-je.

— Oui, maudit, répéta le brigadier. Tu vas bien souffrir, mais tu ne mourras pas. Tant que je serai dehors, tu ne seras pas abandonné et la demoiselle fera peut-être quelque chose. Si je savais son nom!...

— Elle s'appelle Nadèja, lui dis-je.

— Et puis?

— C'est tout ce que je sais.

— Je parlerai au pope, et je tâcherai de te donner des nouvelles. Tant que je serai libre, tu trouveras dans le pain qu'on te jettera, un clou que j'y enfoncerai, et deux, si j'ai des nouvelles de Nadèja.

— Merci, répondis-je.

— Nous voici arrivés. Le cachot est une fosse avec une grille dessus. Quand tu seras là-dedans, évite, tant que tu le pourras, de t'appuyer le dos aux parois, c'est terrible et frotte toi le plus souvent possible pour te réchauffer.

Tu ne mourras pas.

« Halte! commanda-t-il. »

Nous étions au fond d'une galerie abandonnée.

A la lueur des torches, j'aperçus une grille devant mes pieds.

— Un homme de bonne volonté pour m'aider, reprit le brigadier.

Un simple verrou fermait la grille ; mais le poids de celle-ci était considérable, et les deux hommes eurent beaucoup de peine à la soulever.

J'assistai à cette opération sans en être impressionné ; la catastrophe qui venait de me précipiter à l'abîme m'avait étourdi, comme un premier coup de masse étourdit le bœuf conduit à l'abattoir.

C'est plus tard que je compris tout ce qu'il y a de sinistre dans un pareil enterrement d'un être vivant.

Aujourd'hui encore, je ne puis me le représenter sans en avoir le frisson.

Lorsque la grille fut levée, le brigadier décrocha de la muraille de la galerie un rouleau de grosses cordes à nœuds.

— La fosse a douze pieds, me dit-il ; tu vas te suspendre à cette corde, et nous te laisserons descendre.

J'essayai d'obéir ; mes mains étaient sans force.

— Je ne peux pas, dis-je.

— Il le faut. Aimerais-tu mieux être précipité là-dedans au risque de t'y casser les jambes ?

— Que m'importe ?

— C'est des bêtises. Allons, du courage. Prends cela ; tiens ferme.

— Je le voudrais ; mes mains refusent.

Le brigadier me parla à l'oreille :

— Tu ne mourras pas, te dis-je ; pense à Elle.

Ce dernier mot galvanisa mon énergie épuisée.

Je parvins à étreindre la corde.

J'avançai au bord du puits, à reculons.

Je perdis pied ; la corde s'allongea...

Et je tombai de deux mètres de hauteur peut-être, car je lâchai prise presque aussitôt.

La corde remonta.

La grille retomba.

Une lueur rouge flotta un instant au-desssus de ma tête...

Puis, plus rien que les ténèbres, et un silence affreux.

Vis si tu peux... et meurs si tu le veux.

. . . .

Celui qui est enterré vivant, par erreur, en se réveillant dans son cercueil, aspire le reste d'air qui l'entoure et crie. Il heurte ses poings, son crâne aux planches de la bière. Il sait qu'il est victime d'une méprise, et que s'il peut se faire entendre, il échappera à la mort.

Mon sort n'était pas moins affreux. Mon agonie était voulue et entretenue.

Inutile de crier ou de me débattre, aucun effort ne servirait à rien, qu'à faire rire mes bourreaux, si le bruit en parvenait jusqu'à eux.

Quand mon accablement commença à se dissiper, je me rappelai tout ce que le brigadier m'avait dit, et mon énergie morale se releva.

Je réfléchis.

Je me dis que je n'avais été dénoncé ni par le brigadier, ni même par le pope.

Que Nadèja avait été espionnée par quelqu'un des siens, qu'elle avait été réprimandée par ses parents, et leur avait avoué le nom du malheureux qu'elle osait secourir.

Alors la vengeance des parents était retombée sur moi. Ne pouvant me tuer, puisque la peine de mort, chez nous, est abolie, et, voulant faire disparaître un objet de scandale, on m'avait enterré vivant.

Mais Nadèja le savait peut-être, et si elle l'ignorait encore, elle ne pouvait tarder à l'apprendre par le pope.

Le pope la verrait le dimanche soir, dans deux jours.

M'abandonnerait-elle?

Je ne pouvais le croire. Il m'était donc permis d'espérer.

Je réfléchis ensuite à tous les petits moyens nécessaires pour combatte les causes de maladie dans mon trou de granit, et je me décidai à disputer courageusement ma vie.

XV

Enterré vif.

Je ne tardai pas à avoir des nouvelles de mon ami le brigadier.

On me donnait du pain tous les deux jours. Le deuxième jour je reçus une boule de son dans laquelle je trouvai un clou, puis une fiole d'eau-de-vie et un morceau de viande.

Cette preuve de dévouement me réconforta tout-à-fait. Si cet homme me secourait, c'est qu'il comptait lui-même sur la puissance ou la générosité de ma protectrice.

Deux jours après, nouvelle visite et nouveaux secours.

Le brigadier se pencha sur la grille, et me parla, mais ses paroles ne me parvinrent pas distinctement. Je n'entendis qu'un bruit de voix étouffé par l'air épais et la cavité de ma prison.

Il s'éloigna sans attendre ma réponse. Je fouillai le pain et j'y trouvai deux clous. Deux !

Selon nos conventions, cela signifiait qu'il avait eu des nouvelles de Nadèja. Le pope sans doute lui avait parlé d'elle.

Plusieurs jours se passèrent sans autre incident.

Puis j'entendis du bruit du dehors et dans le bruit confus qui se répercutait dans ma galerie, je reconnus celui de détonnations de pétards et de cris.

« On fait sauter quelque bloc de rocher, pensai-je.

Mais ces bruits se répétaient souvent, et je dus abandonner cette supposition.

Ce que j'entendais, je l'appris bientôt, c'étaient des détonnations d'artillerie et des feux de peloton. Il y avait grande fête à la forteresse de Tchervlenaia et aux abords de la carrière. On célébrait les victoires remportées récemment sur les Tchetchènes. Pour cette solennité on avait suspendu les travaux de la mine, et distribué une ration d'eau-de-vie aux condamnés.

Moi seul, pouvais me croire oublié.

Mais je ne l'étais point !...

Tout bruit avait cessé depuis longtemps; on devait être au milieu de la nuit, quand j'entendis des pas au dessus de moi.

Quelqu'un m'appela...

Je répondis aussitôt :

— Me voici. Qu'y a-t-il?

Une clarté se fit au-dessus de la grille, et dans cette clarté j'aperçus le visage du brigadier et celui d'un inconnu.

La lumière se retira et bientôt j'entendis soulever la grille.

Mon cœur battait avec violence. J'avais le pressentiment d'un bonheur.

La corde à nœuds descendit.

Je la saisis avec l'énergie d'un homme qui se noie, et je grimpai comme si toute ma vie j'avais pratiqué le gymnase. Mais, parvenu au bord du trou, je manquai de prise, mes mains s'écorchaient à la roche, et je m'épuisai en vains efforts.

Un de mes libérateurs s'en aperçut. Il laissa son compagnon soutenir seul la corde, et me saisit sous les bras. Ainsi soutenu, je fis un nouvel effort et j'atteignis la bordure de pierre sur laquelle s'appuyait la grille. Un instant après, j'étais dehors.

Je me jetai au cou du brigadier, qui en se dérobant doucement à mon étreinte, me dit :

— C'est bon, dépêchons-nous, ne perdons pas une minute.

Et il m'entraîna.

Comme je prenais de grandes précautions pour ne pas faire de bruit :

— Ne crains rien, ajouta-t-il. C'est fête aujourd'hui ; ils sont tous ivres. Puis, tu sais ce que je t'ai dit...

Que m'avait-il dit ?...

La grande caverne qui servait d'entrée était plongée dans une obscurité presque complète. Mes sauveteurs avaient pris soin d'éteindre quelques lampes. Le poste dor-

Je vis en passant, des masses noires roulées dans les coins ; c'étaient les gardiens ivres-morts.

Un instant après nous étions en plein air. Le brigadier me prit alors la main, me la serra vigoureusement :

— Maintenant, me dit-il, adieu Maxime. Garde le secret de ce que j'ai fait pour toi, sois heureux et si tu deviens quelque chose ne m'oublie pas.

Avant que j'eusse pu lui répondre, il s'éloigna rapidement. En même temps l'inconnu me prenait le bras en m'attirant vers lui :

— Allons viens, ne restons pas ici.

— Qui êtes-vous et où allons-nous ? lui demandai-je.

— Qui je suis ? Cela ne te fait rien. Nous n'avons plus que quelques pas à faire ensemble. Derrière cette roche que tu vois là-bas à droite des cantines, on t'attend avec deux bons chevaux et un guide.

— Quelqu'un m'attend ? dis-je.

— Ne le sais-tu pas ?

— Mais qui donc ?

L'inconnu se tourna vers moi par un mouvement de surprise.

— Je ne connais pas son nom, me répondit-il, je ne connais d'elle que son or et sa beauté, mais je croyais que tout était convenu entre vous.

Nadèja ! C'était-elle... A minuit, dans cette contrée sauvage, elle m'attendait avec deux chevaux...

<h2 style="text-align:center">XVI</h2>

<h3 style="text-align:center">Nadèja.</h3>

A deux cents pas de la carrière, Nadèja m'attendait. Elle était à cheval, et un cosaque en selle également, tenait le cheval qui m'était destiné.

Enveloppée d'une fourrure, la jeune fille disparaissait presque entière sous son costume et de prime-abord n'était point reconnaissable.

Je courus à elle.

Elle me tendit la main et je l'effleurai de mes lèvres.

— Enfin te voici libre, Maxime, ou du moins en bon chemin pour le devenir.

Vite à cheval.

— Où nous dirigeons-nous ?

— Le guide le sait.

« Jean ajouta-t-elle en s'adressant au cosaque, va devant, nous te suivrons.

« C'est que, fit-elle encore en s'adressant à moi, nous n'avons que quelques heures d'avance. Demain matin ma mère en s'apercevant de mon absence devinera tout. On nous fera poursuivre et nous serons serrés de près.

— Mais, dis-je vous fuyez aussi.

— Sans doute, me répondit-elle, en lançant son cheval au galop, après ce qui s'est passé il le faut bien.

Ces paroles étaient pour moi une véritable énigme, mais je dus en attendre l'explication jusqu'à la halte prochaine.

Nous n'avions pas le temps de discourir.

Nous traversâmes la plaine au galop puis notre guide s'engagea dans la montagne par des sentiers à peine distincts, dans l'obscurité de la nuit et semés de périls.

Mais nos chevaux montagnards ont le

pied sûr comme les mules et nous n'avions qu'à nous confier à leur instinct.

Au sortir de mon cachot, ainsi brusquement transporté en pleine campagne, en compagnie de cette charmante libératrice, je croyais rêver...

Mais où allions-nous ainsi?

Seul j'avais pu songer à fuir à travers bois jusque chez les Tchetchenes, Un homme de ma condition ne courait pas le risque d'être gardé par eux comme otage ou d'être supplicié. La mort ou l'esclavage, voilà les plus grands maux auxquels je fusse exposé; mais une jeune fille noble et belle comme Nadèja était exposée chez nos impitoyables ennemis à de plus grands dangers. J'étais sans armes. Comment la défendrais-je?... Nous approchions des bois où évidemment l'intention du guide était de disparaître au lever du jour, et je n'avais même pas une lance pour repousser l'attaque d'un loup.

Lorsque nous approchâmes de la lisière de la forêt, notre guide s'arrêta.

— Arrêtons-nous un instant, dit-il, l'orient rougit, bientôt il fera jour.

— Où allons-nous, lui demandai-je.

— Dans ton pays, me répondit-il, dans la steppe du Don.

— Mais mademoiselle?...

— Aussi.

— Et comment? Par quels chemins?

— Ah! fit le cosaque, par des chemins de chasseurs et de chèvres, car il nous faut éviter les postes-militaires et cependant repasser le Terek, mais nous irons le prendre, s'il le faut, à son embouchure.

Il y a maintenant entre les Tchetchenes et nous du pays désert; c'est à nous d'en profiter. Tout à l'heure nous nous abriterons dans le bois pour échapper aux lorgnettes des officiers de la plaine.

Tandis que je causais avec le guide, Nadèja, demeurée à l'écart, semblait toute absorbée dans la contemplation de l'orient empourpré par l'aurore.

Bien campée sur son ponney immobile comme elle, elle semblait la statue équestre d'une sentinelle et découpait sa silhouette, en dehors de l'ombre des sapins, sur un fond clair et semé d'étoiles mourantes.

Au-dessous d'elle, au flanc du mont, le vent matinal roulait les vapeurs de la plaine.

Elle était belle ainsi, poétique autant que la plus gracieuse héroïne de roman.

Dans le cadre grandiose et sauvage qui l'entourait, sa beauté s'imposait à l'admiration; je l'aurais adorée à genoux.

Son regard cherchait à surprendre au-dessus de l'horizon, à travers les bandes de pourpre sans éclat qui le bordaient, les premières flèches, les premiers rayons du jour triomphant.

Je respectai sa contemplation silencieuse. Cette jeune fille était une âme ardente enthousiaste pour tout ce qui est grand et beau. Rien de vulgaire en elle...

Mais à quel mobile étrange avait-elle obéi en rompant tous les liens qui la retenaient à sa famille et au monde pour se jeter avec un banni, un forçat, un maudit, dans les plus périlleuses aventures?...

La pitié l'avait conduite au bord de l'abîme où sans elle je devais périr, mais cette charité et cette justice accomplies, pourquoi ne s'était-elle pas arrêtée?...

Son attitude vis-à-vis de moi, son regard affectueux mais calme, démentaient la supposition d'un amour dont je me sentais indigne.

Et cependant ne voulait-elle point être ma compagne au désert? Ne voulait-elle pas vivre avec moi dans la steppe?... Et pour cette inconcevable union ne bravait-elle point la mort?...

Ces idées bourdonnaient confusément dans mon cerveau, lorsqu'enfin le jour éclata à l'horizon, et nous enveloppa de lumière.

Elle se retourna souriant vers nous.

— Eh bien, guide, dit-elle, où allons-nous maintenant?

— Nous allons, répondit le cosaque, suivre la lisière, vers le Nord, tant que les vapeurs du matin nous cacheront aux gens de la plaine. Dans une demi-heure, nous aurons atteint un endroit où s'ouvre un sentier, à moi connu, que nous suivrons dans la forêt.

« Les sapins sont très-vieux, dit-il encore; leurs premières branches sont élevées, et les passages sont assez faciles.

Seulement vous tiendrez bien vos chevaux dans les descentes, que les aiguilles des sapins rendent glissantes.»

Il ajouta un mot amical pour son cheval, et nous nous mîmes en route.

Pendant quelque temps, l'étroitesse du sentier, nous obligea à marcher à la file, mais dès qu'il s'élargit, j'en profitai pour me placer à côté de Nadèja, dans l'espoir qu'elle m'adresserait la parole.

Cet espoir était encore déçu, je m'enhardis à rompre le silence.

— Je suis donc libre, lui dis-je; et je vous dois la vie... Comment reconnaîtrai-je jamais ce que vous avez fait pour moi?

— Vous aurez pour cela, me répondit-elle en souriant, tout le temps nécessaire.

— Si j'en crois ce que m'a dit le guide, vous daigneriez m'accompagner jusqu'au Terek?

— Et même au-delà, dit Nadèja, jusque la steppe d'Astrakhan; n'y as-tu pas laissé des amis?... Une amie peut-être?...

— Des amis, oui, m'écriai-je. Le marchand de moutons Péroff, qui me recueillit enfant, ses fils, sa femme, mes compagnons de la prairie; mais je n'ai jamais formé d'autre amitié.

— Comment donc, reprit-elle, as-tu eu l'idée de venir au Caucase?

J'avais désiré la questionner, et c'était elle qui m'interrogeait... Mais à chacun son tour, pensai-je.

Je lui racontai ce que je vous ai appris de mon enfance.

Ce récit fit sur elle une vive impression.

Quand je l'eus terminé :

— Dieu a permis qu'il y eût de mauvaises mères, dit-elle d'un air pensif. Et maintenant, que ressens-tu pour Paulowna Plotizine?

— Ne me le demandez point, répondis-je; je n'ose m'interroger moi-même... mais vous la connaissez encore mieux que moi, peut-être, vous pouvez la juger.

Puis après un silence, et non sans effort :

— Mais vous, dis-je, comment avez-vous pu renoncer à votre famille, à la société et à la fortune, pour l'exil dans le désert?

XVI

Cette question parut surprendre Nadèja, elle n'en avait pas deviné l'intention.

— N'as-tu donc pas compris, me répondit-elle, qu'en te secourant, j'ai bravé la colère de Paulowna, et que je me suis compromise pour toi? Tu sais, par expérience, que ta mère est implacable dans ses haines, et tu peux imaginer quelle vengeance elle aurait tirée de moi. Je ne l'ai jamais ignoré, mais la cruauté dont tu étais victime, me révoltait. J'oubliai le danger, pour ne songer qu'au devoir : je ne vis en toi qu'un frère malheureux, et je voulus te sauver.

« Quand nous pourrons causer plus à notre aise, je te raconterai tout ce qui s'est passé, à ton sujet, entre Paulowna et moi.

« Tout ce que je puis te dire, c'est que je ne commencerai à respirer librement qu'au-delà du Terek... Et encore!.. N'est-elle pas capable de me faire enlever de la steppe?...»

Ce langage n'était pas celui de la passion, et sa modération contrastait vivement avec sa conduite. Elle me parlait comme à un ami, comme à un frère, de me suivre dans la steppe et d'y partager ma vie, mais était-ce possible?... Avais-je donc si bien dissimulé l'exaltation des sentiments qu'elle m'inspirait, qu'elle ne s'en fût pas aperçue?

Ce court entretien fut interrompu par le guide qui nous fit entrer sous bois.

Nous marchâmes une partie du jour sous les voûtes grandioses, mais tristes des sapins, plusieurs fois séculaires. Cette verdure sombre et régulière répand une mélancolie presque religieuse. Le silence et la sonorité particulière à ces forêts, vous impressionne péniblement quand on les parcourt pour la premièrs fois.

Vers midi l'air devint étouffant, comme dans une serre. La chaleur était accablante.

La lumière au lieu de croître diminua.

La cime des arbres avait par intervalles des agitations et des craquements étranges.

— Il y a de l'orage, dit le guide d'un inquiet.

— Combien nous faut-il encore de temps pour sortir de la forêt?

— Plus d'une heure et les chevaux sont déjà fatigués!

— Et nous le sommes nous-mêmes. Attendrons-nous pour manger et nous reposer que nous ayons traversé le plateau?

— Arrêtons-nous, répondit le guide; nous avons tous besoin de nous refaire pour résister au mauvais temps.

Il s'occupa des chevaux et Nadèja ouvrant le sac des provisions s'écria gaiement: — a table!

Mais la gaieté était sans écho dans ce lieu toujours triste et qui s'assombrissait de minute en minute. On mangea par raison et l'on s'assit sans se reposer.

La soif tourmentait les chevaux et leur instinct peut-être les avertissait d'un danger.

L'oragenoussurprendrait-ildanslaforêt?

Et vous savez qu'une tempête en cet endroit n'est pas moins terrible que sur mer.

Notre cosaque, très causeur, restait muet.

—Quand nous serons à l'extrémité de ce plateau boisé, lui demandai-je, pourrons-nous trouver un abri?

— Pas de suite, me répondit-il, il faudra descendre encore quelque temps; mais sur le versant, nous trouverons une bergerie que je connais.

Le jour baissait de plus en plus; de sourds grondements se firent entendre.

Sans échanger une parole, et d'un même mouvement nous nous levâmes et nous reprîmes notre voyage.

Nous allions au pas; nos montures frémissaient, inquiètes.

— Nous marchions depuis un quart d'heure à peine lorsque l'orage éclata.

La forêt rendit un gémissement lugubre, la plainte d'un géant violenté; puis secouée par la tourmente, elle ploya ses arbres immenses, entrechoquant leurs rameaux et les brisant dans la mêlée avec un fracas épouvantable.

Le retentissement de la foudre n'avait rien de plus effrayant que les craquements de ces masses de verdure.

Des branches énormes se détachaient des vieux arbres, et ces arbres eux-mêmes ébranlés, déracinés à moitié, menaçaient à chaque instant de nous broyer sous eux.

Une pluie diluvienne augmentait l'obscurité et les difficultés des sentiers où nos chevaux glissaient à chaque instant.

Nous allions devant nous comme dans un cauchemar, et nous devions être encore assez loin de la lisière, quand tout à coup nos poneys se mirent à hennir d'effroi et à souffler étrangement.

Soyez les bienvenus, nous dit-il en langue tartare.

Et le cosaque, se retournant vers nous, nous jeta ces mots sinistres.

— Le feu !...

Je regardai autour de moi, je ne vis rien.

— De quel côté ! lui criai-je.

— Je ne sais pas, répondit-il, mais je le sens.

Et effet je sentis une odeur de fumée et de résine, mais je ne devais pas tarder à me convaincre ; la fumée devint suffocante. Un bruit significatif se fit entendre. Enfin des colonnes de flammes s'élevèrent.

Heureusement c'était derrière nous.

Il nous restait à fuir devant l'incendie.

Fuir, et le sol détrempé se dérobait sous les pieds de nos chevaux affolés.

Au milieu de ces scènes d'horreur, Nadèja conservait toute son énergie et toute sa présence d'esprit. Elle soutenait son cheval d'une main ferme, et l'enlevait devant les débris des arbres fracassés qui jonchaient le sol.

Bientôt chassés par le feu dans notre direction, tous les fauves de la forêt se présipitèrent par bandes, chevreuil, renards et loups, avec une agilité digne d'envie, car le feu nous gagnait en vitesse.

A la fin nous avions peur.

L'allure des poneys étaient inégale, ils s'affolaient, puis se cabraient et refusaient d'avancer.

Enfin, à la futaie succéda la clairière, et le ciel ou du moins son épaisse nuée fut rendu à nos regards. Je crus être au bout de notre épreuve.

Tout-à-coup le cheval de Nadèja s'abattit, une pierre, une branche, je ne sais quoi avait roulé sous son pied. A l'instant je sautai à terre, et j'appelai le guide pour tenir ma monture.

La chute avait été brusque et malheureuse, Nadèja prise sous son cheval, étourdie par le choc, blessée peut-être, gisait inanimée.

Je relevai le poney. Elle allait tomber; je la reçus dans mes bras et l'enlevai de cheval. Mais que faire? s'arrêter?... impossible. L'incendie avec des grondements effroyables courait derrière nous.

Je l'emportai dans mes bras en courant. Le désespoir me prêtait des forces surhumaines.

Le moujick me suivait avec les chevaux me criant de m'arrêter, craignant de me voir tomber moi-même. Mais j'étais fou, et ne voulais rien entendre. Je poursuivis ainsi ma course près d'un quart d'heure, je crois, jusqu'au moment où, ne voyant plus autour de moi de grands arbres, je compris que nous étions hors de danger.

Alors mes forces m'abandonnèrent, mes genoux fléchirent; je m'arrêtai et déposai sur l'herbe de la lisière mon précieux fardeau.

Inerte, les yeux mi-clos, la bouche entrouverte, les dents serrées, le visage d'une pâleur mortelle, — telle était Nadèja. Et je me désolais à la pensée qu'elle pouvait être blessée.

Le cosaque accourut près de nous. Il me tendit une fiole d'eau de vie, j'en frottai les tempes de la jeune fille, j'en mouillai ses lèvres blémies.

Elle rouvrit les yeux; un pâle sourire les éclaira...

Grand Dieu!.. j'éclatai en sanglots. A genoux près d'elle, je saisis ses mains et les couvris de baisers et de larmes. Je lui rendais grâce d'être revenue à la vie, j'oubliais tout; le ciel, l'incendie dont le vent nous apportait les vapeurs chaudes, l'orage encore dans toute sa violence, je ne voyais que la renaissance de ce que j'avais de plus cher au monde, et je l'accueillais par les élans impétueux d'une tendresse trop longtemps contenue.

Ce fut le guide qui plus tard lui expliqua ce qui s'était passé, et comment je l'avais emportée dans mes bras. Il lui expliqua tout cela quand nous fûmes à l'abri, car nous étions sur le versant de la montagne, et à travers la pluie nous distinguions déjà la bergerie dont il nous avait parlé.

Il me rappela à la raison, et avec son aide, j'assis Nadèja sur son poney, dont je pris la bride.

La descente dans des terrains détrempés, exigeait des précautions infinies.

Dans les soins que je prenais d'elle, mon regard, ma physionomie, exprimaient sans doute trop fidèlement la tendresse infinie que je ressentais pour elle, car malgré ma naïveté, je finis par m'apercevoir qu'elle en était parfois gênée.

L'incendie avait attiré la curiosité du berger qui se tenait à l'entrée de sa tente. Il ne tarda point à nous remarquer, et malgré le temps affreux qu'il faisait, vint au devant de nous.

Le cosaque lui dit un mot des dangers

auxquels nous échappions, et notre besoin de repos.

Ce sauvage s'empressa de mettre le peu qu'il possédait à notre disposition.

Il avait une tente semblable à celles dont j'ai déjà parlé, en forme de ruche, très grande et d'une étoffe de laine et de poils, feutrée, solide et imperméable.

Ces sortes d'habitations ont bien sans doute des désagréments pour une jeune fille d'un épiderme délicat, mais en voyage, au Caucase, il faut savoir accepter ces incommodités.

Nadèja fut établie dans ce refuge le mieux possible. Elle n'avait pas oublié dans ses provisions, la boîte de thé, l'inséparable samovar, le sucre et l'eau-de-vie. Le berger fut invité à prendre part à ces délices. On s'enfuma beaucoup, car la fumée n'a pour s'échapper qu'un trou pratiqué au sommet de la tente, mais nous avions déjà l'habitude de la fumée.

Le cosaque qui avait recouvré toute sa gaîté, reprit alors en détail le récit de nos aventures et crut devoir appuyer surtout avec des éloges infinis, sur le rôle que j'avais joué dans le dernier épisode.

J'en étais confus; Nadèja en était touchée.

Cependant à la première émotion et à l'expression de sa gratitude, la réflexion succéda bientôt et jeta sur son front un nuage de mélancolie.

J'en connus bientôt la cause.

Lorsque l'orage se fut dissipé, les deux hommes sortirent et me laissèrent seul avec ma belle protectrice.

— Maxime, me dit-elle, il faut que je te parle. J'ai une faute à me reprocher et qu'il est temps que je répare.

Je la considérai avec surprise.

— Une faute ! murmurai-je.

— Oui, une imprudence. Je la croyais sans portée, sans danger. Elle eut été en

effet sans conséquence si le sort n'eut subitement associé nos existences.

La première fois que je me rendis à la mine, je voulus te voir, te parler. La cupidité du brigadier m'entraîna à une seconde visite, mais il n'entrait point dans mon intention primitive de te faire souvent visite. Mon but était de réparer une cruelle injustice; je dirais presque un crime...

« Je ne crus donc point devoir te dire mon nom et te parler de ma famille.

« Je m'aperçus hier que j'avais eu tort de garder le silence à ce sujet, car ma fuite avec toi devenait inexplicable, ou je te donnais à croire que je consentais non-seulement à être ta compagne, mais ta femme.

« Il est temps de prévenir un pareil malentendu entre nous, Maxime Plotizine.

« Un mot suffit :

« Je me nomme Nadèja Titiana Iw... Ma mère est Paulowna Iw... autrefois Polowna Plotizine.

Et me tendant la main :

— Je suis ta sœur.

Cette rélévation me jeta dans un trouble inexprimable, car le malentendu dont elle avait parlé s'était trop prolongé pour moi. Il y avait plus d'un mois qu'il durait.

Nadèja reprit :

— C'est une amitié fraternelle qui me porta vers toi et qui me fit soutenir une lutte terrible contre ma mère.

« Je l'avais accompagnée à la résidence du prince Worentzoff. J'étais avec elle et mon père, lorsqu'elle passa devant toi et remarqua les bijoux de servante qui s'étalaient sous les noms de Paulowna Plotizine.

« Je la vis pâlir à cette vue.

« Mon père allait lui demander la cause de son émotion quand le hasard fit diversion à cet incident en nous faisant rencontrer des personnes qui nous adressèrent aussitôt la parole.

— Comment laisse-t-on des mendiants pénétrer aujourd'hui dans la résidence? dit quelqu'un.

— Ah! c'est un mendiant, fit Paulowna.

Elle se retourna.

— Mais il a disparu, ajouta-t-elle.

Alors avisant un de ses domestiques elle lui fit signe et le chargea d'une aumône pour toi. Je la vis lui remettre une bourse de soie qui m'était bien connue.

« Cette libéralité ne m'étonna point, malgré son exagération, ma mère est prodigue et capricieuse.

Pendant la fête, il a été encore question du marchand de bijoux et de son singulier écriteau. Je n'y attachai aucune attention, car j'ignorais qu'elle se fût appelée Plotizine. Ce nom n'était connu que de mon père et de deux ou trois de ses anciens amis.

Paulowna dut en souffrir cruellement.

Mais le lendemain par un hasard providentiel j'allais entrer chez ma mère au moment de ton entretien avec elle et dans une pièce voisine j'assistai à votre entretien.

Tes paroles, leur accent de sincérité, les traits qui ont avec ceux de Paulowna une ressemblance frappante, son émotion de la veille, la fureur qu'elle ressentait tout me prouvait la vérité de tes assertions.

« Ce jeune homme est mon frère, me dis-je. j'admirai ton courage et la générosité de ton entreprise, Et je me dis encore :

« Il est aussi mon frère par le cœur. »

Tu partis.

J'entrai chez ma mère.

— Tu étais là? s'ecria-elle éffarée.

— Oui.

— Tu as tout écouté, tout entendu?

Oui, répondis-je avec fermeté.

— Malheureuse! cria-t-elle.

Alors j'assistai à une scène d'une violence inouïe, insensée, La malheureuse femme était comme une lionne furieuse.

Je crus qu'elle allait se jeter sur moi et me déchirer.

Elle me menaçait et me suppliait tout à la fois.

— Prends garde Nadèja! Ne dis rien!... Oh! ne dis rien de tout cela, je t'en conjure. Mais c'est de ton intérêt à toi, reprenait-elle; tu n'appartiens pas au passé misérable dont se réclame cet homme.

Tu es la fille de la princesse Iw... et l'esclave sa mère n'existe plus depuis longtemps.

Ah! ce passé que je croyais mort, se relève sous mes pieds... il me menace, ce passé!...

Voilà qui est incroyable. Et qui aurait pu prévoir chose pareille?...

« Mais je l'anéantirai. Je le ferai rentrer sous terre, et pour toujours!

Puis tout-à-coup, honteuse de cet emportement :

— Va-t-en me dit-elle. Laisse-moi. J'ai besoin d'être seule.

Je sortis sans lui répondre.

Je ne doutai pas qu'elle n'éxécutâ ses menaces et je tremblai pour toi. Le lendemain j'appris l'accusation portée contre toi, ton arrestation et la bastonnade.

Je la rencontrai; elle lut ma pensée dans mes yeux.

— Eh bien, fit-elle, tu sais que cet homme m'avait volé ma bourse?

Je croirais plutôt, lui répondis-je, que vous avez oublié lui avoir fait donner cette bourse quand il sortit de la résidence.

— Nadèja, tu es une méchante enfant; tu prends parti contre ta mère.

Je ne répondis pas et je continuai mon chemin. Mais déjà je formais le dessein de le secourir et de réparer cette abominable injustice.

Je m'informai de toi.

On me dit que l'on te chasserait de la province après quelques jours de prison.

Et bientôt on m'apprit que tu étais condamné aux mines !... Je te laisse à penser ce que j'éprouvais. C'était un soir ; de la nuit je n'ai pu fermer les yeux ! je savais ton innocence ; il me semblait en me taisant que j'étais la complice d'un crime.

Mais mon père est si bon et son amour pour Paulowna est tellement aveugle que je renonçai à lui dénoncer la vérité.

Le lendemain lorsque je vis ma mère, je l'arrêtai d'un regard indigné :

— Mon frère Maxime est aux mines, lui dis-je. C'est un crime, c'est un assassinat. Vous auriez mieux fait de l'étrangler quand il vint au monde.

Elle m'écouta avec une froideur hautaine.

— C'est peut-être vrai, répliqua-t-elle ; mais il est des vérités dangereuses à dire ; que je n'aie plus à vous le faire observer.

Ma mère n'eut jamais de place dans le cœur que pour un seul amour, — mon père.

Elle ne me montra de tendresse que lorsque j'étais toute enfant. Depuis quelques années elle était moins fière de ma beauté et semblait souffrir des éloges qu'on m'adressait indirectement en lui parlant de sa fille.

J'avais à souffrir de sa froideur orgueilleuse, de sa dureté. Toute mon affection s'était reportée sur mon père et tous mes regrets sont pour lui.

« Depuis ton départ jusque la veille de ma fuite je n'échangeai point deux paroles avec ma mère.

« Pour communiquer avec toi j'avais eu recours au pope, dont j'avais fait la connaissance lorsque notre garnison fut portée de Grosnaia à Tchervlenaia. Dans cette petite ville je me trouvai heureusement rapprochée de lui. Le pope, bonhomme besogneux ne fut pas insensible à mes cadeaux non plus que ton brigadier, mais le malheureux pope était bavard comme une commère, et sans y mettre de malice, j'en suis certaine, ébruita mon secret. Il en résulta pour toi la mise au cachot et pour moi une scène affreuse.

Mon père était absent, j'eus fort affaire.

— Ainsi me dit Paulowna, vous n'hésitez pas à nous compromettre pour ce misérable ?

— Pour notre salut commun je n'hésite pas à braver votre colère, oui, madame, répondis-je.

— Notre salut, dites-vous ?

— Et je le répète, madame, car en tuant mon frère, vous attirez sur notre maison le châtiment de Dieu.

— Tu seras la première punie, Nadèja ; car sais-tu ce que l'on dira : que tu as un forçat pour amant. C'est ce que l'on dit déjà peut-être, car le pope qui t'a servi d'entremetteur a bavardé en plus d'un endroit.

— Eh bien, j'irai au devant de la calomnie et je dirai la vérité.

— Tu ne saliras que toi en insultant ta mère, Nadèja. Et quelle preuve donneras-tu à l'appui de tes histoires ?

— Mon père me croira.

— Ah ! ton père te saura gré de ce scandale, mauvaise fille ! mais s'il te donnait raison, sais-tu ce qui arriverait ?

— Non.

— Sais-tu ce qui arriverait si tes dénonciations m'attaquaient dans ce que j'ai de plus cher au monde, dans l'amour de mon mari ?... j'en mourrais.

— Ne m'est-il pas permis de me défendre.

— Si, défends-toi ; mais je t'en préviens, je me défendrai aussi de mon côté. Dans ta folie, tu t'imagines rendre service à ce misérable qui se prétend mon fils, et bien, tu ne fais que hâter sa perte. — Tu peux aller à la carrière, tu ne l'y reverras point. J'ai averti le commandant en attribuant tes démarches à une charité puérile. Il a donné des ordres et ton protégé, pris au moment où il tentait de s'évader, a été jeté au cachot. Tu entends au cachot, dans une sorte de puits, d'où il ne sortira plus. Et c'est à toi, Nadèja, qu'il doit cela.

— Ah! le malheureux garçon! m'écriai-je. Qu'il avait tort de songer à revoir une pareille mère!.., Mais je ne vous crains pas, moi, madame, et si vous ne demandez point sa grâce, c'est moi qui le délivrerai.

— Ah! vraiment, ricana Paulowna.

— Le prince Worontzoff va rentrer. Il est attendu ici dans trois jours. Vous avez trois jours pour vous décider à cette bonne action. J'irai avec vous me jeter à ses pieds, implorer sa clémence.

— Vous irez seule si cela vous plait, ma fille, et vous verrez ce que le prince Worontzoff saura répondre à une petite fille romanesque.

Ce dernier mot me fut jeté par dessus l'épaule avec un dédain et une assurance intraduisibles.

J'en sentis tout le poids.

Worontzoff allait rentrer avec son armée.

C'est un vieillard très aimable, très bienveillant, qui comprend à merveille que la colonie russe du Caucase, — sa grande famille comme il l'appelle, —doit participer toute entière à la liberté d'allures d'une armée en campagne.

Nous sommes devenus à demi nomades et ne vivons point comme la haute société de Moscou ou de Saint-Pétersbourg.

Mais à côté de cette bienveillance du général, je savais que j'allais me heurter aux aspérités de diamant d'un esprit sceptique et railleur.

Le prince ne croirait pas à ce jeune homme à la recherche de sa mère, et à cette jeune fille se dévouant pour un frère à peine entrevu. Il soupçonnerait quelque amourette et se moquerait de moi.

Paulowna, qui le connaissait, me l'avait dit : c'était romanesque.

On me croirait ou pervertie ou écervelée Quant à mon père... je te l'ai dit, Maxime, il ne voit que par les yeux de sa femme.

« Je n'avais donc à choisir qu'entre deux partis extrêmes :

« Ou me soumettre, et t'oublier; ou te faire évader, renoncer à ma famille et vivre avec toi.

« Ce ne fut pas sans combat, sans déchirements intérieurs que je me décidai.

« J'aime mon père.

« Quant à ces considérations de la fortune que je perdais, de la misère à laquelle je m'exposais, je les jugeai indignes de moi et ne m'y arrêtai point.

Lorsque mon parti fut bien pris il me restait vingt-quatre heures.

Je voulais fuir avant le retour de mon père. Je craignais que sa vue ne détruisit ma résolution. D'autre part la fête commandée en l'honneur de nos armes victorieuses me parut favoriser mes projets. Je possédais, Dieu merci! d'assez belles épargnes. Il me fallait une clé d'or pour ouvrir ton cachot, je la trouvai.

Maintenant, Maxime Plotizine, tu sais qui est Nadèja, tu la connais. »

XVII

Dans le Désert.

— Tu es ma sœur et ma libératrice, répondis-je, ma vie t'appartient.

Je me levai et je l'embrassai cordialement, mais je ne trouvai pas une parole pour répondre à tant de bonté.

Le lendemain, nous reprîmes notre voyage. Le ciel comme nos cœurs, s'était rasséréné. J'éprouvai une sorte d'apaisement, joint au contentement profond de n'être plus seul dans la vie, d'avoir une sœur, une compagne. J'étais orphelin, mais non sans famille. Et aussi je me réjouissais de présenter à Péroff cette belle jeune fille en lui disant :C'est ma sœur.

Mais revenons à notre itinéraire.

Nous descendions, comme je vous l'ai dit, ces dernières ondulations qui du haut Caucase vont en diminuant jusqu'au bord du Terek.

Par crainte des postes-militaires, nous devions passer le fleuve au-dessus de son embouchure. Bientôt nous vîmes à notre droite, un immense miroir d'acier, la nappe d'eaux de la mer Caspienne.

Nous nous arrêtâmes un instant à la contempler.

C'était bien l'eau sombre à reflets métalliques que je m'étais imaginée.

Comme la mer morte de Judée, cette mer peu fréquentée, est d'une morne tristesse.

Ses rivages ont un aspect désolé. On se demande en la voyant ce qu'elle fait des eaux limpides et vivantes de ces grands fleuves qui l'alimentent : le Terek, le Kouma, le Volga, l'Oural?

Des sources volcaniques suffisent-elles à l'empester et à lui donner cette physionomie Plutonienne?

En même temps nous voyions l'eau verte du Terek. L'intention de notre guide était de passer à quatre ou cinq lieues au-dessous de la petite ville de Naour.

Parvenus sur l'autre rive, il devait se séparer de nous. La partie la plus périlleuse de notre traversée s'arrêtait là. Nous n'avions plus ensuite que vingt-cinq à trente lieues à franchir pour atteindre la Kouma qui ferme au sud la steppe d'Astrakan.

A quelque distance du Terek, notre cosaque nous fit faire halte et s'avança seul en éclaireur.

Une heure après il revint nous apprendre qu'il avait trouvé un bac et que l'on ne voyait pas un seul uniforme russe.

Le passage s'effectua facilement.

Nadèja paya et remercia son guide et nous poursuivîmes notre route.

Nous avions devant nous un pays où quelques mois auparavant nous n'aurions pu voyager impunément. C'est une affreuse plaine et qui se ressent du voisinage de la Caspienne. Le sol en est semé de pierres noires, et paraît formé d'alluvions ou de cendres.

Pas de végétation; pas un oiseau.

Le pied des chevaux y sonne comme sur une caverne, et y soulève une poussière noire.

Nous étions au commencement de l'automne le vent de la mer était frais, il avait beacoup plu et heureusement, car j'ai lu depuis et j'ai entendu dire que le sol que nous foulions était peuplé de serpents.

Les reptiles y fourmillent.

Ils s'y creusent des trous, et de la fin de l'hiver au commencement de l'automne en couvrent la surface par milliers!.., Le pays est inabordable.

Nous l'ignorions et ce fut très heureux pour nous. La peur affreuse que j'ai des serpents m'aurait empêché de passer

Deux jours suffirent à cette traversée; je ne vous dirai rien de notre étape Kolpitia. Ce que j'ai à vous raconter surtout c'est ma vie morale.

Pendant quelques jours encore je devais vivre sans inquiétude.

Nadèja, de son coté avait repris en moi une confiance absolue. Elle causait, riait, badinait avec moi, avec le plus innocent abandon. Elle n'avait jamais vu en moi que son frère.

Nous arrivâmes ainsi aux limites de la steppe au bord de la Kouma.

Mais les passions qui étaient **nées en** moi n'étaient pas mortes elles sommeillaient comme les serpents sous leurs cendres. Que voulez-vous?...

La fille de Paulowna s'était d'abord présentée à moi. comme une étrangère.

Et cette étrangère réunissait en elle tout ce qu'il fallait pour me charmer et m'inspirer une passion violente.

Ne pas l'aimer de toutes les puissances de mon être m'eut semblé contre nature.

Pendant six semaines je n'avais vu qu'elle. Et cette journée d'orage dans la forêt!...

Sa révélation tardive pouvait-elle si rapidement changer mon cœur?

Je ne tardai point à m'apercevoir du conraire.

Tandis qu'elle s'abandonnait fraternellement, je me contenais.

Au contact de ses doigts qui relevaient les boucles de mes cheveux échappées sur mon front ; je frémissais.

A certains moments, son regard me causait un trouble pénible.

Le baiser de chaque soir et de chaque matin, devenait pour moi un véritable supplice.

Je ne savais plus ni causer, ni lui répondre de sang froid ; et je ressentais enfin, dans outes ses anxiétés, et dans tous ses vertiges, la peur du mal, plus terrible que le mal lui-même. Je tremblai qu'elle s'aperçût de ma souffrance, je regrettai la carrière. Que vous dire de plus?...

Peut-être pour mieux vous expliquer cette situation cruelle, devrais-je vous dépeindre Nadèja telle qu'elle m'apparaissait alors dans ce voyage aventureux, galoppant à côté de moi, ravissante écuyère, avec son corsage et sa toque cosaque, son air mutin, son habileté et la grâce de ses moindres mouvements? Elle exerçait sur moi une séduction de tous les instants. Il me devenait impossible de me pénétrer de l'idée de son origine.

Ses traits n'avaient aucune ressemblance avec ceux de Paulowna. Personne ne l'eût supposée ma sœur.

J'espérais bien me faire à la réalité, me débarrasser d'illusions dangereuses. C'est, me disais-je, une ivresse qui se dissipera.

Nadèja usant envers moi de la liberté d'une sœur envers son frère, ne s'apercevait point du danger que je courais.

Le travail aurait pu me sauver... Il me restait la prière et j'y eus souvent recours.

Mais l'on niera en vain le pouvoir de Satan.

L'âme égarée par les passions, lui appartient comme la colombe égarée et battue par le vent, appartient à l'oiseau de proie qui la voit éperdue et lassée.

Un poëte païen, Eschyle je crois, exprime en d'autres termes la même vérité : Un cœur vierge, est un vase dont toute l'eau de la mer ne pourrait laver la première souillure.

Cependant, la prière me soutint contre les assauts de l'esprit du mal... Et de cette époque peut-être, date véritablement ma vocation religieuse.

Mais la crise fut longue et terrible.

XVIII

La Crise.

Nous étions au bord de la rivière, nous faisions boire nos chevaux.

C'était au milieu du jour.

Elle me dit :

— Maxime, viens-tu nous reposer sous les saules ?

Il y avait là de hautes saulées, et parmi elles, de grands peupliers, dont les feuilles frémissaient doucement à une brise insensible pour nous.

Sous les arbres, des tapis de verdure. J'attachai nos chevaux et la suivis.

Et je m'assis dans l'herbe, où elle était couchée.

C'était le sacrificateur.

Les rayons de midi tamisaient leur ardeur à travers les feuilles.

C'était l'heure où tout se tait, où les oiseaux restent muets, tandis que l'air s'emplit de mille insectes aux ailes brillantes, au vol capricieux comme des rêves.

Il s'éleva de la terre des parfums capiteux, énervants.

Il y a entre l'atmosphère et notre état nerveux, une sorte de complicité.

Son bras, dont elle faisait à sa tête un oreiller, se retira machinalement, et se détendit.

Sa main toucha la mienne.

Je pris cette main abandonnée, et la portai à mes lèvres.

Ce fut un contact électrique.

Elle retira brusquement sa main.

Je la regardai.

Elle était pâle... pâle à faire peur.

Je ne dis point une parole. Je retombai dans l'herbe pour m'y cacher, emportant l'éclair de son regard plein d'un étonnement douloureux.

Nous n'avions rien à nous dire, ou plutôt nous sentions qu'à la première parole un orage pouvait éclater.

Près de deux heures s'étaient écoulées. L'ombre des peupliers s'allongeait devant nous. Il fallait continuer notre route. Je me levai toujours silencieux, et j'amenai les chevaux.

Elle se leva à son tour, les yeux baissés, toujours pâle, et je vis à ses paupières qu'elle avait pleuré.

J'eus envie de tomber à ses pieds, et de lui demander pardon, mais la crainte d'accroître son embarras en donnant plus de poids à ce qui s'était passé, me retint.

Qu'avait-elle pensé?... Que pouvions-nous nous dire?... Le hasard avait dénoncé le mal qui me dévorait. Dieu ne permet rien inutilement, je devais m'en remettre à Dieu pour le reste.

Tout le jour s'acheva sans l'échange d'une parole. Elle n'éprouvait cependant, je l'ai su, aucun ressentiment, mais une profonde affliction.

Quant à ce que je souffrais, je renonce à vous le dire. C'était la haine et le mépris de moi-même.

Je me disais que j'étais maudit; que ma mère avait bien fait de m'abandonner, et que je méritais de perdre ma sœur, le seul être qui se fût sacrifié pour mon salut.

Et je désirais mourir.

Pour nous arracher à ce sombre silence, il fallut la rencontre singulière que j'ai encore à vous raconter.

XIX

Le charmeur.

Près de la hutte de joncs du passeur de la Kouma, au moment où nous y arrivâmes, se tenait un individu monté sur un poney de la plus petite espèce. Son visage était large, plat et cuivré. Son nez était à peine visible, ses yeux brillaient comme deux diamants noirs incrustés dans deux trous de vrille. Il était d'une laideur remarquable, et respirait néanmoins je ne sais quel air bienveillant et jovial; une sorte de contentement naïf qui me frappa d'autant plus, que pour mon propre compte, je n'aurais pu le partager.

C'était un jeune homme assez bien bâti du reste, autant que l'on pouvait en juger sous le costume délabré qu'il portait. Ce voyageur, pour tout bagage, avait une flûte de roseau et un tambourin, suspendus en sautoir à son épaule et sur la croupe de sa monture un sac de cuir gonflé comme une outre, et percé de trous.

— Soyez le bienvenu, nous dit-il en langue tartare, voilà près d'une heure que j'attends le passeur. J'ai crié, j'ai supplié, j'ai joué de la flûte, rien n'a pu le décider à amener son bac, et grâce à votre arrivée, le voici qui démarre.

En effet, le passeur saisissait le câble qui traversait la rivière.

— Vous vous rendez à Khoudout? lui dis-je.

— Oui, et de là à Astrakhan, où je compte rétablir ma fortune.

— Vous êtes commerçant?

— Non, je suis charmeur.

Cette profession m'était inconnue. Il le vit de suite à mon air d'étonnement.

— Vous ne savez pas ce que c'est? dit-il.

— Je l'avoue.

— Je charme les serpents les plus dangereux, et les fais obéir au son de ma flûte, et danser dans les cours ou sur les places publiques.

J'eus un mouvement de frayeur.

— C'est un spectacle récréatif, reprit-il, que je vous donnerai à Khoudout; et c'est un métier utile en ce pays qui est infesté de reptiles.

Je tirai la bride de mon cheval qui s'était approché du sien pour le flairer.

— Mais, dis-je avec émotion, vous n'avez point de serpents sur vous?

— Si, me répondit-il en me raillant de tout le feu de ces petits yeux noirs, j'en ai deux, là dans cette sacoche.

— Grand merci de pareils compagnons !

— Vous en avez peur?

— J'en ai horreur.

— Si je voulais, reprit-il, au son de ma flûte j'en ferais sortir par douzaine de cette hutte de roseaux; car ici il y en a partout. Mais voici le passeur.

Le bac touchait la rive.

— Descendez le premier, dis-je au charmeur, et placez-vous à l'extrémité du bac; je crains que nos chevaux ne sentent vos serpents, et ne prennent peur.

Ces reptiles, vous le savez, ont une odeur fétide qui souvent dénonce leur présence.

Le passage s'effectua sans autre incident.

Comme nous allions à Khoudout, nous dûmes faire route avec cet étrange voyageur, mais sa conversation parvint à nous distraire.

Je le questionnai sur son métier.

— Vos serpents sont dangereux, dites-vous, comment pouvez-vous jouer votre vie avec eux pour quelques sous?

— Ils sont dangereux pour tout autre que moi.

— S'ils vous mordaient? repris-je. Cela peut arriver.

— Je les mets en fureur et ils me mordent, mais je me guéris tout aussitôt. Tandis que s'ils vous mordaient, vous péririez en quelques minutes.

— Vous voyagez avec la mort dans un sac.

— Nous voyageons tous avec la mort. Vous la portez dans le couteau qui est à votre ceinture.

— Vous connaissez la ville où nous allons? repris-je.

— Oui.

— Vous plairait-il de nous indiquer la meilleure hôtellerie?

— Volontiers, bien que je ne la connaisse que de renom, car *nous autres* nous n'avons pas d'auberge.

— Vous ne couchez pas en plein air cependant?

— Non, je couche chez un frère.

— Vous formez donc une corporation, répliquai-je en riant. Est-ce que vous avez aussi des frères à Astrakhan?

— Oui, répondit-il.

— J'ai longtemps habité cette ville et vous êtes le premier charmeur de serpents que j'aie rencontré.

Il garda le silence et laissa tomber l'entretien.

Nous entrions à Koudout. Cette ville ressemble à toutes les villes du Sud-Est; c'est du moyen âge en décomposition. Les rues ne sont pas pavées; les troupeaux et les chars rustiques y creusent cent ornières. Il y a des trottoirs en bois, pour la plupart impraticables à cause des nombreuses planches qui manquent et de celles qui ne tiennent pas.

Toutes les affaires se concentrent au milieu de la ville. Sur la grande place se trouve le club, énorme grange divisée en cinq compartiments que la ville loue à des marchands de toutes espèces, russes, tartares, juifs et persans.

Les juifs et les juives sont les plus nombreux comme partout dans nos pays.

En face du club se trouve l'hôtellerie principale, sorte de caravansérail, russe et oriental tout à la fois.

Là, nous nous séparâmes du charmeur qui nous fit promettre d'assister à sa représentation.

Nadèja en paraissait curieuse; moi, j'avais le frisson rien que d'y penser.

A peine avions-nous dîné, j'entendis sur

la place la flûte et le tambourin. Nos chambres donnaient sur une galerie portée sur des piliers de bois, qui courait tout le long du premier étage de la façade.

La foule accourait de toutes les rues et formait le cercle autour du charmeur.

Quand le public fut assez nombreux, le charmeur délia les cordons de cuir de la sacoche qui s'agita.

Il reprit sa flûte; un serpent sortit sa tête plate, s'allongea et déroula dehors ses énormes spirales.

Presque aussitôt un autre apparut.

Vous dire à quelle espèce appartenaient ces reptiles, je l'ignore.

Jamais je n'en avais vu de si grands. Je me demandais ce qui arriverait s'ils se jetaient vers les spectateurs qui n'étaient séparés d'eux par aucune barrière. Mais ce danger n'existait pas.

Les serpents se dressaient, la tête tournée vers leur maître et se balançaient selon le rhythme de la musique sauvage du charmeur.

Se dressant de plus en plus à mesure que le rhythme devenait plus rapide, ils ne se tenaient que sur un seul anneau et se balançaient en cadence comme l'almée se plie et se balance sur la pointe de ses pieds.

Puis le musicien ralentissant la mesure de sa mélodie, les serpents ralentirent leurs mouvements et se replièrent peu à peu sur le sol.

Alors le musicien suspendit sa flûte, ouvrit ses manches fendues dans toute leur longueur et fermées par deux ou trois boutons, et les bras nus, les poings fermés, provoqua les deux reptiles.

Il sifflait.

Ceux-ci répondirent à ses sifflements et le col du plus grand des deux parut se gonfler.

Il frappa ce dernier de la baguette de son tambourin.

Et soudain celui-ci s'élança, s'enroula à son bras nu, et d'abord se tordit comme indécis et ne sachant où mordre.

Le charmeur fondant son regard dans celui du reptile luttait avec lui de puissance magnétique, et l'on vit bientôt l'animal vaincu dérouler lentement les nœuds de son étreinte et s'éloigner vaincu.

Des applaudissements éclatèrent de tous côtés. Le charmeur posa son tambourin à terre et quelques monnaies de cuivre témoignèrent en y tombant d'un premier élan d'enthousiasme.

Telle fut la première partie du spectacle. La seconde me parut horrible.

Le serpent n'avait pas mordu, mais il était apprivoisé, pouvaient se dire les spectateurs.

Et s'il avait mordu, rien ne prouvait qu'il fût venimeux.

Le charmeur allait répondre à ces suppositions.

Après avoir agité son tambourin et fait appel à la générosité du public, il renversa un grand panier qu'il avait derrière lui et en tira un malheureux chien.

C'était pitié de voir la pauvre bête, la queue dans les jambes et le poil hérissé, tirer sur la chaînette qui le retenait pour se dérober au supplice.

A peine un des serpents l'eut-il aperçu qu'il s'élança et le mordit à la gueule.

Aussi à peine eut-il mordu, que le charmeur lui enleva sa proie, déjà mourante.

Puis, rejetant le chien ou le cadavre du chien sur le panier, il attaquait de nouveau le serpent furieux.

Cette fois celui-ci se jeta sur lui et le mordit à pleine gueule au-dessous de l'épaule; le sang mêlé à la bave s'écoula le long du bras nu.

La foule cria d'horreur ou d'admiration joyeuse... je ne sais.

Nadèja se rejeta brusquement en arrière épouvantée.

— Viens, lui dis-je, c'est trop affreux. Le malheureux !

Mais en nous retirant, mon regard se reporta sur l'homme ; il frottait sa blessure en riant, et faisait des grimaces à la foule pour la rassurer.

— Il vit ! m'écriai-je étonné. Rassure-toi, Nadèja. Il m'a dit qu'il se guérissait aussitôt.

Il ne fallait point se retirer au moment de la quête.

Le jongleur reprit sa flûte et son tambourin, exécuta un air de sa composition et les deux reptiles rentrèrent aussitôt dans leur sacoche de cuir.

Le drame était terminé.

Il se fit comme toujours un grand mouvement dans la foule, mouvement de retraite précipitée.

Cependant quelques braves gens jetèrent leurs kopecks au pauvre diable qui s'était fait déchirer le bras pour si peu de chose.

Puis je vis des gens bien vêtus l'aborder et lui parler en lui remettant quelque monnaie.

Il les suivit et son sac à la main se dirigea avec eux vers l'hôtel que nous occupions.

— Il vient ici ! fit Nadèja avec effroi.

— Ne crains rien, répondis-je, je ne permettrai pas qu'il entre ici avec ses monstres.

— Oh ! je t'en prie, Maxime, fit-elle, avec un accent qui me fit du bien et qui me fit bénir la rencontre de cet homme.

Cette parole était la première qu'elle m'eût adressée avec cet accent amical depuis le matin.

Comme je lui promettais de congédier l'homme aux serpents, la porte s'ouvrit toute grande, poussée par le maître de l'hôtel et derrière celui-ci le jongleur apparut.

— Permettez, m'écriai-je en m'adressant à l'hôtelier, je ne veux pas de serpents ici.

— Ni moi non plus, me répondit-il en riant.

— Mais cet homme ?

— Il vient en chercher ; il n'en apporte pas.

— Comment en chercher ?

— Oui, c'est son métier d'attraper ces bêtes incommodes.

— Mais en avez-vous ici ?

— Peut-être.

Et il entra, suivi du jongleur.

Celui-ci portait un grand sac. Au regard méfiant que je lui décochai :

— Il est vide, me dit-il.

— Sortons-nous, Nadèja ? demandai-je à ma sœur.

— S'il n'y a pas de danger pour nous, me répondit-elle, retenue par la curiosité.

Les deux chambres que nous occupions étaient deux grandes pièces construites en sapin par des charpentiers pour qui le beau étaient évidemment le solide. Les traverses, les poutres des planchers étaient saillantes et énormes.

Ils semblaient avoir dans leur œuvre employé une forêt.

Pour agrémenter cette construction barbare, on avait appendu aux cloisons trois panneaux de tapisserie antique, représentant saint Nicolas, un turc, et Catherine la Grande.

Un large divan régnait autour des deux pièces, et servait de siéges et de lit.

Au milieu de chaque pièce, une table.

D'un coup d'œil on pouvait tout voir.

Le charmeur nous fit placer près de la porte, examina attentivement les deux pièces et dit :

Il y a ici deux serpents, le mâle et la femelle.

Il prit sa flûte et commença à jouer.

De temps en temps, il quittait son instrument et sifflait d'une manière toute particulière.

. Ce manége dura près de dix minutes; et déjà nous nous regardions en souriant de sa découverte, quand un sifflement répondit au sien. Il reprit aussitôt sa flûte.

Et nous vîmes, long de quatre ou cinq pieds et mince, presque plat, un serpent sortir de derrière une tapisserie.

Il nous aperçut et hésita, se balançant dans le vide au dessus du divan.

Mais à l'appel plus pressant du charmeur, il obéit et rampa vers la table où se tenait celui-ci.

Presque au même moment, un autre apparut, rampant près du premierSpectacle étrange : Ils s'enroulèrent aux pieds de la table et montèrent à la portée de la main du jongleur qui leur présenta aussitôt son sac.

Et tous deux y entrèrent.

— Il n'y en a pas d'autres? demanda l'hôtelier.

— Non, répondit le charmeur.

— L'hôtelier lui donna un rouble et Nadèja joignit son offrande à ce salaire.

— Te ressens-tu de ta morsure? lui demandai-je.

— Non, me dit-il.

— Et que fais-tu de ton gibier?

— Je le vends aux apothicaires.

— Tu vas faire de brillantes affaires à Khoudout?

— Je le crois. J'y resterai deux jours. Et vous?

— Nous partirons demain.

Il nous salua et partit.

— Quel homme singulier! dis-je à mon hôte.

Il sourit et me dit à voix basse :

— C'est un Skoptz.

Je crus avoir mal entendu.

— Que voulez-vous dire?

— Un Skoptz. Vous ne savez pas ce que c'est?

Le Sultan pourrait lui confier son sérail.

— Pauvre malheureux! dis-je.

Malheureux, lui? allons donc! se récria l'hôtelier; s'il l'est, c'est qu'il l'a bien voulu.

J'ouvris des yeux étonnés.

— Je vois que vous ne savez pas ce que c'est.

— Je l'avoue... Je croyais qu'un accident seul pouvait....

Il me prit le bras et m'emmena sur le balcon.

— Ce n'est pas, reprit-il, un homme estropié par accident, mais un réfractaire du mariage et de la galanterie... Il a renoncé volontairement à l'amour et s'est fait opérer.

J'en connais comme cela à Khoudout une demi-douzaine de différentes conditions

Et il paraît que dans les grandes villes il y en a beaucoup.

« Ces Skoptzi forment une sorte d'association religieuse.

Ils s'entr'aident fraternellement.

Il y a parmi eux des gens pauvres, sans fortune, mais il n'y a pas de misérables.

Le pauvre est accueilli par le riche comme son égal.

— Et le riche que fait-il de ses biens s'il n'a pas de famille?

— Il les donne à ses frères et à ses sœurs.

— Mais il n'y a pas de femmes parmi eux.

— Il y en a beaucoup, au contraire. Mais les femmes?

— On les opère également pour les priver de tout germe de fécondité.

— Mais comment savez-vous que cet homme est un Skoptz?

— Oh! quant à cela, c'est bien simple.

— Il ne vous l'a pas dit, j'imagine.

— Non, mais il loge chez un cabaretier qui a pour enseigne une colombe blanche. Vous pouvez voir cela dans la première rue à droite, en sortant d'ici. La colombe blanche, symbole de pureté, est leur emblème. Entre eux ils ne s'appellent point tout simplement Skoptzi (mutilés), mais colombes.

« En somme, ces colombes blanches sont très-méprisées, vous concevez.

— Voilà qui est fort curieux.

— Je vous dis cela pour que vous ne voyagiez pas avec cet homme, on croirait que vous êtes de son espèce.

— Dieu m'en garde !

L'hôtelier reprit :

— Au fond, ce ne sont pas de méchantes gens. Au contraire, ils sont très-doux, très-pacifiques, et ils prétendent que l'opération les préserve de beaucoup de maladies, et que c'est le seul moyen de guérir la phthisie.

« C'est bien possible. C'est par un phthisique qu'ils ont guéri que je suis bien au courant de leurs affaires.

— Eh bien ! messieurs, fit Nadèja, c'est aimable de me laisser seule ainsi. Que dites-vous donc de si mystérieux ?

Nous nous mîmes à rire.

— Nous parlons de colombes, dis-je.

L'hôtelier nous quitta.

Il me laissait très-occupé de ses explications extraordinaires.

XX

La colombe blanche.

Je proposai à Nadèja de visiter la ville. Elle y consentit.

Mon but était de voir le cabaret de la colombe blanche.

Je vis en effet cette maison, que rien de particulier ne distinguait des autres. Elle n'était qu'à cinq minutes de notre hôtel-lerie, et cependant, je sentais à sa vue, l'aiguillon de la plus vive curiosité.

La nuit était venue, et l'on voyait des lumières courir derrière les vitres et les rideaux.

— C'est ici que loge l'homme aux serpents, dis-je à Nadèja.

— Ne nous avait-il pas dit qu'il descendrait chez un de ses frères ?

— Je me suis fait expliquer ce mot par notre hôtelier. Ce qu'il entend par frère, c'est un membre d'une société à laquelle il appartient, et qui a pour signe de ralliement une colombe blanche. C'est une association dont les membres s'entr'aident et se secourent mutuellement. Hommes et femmes, y vivent entre eux comme frères et sœurs.

A ces derniers mots, je sentis frémir la main qu'elle appuyait sur mon bras.

J'avais ainsi par mégarde renouvelé chez elle l'impression de notre scène du matin au bord de la rivière.

— Cette fraternité est impossible, dit-elle, et cache sans doute quelque mystère honteux. J'espère que nous ne rencontrerons plus cet homme.

— Je t'avouerai cependant, repris-je, qu'il avait piqué ma curiosité.

— J'ai toujours le son de sa flûte dans les oreilles. Sa voix aussi a quelque chose de particulier.

— C'est, paraît-il, un très-brave garçon ; mais cependant comme toi, Nadèja, je suis content de ne plus voyager en sa compagnie.

Nous rentrâmes à l'hôtel.

Mais avant de se retirer dans sa chambre ma sœur ne me donna point, comme d'habitude, son front à baiser.

J'en ressentis un dépit très-vif.

« Ainsi, me dis-je, la fraternité entre nous est impossible !... »

Demeuré seul sur le balcon, je m'abandonnai aux plus tristes pensées.

« A quoi tient le bonheur? me disais-je. Serai-je obligé de me séparer de la seule créature que j'aime au monde quelques jours après l'offre qu'elle m'a faite de partager mon existence?...

« Elle me craint... Elle redoute de moi quelque explosion de sensualité brutale qui serait un crime...

« Peut-être n'attend-elle plus que notre arrivée à Astrakhan pour me déclarer qu'une séparation est nécessaire.

« Grand Dieu! je ne la verrais plus. Ce cœur d'or ne battrait plus près du mien. J'avais en elle une famille et par ma faute je me retrouverais seul!... Et je pourrais lui dire adieu!

« Adieu, me répéterait-elle, vivre comme frère et sœur est impossible. Oh! Nadèja, n'espère pas m'échapper, partout où tu iras, je te suivrai... car je t'aime!... »

Je passai ainsi une partie de la nuit à divaguer. Le lendemain, à l'aube, nous prenions la route d'Astrakhan.

Trois journées de marche nous séparaient encore de cette ville. J'étais triste et Nadèja me parlait toujours avec la même froideur. Je me confirmais de plus en plus dans l'idée qu'elle voulait se séparer de moi.

A Astrakhan, je proposais à ma sœur de descendre à l'hôtel où s'arrêtait Péroff. J'aurais été bien heureux d'y rencontrer cet excellent homme. Je lui aurais dit tout ce dont je souffrais et aurais suivi ses conseils, mais la saison n'était pas encore avancée. Je ne vis aucun marchand de la steppe.

Le lendemain de notre arrivée, Nadèja me dit qu'elle désirait vendre des bijoux qu'elle avait emportés et je l'accompagnai chez plusieurs juifs.

Elle possédait une parure de diamants de grand prix et me dit que c'était là toute sa fortune.

Du marché qu'elle allait conclure dépendait son avenir. La somme qu'elle réaliserait serait sa dot, ou lui servirait à créer un établissement. Elle avait d'abord compté sur mes connaissances en bijouterie; mais je ne me connaissais même pas en bijoux faux. Je lui conseillai donc de ne point se se hâter, en lui faisant observer que pour vendre avantageusement il ne faut pas laisser paraître que l'on en a besoin.

Dans la vie, tout dépend de la pratique de cette vérité: Savoir attendre, quand on le peut.

En parcourant les bazars un jour, je me retrouvai en face du charmeur de Khoudout.

— Eh bien, lui dis-je, la récolte a-t-elle été bonne?

— Excellente.

« Vous venez acheter des bijoux? me demanda-t-il.

— Non, au contraire. Ma sœur voudrait en vendre et tu me vois fort perplexe, car tous ces juifs sont des coquins intraitables.

Puis, j'avoue que je ne m'y connais pas.

— Auriez-vous confiance en moi? me dit le jongleur.

— Oui, répondis-je.

Me souvenant de ce que m'avait dit l'hôtelier de Khoudout.

—Eh bien, reprit-il, je puis, je crois, vous être utile. J'ai quelques amis en ville; un d'eux tient ici un magasin de bijouterie.

— Est-il riche ?

— Oui, très-riche.

— Et honnête?

— Comme tous les marchands; mais il ne trompera ni un client, ni un ami.

— Eh bien, venez et priez-le de passer à mon hôtel.

— Allons, dit le charmeur; mais il faudra que je vous présente comme un ami, et pour cela, nous avons un signe de convention dont je vous prierai de vous servir.

Cette insistance commença à me déplaire.

— Je sais, dis-je. N'est-ce pas une colombe?

Il me regarda avec surprise.

— Qui vous a dit cela?

— L'hôtelier de Khoudout.

— Oui, c'est une colombe blanche qui se porte de différentes façons, soit en broderie, soit en camée.

— Je ne vous en vois point.

— Je suis assez connu pour m'en passer, mais j'en ai une sur moi, que je vais vous donner.

Il tira de sa poche une agrafe de pelisse, dont le camée de verre émaillé portait sur un fond bleu une colombe blanche, et il la fixa à mon vêtement.

— Avec cela, ajouta-t-il, vous trouveriez des amis partout.

J'étais assez honteux, j'en conviens, d'un tel insigne; et je ne sais ce que je serais devenu, si j'avais rencontré en ce moment quelque femme de l'hôtel.

Le charmeur devina mon embarras.

— Quand nous sortirons du bazar, me dit-il, vous ôterez cette agrafe. Au marchand vous direz :

« Mon frère, j'ai des bijoux à te vendre.» N'oubliez pas !

Je le lui promis.

Il me conduisit chez un bon vieillard que je crois voir toujours. Il se nommait Khami.

Il sourit en voyant ma boutonnière ornée, se leva, et nous embrassa affectueusement, en nous saluant du doux nom de frère.

C'était une physionomie bienveillante. Sa florissante santé semblait témoigner de ses vertus et de la paix de son cœur.

J'éprouvai de suite pour lui ce mouvement de sympathie qui nous trompe rarement.

— Frère, lui dis-je, ma sœur a des bijoux à vendre, et je viens te prier de me les acheter. Il s'agit d'une parure de diamants d'un grand prix. Nos parents se sont ruinés, et ces bijoux sont tout ce qui nous reste pour vivre.

— A combien estimes-tu ces diamants?

— Je me fie à ton estimation, confiant dans ton équité.

— Très-bien. Les as-tu sur toi?

— Non, je te prierai de venir les voir d'abord.

— Je te suis, me répondit le bijoutier

Il frappa sur un timbre ; un jeune homme d'une trentaine d'années, frais et rose, comme un garçon de seize ans, apparut aussitôt.

C'était le premier commis du bijoutier. Khami lui confia la garde de son magasin, et sortit avec nous.

Conformément à la recommandation du jongleur en sortant du bazar, je détachai l'agrafe en émail, mais par étourderie, je la mis dans ma poche, et j'oubliai de la restituer à son propriétaire.

Nadèja fut contrariée de me revoir en compagnie du charmeur ; mais j'avais à prévenir un bien autre sujet de surprise.

Khami allait voir en Nadèja une sœur ; je m'empressai de dire à celle-ci :

— Je te présente, ma sœur, le bijoutier Khami, un de nos meilleurs amis, et l'un des plus vénérables.

Le frère de la Colombe serra la main que lui tendit Nadèja, puis déposa sur son front un baiser fort inattendu, et qu'elle ne sut pas lui refuser.

La situation était sauvée.

Nadèja remit au bijoutier plusieurs écrins.

Je remarquai qu'elle avait résolu un sacrifice complet, et n'avait gardé sur elle ni ses bagues, ni ses boucles d'oreilles.

Elle voulait faire argent de tout.

Khami examina lentement chaque bijou.

Il trouva fort beaux ceux que la jeune fille portait habituellement. La grande parure consistait en boucles, bracelets et croix de diamants.

Le jongleur et moi, nous en étions éblouis. Mais bientôt mon attention se reporta sur le bijoutier dont je tâchai de deviner les impressions. Il demanda plusieurs pierres. Il les examina une à une pendant près d'une heure, sans mot dire.

Et je pensais : cet homme-là ne s'y connaît pas.

Enfin, s'adressant à ma sœur avec une émotion visible :

— Combien avez-vous payé cette parure?

— C'est un cadeau de mon père, répondit Nadèja, j'en ignore le prix.

— Elle n'a jamais été confiée depuis à un bijoutier? demanda Khami.

Nadèja rappela ses souvenirs :

— Une fois, dit-elle, ma mère fit changer la disposition des pierres de la croix.

— C'est cela, fit Khami.

— Vous vous en êtes aperçu?

— J'ai remarqué bien d'autres changements, et qui enlèvent beaucoup de sa valeur à votre parure. Je vois que vous ne vous en doutiez point, et il m'en coûte, ma sœur, de vous révéler une vérité si pénible à apprendre. Vous estimiez peut-être votre parure à dix mille roubles.

Nadèja rougit.

— Il faut en rabattre de beaucoup... de beaucoup!... Et j'estime tout cela moins en marchand qu'en frère. Plus de la moitié des pierres sont fausses.

Nadèja devint pâle.

— Les boucles sont intactes, mais les bracelets ont beaucoup perdu, la croix également.

Combien je suis peiné de vous apprendre cette perte énorme!.. Mais voici une bague d'un grand prix et vos boucles d'émeraudes sont aussi très-belles, bien que d'une valeur peu élevée.

— Enfin! fit Nadèja défaite et tremblante. A combien estimez-vous le tout?

Khami calcula mentalement.

Enfin il prononça ce verdict terrible :

— Trois mille roubles. (12,000 francs.)

Trois mille roubles pour le présent et l'avenir. Et c'était tout!...

— Voyons, Khami, dis-je, ce n'est pas votre dernier prix. Traitez-nous en amis.

Il secoua la tête.

— Je ne me réserve aucun bénéfice, dit-il ; je ne puis vendre une parure montée ainsi. Si je veux conserver la monture, je devrai remplacer les strass par des diamants. Autrement je la détaillerai, je garderai le tout peut-être un an. D'après mon calcul, je ne me réserve que la rente d'un an des trois mille roubles que je vous offre. Enfin, ce n'est pas un travail d'orfévrerie que j'achète, c'est de l'or et des diamants..., ce qui se pèse. Mais faites venir d'autres marchands.

Je cherchai le regard de Nadèja, mais elle détourna les yeux.

Elle n'était pas seulement désolée, mais humiliée.

— Si mes bijoux valent si peu, dit-elle, je préfère les garder.

Je remerciai Khami et son ami et les reconduisis jusque dans la rue.

— Ma sœur reviendra peut-être sur sa détermination, dis-je au bijoutier.

— En ce cas, répondit-il avec bonté, je reste tout à sa disposition.

XXI

Le désespoir de Nadèja.

En rentrant dans l'appartement, je trouvai Nadèja en larmes.

— Trois mille roubles! répétait-elle. De quoi vivre trois ans! Et après... la misère!...

Autant vaut périr tout de suite... Oh, ma mère, ma mère, que tu m'as trompée!... Car c'est elle qui a vendu mes diamants... C'est par elle que je mourrai de faim.

Console-toi, Nadèja, lui dis-je ; il te reste ton frère qui t'aime et qui ne te laissera manquer de rien. Pour toi, je veux devenir riche!...

—Laisse-moi, fit-elle avec humeur.

— Nadèja, repris-je, le chagrin te rend injuste. Tu me traites comme un ingrat ou un impuissant. Tu te trompes. J'ai du courage, je travaillerai et ne te quitterai pas.

Je lui pris les mains ; elle me les retira avec vivacité.

—Maxime, me dit-elle, vous savez bien que je ne veux plus de vos caresses.

Ces paroles me frappèrent au cœur.

— Ah! m'écriai-je, je le vois, j'ai beaucoup à faire pour obtenir le pardon d'un moment de folie. Mais cependant ce n'est pas de ma faute si l'on offre si peu de vos bijoux et cela ne change rien à ma situation vis-à vis de vous.

— Au contraire, reprit Nadèja laissant éclater un ressentiment longtemps contenu, car votre part sera plus petite.

— Que voulez-vous dire, Nadèja ?

— J'espérais dix mille roubles ; je vous en aurais laissé cinq en vous quittant.

— Ah ! vous pensiez à me quitter.

— Il le faut.

Je baissai la tête.

Je ne trouvai pas un mot pour ma défense.

— Je ne vous en veux pas, reprit-elle d'un ton adouci. J'ai été imprudente et la fatalité a fait le reste. Mais depuis notre fuite de la forêt j'ai beaucoup réfléchi et observé, et vous n'êtes pas guéri.

— Si ! m'écriai-je, je te le jure. En toi je ne vois plus qu'une sœur, un ange.

— Maxime, dit-elle apaisée en me tendant la main, en ce moment tu es sincère, mais ma résolution est bien prise... nous nous séparerons.

— Attends que tu aies un mari, dis-je en souriant.

— Mon mari est trouvé, Maxime. Il m'attend, il m'appelle.

Et étendant la main vers un crucifix :

— Le voici.

— Le couvent !...

— J'ai tout à oublier et rien à espérer.

— Oh, cela ne sera pas, m'écriai-je éperdu, ou j'irai mourir au pied des murailles de ton couvent !...

Elle me regarda avec un triste sourire.

Je devinai sa pensée.

J'avais à cet élan de douleur donné l'accent de la passion.

Je me retirai, confus, découragé, à l'extrémité de la chambre, et je me mis à pleurer en silence.

Elle vint à moi.

— Voyons. Nous sommes des enfants, dit-elle. Soyons plus raisonnables. Avant tout aujourd'hui il nous faut de l'argent ; l'hôtelier pourrait nous en demander ; qu'allons-nous faire ?

— Je ne sais pas, dis-je. Veux-tu que j'aille chercher un autre bijoutier ?

— Si tu le veux... ou plutôt si tu crois que ce Khami a voulu nous tromper... je le trouvais bien doucereux...

— Je le crois honnête.

— Comment ce jongleur le connaît-il ?

— Ces nomades connaissent tout le monde.

— C'est lui qui t'a indiqué le bijoutier ?

— Oui, je cherchais. Ceux que nous avons vus les autres jours nous offraient des prix dérisoires, ou refusaient d'acheter. J'étais fort en peine.

— Maintenant si tu retournes chez Khami, il offrira encore moins.

Non, j'en suis sûr. Il m'a dit en me quittant que si je ne trouvais pas mieux il serait toujours à ma disposition.

— Comme pour nous obliger.

— Mon Dieu oui.

— C'est risible... Quel désintéressement !

— Il y a une raison à cela.

— Laquelle ?

— C'est que le charmeur et Khami font partie d'une société secrète qu'on appelle la Société des Colombes blanches.

— Qu'est-ce que cela ? fit Nadèja avec vivacité.

— Je ne sais... Et le premier m'a présenté au second comme un frère... Alors, tu comprends, les loups ne se mangent pas entre eux.

— Mais... fit ma sœur en rougissant, n'aurait-il pas cru que moi aussi j'étais de sa société. Voilà donc pourquoi il m'a embrassée !

Et elle se prit à rire de bon cœur.

— Voilà pourquoi il m'appelait frère, repris-je, et je tremblai de le détromper. Nous sommes donc sûrs qu'il ne nous attrape point.

— Eh bien, retourne chez lui, me dit Nadèja.

C'était tout ce que je désirais.

— Oui, dis-je, c'est le plus sage...

Je pris les écrins et je sortis.

J'avais comme un pressentiment que Khami pourrait m'être utile.

Depuis plusieurs jours Nadèja souriait d'un air de dédain ou de mystère lorsque je lui parlai de la steppe et du bonheur pastoral, et j'avais pensé qu'elle songeait à un autre genre de vie et voudrait peut-être avec son argent me mettre à la tête d'un petit commerce.

Je l'avais vue désespérée et elle m'avait déclaré sa résolution de se séparer de moi. Avec le peu d'argent qu'elle allait toucher, que pourrait-elle entreprendre?... Rien. Que pourrais-je moi-même pour lui prouver mon dévouement et la retenir près de moi, pour l'aider à vivre enfin... Car à l'idée d'une séparation je me sentais frémir de tout mon être.

Khami expérimenté, influent et bienveillant pour moi, me le dirait peut-être.

J'avais besoin d'un ami, il m'en servirait.

Un vieillard riche comme lui... et sans enfants... pouvait s'intéresser au sort de deux jeunes gens comme nous.

Ce fut en roulant ces pensées dans mon esprit que je me rendis chez le bijoutier.

XXII

Les frères de la Colombe blanche.

— Eh bien! tu me reviens, frère, me dit Khami en accourant à ma rencontre.

— Oui, frère, répondis-je. Ma sœur s'est décidée; je t'apporte ses écrins.

— Pauvre enfant! Elle avait sans doute fondé là-dessus de belles espérances.

— Je l'avoue. C'est tout ce qui lui reste de ses parents.

— Est-elle orpheline?

Je n'ai jamais su mentir.

— Non, répondis-je, mais elle a dû se séparer de sa famille.

— Ah! je comprends, fit-il avec attendrissement.

Et il me serra la main.

— Tu n'es pas son frère par le sang, reprit-il.

— Si, nous sommes de la même mère.

— Ah!... je croyais...

— Que j'étais son amant.

— Son amant!... Grand Dieu!... se récria le vieillard en levant les bras au ciel. Quelle folie!... Mais je croyais qu'elle était une néophyte que tu avais convertie.

— Nous venons du Caucase, mon cher Khami; ma sœur Nadèja et moi nous étions persécutés par notre mère et nous avons dû nous soustraire par la fuite à ses cruautés. Par l'exil nous sommes orphelins. Nous sommes sans appui, sans crédit. Nous comptions sur les diamants pour nous créer des moyens d'existence et nous apprenons que la misère doit s'ajouter bientôt à tant d'autres malheurs. J'aurais besoin d'un conseil, d'un ami. Je suis sans expérience.

« Veux-tu me rendre un service, Khami, dont Dieu te récompensera? Veux-tu perdre une heure à m'entendre? Je t'expliquerai mon passé et ma situation présente ; tu me diras ce que j'ai à faire.

« Tu portes sur ton visage un air de bonté qui ouvre mon cœur à la confiance. Je suis convaincu que tes avis me seront plus précieux que l'or.

« Enfin tu me pardonneras mes fautes en considération de la sincérité de leur aveu.

Khami parut touché de cette ouverture.

— Parle, ami, me répondit-il, ouvre-moi ton cœur et je te répondrai en frère.

Je lui dis à peu près mais plus rapidement ce que je vous ai raconté de mon enfance et de ma première jeunesse. La cruauté de ma mère, le dévouement de ma sœur excitèrent vivement son intérêt.

Mais son étonnement fut extrême lorsque je lui dépeignis comment je m'épris de la belle jeune fille apparue comme un ange de consolation et d'espérance au bord de l'abîme où je gémissais.

Mon ignorance, la fatalité étaient les causes de cette passion funeste. Il le comprenait, mais en m'écoutant il se demandait depuis quand je faisais partie des colombes blanches.

Je racontai notre fuite à travers les bois; les révélations de Nadèja; le chagrin qui s'empara de moi; les révoltes de la passion contre la raison et le devoir; les tenues de Nadèja à mon sujet; et il se posait encore la même question.

Etait-ce le jongleur qui m'avait converti?

Je lui dis la résolution de Nadèja, le désespoir que j'en ressentais.

— Que faire? m'écriai-je en terminant. Mais, avant de te demander conseil, Khami, je dois implorer ton pardon... En me présentant chez toi, je t'ai trompé... L'insigne que je portais à ma pelisse était emprunté au jongleur, je n'appartiens pas à ta société.

— Tant pis, fit le vieillard d'un air pensif.

— Me pardonnes-tu ce mensonge?

— Tu t'en repens, je te pardonne.

— Et maintenant, repris-je, que me conseilles-tu?

— Il m'est difficile de te répondre.

— Pourquoi donc?

— Le mal dont tu souffres m'est étranger; je ne le connais que par les ravages qu'il cause autour de moi. Mais tu aimes ta souffrance.

— Comment pourrais-je l'aimer, puisqu'elle est un crime?

— Je n'y connais qu'un remède.

— Lequel?

— Le fer.

Je gardai le silence.

— Ta chair frémit, reprit le vieillard, ton orgueil se révolte.

— Mais l'homme ne doit-il pas vaincre ses passions?

— Il le doit. Il doit aussi guérir ses maladies, et le remède est indiqué par la nature du mal. A la gangrène n'opposerais-tu que des tisanes ou des paroles?

«Ta passion, contraire aux lois divines et humaines, ne peut être satisfaite. Si Nadèja n'était point ta sœur, je te dirais : épouse-la.

« Il vaut mieux, dit l'Écriture, se marier que de brûler. » Mais puisque le mariage ne peut éteindre le feu qui te dévore, dois-tu te laisser consumer tout entier?... Ou dois-tu faire la part du feu?

« La raison t'indique ici ton devoir envers toi-même.

« Et n'as-tu pas encore un autre devoir à remplir?

« Oui, envers ta sœur.

« Déjà tu l'as réduite à chercher un refuge dans un couvent. Pourquoi le couvent? Ne peut-on être seul au milieu des hommes? La vertu a-t-elle besoin de l'œuvre des maçons pour se protéger contre la contagion du vice et les orages des passions? Elle peut rester libre.

« Tu as un devoir à remplir envers ta sœur.

« Que dois-tu faire?

« L'Évangile te le dit :

« Si votre œil est cause de scandale, *arrachez-le.* »

« Il y aura toujours des scandales, *mais malheur à ceux qui les causeront.*

« Je n'ai rien à ajouter à la parole de Dieu, si ce n'est qu'elle s'accorde avec les conseils de la raison, et avec les doctrines de notre communion.

« Tu m'as demandé mon avis, Maxime Plotizine, et je te l'ai donné. Tu es atteint d'une maladie horrible, garde-la et souffre;

ou guéris-toi, je t'en offre le seul remède : le fer.

— Permettez, avant que je vous réponde, dis-je, que je respire et que je réfléchisse.

— Ce discours m'accablait; j'étais comme sous l'oppression d'un cauchemar.

Je venais demander le conseil d'un ami, je recevais celui d'un chirurgien.

— Maxime Plotizine, reprit le vieillard, tu n'as plus à réfléchir, mais à vouloir. Si tu te voues à la chasteté, si tu demandes le salut au couteau d'Origène, ton âme est libre, ton cœur guéri, tu peux d'un front tranquille te présenter devant Nadèja.

« Et Nadèja ta sœur, touchée de ton sacrifice, ne repoussera plus ton amitié.

« Vos âmes fraternelles pourront s'unir sans péché.

« Tu ne seras plus orphelin ; tu entreras dans une famille nombreuse, au sein de laquelle tu pourras braver toutes les misères, et tous les événements du monde. Toutes les difficultés de ta vie s'aplaniront. Tu n'as pas un ami ; tu auras des milliers de frères et de sœurs. Si tu as besoin d'un appui, d'un crédit, et que tu ne saches à qui t'adresser, tu exprimeras à haute voix ton désir dans une assemblée, et quelqu'un te répondra. Et si personne ne te répondait, le patriarche soutiendrait ta demande; au lieu d'un aide, tu en aurais cent.

« Tu es jeune, Maxime Plotizine, un long avenir t'est ouvert. Au lieu d'une âme noire, deviens une âme blanche, semblable en pureté et en douceur à la colombe, et tu pourras envisager l'avenir d'un œil tranquille. Tu seras riche un jour.

« Songe bien encore, — puisque tu veux réfléchir, — que si, par le fer d'Origène, tu renonces à quelques plaisirs physiques, tu t'épargnes bien des maux et bien des dangers. Car dans la plupart des malheurs et des crimes, la cause qu'il faut chercher, c'est la femme, — ou du moins l'amour impur.

« Je te laisse à tes pensées, et je vais chercher la somme qu'il te faut. Si tu es prêt à suivre mon conseil, tu remettras à ta pelisse l'agrafe de la colombe. — A bientôt.

Khami s'éloigna. Il prolongea sans doute à dessein son absence.

Je n'étais pas converti, mais j'étais fort ébranlé, et fort perplexe.

J'adressai d'abord au ciel une ardente prière, afin qu'il m'éclairât sur la route que je devais suivre.

Puis je repassai dans mon esprit tout ce que ce vieillard m'avait dit. Cependant la voix des sens me criait : non !

Je me serais dérobé en ce moment si je n'avais attendu les trois mille roubles.

Le fer!... Cette expression me glaçait de terreur.

Tout mon être se révoltait à l'idée d'une opération et je cherchais vainement à en dissiper l'horreur par la vision des séduisantes perspectives que m'ouvraient les promesses de Khami.

Lorsque celui-ci fut de retour, il ne vit pas le signe convenu à ma boutonnière.

Il ne laissa paraître aucun mécontentement. Il lui suffisait sans doute de m'avoir vu ému et ébranlé.

Il me remit les trois mille roubles en papier et en or, puis il m'embrassa en me disant:

— Reviens me voir encore, Maxime.

Je le lui promis et je regagnai l'hôtellerie en grande hâte. J'avais beaucoup tardé sans doute, Nadèja était inquiète ; puis il me semblait que je venais d'échapper à un grand danger.

XXIII

Dieu le veut.

Nadèja eut un mouvement de joie enfantine à la vue de ces trois mille roubles.

Elle étala les billets et rangea en piles les pièces d'or.

— Voilà, dit-elle en souriant, nos champions dans la bataille de la vie.

Puis sa physionomie reprit une expression sérieuse et triste.

Elle fit deux parts, non sans quelques hésitations.

— Nous sommes enfants de la même mère, dit-elle, tu ne dois pas être déshérité, Maxime Plotizine. Mais tu es un homme, je ne suis qu'une femme, tu es le plus fort. Dans la bataille de la vie, tu n'as pas besoin pour vaincre d'autant de soldats que moi.

« Voilà tes bataillons, voici les miens. J'aurai mille roubles de plus que toi.

— Et ensuite? dis-je, navré de ce partage.

— Ensuite nous ferons chacun de notre côté ce que nous pourrons.

Debout devant la table, appuyant les doigts sur les piles d'or, elle parlait sans oser lever les yeux sur moi. Elle essayait de feindre un calme qu'elle ne possédait pas.

— Cela ne sera point, répondis-je.

— Cela sera, répliqua-t-elle, parce que je l'ai décidé. Tu me connais mal... Cependant je croyais t'avoir donné, depuis le Caucase, assez de preuves de la fermeté de mon caractère.

— Je suis libre de refuser cet argent.

— Ton refus ne changerait rien à ma résolution.

— Entrer au couvent?

— Oui.

— Il faut une dot pour cela. Deux mille roubles seraient une somme insuffisante.

— Je me suis informée.

— Ah! déjà!... Déjà je n'ai plus de sœur!...

— Puisqu'il le faut... Avec deux mille roubles dans le monde que puis-je faire! Préfères-tu que je me fasse servante?

— Mais ne puis-je rien, moi?

— Je ne sais pas.

— Nadèja!

— Ma franchise n'a point d'intention blessante. Mais en réalité que sais-tu faire? Soigner des troupeaux?... Te semble-t-il possible que j'entre comme toi au service de Péroff?

« C'est de l'enfantillage. Il faut agir, et pour prendre une résolution, il ne faut pas attendre que notre argent soit dépensé, que la misère vienne nous affaiblir et nous avilir peut-être.

C'était le langage de la raison, mais je ne pouvais l'entendre. Il était trop cruel pour moi.

— Mais si je trouvais un emploi, des moyens d'existence suffisants pour tous deux?

— N'insiste pas, répondit Nadèja.

— Pourquoi?

— Je n'ai rien à te dire. Depuis Khoudout ma résolution est prise et rien ne m'en détournera.

— C'est bien. Nous verrons si mes efforts et mes résolutions seront à la hauteur des vôtres.

Je m'éloignai sans qu'elle dît une parole pour me retenir.

J'allai errant dans les rues, ivre de douleur, me parlant seul, à moitié fou. La nuit était tombée et à cette époque les rues de la ville, déjà si étroites et si noires, n'avaient pas le gaz pour combattre leurs ténèbres.

Mais ces ténèbres étaient en harmonie avec l'état de mon âme. Cependant, en approchant du port de la Caspienne, de larges taches de lumière tombaient des vitres des cabarets sur la boue de la chaussée. J'entendais vaguement des chants avinés, des rires, des cris de femmes, une joie brutale, qui par moments m'irritait.

Puis, en face des îles... plus rien que les flots et leur clapotement, et les grandes silhouettes des navires à l'ancre.

Mais la lutte se prolongeait.

Je restais là, les regards perdus dans cette obscurité que rayaient de leur blancheur les flots qui se brisaient sous les rayons des étoiles... L'homme qui songe à se noyer ne doit pas éprouver autre chose que ce que je ressentais :

— Un grand vide intérieur, un poids brûlant au front, un malaise semblable au vertige.

J'étais ainsi, subissant l'attraction magnétique des eaux, quand une barque que je n'avais pas remarquée toucha au quai à deux pas de moi.

Je ne bougeai pas.

Le batelier se dressa devant moi.

— Frère, dit-il, je t'attends.

Je le regardai comme un homme que l'on arrache à son rêve, et j'entrevis à sa pelisse l'émail de la colombe blanche.

Cette apparition, cet appel, me produisirent l'effet d'un avertissement céleste.

J'accrochai l'agrafe du charmeur à mon vêtement et descendis dans la barque.

Le batelier reprit ses rames, et nous nous éloignâmes dans la direction de l'île la plus prochaine.

Je me souvenais que les îles étaient l'été des endroits de réunions, de parties de plaisir et de pêche, et bientôt j'aperçus la lumière d'un cabaret.

Le soir, en automne surtout, ces endroits sont déserts. Il y avait là sans doute une réunion de frères de la Colombe. Je n'en doutais point, mais je me disais : — Dieu le veut!... Si ce sont des coquins, ils me jetteront à l'eau et il me restera l'autre monde. Si ce sont d'honnêtes gens tels que Khami me les a dépeints, je me joindrai à eux.

En approchant de l'île, je vis un petit groupe formé près du bord, devant une grande construction semblable à un hangar. Un homme se détacha du groupe, et vint au devant de nous. Le batelier lui jeta l'amarre.

— Il n'y a plus personne là-bas, dit-il.

Je sautai à terre, et me dirigeai hardiment vers le groupe de fidèles, sans m'y mêler toutefois.

A la lumière tremblante qui tombait du falot suspendu au dessus de la porte du bâtiment, je distinguai des personnes des deux sexes, et de diverses conditions; mariniers et marchands pour la plupart, mais tous convenablement vêtus.

Bientôt la porte du lieu de réunion s'ouvrit, et l'on entra.

Je vis une grande salle, où de nombreuses torches de résine répandaient leurs clartés rougeâtres, au milieu d'une épaisse fumée.

L'assemblée était déjà nombreuse.

A l'intérieur de chaque côté de la porte, se tenaient un frère et une sœur, qui donnaient, à leur entrée, aux fidèles le baiser de paix.

J'imitai ceux qui m'avaient précédé.

Et la porte se ferma derrière moi.

Je demeurai au dernier rang, n'osant regarder les personnes placées près de moi.

Soudain, le fond obscur de la salle s'éclaira de la lumière des cierges, et je vis un autel d'une blancheur éclatante, et au dessus une colombe blanche de grandeur naturelle, les ailes déployées, telle que l'on figure l'Esprit-Saint.

A droite et à gauche de l'autel, deux grandes images peintes de couleurs vives, sur fond d'argent. Dans l'une d'elles, je reconnus de suite le moine Origène; je l'avais déjà vue chez Khami.

Vêtu d'une longue et ample blouse de soie blanche, le patriarche monta à l'autel, et bénit l'assemblée.

Alors quatre voix, d'une pureté sans égale, chantèrent un cantique en langue russe, une hymne à la chasteté, qui nous rend semblables aux anges, et peut seule apaiser la colère de Dieu.

L'hymne chantée, trois fidèles sortirent des rangs de l'assemblée et s'avancèrent vers l'autel.

C'étaient deux jeunes filles donnant la main à un jeune homme vêtu d'une blouse blanche.

Les jeunes filles habillées de blanc également laissaient leurs cheveux bouclés tomber sur leurs épaules. Elles étaient d'une beauté céleste.

Leur compagnon était aussi nu-tête; sans ses cheveux courts à son visage imberbe et souriant de la fraîcheur de la jeunesse, on eût pu le croire leur sœur.

Par dessus sa chemise il ne portait d'autre vêtement que sa longue blouse ou robe de laine blanche.

C'était un néophyte.

Le patriarche lui dit :

— Quel est ton nom?

— D'où viens-tu?

— Du royaume de Satan.

— Où vas-tu?

— Chez les enfants de Dieu dont l'amour est sans péché.

— Quels sont tes parents?

— J'ai pour père le Dieu du ciel et de la terre, pour frères et sœurs les colombes de Dieu quels que soient leur pays et leur condition.

— Que me demandes-tu?

— De trancher le lien charnel qui me rattache au péché.

— Il sera fait selon ton désir. Mais connais-tu les devoirs que tu auras à remplir et les engagements que tu dois prendre?

— Oui, saint patriarche.

Qui t'en a instruit?

Un de tes frères, Khami.

Alors je vis Khami s'avancer à son tour vers le patriarche.

— C'est moi, dit-il, qui l'ai instruit et conduit au milieu de vous; je réponds de l'ardeur et de la sincérité de sa foi.

Qu'il soit béni ainsi que toi, Khami, dit le patriarche.

Puis ce personnage vénérable prit sur l'autel un couteau à manche d'ivoire et le présenta au néophyte qui le baisa.

Les deux jeunes filles se retirèrent.

Le jeune homme se retira, suivi de Khami et du patriarche et passa derrière l'autel.

Alors l'assemblée entonna un cantique d'actions de grâces.

Un instant après, le jeune homme reparut soutenu par le patriarche et par Khami; derrière eux venait un frère que je n'avais pas remarqué jusque-là :

C'était le sacrificateur.

Il tenait le couteau dont la lame était rougie et le déposait sur l'autel.

L'assemblée éclata en transports d'allégresse.

Les rangs s'ouvrirent, laissant au milieu du temple une large allée, au bord de laquelle je me trouvais. Mais troublé moi-même par l'émotion générale, je ne le remarquai qu'en voyant le nouveau converti venir vers nous avec son parrain et ses jeunes sœurs.

Khami m'aperçut.

Je lus sur son visage sa surprise et son mécontentement.

Il allait dénoncer ma présence; je n'hésitai pas. J'allai au-devant de lui et me jetai à ses pieds :

— Moi aussi, Khami, m'écriai-je, j'ai été converti à ta parole et je demande à être admis chez les enfants de Dieu dont l'amour est sans péché.

— Relève-toi, Maxime, me dit-il.

Puis, se tournant vers l'assemblée remplie d'étonnement :

— Ce jeune homme, dit-il, est venu chez moi me demander la parole de vérité. Je l'ai instruit des devoirs de notre communion. Il s'est retiré en me promettant de revenir. Il a donc tenu sa promesse. Je demande à ce qu'il profite de l'heureuse inspiration qui le guida jusqu'à notre temple, à ce qu'il soit dès à présent revêtu de la robe blanche du néophyte et conduit à l'autel.

— Que mes sœurs et mes frères répondent, dit le patriarche.

Et l'assemblée m'acclama.

XXIV

Le mutilé.

— En sortant du temple, je me soutenais à peine. Non que l'opération que j'avais subie fût très-douloureuse : ce serait une erreur de le supposer; — elle n'est ni douloureuse ni dangereuse; — mais l'émotion m'avait brisé.

Je venais, en un instant, de décider mon avenir.

— J'avais été retranché d'un monde pour entrer dans un autre.

Mes nouveaux amis me comblaient de marques de sympathie. Khami était en larmes.

Plusieurs m'embrassaient. Des femmes me disaient : Nous serons tes mères; des jeunes filles : Nous sommes toutes tes sœurs.

L'une me passait au doigt un anneau; l'autre me forçait à boire un cordial. Je recevais à la fois cent invitations à des dîners, à des fêtes de famille.

Le patriarche me remit une petite colombe d'argent et un livre, — dont je vous reparlerai.

Le jongleur vint le dernier; je l'embrassai avec effusion. C'est à ce brave et modeste garçon que je suis redevable du bonheur de ma vie.

Comme je marchais avec peine, on me soutint d'abord, puis on m'emporta et l'on me coucha dans le bateau.

J'achevai le reste de la nuit chez un de mes frères qui demeurait sur le port de la Caspienne.

Le lendemain, ou pour mieux dire quelques heures après la réunion, je me fis reconduire à l'hôtellerie.

Vous jugez de l'inquiétude où mon absence avait plongé Nadèja.

Je rentrai seul, pâle, chancelant.

Elle me crut blessé ou malade et s'empressa autour de moi.

— Rassure-toi, chère sœur, lui dis-je, rien de malheureux ne m'est arrivé... au contraire. Je suis très-fatigué, voilà tout.

Elle n'était pas moins défaite que moi, car elle n'avait pas dormi de la nuit, et avait beaucoup pleuré.

— Tu m'as quitté fâché, me dit-elle.

— Non, dis-je, mais peiné.

— Je n'y ai pas pris garde d'abord; j'ai cru que tu allais rentrer... puis la nuit est venue et je suis restée des heures et des heures à la fenêtre.

— Pardonne-moi.

— Te voici; tu es pardonné,

— Que serait-ce donc, Nadèja, si j'étais parti pour toujours?

— D'où viens-tu?... Qu'as-tu fait dehors toute la nuit? reprit-elle en esquivant ma question.

— Je suis allé d'abord, comme un chien perdu, jusqu'à la Caspienne. Là j'avais envie de me jeter à l'eau.

— Grand Dieu!...

— Ce n'est pas plus terrible que de se jeter dans un couvent.

Dans un couvent on ne perd que son corps, on ne perd pas son âme.

— Dieu a eu pitié de moi, repris-je. Le Seigneur m'a envoyé un de ses élus qui m'a pris par la main et m'a arraché à la perdition.

— Quelqu'un a deviné ton intention et t'en a détourné, traduisit Nadèja. Que t'a-t-il dit pour cela?

— Il m'a dit : — Tu as été abandonné par ta mère, tu as voulu la revoir, et elle t'a chassé de chez elle et t'a persécuté. Dieu t'a donné une sœur, un de ses anges pour te sauver, tu as été coupable envers elle et Dieu te l'a retirée. Maintenant tu as tout perdu, mais suis-moi, tu feras à Dieu le sacrifice d'une passion coupable et il te pardonnera. Il te donnera une famille aussi nombreuse que le peuple d'Astrakhan et l'amitié de ta sœur te sera rendue par surcroît.

— Mon Dieu! fit Nadèja, qui n'était pas éloignée de croire ma raison altérée, que signifie tout cela? Et où as-tu appris à parler ce langage mystique? Qu'est-ce que cette famille nombreuse?

— Je te l'expliquerai plus tard plus clairement.

— Pourquoi ne pas me dire que cet étranger t'a engagé à entrer dans une église et à prier?

— Les églises, la nuit, sont fermées.

— Je ne te comprends plus, Maxime.

— Contente-toi du sens de mes paroles. Plus tard, bientôt, je m'expliquerai plus clairement.

— Comme tu voudras, répliqua Nadèja qui se retira d'un air boudeur.

Je la rappelai aussitôt:

— J'ajouterai, toutefois, que les promesses de cet homme ont été tenues et au-delà.

— Ah! fit Nadèja curieuse.

— J'ai de nombreux amis, des protecteurs sérieux qui m'aideront à faire fortune... Désormais la misère ne peut plus m'atteindre..... Et désormais ma sœur Nadèja ne voudra plus me quitter.

Mon accent, mon regard l'interrogeaient. Elle garda le silence.

— Veux-tu toujours te séparer de moi? repris-je.

— Tu as la fièvre, Maxime ; tant que tu seras malade je resterai près de toi pour te soigner.

— Tu as réfléchi cette nuit pourtant?

— J'ai souffert; j'ai pleuré.

— Et ta résolution ?...

— Est restée la même, dit Nadèja d'une voix étouffée.

Elle craignait mon désespoir.

Je souris d'un air calme.

— Tu en changeras, répliquai-je, avec l'accent de la conviction.

— Viens, Nadèja, t'asseoir près de moi, mets ta main dans la mienne...

Je lui tendis la main ; elle hésitait à la prendre.

— Tu n'as plus rien à redouter de ce fou de Maxime, qui t'aimait avant de savoir que tu étais sa sœur. En moi tu retrouves un frère. Ma tendresse pour toi est aussi grande,

mon amitié aussi forte, mais elle est pure. Dieu m'a guéri... pour toujours!...

Elle passa la main sur mon front, elle le trouva brûlant.

— J'ai la fièvre, dis-je, mais ne crois pas que je délire. Sois maintenant sans inquiétude, les jours d'épreuve sont passés... Oh!... nous allons être bien heureux!...

Je repris sa main dans les miennes et continuai, comme dans un rêve :

— Nous allons vivre l'un près de l'autre, nous aimant toujours comme s'aiment les purs esprits que Dieu revêt dans son ciel d'une forme humaine, qui n'a du corps que l'apparence, sans en avoir les sensations et les servitudes. Je pourrai sans péché te dire à chaque instant de ma vie, que je t'aime et que je suis à toi. Je t'ouvrirai mon cœur et tu pourras y lire sans que nous ayons à rougir l'un de l'autre... Plus de troubles! Plus de surprises!.. Plus de honte!.. Quel calme, quelle paix intérieure !.. je renais à une vie nouvelle!

Tandis que je parlais ainsi, Nadèja, étonnée et alarmée, me regardait à travers ses larmes.

— Mais qu'as-tu donc fait cette nuit, malheureux? murmurait-elle.

— Laisse-moi me remettre, ma sœur, et recueillir mes forces. Bientôt tu sauras tout, et avec moi tu rendras grâces à Dieu.

Comme je disais, Khami entra.

Il salua ma sœur, puis me serrant la main :

— Eh bien, ami, comment te portes-tu ce matin?

— J'ai un peu de fièvre, répondis-je; mais du reste je suis très-bien. Je me sens comme délivré.

— Que dit-il encore là! fit Nadèja avec humeur. Depuis ce matin il ne me tient que des propos incohérents.

Khami se pencha vers moi et me dit tout bas :

— Elle sait tout?

—Non, répondis-je de même, rien encore.

— Pourquoi?

— Je n'ose.

Nadèja, que ces chuchotements agaçaient, s'était retirée vers le balcon.

— Ta sœur veut-elle toujours te quitter? me demanda Khami.

— Oui, frère, elle m'aime toujours. Mais je ne puis m'expliquer.

— C'est de la fausse honte.

— Non, c'est un sentiment plus noble. Je lui écrirai : le papier ne rougit point de ce qu'on lui confie.

— N'écris pas, c'est un moyen lâche.

—Eh bien ! dis-le-lui, toi, mon frère. Tes cheveux blancs t'autorisent à des hardiesses de langage que je n'ai pas.

— Soit ; je vais tout lui dire.

Khami rejoignit Nadèja sur le balcon.

Je fermai les yeux, rempli d'une secrète épouvante.

J'entendis assez longtemps sa voix, comme un murmure sourd. Quelles expressions sut-il trouver?.. Je l'ignore. Mais il sut l'émouvoir, et lorsqu'ils revinrent, elle était plus pâle que moi, et toute en larmes.

Elle me prit le front entre ses mains, m'embrassa et me dit :

Nous ne nous quitterons plus.

Je crus m'évanouir de joie.

Le vieux Khami était radieux.

Comme à la fin du déluge, la colombe était rentrée, portant à son bec une feuille d'olivier.

XXV

Digression.

Tout ému de ces souvenirs, Maxime Plotizine suspendit de nouveau son récit.

— Vous voyez, dit-il à Ceslaw Romen, que la justice, en m'arrêtant, n'a pas mis la main sur un grand coupable.

— J'en conviens, Plotizine, répondit l'avocat, et je suis tout gagné à votre cause. Mais ce que la justice veut atteindre en vous, c'est moins l'homme que le sectaire. C'est la secte des colombes blanches que l'on veut frapper ; et entre nous, vous devez en comprendre les raisons : il y en a deux principales entre autres.

— Lesquelles, je vous prie ?

— Votre manière d'entendre la chasteté est une hérésie morale et religieuse. Je ne discute pas ; je réponds à votre question.

Devant la loi, la castration est un crime.

La loi a à protéger les droits et les devoirs des hommes envers l'humanité et envers la société... En se multipliant, votre secte deviendrait un véritable fléau.

— Comme les moines, comme le clergé catholique, comme le célibat volontaire.

— Je vous en prie, Plotizine, ne discutons pas. Ces arguments seront peut-être les miens, mais devant le tribunal. Entre nous, votre récit vous a acquis un ami de plus.

J'admire le dévouement de votre sœur Nadèja et votre amitié pour elle. Mais quant à votre secte...

Plotizine l'interrompit :

— N'en dites rien ; vous ne la connaissez pas encore, et si j'étais libre, si je pouvais vous voir plus longtemps qu'il ne me sera permis, mon cher Ceslaw Romen, je vous convertirais.

— Grand merci! fit l'avocat en riant. J'aime moi aussi... mais mon cas n'est pas le vôtre.

— Vous aimez? dit Plotizine. Je vous plains.

— Et moi je ne vous envie point.

— Vous souffrirez, Romen !

— Mais j'aurai vécu ma vie d'homme, je n'aurai pas déserté le combat. Vous avez soixante-dix ans, Plotizine, et voilà cinquante ans que vous ne vivez plus qu'à

moitié. Car votre vie s'arrête à votre conversion.

— Quelle erreur! fit le vieux mutilé
avec conviction.

— Cependant les passions n'ont plus
fait le tourment de votre vie.

— Quelle erreur! dirai-je encore. N'est-il
donc d'autre passion que celle de l'a-
mour? Et ne savez-vous pas qu'en coupant
la branche d'un arbre, vous faites éclater
la séve en dix bourgeons et que l'arbre
prend une force nouvelle?

Seulement l'amour charnel obscurcit de
son ivresse des facultés précieuses et enlève
de leur force aux autres passions.

L'empire d'Orient et plus d'un royaume
d'Asie ont été gouvernés par des eunuques.

— Alors, selon vous, Plotizine, la castration serait un perfectionnement?

— Votre question est ironique, Romen;
vous raillez, vous ne raisonnez pas. Mais à
vos railleries je puis opposer des faits
irrécusables.

Il n'entrait point dans l'intention du
jeune avocat d'irriter son client; il changea
de ton et reprit d'un air sérieux :

— Ce qui vous rend digne d'estime et
de sympathie, Maxime Plotizine, c'est que
vous êtes convaincu. Cependant, permettez,
n'étiez-vous pas plutôt séduit, attiré, que
converti en entrant pour la première fois chez
les colombes blanches?... Votre situation
précaire, les promesses de fortune, la résolution de votre sœur, me semblent vous
avoir déterminé au célibat plus que toute
prédication de patriarches de la secte.

— Je l'avoue, Romen.

— Alors cette conviction?...

— Est l'œuvre des temps et de Dieu.
Puis, je vous l'ai dit, après le sacrifice le
patriarche m'a remis un livre...

— Ah! oui, je me souviens... Eh bien,
mon ami, ce livre?

— Vous désirez le connaître?

— Dites-moi ce qu'il renferme, le temps
me manque pour le lire.

XXVI

Le livre des shoptzi.

— Le livre, reprit Plotizine, la bible des
Colombes blanches, se divise en trois
parties.

La première expose les causes de la douleur de Dieu. C'est le tableau statistique de
tous les crimes qui ont l'amour charnel
pour origine : les débauches, les viols, les
adultères, les prostitutions, les suicides, les
actes contre nature. Les chiffres sont em-
pruntés aux documents officiels des pays
civilisés.

Ils sont effrayants...

Plus effrayants encore sont ceux des
crimes qui dérivent, pour ainsi dire, de ceux
que je viens d'énumérer : les assassinats
des femmes par leurs maris, des maris par
leurs femmes; les duels, l'abandon des
enfants naturels, les infanticides, la séquestration des enfants par les parents, la misère
qui résulte d'un accroissement de population disproportionné avec la production;
les révoltes causées par la misère.

Le cadre étroit du livre ne lui permet
pas d'étendre ces nomenclatures; mais
vous, hommes de loi, vous le pourriez
facilement.

Vous savez combien de vols et de meurtres ont l'amour pour complice, quand ils
ne l'ont pas pour principal auteur.

Ce tableau éloquent est suivi de considérations sur la douleur de Dieu à la vue
des désordres et des crimes de son peuple,
et de la nécessité de détourner ses châtiments, et d'apaiser sa juste colère.

Comment éviter le mal, et apaiser
Dieu?

On en trouve le moyen dans la chasteté.
Mais comment pratiquer celle-ci? Par un

simple vœu, ou par une opération chirurgicale?

Le premier est d'un saint; mais le nombre des saints est trop rare.

Ici viennent en exemples, les désordres des communautés religieuses et des prêtres célibataires.

Et le livre conclut, dans sa seconde partie, à la nécessité d'employer le fer.

La troisième partie contient l'organisation de l'église des Colombes blanches, et les devoirs des frères entre eux, et les devoirs qu'ils ont à remplir envers la société.

Notre organisation est très-simple.

Dans toute ville importante, nous avons un patriarche; c'est le plus ancien de la province, ses fonctions ne sont pas rétribuées.

Un sacrificateur lui est attaché.

Entre ses mains est déposée la caisse de sa province.

Les fonds de cette caisse sont le produit de cotisations régulières des frères et des sœurs de la Colombe blanche, et des dons et legs faits par ceux-ci.

Tout membre qui possède donne, en entrant, une partie de ses biens. En mourant, s'il n'a point d'héritier direct, il laisse tous ses biens à la société.

— Mais qui est nommé dans le testament? demanda l'avocat.

— Le patriarche, répondit Plotizine. Mais autant que possible, on évite, par des dons anticipés, d'éveiller les soupçons du public.

— Vos caisses doivent être très-riches.

— Immensément.

— Et que fait-on de ces trésors?

— Les dépenses du culte sont minimes, dit Plotizine. La charité des frères les uns envers les autres permet à la communion de faire de grandes épargnes. Toute demande de secours adressée à la communauté, et qui est appuyée de motifs sérieux, est discutée en assemblée.

La société prête et ne donne pas; seulement elle renonce à toute pression pour recouvrer ses avances.

C'est ainsi qu'un commerçant est sauvé de la faillite; qu'un jeune homme intelligent trouve les fonds nécessaires pour créer un établissement.

Ces avances nous sont rendues au centuple. C'est la semence des plus riches moissons. Les grands établissements industriels, commerciaux, fondés par nous offrent des emplois, du travail, à nos frères et à nos sœurs. Enfin, le plus humble d'entre nous peut voyager; partout où il a un frère ou une sœur, il a du pain et un gîte assurés; il a un protecteur, un ami dévoué.

C'est beaucoup; surtout dans ce vaste empire de Russie où les communications sont si difficiles, les voyages si coûteux.

Telle est l'organisation de ces grands coupables que l'on appelle avec mépris les Skoptzi.

Dans votre plaidoyer, Ceslaw Romen, vous pourrez ajouter, qu'ils professent le respect des lois de l'Empire et l'amour du Czar qu'ils nomment leur père; qu'ils n'ont jamais troublé la paix publique; que depuis cent ans, ils n'ont jamais pris part à aucun complot politique; qu'ils sont pacifiques et doux comme la colombe qui leur sert d'emblème.

— Mais alors, fit observer Romen, que vouliez-vous donc me dire tout à l'heure quand vous prétendiez que votre renoncement à l'amour charnel, loin d'exclure les autres passions, ne faisait que leur donner des forces?

Plotizine sourit dans sa barbe blanche.

— Je vous ai dit aussi, Romen, que les saints étaient rares... Oui, je l'avoue, le fer d'Origène ne peut trancher les racines de toutes les passions.

Et savez-vous quelles passions sont les plus communes et les plus fortes chez

Je me suis senti frappé à la poitrine.

nous?... Ce sont : la cupidité, l'avarice, et l'amour du prosélytisme poussé à l'excès.

Chaque membre veut devenir apôtre et le zèle des conversions est extrême.

Aussi quelle joie, quel enthousiasme dans une assemblée à chaque sacrifice nouveau!... C'est un nouveau-né à la grande famille... Chez nous l'apôtre est un père, il aime le néophyte qu'il conduit à l'autel.

Le vieux Khami m'aima comme son fils.

Après avoir ambitionné la fortune pour lui-même, il l'ambitionna pour moi.

Cet homme, avare comme un juif, fut prodigue pour celui qu'il appelait son jeune frère.

Une partie de son affection se reporta également sur ma sœur Nadèja.

Celle-ci ressentait d'abord pour lui une certaine aversion, — le dirai-je? — une sorte de dégoût.

Je combattis de mon mieux cette répugnance dont la cause inavouée avait quelque chose d'humiliant pour moi-même.

J'étais en relations quotidiennes avec le bijoutier qui me destinait au commerce, complétait mon instruction par des leçons de comptabilité, de grammaire et de géographie.

J'avais déjà beaucoup appris de Peroff, en tout ce qui concerne le commerce des moutons et des laines ; Khami m'engagea à tourner tous mes efforts de ce côté.

Nous avions pris, avec ma sœur, un petit logement dans les environs de son bazar, et naturellement Nadèja ne put se dispenser de faire quelques visites au vieux marchand, et dut se résigner aussi à le recevoir.

Au bout de quelques mois, elle accepta à dîner chez lui. Mais cependant elle eut beaucoup de mal à s'habituer aux usages fraternels de notre société.

Cela, m'a-t-elle dit, lui faisait un singulier effet de me voir embrasser des inconnues et des inconnus, en leur donnant les noms de sœurs et de frères.

Il m'arriva aussi de donner l'hospitalité à des inconnus ; elle se sauvait à leur vue, de crainte de leur baiser de paix.

Elle trouvait aussi que quelques femmes manquaient de pudeur ; ce défaut tient surtout à l'éducation.

Néanmoins, la lecture du livre des Colombes et nos entretiens avec Khami lui enlevaient de jour en jour ses préventions les plus fortes. Nadèja, — je dois aussi le dire, — n'avait pas, comme moi, hérité de la nature passionnée de Paulowna... Chez elle, le cerveau parlait plus haut que le cœur. C'était une grande jeune fille, faite comme la Diane chasseresse, avec la tête un peu plus forte, le front plus développé. Son regard limpide et calme eût paru dur, sans le sourire de ses lèvres qui était tout de bonté.

Son esprit enthousiaste s'ouvrait volontiers à toutes les idées grandes et élevées. Elle n'était ni coquette, ni ignorante, ni imbue de préjugés et de basses superstitions.

Réduite à prendre soin elle-même de notre intérieur, elle gardait même dans ses travaux domestiques, une grâce élégante, une sorte de noblesse de mouvement d'attitude ; elle donnait à tout ce qui nous entourait le cachet d'un goût aristocratique.

Notre pauvreté était visible, mais on voyait, du premier coup d'œil, qu'elle n'était pas celle de tout le monde.

Je m'aperçus bientôt qu'elle souffrait d'avoir rompu avec ses exercices et ses délassements habituels, et je louai des chevaux. Nous faisions souvent de longues promenades aux environs de la ville. Avec des livres et un cheval, elle était heureuse. Rien ne manquait non plus à sa toilette, bien qu'elle eût dit adieu au luxe et aux modes parisiennes du Caucase. Elle portait le costume national, qui, d'ailleurs, convenait à merveille à sa beauté.

Quant aux soucis de la vie matérielle, elle n'en avait aucun. Je m'arrangeai de façon à ce que la somme de trois mille roubles restât intacte. Le vieux Khami m'avait procuré un emploi, en attendant qu'il pût m'établir.

Près d'une année s'écoula ainsi.

XXVII

Un amant ou un mari ?

Cependant, Nadèja était trop belle pour vivre inaperçue. Je le remarquai un soir, au retour d'une de nos promenades à cheval.

Un jeune cavalier nous avait suivis, et en passant près de nous, sous les portes de la ville, m'avait lancé des regards d'une jalousie fort imméritée. Il nous accompagna jusqu'à notre maison, et sans doute, fut étonné de voir une si jolie amazone descendre dans un endroit de si modeste apparence.

— Nadèja, dis-je, la guerre est déclarée.

— J'ai vu l'ennemi, répliqua-t-elle en riant.

— Ne le crains-tu pas?

— Non.

— Pourquoi?

— Ce ne serait pas brave, car il est encore loin de moi.

— Mais il paraît redoutable, repris-je en badinant. De grands yeux noirs, des traits réguliers et fins, un air fier et entreprenant; en un mot, un beau cavalier.

— Et j'ajouterai, repris Nadèja, qu'il monte un magnifique cheval arabe.

— Tu ne l'as jamais rencontré d'autres fois?

— Non, jamais.

— C'est peut-être un mari?

— C'est ce que j'aurais pu dire au Caucase, mais aujourd'hui...

— Regretterais-tu de ne pas épouser quelqu'un qui ne rechercherait en toi qu'une dot?

— Si j'étais homme, je ne voudrais pas épouser une fille plus pauvre que moi, et pour la même raison, je ne voudrais pas d'un homme plus riche que moi.

— Alors, dis-je, ce beau cavalier ne serait pas un mari, car il paraît riche. Mais tu es jeune, Nadèja, attendons un tour de roue de la Fortune.

— Oh! je ne suis pas pressée, fit-elle.

Nous n'en reparlâmes plus.

Cependant, le lendemain, nous changeâmes l'heure et la direction de notre promenade.

Le Persan ou le Prince, — c'est ainsi que nous le désignions, à cause de sa physionomie et de son costume, ne put nous suivre; mais à notre retour, il était à notre porte.

Cette insistance commença à me déplaire. J'avais l'habitude de reconduire les deux chevaux chez le loueur. Cette fois j'hésitai à le faire, et à laisser Nadèja seule.

Elle me comprit.

— Allons jusqu'à l'écurie, dit-elle; nous rentrerons à pied.

Notre homme fut stupéfait de nous voir nous éloigner. Ses regards se portaient alternativement sur la maison et sur nous, puis il prit le parti de nous suivre, mais à distance.

La ville, je l'ai déjà dit, est très-populeuse à certaines heures, très-encombrée de passants; en nous suivant, il ne pouvait paraître indiscret. — Il n'était remarqué que de nous.

Mais en voyant où nous nous arrêtions, il comprit que nous avions des chevaux de louage. Il en fut peut-être honteux; il disparut.

Le jour suivant, à quelques paroles du palefrenier, j'appris que l'étranger était venu s'informer de nous.

Deux jours après, le magnifique arabe était dans l'écurie avec une selle pour dame et le palefrenier l'amena.

— Qu'est-ce que ce cheval? fit Nadèja qui le reconnut aussitôt.

— C'est, répondit le mougik, un cheval que l'on vous prie d'essayer, et s'il vous convient, vous pourrez le garder.

— De la part de qui parles-tu?

— De la part de M. Georges Jurt.

— Je ne connais pas, répondit Nadèja.

Mais ce nom de Jurt, nom d'une petite ville du Caucase, la frappa comme une menace.

Il n'existe pas, en Russie du moins, de seigneur de ce nom.

Je ne connais pas ce monsieur Georges Jurt, et son cheval ne me plaît pas. Rends-moi celui que je monte d'habitude.

— C'est un beau cheval, murmura le palefrenier, mais il obéit.

Lorsqu'il revint avec le poney de ma sœur, je voulus l'interroger.

— Tu connais le seigneur Georges Jurt? lui demandai-je.

— Je l'ai vu hier pour la première fois de ma vie.

— N'est-il pas d'Astrakhan?

— Non, assurément; s'il en était, je le saurais bien.

— De quelle province est-il?

— Je ne sais pas.

— Prends ceci, mon petit père.

Je lui donnai un rouble d'argent.

— Il reviendra ce soir; tâche de savoir de quel pays il est et je te récompenserai.

Mais ne t'a-t-il pas questionné au sujet de ma sœur?

— Il m'a demandé son nom.

— Et tu as répondu?...

— Que Mademoiselle s'appelle Nadèja Plotizine.

— T'a-t-il fait d'autres questions?

— Oui; il m'a demandé quel est votre nom et ce que vous faites, et je n'ai pas vu d'indiscrétion à lui répondre.

— Très-bien; mais il ne faut pas encourager cette audace, et je vois qu'il nous juge très-mal d'après le cadeau qu'il se permet d'offrir.

Tu peux lui rapporter mes paroles.

Là-dessus nous partîmes.

Lorsque nous fûmes hors la ville, je ralentis l'allure de mon poney :

— Que penses-tu de cela? dis-je à ma sœur.

— Rien de bon, me répondit-elle. Le faux nom qu'a pris ce personnage trahit son origine et me rend suspectes ses intentions.

C'est peut-être quelque officier en congé que Paulowna a chargé de nous rechercher.

— Ou quelque officier qui t'aura vue au bal du prince Worontzoff et dont tu ne te souviens pas.

— Nous changerons d'écurie, dit Nadèja.

— As-tu peur de cet homme?

— Non pour moi du moins, Maxime, mais pour toi; car s'il persiste dans sa poursuite, son premier soin sera de tenter de m'isoler en te tuant.

— Quelle idée!

— C'est un homme hardi et déterminé. Il sait que tu es mon frère, mon unique protecteur.

Tu es le seul obstacle qui soit devant lui, il voudra le briser.

— Nous verrons bien!

— Et que feras-tu, Maxime?

— Tu me le demandes, ma sœur?... Parbleu! je me battrai.

— Tu te battras, fit-elle d'un ton iroque qui me serra le cœur. Pauvre garçon!...

— Suis-je donc un lâche?

— Non sans doute, tu es un brave, Maxime, mais ta religion t'interdit de te battre.

— Elle ne m'interdit pas de me défendre.

— Mais tu ne connais pas les armes. Tu n'as jamais tenu un sabre, ni une épée, ni un pistolet.

— Qu'importe! j'ai deux bras nerveux, des mains qui l'étrangleront comme un poulet.

— Crois-tu donc qu'il acceptera un pugilat?

— Il le faudra bien.

— Tu le provoquerais?

— A la première rencontre.

— Malheureux! Si tu l'étranglais comme tu dis, on t'arrêterait comme assassin, et tu serais envoyé aux mines.

— Eh bien, je lui donnerais un couteau, et je lui dirais : Défends-toi.

— Mon pauvre Maxime, tu ne sais rien du monde. Il te rirait au nez.

— S'il est brave comme tu le supposes.

— Tous les officiers sont braves... mais un officier ne se bat pas avec le premier venu; un seigneur ne se bat pas avec un moujik.

. . . .

C'était la première fois que Nadèja me rappelait ma condition servile. Je n'avais pas oublié que j'étais fils d'esclaves ou de serfs, et qu'elle était fille noble; mais vivant en bourgeois, j'aimais à l'oublier, et ce mot me blessa. Je rougis de honte.

— Je suis donc indigne de prendre ta défense? répliquai-je.

Ce coup inattendu me bouleversa, je brisai l'entretien, et nos chevaux partirent au galop.

Les idées les plus sombres affluaient à mon cerveau. Si Nadèja m'a parlé ainsi, me disais-je, c'est sans doute parce que la résistance que j'oppose à ce beau cavalier la contrarie; je suis un obstacle, et le dépit qu'elle en montre est assez clair. Il y a toujours dans nos veines du sang de Paulowna!

Mais Nadèja s'aperçut bientôt qu'elle m'avait blessé.

— Qu'as-tu, Maxime? me demanda-t-elle d'un ton radouci. Je t'ai fait de la peine?

— Je l'avoue.

— Pourquoi?

— Parce que je vois que je suis pour toi une gêne, un fâcheux.

— Toi! fit-elle.

— Oui, moi, ton frère.

— Explique-toi, je t'en prie.

— Eh bien! dis-je, au lieu de me dire que j'étais incapable de te protéger contre les entreprises de cet inconnu, tu aurais mieux fait de me dire la vérité.

— Quelle vérité? encore une fois, parle, je t'en conjure.

— Mais tu n'as pas osé me la dire, — continuai-je; tu as manqué de confiance, ou tu as été retenue par une fausse honte. S'il en est ainsi, au lieu de t'être utile, Nadèja, au lieu de pouvoir te servir, je te gêne.

Ma sœur, je te jure que tu as tort de te gêner avec moi. Ton cœur peut s'ouvrir au mien sans danger. Tu peux me dire comme tu le dirais à Dieu, ou pour le prendre moins haut, à une image de pierre, tout ce que tu éprouves, tes désirs, tes doutes, tes espérances, ton amour... Je suis ton ami dévoué, ton frère, et un de ces hommes auxquels une femme peut tout dire... Si je ne suis bon ni à te défendre ni à te conseiller, encore une fois je ne te suis plus bon à rien.

Aimes-tu ce jeune homme?.. je me dévouerai à ton amour. Je chercherai à pénétrer ses intentions, à savoir s'il t'aime.

— Mais je ne l'aime point, se récria Nadèja avec l'accent de la sincérité.

— Il est beau.

— Il n'est pas laid, en effet.

— Il a l'air fier et passionné.

— D'accord.

— Il est riche probablement.

— Il devra donc attendre que je le sois moi-même.

— Tu es noble, et le prince ton père ne t'a point déshéritée.

— Il est vrai.

— Ta condition et la sienne ne sont point disproportionnées.

— C'est possible.

— Tu dois te marier.

— C'est probable encore; mais qui te dit, Maxime, que ce jeune homme songe à m'épouser.

Sait-il qui je suis? Ne suppose-t-il point que je suis une jeune coquette d'origine servile. La hardiesse de son cadeau me le donne à croire, et ce fut sa première idée.

« Enfin que prétend-t-il?

Est-ce un mari? Est-ce un amant?...

— Et si c'était un mari?

— Je consentirais à l'entendre, à faire sa connaissance, dans les termes que les convenances exigent.

— Très-bien. Et si c'est un amant?

— Il est repoussé d'avance.

— Enfin, repris-je, il faut tout prévoir. Dans le cas où tu le ferais prier de ne plus songer à toi, et où il persévèrerait à t'obséder et te compromettre de ses assiduités, que ferais-tu?

Nadèja hésita à me répondre.

Cette hésitation, toujours blessante, me faisait bondir le cœur.

— Je me vengerais, dit-elle enfin.

— Non, ma sœur, m'écriai-je, ce serait à moi de te venger! Je n'attendrais pas pour cela que le czar m'envoyât des titres de noblesse.

— Prends garde, Maxime. Si Georges Mohilef est officier, s'il est noble, tu t'exposes à la prison en le frappant!..

— Sois tranquille.

— D'ailleurs nous n'en sommes pas là, n'est-ce pas? il ne m'a pas insultée.

— Non; jusqu'à présent je le tiens pour un galant homme, je me bornerai à prendre quelques informations sur lui; l'irai le voir, et ensuite nous saurons l'attitude que nous devrons prendre vis-à-vis de lui.

— Va, me dit Nadèja.

Je me mis en campagne sur l'heure.

Le garçon d'écurie dont je vous ai parlé me donna l'adresse de Georges Mohilef.

Il était de passage à Astrakhan et logeait dans un des meilleurs hôtels de la ville.

Je trouvai ce jeune seigneur au moment où il sortait de table, la tête échauffée par le vin de Champagne.

Il me reconnut aussitôt, et parut content de me voir; mais la façon dont il m'aborda me montra qu'il savait l'humilité de ma condition.

— Ah! c'est toi, me dit-il. Entre donc chez moi, tu es le bien venu.

Je m'inclinai, et le suivis dans son appartement.

Il m'indiqua un siége avec une politesse qui ressemblait à de la condescendance.

— Tu peux t'asseoir.

Tu te nommes Maxime Plotizine, à ce que l'on m'a appris?

— Oui, monsieur.

— Je t'ai rencontré plusieurs fois en promenade hors la ville, avec une assez jolie personne; mais cette jeune fille est-elle réellement ta sœur?

— Oui, monsieur; nous sommes enfants de la même mère. Son père est noble: le mien ne l'était pas.

— Ah! fit-il. Voilà qui est curieux. Et où est votre mère?

— Dans une province éloignée.

— Pourquoi vivez-vous loin d'elle?

— Pour des raisons de famille.

— Tu peux me les dire, fit-il avec fatuité.

— Elles appartiennent à ma sœur autant qu'à moi.

Il fronça les sourcils, qu'il avait très-noirs et très-épais.

— Comment se nomme ta sœur?

— Nadèja.

— Nadèja qui?...

— Elle réside ici sous mon nom : Nadèja Plotizine.

— Oh! oh! fit-il dédaigneusement, des mystères!...

— Elle est fort jolie, ta sœur.

Je m'inclinai.

— Je lui ai fait offrir un cheval arabe de race; elle l'a refusé, pourquoi?

— Ma sœur n'a pas l'honneur de vous connaître.

— Elle est fière; c'est naturel, puisqu'elle est noble, dis-tu; mais toi, tu le prendras, je te le donne.

Je remercie votre seigneurie; je n'en ai pas besoin. Je ne veux pas de cheval, c'est pour cela que je me contente d'en louer.

— Eh! je le garderai, mon pauvre Shamil. D'ailleurs, comme tu dis, un poney fait mieux ton affaire. Il eût convenu à ta sœur qui est très-bien à cheval. Maintenant, dis-moi, à quoi dois-je le plaisir de ta visite?

— Si vous aviez bien voulu me dire, monsieur, pour quelle raison vous offrez votre cheval à ma sœur, le but de ma visite serait rempli.

— Mais parbleu! c'est tout simple. C'était afin d'être agréable à ta sœur et de faire sa connaissance. Et j'étais fort chagrin en apprenant qu'elle avait refusé mon cadeau.

Je craignais de lui déplaire, car je ne pouvais m'expliquer autrement son refus. Conviens-en, jeune homme, à moins de supposer un peu de coquetterie?

Mais tu m'en dis la raison. Ta sœur est une demoiselle de qualité. Eh bien, présente-moi à mademoiselle Nadèja et je serai ton ami, ton obligé et le plus heureux des hommes.

— Qui lui présenterai-je?

— Tu sais mon nom?...

— Mais quel motif donnerai-je à votre visite? ou, pour m'exprimer plus correctement, — car ma sœur ne peut recevoir n'étant pas chez elle, — quelles raisons vous engagent à vous présenter chez moi?

Ah! par exemple, mon ami, j'avoue que je t'oubliais un peu... Eh bien, je crois m'être déjà expliqué : je suis noble, riche, généreux et étranger dans cette ville et je désire naturellement me créer des relations aussi agréables que celels que me promet votre connaissance à tous deux.

— C'est trop d'honneur pour nous, monsieur.

Je me levai et le saluai.

— Il y a un malentendu entre nous et je dois le dissiper. Personnellement je n'ai que peu de temps à consacrer à mes relations et ma sœur ne peut recevoir un étranger.

— C'est fâcheux, car elle est bien jolie, fit l'impertinent; je suis de ses plus ardents admirateurs et je me sens pour elle une inclination très-sérieuse. Mais je ne me tiens pas pour battu. Rien ne me prouve que tu parles en son nom. Tu t'ériges en tuteur; mais l'on sait que les pupilles ne sont jamais de l'avis de leurs tuteurs.

— Monsieur, quant à nous, vous vous trompez, je vous l'assure, et vous n'avez qu'un moyen d'être agréable à ma sœur, c'est de l'oublier et de renoncer à toute démarche.

— Je voudrais te promettre d'en agir ainsi, mais je suis trop franc pour le faire.

— J'aurai donc bien à regret l'occasion de vous rappeler ce que je viens d'avoir l'honneur de vous dire.

— Tant qu'il te plaira.

— Monsieur, je vous salue.

— Au revoir, jeune homme. Mais je te préviens à ton tour que je n'en fais qu'à ma tête et fais bien peu de cas de tes observations.

Je ne répliquai rien à cette dernière impertinence.

Je me retirai furieux et complétement édifié sur les intentions du comte Georges Mohilef.

Vous concevez à quoi je devais m'attendre? Avec des gens de notre condition il n'avait pas tant de ménagements à prendre.

Un beau jour, lorsqu'il verrait que ni prières ni cadeaux ne pouvaient vaincre la résistance de Nadèja, il l'enlèverait de vive force après m'avoir fait rouer de coups par ses domestiques.

De retour près de ma sœur, je lui rapportai l'entretien que je venais d'avoir. Nadèja en fut indignée.

De son côté, elle me remit une lettre qu'elle venait de recevoir et qu'elle n'avait pas ouverte. Le cachet armorié de cette lettre apportée par un moujick nous en apprenait assez.

Je plaçai la lettre sous enveloppe et la renvoyai par la poste au comte Georges.

Puis j'allai prendre conseil de mon vieil ami le bijoutier. Je pressentais que Mohilef ne tarderait pas à revenir à la charge. Il fallait le prévenir.

XXV

Le stratagème de Khami.

Dès que j'eus conté notre aventure à Khami, il me dit :

— Cet homme est dangereux. Quand ce ne serait que par vanité blessée, il tentera quelque entreprise. L'honneur d'une fille pauvre et sans nom est bien peu de chose pour un jeune seigneur. Nadèja ne peut se réclamer du nom de son père. Son air distingué, son élégance, ses habitudes mêmes qui ne sont ni d'une ouvrière, ni d'une bourgeoise, indisposent déjà contre elle et la font sans doute traiter de coquette; ses pleurs et ses plaintes feraient rire, et le noble étranger, après une réprimande du magistrat, n'aurait qu'à quitter la ville.

Quant à toi, Maxime, tu en serais pour les coups de bâton. Sois sûr qu'il t'en réserve.

— Eh bien! repris-je, que faut-il faire? Nous ne pouvons plus sortir de chez nous sans nous exposer à quelque insulte, et d'autre part je ne puis m'enfermer avec Nadèja et veiller constamment sur elle.

— Sans doute.

— Que me conseilles-tu?

— N'étant pas les plus forts, nous devons user de ruse. Écoute, Maxime, tu vas dès ce soir monter à cheval devant ta porte et en embrassant ta sœur sur le seuil, annoncer que ton absence durera plusieurs jours.

— Ensuite?

— Tu partiras. Tu te rendras au village de Plew et tu y attendras de mes nouvelles.

— Y songes-tu, Khami? j'abandonnerai ma sœur!

— Je suis là.

— Non, je n'y puis consentir.

— Eh bien, fit le vieillard, je vais te dire le stratagème que j'imagine pour prendre au piége Georges Mohilef, si, instruit de ton absence, il tente d'en profiter pour pénétrer chez toi et user de violence.

— Seulement n'en dis rien, même à Nadèja.

L'explication qu'il me donna bannit de mon esprit toute inquiétude. Je me réjouis du stratagème qu'il avait inventé et m'occupai sans délai de son exécution.

Comme il me l'avait recommandé, je fus chez mon loueur de chevaux et je pris un cheval pour plusieurs jours.

Je dis à ma sœur que j'étais obligé de m'absenter d'Astrakhan jusqu'au lendemain soir et je la suppliai d'accepter l'hospitalité que notre ami lui offrait. Je vous fais grâce de la surprise de ma sœur à cette nouvelle, et de ses objections. Nadèja était fort mécontente et j'eus beaucoup de mal à obtenir son consentement.

Enfin je partis, après avoir annoncé mon départ à nos voisins.

Comme nous l'avions prévu, Mohileff ne tarda pas à être instruit de mon départ.

Le refus de sa lettre lui avait enlevé tout espoir de séduction et le rendait furieux.

Il tomba dans le piége qui lui était tendu.

Il voulut, la nuit même, profiter de mon absence.

C'était aussi lâche que brutal, mais d'un tel libertin on ne pouvait s'attendre à autre chose.

Ces jeunes seigneurs se croient tout permis, surtout ceux qui ont peu vécu à la ville, et qui sont habitués sur leurs terres à voir tout le monde se plier à leurs plus hon-

Le comte Georges avait obtenu le commandement de l'escorte.

teux caprices. Georges Mohilef était de ces derniers. Il y avait du despote et du sauvage chez ce jeune homme, et Astrakhan était, je crois, la première grande ville où il eût séjourné.

La maison que nous habitions était singulièrement propice à un attentat du genre de celui qu'il méditait.

Elle comptait peu de locataires, ceux du rez-de-chaussée se couchaient de bonne heure, et une allée toujours ouverte laissait nuit et jour un libre accès à l'escalier.

Nous occupions au premier un appartement qui se composait de cinq pièces.

Un petit salon séparait le vestibule de la première chambre à coucher; — celle de ma sœur.

Des nattes de jonc et de paille, à l'entrée et dans la salle de réception même, — car nous n'étions pas riches, — étouffaient partout le bruit des pas.

Quant à la fermeture de l'appartement,

elle était, comme partout dans les provinces orientales de l'empire, d'une simplicité primitive; — au dehors une vieille serrure que l'on pouvait ouvrir avec un clou ; un verrou au dedans.

Les portes de l'intérieur de l'appartement ne se fermaient pas.

Le comte Georges n'ignorait rien de tous ces détails, qui sont communs à la plupart des maisons.

Et peut-être aussi s'était-il renseigné sur notre habitation.

Vers dix heures du soir...

Notre petite rue était déserte et abandonnée aux chiens errants qui en dévorent les ordures. Pas une lumière... tout dormait...

Le comte Georges Mohilef, d'un pied léger, cachant sous sa pelisse un large poignard syrien , le visage dissimulé sous sa fourrure, se glissa dans l'allée de notre maison, monta au premier, et frappa doucement à la porte.

On le fit attendre.

Il ne se découragea point, et frappa plus fort. Il comptait sur une méprise.

Il espérait que Nadèja se tromperait et croirait à un retour imprévu et soudain de son frère.

Pas un domestique à craindre; il le savait aussi.

Tout à coup il entendit le verrou glisser.

On lui avait ouvert.

Il poussa la porte.

Et dans l'obscurité du salon il vit une forme blanche qui fuyait vers la chambre voisine.

Il regarda rapidement autour de lui : personne.

Il se dirigea d'un pas ferme vers la chambre à coucher où le blanc fantôme avait disparu.

Il ne doutait pas que ce ne fût Nadèja,

toutefois, instinctivement, il porta la main à son poignard.

Il pénétra dans la retraite virginale.

Cette pièce était petite, mais très-peu meublée : une grande armoire, une table de toilette avec un miroir, une chaise et un lit, — un grand lit carré et très-bas, semblable à un divan.

Pas de rideaux.

Le comte Georges pouvait, à travers l'obscurité qui n'était point complète, distinguer les objets et s'assurer qu'il n'y avait là que lui et la jeune fille, dont il entrevoyait la forme sur le lit.

— C'est moi, Nadèja, dit-il.

La jeune fille ne répondit point.

— Reconnais la voix de celui qui t'aime, je suis le comte Georges Mohilef.

Point de réponse encore.

Mais rien d'étonnant à ce silence, dont la pudeur était sans doute la cause.

Il n'insista pas davantage.

Il se débarrassa de son bonnet et de sa pelisse, puis de ses bottes, et s'approcha du lit sur lequel il se pencha.

Mais l'autre se tenait roulée étroitement dans les couvertures et cachait son visage dans l'oreiller ; il ne trouva à découvert que le haut d'une épaule blanche qu'il effleura d'un baiser.

Puis il prit son parti de cette humeur farouche. Il déposa sur la chaise le reste de ses vêtements, et se glissa dans le lit.

Alors pour lui tout changea.

Mais cette nuit fut pour lui la dernière nuit d'amour et de violence.

XXVI

Le stratagème et son dénouement

Le lendemain, vers midi, un messager envoyé par Khami vint m'inviter à revenir à Astrakhan, dont je ne m'étais éloigné que de quelques verstes.

Il me faisait dire que tout allait bien, mais il y avait encore quelques précautions à prendre. Je devais faire un détour qu'il m'indiquait pour rentrer en ville, me tenir sur mes gardes, et me rendre directement chez lui, au lieu de rentrer chez moi.

Je ne voulus point attendre jusqu'au soir, j'étais en proie à une inquiétude extrême, et je m'étais déjà reproché d'avoir quitté mon poste.

J'arrivai donc chez Khami plus vite qu'il ne s'y attendait.

Je me jetai dans ses bras.

— Et Nadèja? m'écriai-je. Où est-elle?

— Ici, près de nous; la voici, répondit le bijoutier.

Et je ne saurais exprimer avec quelle joie je vis ma sœur accourir à ma rencontre.

Après l'avoir tendrement embrassée :

— Eh bien? dis-je, qu'est-il arrivé?

— Mais rien que je sache, me répondit Nadèja en riant.

— N'as-tu couru aucun danger?

— Aucun et je n'ai souffert que de ton absence, Maxime.

J'interrogeai Khami du regard.

Il était derrière elle et posait un doigt sur sa bouche, avec un sourire mystérieux.

— Et le comte? demandai-je encore.

— Khami m'assure que nous en étions débarrassés et qu'il a quitté Astrakhan.

— C'est vrai, Khami?

— C'est du moins fort probable.

— Nous pouvons donc rentrer chez nous?

— Oh! ne vous pressez pas. Je ne te dis pas que je sois tout à fait convaincu de son départ. Je le fais surveiller par un de nos frères; attendons le retour de celui-ci. D'ailleurs nous allons nous mettre à table. C'est Nadèja qui s'est chargée de préparer le dîner.

Ma sœur s'éloigna pour aller à la cuisine et j'en profitai pour questionner Khami.

— Conte-moi vite ce qui s'est passé, lui dis-je. Où en sommes-nous?

— Nous sommes vengés, dit Khami.

A peine la nuit fut-elle tombée que j'allai chercher Nadèja et la priai de coucher chez moi. Elle y consentit, en m'avouant qu'elle n'était pas tranquille. J'étais accompagné de Legenief... tu sais ce joli garçon qu'on prendrait pour une jeune fille et dont la vigueur et l'adresse sont justement renommées parmi nous?...

— Je me le rappelle, dis-je; bien que je ne l'aie vu qu'une fois, au temple, derrière l'autel, le soir du sacrifice.

— Nadèja sortit avec moi, et Legenief prit sa place. Comme je l'avais prévu, le comte Georges voulut brusquer le dénouement de son entreprise amoureuse. Vers dix heures, il frappa à ta porte; on lui ouvrit. Il entra dans la chambre de Nadèja en se nommant et en parlant de son amour, puis, sans plus de façons, il se glissa sous les couvertures. Legenief alors se tourna vers lui, l'étreignit de toute sa vigueur, le bâillonna d'abord, lutta, car l'autre lui opposa une résistance énergique et désespérée, enfin parvint à lui lier les mains.

Mais la lutte se prolongeait et si bien que Legenief, ne voulant point le battre et lui rendre coup pour coup, était sur les dents.

En se prolongeant trop, ce combat pouvait lui fatiguer la main, la faire trembler au moment décisif et il en serait résulté d'horribles blessures. Legenief fit alors ce que lui commandait la prudence; il s'arma d'un petit flacon de chloroforme.

Lorsque le comte revint à lui, il était vêtu à peu près comme en entrant chez toi et se trouvait sur le seuil de la porte de la maison.

Il fit quelques pas et chancela...

Il s'arrêta en s'appuyant à la muraille, gémit sourdement, fit quelques pas, s'arrêta de nouveau...

Legenief, resté au bas de l'escalier, l'observait, prêt à lui porter secours au besoin.

Il avait eu la précaution de lui enlever son poignard, de peur qu'il ne se tuât dans un premier moment de désespoir.

Enfin le misérable se traîna dehors.

Une heure après, il était rentré à son hôtel et Legenief accourait chez moi pour me remettre une boîte semblable à celle que jadis le fidèle et dévoué Combabus remit au roi de Syrie.

Le crime était puni et l'innocence pouvait dormir en paix.

Nadèja pendant longtemps ignora cette étrange aventure.

J'étais satisfait du dénouement mais non sans inquiétudes sur ses conséquences.

— Cet homme, dis-je, ne doit plus respirer que la vengeance. Dès qu'il sera rétabli, avant peut-être, il nous mettra la police sur les talons.

— Quant à cela, tu peux être tranquille! fit Khami. Il n'y a pas de danger. Il serait le premier qui osât faire confidence de son malheur. Il n'y a pas d'exemple d'une dénonciation semblable.

— N'a-t-on jamais dénoncé les Colombes et ne redoutez-vous pas la police?...

— Si, me répondit le bijoutier ; on nous a dénoncés et je vais à ce sujet te raconter un fait curieux.

« Il y a une dizaine d'années, à Saint-Pétersbourg, le secret de notre culte fut violé, on s'entretint dans les cercles, dans les salons d'une association mystérieuse et immorale, disait-on. Ce bruit vint aux oreilles du directeur de la police secrète, le colonel N... ki.

Le colonel, craignant une conspiration contre le gouvernement, organisa une surveillance.

Un soir, il fut averti d'une réunion de Colombes blanches et résolut d'y pénétrer ainsi que tu l'as fait, Maxime, afin d'en surprendre lui-même tous les secrets.

Jeune, robuste et brave, il se contenta de placer quelques agents aux environs et s'introduisit seul à la suite de quelques-uns de nos frères.

Mais il n'avait pas de signe de ralliement qui pût tromper ceux-ci.

A peine fut-il entré, on reconnut un traître et dans ce traître le directeur de la police.

Une heure après, il sortit du temple. Il était comme Georges Mohilef pâle et chancelant. Ses agents accoururent à sa rencontre :

— Il n'y a rien, leur dit-il, c'est une réunion de chrétiens dissidents, vous pouvez vous retirer.

Cependant il avait emporté un objet qui dans un procès eût été une pièce de conviction importante. C'était l'instrument du sacrificateur.

De retour chez lui, il l'examina et sur la lame il lut le nom d'un des premiers chirurgiens de la capitale, professeur à l'école de médecine, admis à la cour... une personne avec laquelle il se rencontrait souvent dans le monde et à qui il serrait la main. Jugez de sa fureur. Mais comment se venger sans laisser soupçonner son malheur?

Plusieurs fois il retrouva le chirurgien dans les salons qu'il fréquentait et sans que celui-ci laissât paraître dans son regard, ou dans une parole à double entente, qu'il était l'opérateur des Colombes blanches.

Il pouvait compter sur la discrétion professionnelle, mais la vue de cet homme lui était odieuse et le bouleversait.

Il fallut qu'à tout prix il s'en débarrassât.

Il lui tendit un piége, et quelques mois plus tard on apprit dans la capitale étonnée que le célèbre docteur W... venait d'être arrêté pour crime politique. On avait saisi sur lui les papiers les plus compromettants et malgré ses dénégations il avait été acheminé vers la Sibérie.

— Et les Colombes blanches?

— Tant que vécut le colonel N**ki, il n'en fut pas question. En revanche, on parlait beaucoup des bonnes fortunes du colonel qui faisait des folies pour les jolies actrices que l'Italie et la France nous envoient et qui quittaient Saint-Pétersbourg sans avoir deviné son secret.

Donc, Maxime Plotizine, nous n'avons en ce cas rien à craindre de la police. Georges Mohilef imitera le colonel. Il est trop beau garçon et trop orgueilleux pour en agir autrement.

— Très-bien, mon frère, mais le colonel s'est vengé cependant. Le comte aussi se vengera. Pour moi, je ne redoute rien ; sois-en sûr ; mais pour ma chère Nadèja... Promets-moi, Khami, que, si je succombe, tu sauras la soustraire à tout danger.

— Je te le promets, frère. Mais tu t'alarmes trop, et nous...

Comme il parlait, quelqu'un parut au magasin, et frappa pour appeler le bijoutier.

— Viens, me dit Khami, c'est lui.

— Qui lui?

— Le frère chargé de surveiller le comte. Je le suivis au magasin.

— Eh bien? fit Khami.

— Frère, il est au lit avec une forte fièvre. Il refuse tout médecin. J'ai questionné ses domestiques, et il est certain qu'il ne fait aucun préparatif de départ.

— Mais doit-il prolonger son séjour à Astrakhan?

— Je le crois. Au moins pour plusieurs jours.

— Bien, dit Khami. Merci, frère ; mais continue à le surveiller. Ne le quitte pas, et donne-moi de ses nouvelles.

Le repas était servi ; on dîna fort gaiement.

Legenief refusa d'être des nôtres. Ce garçon par expérience savait que sa présence jetait parmi nous quelque froideur.

Après le dîner, j'eus encore avec le vieux Khami un assez long entretien.

— La fièvre de Georges, me dit-il, durera probablement neuf jours. Nous avons donc du temps devant nous. Cependant il faut tout prévoir et ne négliger aucune précaution. Voici à quoi j'ai réfléchi.

Ougli, — c'est le nom du jongleur, — n'a pas quitté la ville. C'est un frère discret obligeant et qui a pour toi beaucoup d'amitié. Pendant quelque temps il couchera chez toi.

Tu lui abandonneras la nuit ton salon. Avec ses serpents c'est un gardien redoutable, et je te réponds que le comte Georges ne franchira point la porte de ta chambre à coucher. Voilà pour la nuit.

Le jour, tant que tu resteras chez toi tu n'auras rien à craindre.

— Mais c'est un siége, un blocus à soutenir, me récriai-je.

— J'en conviens ; mais enfin si cette situation menace de se prolonger outre mesure, eh bien ! mon cher ami, nous nous résignerons à nous séparer. Vous quitterez la ville et la province. Tu sais que depuis quelque temps je songe à t'établir. J'ai pensé à la province de Tambov où nous avons déjà quelques frères. Le pays est riche, et fait par la rivière, avec Moscou, un grand commerce de laines. Tu connais déjà ce commerce. Tu t'y établiras avec ta sœur.

— Mais, frère, objectai-je.

— Je sais ce que tu vas me dire : Tu n'es pas assez riche !...

— C'est cela même, répondis-je en baissant la tête.

— Eh bien, je le suis, moi, fit l'excellent homme. Je suis vieux, je n'ai pas d'autres héritiers que mes frères ; je te ferai les avances nécessaires... tu travailleras pour mon compte... Tu ne peux me refuser cela.

Puis avec nous autres les difficultés d'argent s'aplanissent facilement. Nous avons des frères à Moscou et dans la steppe. Tu auras ainsi un crédit ouvert avec tes marchands, et des débouchés tout ouverts. En quelques années, mes avances seront couvertes.

— Et si je ne réussis pas?

— Nous tenterons autre chose. Enfin si Tombov ne te convient pas...

— Je n'ai rien à dire contre Tambov, répondis-je; cette ville m'est complétement inconnue.

Reste le consentement de Nadèja...

— Ta sœur? Tu ne sais donc pas combien elle t'aime, Maxime. Nous avons beaucoup causé ensemble hier soir, et si je ne me trompe, Nadèja voit notre association d'un œil plus indulgent... Que te dirai-je?

Si vous restiez six mois de plus ici, je ne désespérerais pas de la convertir.

Mais à toi cette bonne œuvre, Maxime.

XXVII

La vengeance du comte.

Plusieurs jours s'écoulèrent.

Nous étions rentrés chez nous en nous conformant aux précautions conseillées par Khami.

Nadèja s'étonnait et se révoltait. Elle ne pouvait concevoir pareille brutalité de mœurs.

— Vois autour de nous, lui répliquai-je; crois-tu que parmi les jolies filles que nous coudoyons dans les rues, et surtout dans les bazars, il en est beaucoup qui opposeraient des refus ou résistance sérieuse aux riches bourgeois, aux seigneurs qui voudraient d'elles?

« Dans aucun pays du monde la vertu pauvre ne résiste au vice opulent.

« Ta résistance dédaigneuse a dû scandaliser le comte Georges Mohilef.

« Mais d'ailleurs, rappelle-toi les mœurs des garnisons du Caucase... Tu ne saurais croire combien elles sont dissolues. — Les cosaques de Tchervlenaia ferment les yeux sur toutes les pécadilles de leurs femmes et de leurs filles. Le concubinage est dans leurs mœurs.

« Chaque homme marié a des maîtresses et toutes les jeunes filles ont des amants.

« Dans les autres provinces il en est de même, et je ne dis rien des conditions du servage.

« La femme ou la fille du serf appartient à son seigneur comme un cheval ou un chien. Elle fait partie du mobilier, du domaine.

« Il est donc fort naturel que le seigneur Mohilef regarde tes refus comme une injure et songe à en tirer vengeance.

« Ta qualité de demoiselle noble t'a préservée jusqu'à ce jour des brutalités qui te menacent et le mariage avec un homme de race servile ne t'en préserverait pas. Veux-tu reprendre ton nom? Il te protégera. Tu n'oses : alors sur la terre où nous irons nous établir, sache-le, Nadèja, tu devras te soumettre à un seigneur.

Ma sœur pâlit.

— Jamais! s'écria-t-elle; plutôt la mort!... Et toi, Maxime, souffrirais-tu qu'on insulte ta sœur.

— Ah! tu te résignes à ma protection, dis-je en riant. Eh bien, non, je ne le souffrirais pas. Aussi, avant de quitter cette ville, prendrai-je des renseignements sur le seigneur du pays où nous irons nous établir. Il en est, tu n'en doutes pas, qui sont humains et de mœurs irréprochables.

— Et qui te renseignera?

— Les frères de la Colombe blanche.

— Toujours.

Toujours et partout. Khami a une correspondance très-étendue. Ainsi par lui j'aurai bientôt des nouvelles de notre mère.

— Comment! fit Nadèja étonnée.

Nous avons des frères au Caucase et si un danger te menaçait du côté de Paulowna ils m'en avertiraient.

Chaque fois que s'en offrait l'occasion je ne manquais point de montrer à Nadèja la puissance de notre association.

Cependant nous ne pouvions nous condamner à rester chez nous tant qu'il plairait à notre ennemi de demeurer à Astrakhan. Au bout de quelques jours je repris mes anciennes habitudes, bien que je fusse prévenu que Mohilef était rétabli et se montrait en ville.

Un soir, comme je rentrais chez moi, en passant près d'une ruelle longue, étroite et obscure, je me sentis brusquement assailli par des individus que je n'eus pas même le temps de dévisager.

Je me sentis frappé à la poitrine...

J'y portai la main et la retirai rouge de sang.

Presque aussitôt, le soufle me manqua, ma vue se troubla et je tombai privé de connaissance.

Il y avait foule dans la rue.

On me vit tomber, mais personne n'avait remarqué les assassins. On me releva et on me transporta dans une maison voisine.

Un médecin fut appelé pour me donner des soins. Il pansa ma blessure et je revins à moi.

Jugez de la douloureuse surprise de Nadèja en me voyant rapporter sur une civière.

Son premier mouvement fut d'accuser tout haut le comte; je posai un doigt sur ma bouche pour lui recommander le silence.

Ma blessure était grave, bien qu'aucun organe n'eût été atteint. La lame m'avait frappé sur une côte et avait glissé en me faisant une large déchirure; mais cette lame était dentelée et la blessure était des plus cruelles.

— Félicitons-nous, dis-je à ma sœur, d'en être quitte à si bon compte; j'aurais pu être tué.

— Mais, fit-elle, qui me répond que cet homme s'arrêtera là.

Le jongleur nous déclara que plusieurs fois, le soir, en venant chez nous, il avait remarqué des rôdeurs autour de la maison, qu'il n'en avait rien dit de peur de nous alarmer, mais qu'il s'attendait d'un moment à l'autre à être attaqué.

— Mais informez donc la police! se récriait Nadèja.

Nous avions d'excellentes raisons pour n'en rien faire; mais je ne le lui dis pas.

Le caractère de la jeune fille, d'une gaieté si franche à notre départ du Caucase, s'assombrissait de jour en jour et prenait une teinte de misanthropie.

Le monde lui paraissait étrange, peuplé de monstres et semé de périls.

Elle se demandait ce qu'elle serait devenue si brusquement j'avais été tué. Ses projets de claustration religieuse s'étaient évanouis et elle n'eût pas quitté sans regret la vie que nous avions menée depuis quelque temps.

Enfin, sur ces entrefaites, Khami nous annonça que tout était prêt et que nous pouvions, si nous le voulions, partir pour le gouvernement de Tambov.

La perspective de ce voyage, qui nous séparait de nos amis dévoués, effraya Nadèja.

Du côté de la fortune, cependant, elle devait être rassurée : Khami m'avançait dix mille roubles pour créer une maison de commerce. Et d'autre part, le seigneur de Morchausk sur la Tona lui avait été représenté comme ce qu'on appelle aujourd'hui un parfait gentleman.

Notre départ pour Tambov fut décidé.

Avant de me mettre en route, je voulus prendre congé de mes frères en assistant à une dernière assemblée dans le petit temple de la Caspienne.

Mais en se voyant obligée de rester seule au logis toute la soirée, Nadèja trembla.

Elle me supplia de rester, ou de lui permettre de m'accompagner,

— Soit, viens avec moi, dis-je, si tu le préfères.

« Mais prends garde, ajoutai-je en riant, tu ne fuis un danger que pour en courir un autre. — Rappelle-toi ce qui m'est arrivé.

Elle rougit et ne répondit pas.

Tu vas pénétrer de redoutables mystères, Nadèja, et je suis étonné de ton audace.

Elle baissa les yeux avec un sourire contraint.

Je ne redoute rien de vous, répondit-elle.

— Les conversions sont libres, ma sœur, et avec moi, n'importe où nous allions, tu n'as rien à craindre.

— Maxime, reprit-elle gravement, je ne veux pas avoir dans la vie d'autre compagnon que toi. Si j'ai voulu te quitter, tu sais pourquoi, et tu sais que j'étais prête à m'enfermer dans un couvent. Le mariage m'effraie. Je te suivrai ce soir à la réunion des Colombes blanches. Je verrai, j'entendrai, et qui sait ?... peut-être demanderai-je à entrer dans ta nouvelle famille.

A ces paroles, je vous laisse à juger de la joie que je ressentis.

J'embrassai Nadèja avec tendresse.

— Et moi, m'écriai-je, qui craignais d'être devenu pour toi un objet de mépris.

— Insensé ! As-tu pu te méprendre à ce point, Maxime ? C'est un acte héroïque que celui que tu as accompli. Loin de t'abaisser à mes yeux, il te grandit. Tu m'aimais, mais non d'un amour vulgaire, égoïste ; tu t'es voué à moi comme l'on se voue à Dieu, et tu as payé chèrement la liberté de ton cœur.

Eh bien, frère, c'est ainsi que je veux t'aimer. Je veux être à toi comme tu es à

moi, et au lieu du sang, j'ajouterai, s'il le faut, celui du sacrifice. Tu garderas ta Nadèja. Nul ne pourra t'en séparer, ni les orages du monde, ni ceux qui se forment dans notre propre cœur.

« Nos âmes se confondront dans une union mystique. Nous vivrons d'une vie commune, l'un par l'autre, l'un pour l'autre.

« Nous accomplirons ainsi nos destinées en ce monde, et la main dans la main, nous irons d'une vie à une seconde vie, du crépuscule à la lumière, de la terre au ciel.

J'écoutai ce langage comme la musique céleste et pleurai de ravissement.

Je voulus que Khami entrât dans notre joie, et ce fut avec lui que nous nous rendîmes au temple.

Que vous dirai-je ? Où trouverais-je des mots pour exprimer le délire, les extases de cette nuit ? J'ai pu vous dépeindre les troubles, les souffrances d'un amour qui eût pu devenir un crime. L'amour tel que vous le comprenez a ses poëtes, ses peintres, ses musiciens ; mais le double sacrifice qui s'accomplissait n'est point le résultat d'une passion vulgaire.

Vous en conviendrez.

XXVIII

Tatiana.

En parlant ainsi, Maxime Plotizine levait la tête par un mouvement de noble orgueil, ses yeux s'emplissaient de clarté étrange. Avec ses longs cheveux blancs, cet air illuminé, il rappelait les prophètes des premiers âges.

L'avocat Ceslaw Romen le contemplait avec admiration.

Cet homme ne répondait point à l'idée qu'il s'était faite d'un chef de secte et de la secte la plus méprisée.

Toutes les objections ou les critiques qu'il s'était proposé de lui adresser, —

Maxime et Tatiane étaient libres.

particulièrement au sujet de la mutilation du comte Georges, flottèrent un instant dans son esprit, puis s'évanouirent.

« Étrange! murmurait - il , c'est é-trange!... »

A travers les obscurités du langage mystique du vieux Skoptz, le jeune avocat démêlait fort bien le reste d'une passion criminelle que la mutilation avait désarmée, mais que pendant longtemps elle n'avait pu éteindre aussi complétement que Plotizine voulait le faire entendre.

L'amour a ses racines, si l'on peut dire, dans l'imagination; le sacrifice du Skoptz avait desséché ces racines, mais à la longue:

Il en devait être de même pour Nadèja.

Dans une chambre où le soleil a long-temps donné, il s'emmagasine de la chaleur et de la lumière. Lorsqu'on l'a fermée pendant plusieurs jours encore l'obscurité n'y est pas absolue et on y retrouve quelque chaleur.

Il en est ainsi de notre esprit.

Il a aussi ses provisions de calorique et de lumière. Milton devenu aveugle a dicté à ses filles les descriptions enchantées de son Paradis perdu.

Ceslaw Romen garda pour lui ses observations et reprit :

— Mais votre sœur Tatiana, vous ne m'en dites rien ?

— C'est elle répondit Plotizine; ma sœur portait les deux noms de Nadèja et de Tatiana ; en se convertissant elle renonça au premier et ne porta plus que le second.

— Maxime Plotizine, me voilà complétement édifié sur les causes de votre affiliation aux Skoptzi; sur ce point vous pourriez, je crois, être acquitté, mais ce n'est pas le point capital du procès. L'accusation ne vous connaît qu'à partir de votre arrivée à Morchausk.

« Vous êtes le patriarche des Skoptzi de la province de Tambov?

— Oui.

— Avant vous existait-il un patriarche?

— Non. Il n'y avait que quelques frères.

— Vingt-cinq personnes ont été arrêtées à Tambov et aux environs, et on le sait, tous lesSkoptzi ne sont pas sous les verrous.

— Certainement, Romen.

— Parmi ces accusés combien en est-il qui vous doivent leur conversion?

— Tous. D'ailleurs plusieurs sont mes domestiques ou mes employés.

— C'est grave.

—. Mais tous, Ceslaw Romen, parleront de moi comme de leur bienfaiteur. Encore un mot.

A mon arrivée, le bourg de Morchausk n'était rien... J'y ai amené le commerce, l'industrie, le bien-être. Comme patron, j'ai été équitable; comme citoyen, j'ai été généreux.

Il n'y a pas de pauvres à Morchausk.

Il y en aura peut-être après nous!...

Le secret des conversions nombreuses qui y ont été opérées est dans mon bon vouloir et dans la charité de Tatiana : — comme le secret de ma fortune est dans l'union des frères de la Colombe blanche.

J'ai fait construire des bateaux qui descendent jusqu'à Moscou. J'ai créé des entrepôts de bois de construction, de laines et de cuir. J'ai soutenu de mon crédit des établissements qui me font concurrence.

On ne peut dire que nous sommes des accapareurs. Mes livres de commerce établissent clairement l'honorabilité de mes opérations.

De ce côté, Romen, vous n'avez rien à craindre.

— Sans doute, mais...

— Ce n'est pas tout, interrompit Plotizine. Je pourrais vous entretenir de l'activité du travail, des progrès agricoles que j'ai favorisés aux environs de Morchausk.

J'ai des troupeaux considérables.

— Oui, je sais, Maxime Plotizine; mais à propos, vous avez un boucher, Ivan Koustezew?

— C'est un de mes frères.

— Et c'est celui que vous avez chargé de ce que vous appelez le sacrifice. ?

— En effet.

— Eh bien, cet homme a déclaré qu'il avait opéré plus de 2,000 personnes!... Est-ce vrai?

— Parfaitement. Une Colombe blanche dit toujours la vérité.

— Acceptez-vous une part de responsabilité dans ces mutilations?

— Certainement, Ceslaw Romen, fit le vieillard avec vivacité. Ivan n'opère que sur mon ordre; c'est moi qui lui remets le couteau.

— Et toutes ces conversions sont volontaires?

Il n'est personne qui devant le tribunal puisse déclarer qu'elle est la victime d'une surprise semblable à celle du comte Georges et du colonel de Saint-Pétersbourg ?

— Je vous ai dit, Ceslaw Romen, que nous disions toujours la vérité. Je désire que la question que vous me faites ne me soit pas posée par le tribunal, car voici ce que je serais obligé d'y répondre :

« Parmi nos frères et nos sœurs, il en est beaucoup que le seul amour de la chasteté a conduit à l'autel d'Origène... Mais beaucoup aussi y ont été conduits par l'intérêt. Et nous ne négligeons pas d'employer l'argent comme moyen de propagande...

« Êtes-vous satisfait ?

— Je désire comme vous, Maxime Plotizine, que le tribunal ne vous pose pas de question à ce sujet.

« Il est encore une autre affaire très-délicate et corrélative à la vôtre. Je veux parler de ces trois femmes auxquelles vous vous êtes intéressé assez pour les recommander au chef de la police de Tambov.

— Ah ! fit le vieillard en haussant les épaules. Vous savez bien, Romen, que la conscience et les complaisances des gens de police sont à qui peut les acheter. Je ne puis m'expliquer la probité de Michel Borizoff. Vingt fois j'ai secouru mes frères en donnant de l'argent aux gens de police, et Borizoff pour me dénoncer doit avoir quelque raison secrète et inavouable. Mais je ne lui conseille pas de se hasarder dans quelque réunion ; il y subirait le châtiment réservé à tous nos persécuteurs.

— Mais ces femmes, reprit l'avocat, comment peuvent-elles vous inspirer quelque intérêt ?

— Ce sont mes sœurs.

— Des sœurs... impures, Maxime Plotizine.

— Elles sont accusées, vous ne l'ignorez point, de vol et de prostitution... C'est monstrueux.

— J'en conviens, si cela est prouvé... Quant à moi, j'ignore leur conduite et ne vois en elles que de malheureuses prisonnières.

— Ainsi le vice n'est pas entièrement banni de votre société, Plotizine.

— Le crime n'est pas rendu impossible aux femmes, répondit le vieillard. L'humanité sera toujours imparfaite.

Il ne restait plus à l'avocat que de remercier son client de la confiance qu'il lui avait accordée, ce que fit Ceslaw Romen.

Il se retira ensuite, il avait dans ses notes tous les éléments de son plaidoyer.

XXIX

Le procès.

Le grand jour des assises s'ouvrit enfin. On était à la fin de juillet 1869.

La chasse aux Skoptzi, commencée dans le gouvernement de Tambov, s'était faite depuis six mois dans toutes les provinces de l'Empire.

La publicité de la presse étrangère avait beaucoup contribué à l'ardeur de cette persécution.

Sauf en Allemagne, où la secte des Skoptzi compte de nombreux affiliés, surtout dans la Prusse orientale, la révélation de cette société d'eunuques fut accueillie avec autant de curiosité que d'étonnement.

Le gouvernement russe connaissait cette société depuis longtemps, mais il hésitait à sévir, et fermait les yeux. Il semblait attendre que les Skoptzi s'occupassent de politique, ce qui devait arriver bientôt, comme nous le verrons.

Des arrestations avaient été faites dans toutes les provinces et les journaux en exagéraient encore le chiffre. Dans ce pays si tolérant en matière religieuse, il s'élevait contre les Skoptzi un haro général.

Et ce qui surexcitait le plus les imaginations, c'étaient leurs caisses, leurs trésors.

Nous avons lu qu'ils contenaient plus d'or et d'argent que le trésor de l'État.

On parlait de centaines de millions détournées par eux de la circulation. L'empire allait donc s'enrichir de leurs dépouilles. Le trésor des Shoptzi allait être pour lui une nouvelle Californie.

Cette première émotion passée, il fallut en rabattre cependant.

Les Skoptzi pouvaient en effet devenir aussi riches que les juifs du moyen âge, mais le temps leur a manqué.

Et d'ailleurs, l'alarme donnée, ils ont mis en sûreté leur argent ; — on n'a pas tout saisi, et un grand nombre de membres se sont réfugiés en Allemagne, en Roumanie et en Suisse.

En somme, c'est une plaie très-difficile à guérir, et qui demande au moins les puissants dérivatifs de l'industrie.

Ajoutons néanmoins que l'abolition du servage, qui sera la gloire du règne d'Alexandre II, a contribué à en arrêter les progrès.

L'esclave n'a pas de famille. Sa cabane est un haras. Le serf ne tenait pas à avoir des fils pour le service de son seigneur, et des filles pour ses plaisirs. Malgré les accouplements forcés de jeunes gens à peine nubiles, la population de l'empire russe ne prenait pas d'accroissement.

Ajoutez à cela les mœurs solitaires des bouviers et des pâtres. Aussi les Skoptzi comptaient-ils un grand nombre d'affiliés dans les steppes du Don et du Volga.

Le désert tarit la population comme le sable boit l'eau du ciel. L'agriculture, au contraire, contribue à l'accroissement de la population.

Ces questions intéressent d'autant plus l'empire russe, qu'une grande partie de son territoire est à peine peuplée. On se souvient que pour faire illusion à Catherine II,

son favori avait, lors du voyage de cette impératrice en Crimée, fait construire à la hâte, dans les déserts qu'elle devait traverser, des apparences de villages.

Malgré tous les efforts faits depuis cent ans, le désert ne se peuple que lentement.

Enfin, selon une loi naturelle, l'immigration ne peut être à la Russie d'aucun secours, puisqu'elle se fait constamment d'Orient en Occident, et que l'Asie elle-même a perdu son ancienne fécondité.

Telles sont les considérations politiques qui déterminèrent le gouvernement à sévir contre les Skoptzi.

. . . .

Le jour de l'ouverture des assises, l'émotion était très-grande à Tambov, et l'antique palais où se rend la justice était avant l'aube assiégé par la foule, accourue de toutes les villes voisines.

Pour Michel Borizoff c'était un jour de triomphe.

Il présidait en personne à l'exécution des mesures nécessaires pour maintenir l'ordre public.

Les badauds croyaient contempler en lui un héros. On disait qu'il allait être décoré.

C'était, pour les hôteliers et les marchands de thé et d'eau-de-vie, un coup de fortune. Et chez ces derniers on ne tarissait point sur les millions de Maxime Plotizine.

Cependant aucun sentiment d'hostilité ne se manifestait contre ces étranges coupables. Leur crime prêtait à rire, au contraire.

La salle d'audience, bien qu'elle fût très-vaste, ne pouvait contenir qu'un millier de curieux, et encore, là comme chez nous, la plupart des places étaient réservées aux notables de la province et aux officiers de la garnison.

La prison attenait au palais de justice, les accusés n'eurent pas un long trajet à faire.

A leur tête, se tenant par la main, marchaient d'un pas ferme et le front haut, Maxime Plotizine et sa sœur Tatiana.

La foule s'ouvrit devant eux, et fit silence sur leur passage.

Et la tâche de la police ne devint difficile que lorsque les accusés furent entrés, et qu'il fallut défendre les portes. Michel Borizoff y compromit sa popularité.

Nous ne reproduirons pas *in extenso* ce procès, qui exigea plusieurs audiences.

Les formes judiciaires, en Russie, sont à peu près les mêmes que chez nous.

La première séance fut consacrée à la lecture de l'acte d'accusation et à l'interrogatoire sommaire des trois principaux accusés : Plotizine, sa sœur et le boucher opérateur, Iwan Koustezew.

L'interrogatoire des vingt-deux autres accusés demanda une seconde audience.

Dans cette journée, les charges s'accumulèrent sur la tête d'Iwan et de Maxime Plotizine; et malheureusement pour ce dernier plusieurs Skoptzi déclarèrent qu'ils ne s'étaient affiliés à la secte que pour en obtenir de l'argent.

L'accusation avait déjà relevé ce fait.

Quant aux femmes accusées de vol et de prostitution, elles soulevèrent une indignation générale qui, un moment, dégénéra en tumulte.

Mais on ne pouvait faire évacuer une salle si bien composée.

L'impression favorable à Plotizine qui s'était manifestée la veille s'effaça sous cette scandaleuse affaire. Comme l'heure était déjà avancée, l'avocat de Maxime refusa de prendre la parole et remit son plaidoyer au lendemain.

Le troisième jour fut des plus intéressants.

Ceslaw Romen prit la parole.

Il s'efforça d'abord de détacher complé-

tement la cause de ses clients de celle de leurs accusés.

Maxime Plotizine et Tatiana Koutzinine, par leur âge vénérable, par leur naissance, par leur position dans la société, la fortune qu'ils avaient laborieusement acquise et dont ils avaient fait le plus noble usage, n'avaient rien de commun avec les autres accusés.

On ne pouvait les confondre avec des femmes perdues et des gens de basse condition que pour faire rejaillir sur eux les mœurs de ces derniers et les en salir injustement.

Il dépeignait leur établissement de Morchausk, leur vie de mœurs si pures, leur charité, leur bienfaisance, puis il montrait la police se ruant tout à coup dans cette maison honorable et paisible.

D'où provenait ces subites rigueurs?...

Il passait sous silence la véritable cause de l'arrestation et reprenait :

« Sous le gouvernement paternel du czar Alexandre II, sommes-nous habitués à de pareilles mesures?... La population en fut consternée.

On se demandait si l'antique tolérance religieuse, honneur de la Russie, s'était subitement évanouie.

Qui ne sait, en effet, que chez nous la moitié des villages sont sectaires?

Il y a de véritables quakers, ou méthodistes, qui portent les noms de Malakani et de Douchobori, des sectes judaïques, d'autres sectes qui sont restées simplement attachées aux rites primitifs tombés en désuétude dans l'église établie, puis les Bogomille ou Catharres, qu'on nomme aussi Hélisti ou Salopouti, et de ces derniers enfin, les plus exaltés qui forment la petite communion des Skoptzi ou Colombes blanches.

Qui se souvient d'une persécution exercée contre une de ces sectes?...

Nous sommes en Europe les seuls chez qui, Dieu merci! on n'exerce aucune persécution religieuse. Les paysans les plus orthodoxes sont peu fanatiques et n'aiment pas qu'on se mêle de la liberté de conscience.

Il existe généralement dans le peuple le sentiment que chacun a le droit de suivre les impulsions de sa propre conscience.

Manquer de respect à la liberté de conscience du plus humble des sectaires, c'est violer la liberté de tous. »

Cet éloge de l'esprit de tolérance russe, produisit le plus heureux effet sur l'auditoire et même sur le tribunal. L'orateur continua :

« Et quel prétexte a-t-on choisi pour déclarer la guerre à la secte la plus pacifique, la mieux soumise aux lois la plus inoffensive qui soit au monde? Une lettre par laquelle Maxime Plotizine recommandait au directeur de la police trois femmes ses coréligionnaires. »

Après lecture de la lettre, le défenseur poursuit :

« En lisant j'ai souligné la phrase où, par une exagération de langage fort commune, Maxime Plotizine, qui ne connaît pas ces femmes personnellement, mais qui croit de son devoir d'adoucir leur position, — s'écrie que pour dix mille roubles il les voudrait voir rendues à la liberté.

Cette phrase paraît à M. Borizoff une tentative de corruption. Pourquoi? D'où provient cette susceptibilité extrême? Ce sentiment de l'honorable directeur de la police ne ressemble-t-il pas à ces mouvements de frayeur panique particulier aux filles d'une vertu éprouvée par l'âge et chez qui la pruderie a succédé à la pudeur? (rires dans l'auditoire).

En vérité, mon client ne songeait pas à séduire cet officier redoutable, et s'il eût pensé à marchander sa conscience, il ne se serait pas compromis en lui écrivant.

Et c'est sur ce mouvement de pudeur effarouché, de vaine susceptibilité que l'on a lancé contre un honorable négociant et sa sœur vénérable un mandat d'arrestation.

C'est de là qu'on est parti pour persécuter les Skoptzi dont il est le patriarche.

On a procédé chez lui aux plus minutieuses perquisitions et l'accusation nous apprend des découvertes étonnantes. On a découvert un oratoire où se voyaient, entre autres images de piété, les images de Léonce d'Antioche et d'Origène... Mais qui cela regarde-t-il? Le directeur de la police M. le gouverneur ou le patriarche de l'Église orthodoxe? Est-ce un tribunal criminel qui peut prononcer sur la piété ou l'impiété de ces images? La cour d'assises de Tambov est-elle devenue un tribunal de la Sainte Inquisition?

Qu'a-t-on trouvé encore?... Un livre de médecine, un autre livre d'art vétérinaire, des instruments de chirurgie. Eh bien! nous n'en nions pas l'emploi. Ces instruments servaient à la castration volontaire. Et ce n'est pas là le grand sujet de surprise, puisqu'ainsi que je l'ai rappelé tout à l'heure, tout le monde sait qu'il existe une secte composé d'eunuques.

Que ces gens aient des couteaux pour s'opérer, qu'ils aient une caisse d'épargne et de secours mutuels, quoi de plus naturel encore! toutes les sociétés en ont. Qu'ils associent leurs capitaux, cela est encore permis. Que peut-on leur reprocher? Leur castration volontaire.

Sur ce point, je ne veux pas les défendre pour bien des raisons, en dehors de la répugnance, de l'aversion même que m'inspirent leurs erreurs. Je ne les défendrai pas, parce que je ne reconnais pas au tribunal la qualité nécessaire pour les juger.

La castration ne peut être jugée qu'à deux points de vue : l'intérêt social menacé dans la propagation de l'espèce.

La cour de Tambov n'est pas réunie pour un procès politique.

Au point de vue philosophique et religieux, comme je le disais tout à l'heure : le tribunal de Tambov n'est pas un tribunal de la Sainte Inquisition.

Nous ne pouvons condamner la castration qu'autant qu'elle est exercée dans le dessein de nuire, par vengeance par exemple, comme cela est arrivé si souvent. La loi en frappe l'auteur comme un assassin et lui applique la même peine. Mais dans ce cas, la loi ne songe pas à atteindre le castrat, elle le considère comme une victime. Elle a été faite uniquement contre le mutilateur.

Mais la loi n'a pas prévu la mutilation volontaire... Maxime Plotizine s'est mutilé volontairement, comme je l'expliquerai tout à l'heure, — donc la loi ne lui est pas applicable...

Le défenseur raconta alors, en condensant les faits, la vie de Maxime Plotizine et de sa sœur Tatiana. Ces esquisses biographiques, intercalées dans un plaidoyer, produisent ordinairement le meilleur effet.

D'accusé qu'il était, Plotizine se trouva ainsi transformé en héros. Son dévouement, celui de sa sœur, causèrent une profonde émotion, et Ceslaw Romen obtint un succès de larmes.

Cependant, il n'avait pas encore abordé le point le plus délicat de l'affaire.

La part de responsabilité de son client dans les deux mille mutilations opérées par son complice, le boucher Iwan Koustezew.

Il l'avait jusqu'alors dépeint comme le bienfaiteur du pays, comment ferait-il pour répondre à ceux qui l'accusaient d'en être le fléau?...

Sa propagande fanatique avait été une incessante provocation au crime. Sans lui, sans le boucher Iwan, la province compterait à peine quelques rares eunuques. Absoudre un tel homme, c'était encourager une erreur criminelle. Ainsi s'exprimait l'accusation.

Ceslaw Romen poursuivit en ces termes :

— On accuse Plotizine d'avoir, à prix d'argent, acheté des conversions?

« Je voudrais bien que l'on me citât une seule communion religieuse qui ne cherche pas, par des secours en argent, des aumônes, des œuvres de charité de tous genres, à se faire des prosélytes.

« De tous les moyens de propagande, l'argent est le meilleur et le plus employé.

« Les ignorants et les pauvres sont plus avides de pain que de paroles.

« Rien de plus éloquent que les faits.

« Vous souffrez ; on soulage votre misère. La reconnaissance vous crie : Celui qui te fait du bien est ton ami, c'est lui qu'il faut croire.

« Tout croyant sincère est un apôtre.

« Maxime Plotizine, en faisant du bien, faisait de la propagande religieuse. Peut-on lui imputer à crime sa charité? A-t-il jamais usé de ruse ou de violence? Vous avez entendu les témoins; qui pourrait l'accuser?... »

Une voix de l'auditoire : — Moi !

Cette interruption causa une émotion profonde et que le président eut de la peine à calmer.

— Moi! » répéta la même voix.

Un homme, en habits de voyage, se démenant avec fureur, se frayait un passage vers le tribunal.

C'était un vieillard au teint hâve et flétri, et dont les traits, le regard, exprimaient une sorte d'égarement.

Ceslaw Romen se pencha vers Plotizine :

— Quel est cet homme? lui demanda-t-il

à voix basse. — Le connaissez-vous? »

Plotizine fixait l'inconnu, cherchant à rappeler des souvenirs lointains.

— Je demande, dit ce dernier, à être entendu par le tribunal, j'arrive à l'instant, j'ai fait pour être entendu un long voyage.

— Qui êtes-vous? demanda le président.

— Je suis le comte Georges Mohilef.

— Vous ne connaissez pas cet homme? dit l'avocat à son client.

— Si je l'ai connu, vous savez bien...

— Il est malheureux pour vous que vous le reconnaissiez. Il y a quarante ans que vous ne l'avez vu... A votre place... »

Il n'osa achever.

Cependant le tribunal s'était levé pour délibérer sur l'incident. Le défenseur, dont l'habile plaidoirie avait été si malencontreusement interrompue, rongeait son frein et désespérait de la victoire.

— Maître Romen, demanda le président, le tribunal décide que le comte Georges Mohilef sera entendu. Désirez-vous qu'il le soit de suite, ou bien voulez-vous continuer votre plaidoirie?

— Je termine, monsieur le président, il ne me reste que peu de mots à ajouter. S'il y a lieu, sur ma demande, le tribunal m'accordera de nouveau la parole, pour répondre au témoin. »

L'avocat résuma rapidement les arguments qu'il avait présentés et déclara que ses clients attendaient avec confiance l'arrêt de la justice.

Le président adressa au témoin les questions d'usage. Puis celui-ci entama le récit des faits que Plotizine avait déjà révélés à son défenseur.

Ces faits remontaient à quarante ans.

Mais la haine du comte Georges ne semblait pas avoir vieilli.

Il présentait Maxime Plotizine et sa sœur comme deux individus perdus de mœurs : Nadèja, selon lui, était une courtisane qui attirait chez elle les étrangers riches pour les dépouiller; son frère était son complice.

Jeune, ignorant les dangers d'une grande ville, le comte Georges avait mordu à l'hameçon de la coquetterie de Nadèja. Maxime avait feint de s'éloigner, avait caché sa sœur chez un ami, et substitué à sa place un bandit qui, après l'avoir dépouillé, l'avait mutilé.

— Les Skoptzi, ajoutait le comte, sont coutumiers de pareilles infamies. Ils savent bien que la honte qu'éprouvent leurs victimes leur assure l'impunité.

« La honte, dit le comte, m'a en effet obligé à garder le silence. J'étais trop jeune pour me résigner à publier le triste état dans lequel ces bandits m'avaient mis.

« Mais Dieu m'a permis de vivre assez vieux pour révéler leur crime.

« J'ai retenu le nom de mes bourreaux, et je n'ai pu oublier leurs traits : dans cette femme assise au banc des accusés, je reconnais la fille Nadèja Plotizine. Elle a quitté la ville d'Astrakhan peu de jours après le crime. J'ai perdu ses traces. C'est par les journaux que je les ai retrouvées.

— Maxime Plotizine, dit le président, levez-vous.

« Reconnaissez-vous le comte Georges Mohilef?

— Oui, monsieur le président. »

La même question est adressée à Nadèja Tatiana, qui fait la même réponse.

— Est-il vrai, demanda le président à Tatiana, que vous ayez attiré chez vous le comte Georges Mohilef, soit par des promesses, soit par des manœuvres de galanterie?

— C'est faux, monsieur, j'allais chaque soir me promener hors la ville avec mon frère; le comte me remarqua, et nous obséda. Nous étions jeunes, pauvres, sans famille; le comte était riche, et habitué à voir les filles de ma condition céder à ses caprices. Mon frère se rendit chez lui, pour le prier de renoncer à sa tentative de séduction, il lui répondit par des railleries et des menaces. Je reçus dans la même journée une lettre du comte; je la lui renvoyai sans l'ouvrir. Mon frère me fit comprendre le danger que je courais.

« Il était depuis peu converti au culte de la chasteté. Il m'engagea à me cacher chez un vieillard de ses amis. J'y consentis, parce que Maxime était obligé de s'absenter pour un jour et une nuit.

« Lorsque mon frère fut de retour, nous rentrâmes chez nous. Mais nous redoutions toujours les violences du comte, et un de nos amis s'installa chez nous pour me défendre. Quinze jours plus tard, nous quittâmes Astrakhan, ainsi que nous en avions formé depuis longtemps le projet. Avant mon départ, je fus admise au sein de la communion de la Colombe blanche. Telle est la vérité. »

— Mais, dit le président, vous omettiez de nous parler du vol et de la mutilation commise sur la personne du témoin?

— Il est faux, répondit Tatiana, que j'aie jamais commis les actions honteuses dont cet homme m'accuse. C'est un calomniateur. »

A l'accent d'indignation sincère de Tatiana, l'auditoire frémit, soulagé du doute qui l'oppressait.

Mais Maxime, à son tour, demanda la parole.

— Ma sœur n'a pas tout dit, s'écria-t-il, parce qu'elle ne sait pas tout. Mais je dois la vérité à la justice et je complète son récit.

« Cet homme qui fut un libertin est un calomniateur. Ma sœur est une sainte fille, une vierge du Seigneur. Les menaces de Georges Mohilef lui inspiraient une pro-

fonde terreur et l'événement ne l'a que trop justifiée.

« A cette époque, le servage n'était pas aboli, les priviléges de la noblesse autorisaient tous les excès envers des gens de notre condition.

« En butte à la violence, rien ne nous protégeait.

« Un de mes amis, homme vénérable, témoin de notre péril, me dit : « Que ta sœur se réfugie chez moi, je me charge de punir le comte Mohilef s'il ose pénétrer chez toi pendant la nuit. » Il m'engagea à m'éloigner afin de mettre à l'épreuve le jeune libertin et à précipiter sa résolution. Je m'éloignai.

« En effet, pensant profiter de mon absence pour abuser de la faiblesse d'une jeune fille, le lâche vint frapper à ma porte; quelqu'un lui ouvrit. Dans l'obscurité il se trompa et prit pour ma sœur un de nos frères aposté pour l'attendre.

« Il se déshabilla, mais bientôt il reconnut sa méprise. Une lutte s'engagea; il ne fut pas le plus fort. Pieds et mains liés, il resta à la merci de son vainqueur. Et selon un usage antique et pratiqué chez plus d'un peuple, il subit le châtiment réservé au plus lâche des attentats.

« Le lendemain, je rentrai à Astrakhan; j'appris ce qui s'était passé; je remerciai mes amis et je dis, comme aujourd'hui je le dis encore : « C'est justice. »

« Les hommes de ma religion ne savent pas mentir; j'ai dit toute la vérité, et j'ajoute que cet homme a commis un faux témoignage, non-seulement en calomniant les mœurs de ma sœur, qui sont restées au-dessus de tout soupçon, mais en nous accusant de vol.

« On ne lui a rien pris, et même le poignard qu'il cachait sous sa pelisse et qu'on dut lui enlever, lui fut restitué le lendemain. »

Ceslaw Romen demanda la parole.

« J'ai peu de choses à ajouter aux explications si franches et si nobles de Plotizine. Le comte Georges, comprenant lui-même la justice du châtiment qu'il a subi, a cru devoir appuyer son accusation d'une calomnie. Il n'a pas changé, et ce nouveau procédé n'est pas moins lâche que le premier. Mais il tourne contre lui en prouvant qu'il comptait plus pour se venger sur le mensonge que sur la simple vérité.

« Enfin je ferai observer qu'il vient bien tard apporter son accusation devant les magistrats. Il a attendu quarante ans par fausse honte, dit-il; je ne savais pas que la fausse honte fût un sentiment si durable. Et il ignorait de son côté qu'au bout de quarante ans la prescription est acquise au plus grand crime. »

On pouvait croire les débats terminés, mais Plotizine, avec l'énergique ténacité qui lui était particulière, voulut présenter à son tour sa défense, ou plutôt la défense de ses coaccusés et de la secte entière.

S'oubliant lui-même, en effet, il transforma l'audience en sermon. Il n'essaya pas de se disculper, mais bien de convertir les juges et l'auditoire.

En vain le président le rappela-t-il plusieurs fois à la question. Convaincu de la sainteté de sa mission, il exalta le culte des Skoptzi.

Des murmures, des approbations, des rires, se faisaient entendre dans l'auditoire qui, en définitive, restait comme le tribunal sous l'empire d'une éloquence étrange et saisissante. C'était inouï, presque scandaleux.

Mais cependant il eût mieux valu pour les accusés que l'on eût clos les débats sur l'impression favorable produite par le plaidoyer de Romen.

Le jeune avocat paraissait de cette opinion. Il écoutait avec une visible tristesse.

Tatiana seule buvait, pour ainsi dire, les paroles de son frère, et l'enveloppait d'un regard d'admiration.

Quant au comte Georges Mohilef, il se tenait immobile, silencieux et déjà oublié dans un coin de la salle.

XXX

Le Jugement.

Enfin le vieillard se tut et retomba pâle et fatigué sur son banc.

Les débats étaient clos.

La cour se retira pour délibérer.

L'auditoire redevint bruyant et bavard. Les accusés seuls gardaient le silence. Quelques femmes, entre autres celles qui étaient accusées de vol, pleuraient. Mais Maxime Plotizine et sa sœur étaient aussi calmes qu'au premier jour et n'échangeaient leurs impressions que par de rapides et furtifs serrements de main.

Au bout d'une demi-heure environ, la cour rentra. Il se fit un silence profond.

Les accusés se levèrent.

Le président lut le jugement par lequel Maxime Plotizine était condamné à la perte de ses droits civils et à l'exil perpétuel dans les mines de Sibérie.

Nadèja Tatiana Koutzinime, sœur du précédent, condamnée à la même peine.

— Maxime Plotizine, ajouta le président, vous avez été décoré de la croix de Sainte-Anne; en vertu des pouvoirs que la loi me confère, je vous retire cette décoration que vous êtes indigne de porter. »

Quant aux autres accusés : Iwan Koustezew était condamné à quatre ans de travaux forcés dans les mines. Tous les autres Skoptzi des deux sexes, à la déportation en Sibérie.

Pas un seul acquittement.

Tel fut le dénouement de ce long procès, qui devait jeter la terreur chez les Colombes blanches.

Maintenant, il nous reste à dire comment finirent les héros de cette tragédie.

XXXI

La Sibérie.

Les mines, la Sibérie!... Voilà des noms sinistres, prononcez-les en n'importe quel pays du globe, chez les plus ignorants en géographie, et l'on vous répondra : C'est horrible!

Cette renommée affreuse est universelle.

Elle n'est pas due aux récits des voyageurs, mais aux cris des déportés, — et elle n'est pas exagérée.

Catherine II, l'illustre amie de nos philosophes, qui se parait de philanthropie, abolit la peine de mort; mais les travaux forcés dans les mines des monts Ourals et les déserts des rives glacées de l'Obi remplacent cruellement le glaive du bourreau.

Ce n'est pas que les vastes territoires compris entre l'Oural et la mer de Bering soient complétement inhabitables. La Sibérie compte des villes nombreuses. Elle est arrosée par de grands fleuves, et une ligne télégraphique relie aujourd'hui Saint-Pétersbourg aux États-Unis, en la traversant tout entière.

Dans le sud, au versant des hautes montagnes qui la séparent de la Tartarie et de la Chine, le climat n'est pas rigoureux, et le sol n'attend qu'une population agricole pour être productif. Ce pays est resté abandonné à des peuples nomades, et le nomade stérilise tout sous ses pas. Cet ennemi naturel du colon semble entretenir et défendre l'infécondité des déserts.

Mais ce n'est pas dans cette partie de la Sibérie que l'on déporte les condamnés : c'est dans le gouvernement de Tobolsk, province du nord-ouest, où le thermomètre descend jusqu'à cinquante degrés au-dessous de zéro.

Aucun lieu de déportation n'est aussi cruel.

On n'y connaît que deux saisons, l'été et l'hiver.

En été, le soleil ne cesse pas d'éclairer et d'échauffer la terre. Il reste vingt heures au-dessus de l'horizon. La chaleur est aussi intense que sous les tropiques. Le sol, longtemps enseveli sous la neige, s'échauffe et fermente; bientôt tout verdoie, et en un mois, la semence a germé, poussé et mûri.

Mais l'air est chargé de vapeurs, la chaleur est étouffante.

Puis, brusquement, en quelques jours, toute cette apparition du monde végétal disparaît. La brise souffle. La température descend avec la même rapidité qu'elle était montée. La trève expire entre l'homme et la nature qui reprend toutes ses rigueurs.

C'est l'hiver boréal. Le soleil se montre à peine quelques heures. C'est le règne de la nuit, le silence de la mort.

Rien n'arrête le vent du nord dans la plaine, qui s'allonge en s'abaissant de plus en plus jusqu'à l'océan Glacial.

La peine de l'exil a plusieurs degrés plus ou moins rigoureux.

Certains condamnés obtiennent de résider dans les villes, où ils trouvent des conditions d'existence supportables : de petits emplois, des habitations où ils sont autant que possible à l'abri du froid, une nourriture suffisante.

Mais ceux qui sont relégués dans les campagnes sont de véritables martyrs, et ce sont les plus nombreux. On les traite en colons, disent les apologistes de la Russie. On leur donne, il est vrai, un morceau de terre et des outils, et on leur dit: Bâtissez-vous une cabane, et demandez au sol votre pain quotidien.

Mais quelle amère ironie!...

A qui s'adresse-t-on ici? A des malheureux exténués par la prison, par un long et douloureux voyage, à des vieillards, des femmes, des gens qui n'ont aucune habitude du travail manuel. On les jette là, sur la terre nue, entre les menaces de l'hiver et les brutalités du knout, l'arme favorite du policier russe... Aussi combien succombent à la peine !...

Enfin le dernier degré de la peine est le travail forcé des mines. Nous avons déjà vu le bagne souterrain du Caucase, mais celui de l'Oural est encore plus affreux. Là le condamné politique se trouve assimilé au plus ignoble des criminels.

Lorsque Plotizine et sa sœur se retrouvèrent en prison après leur condamnation :

— Les mines ! fit Tatiana, nous les connaissons depuis longtemps.

— Oui, répondit Maxime, mais à notre âge, ma sœur, irons-nous bien jusque-là ?... »

C'était un voyage de près de quatre cents lieues.

On était en juillet ; dans les premiers jours d'août, les condamnés furent enchaînés et dirigés sur Moscou. Comme les communications par eau sont très-faciles, et que le voyage devait être excessivement long, on leur fit franchir en bateau cette première étape.

Par une dérision du sort, ce fut sur un bateau qu'il avait fait construire, que le négociant de Morchausk fit la traversée. Il fallut que la police s'interposât pour empêcher les bateliers de lui baiser les mains.

A Moscou, on les garda quelque temps afin de les réunir à d'autres condamnés et d'organiser un grand convoi. Tant qu'ils furent dans cette ville, ils n'eurent pas encore trop à souffrir. Leurs frères étaient ingénieux à leur faire parvenir soit des secours, soit des consolations.

Mais enfin le jour terrible de la chaîne arriva. De longs troïka, charrettes barbares, les attendaient. Chaque voiture contenait vingt condamnés assis sur deux pièces de bois qui couraient le long du véhicule. Dix d'un côté, dix de l'autre, tous garrottés et attachés à une chaîne commune.

Pas d'abri contre la pluie et bientôt le vent du nord et la neige ! car le voyage durera plusieurs mois !...

Derrière le convoi et sur les flancs trottent des Cosaques et des gardes de police, toujours prêts à frapper.

En route !... Les lourds véhicules s'ébranlent et courent bientôt sur des chemins dont les ornières secouent violemment les malheureux forçats. Parmi ceux-ci, les uns hurlent, les autres chantent. Quant au patriarche des Skoptzi, il baisse la tête, silencieux et résigné.

Cependant, au moment où le convoi arriva au sommet des monts qui ferment la vallée et où la ville sainte, comme les Russes appellent Moscou, fut sur le point de disparaître aux yeux des exilés, Maxime Plotizine, instinctivement, releva la tête. Mais soudain ses traits s'altérèrent.

Que vit-il devant lui, galopant avec le convoi, sous l'uniforme d'officier de Cosaques ?... Le comte Georges, son ennemi implacable, qui avait obtenu le commandement de l'escorte afin de jouir de son supplice.

A cette vue, tout son sang reflua au cœur.

Quelle haine !...

Mohilef le lui dit dans un regard railleur et méchant, qu'il put à peine soutenir.

Puis Plotizine se domina et détourna la tête avec mépris.

Tatiana, assise à côté de son frère, avait, comme lui, reconnu leur ennemi mortel.

— Nous pouvons nous attendre à tout d'un pareil homme, dit Maxime.

— Qu'il nous tue ! soupira Tatiana.

— Il n'est pas assez généreux pour cela, ou s'il nous fait périr ce sera lentement. »

Et comme Tatiana fixait l'officier, celui-ci se rapprocha brusquement de la voiture.

— Misérables! cria-t-il. Vous appartient-il de lever les yeux. Gare au knout!»

Lorsqu'on passait dans un village, et que des paysans, touchés de compassion, s'approchaient des voitures pour distribuer des œufs, du lard, du pain, un Cosaque avait l'ordre d'empêcher que l'on donnât rien à la charrette des Skoptzi.

L'officier n'attendait qu'un prétexte pour faire rouer de coups ces objets de son exécration. Cependant tout un mois se passa sans qu'aucune occasion favorisât sa haine. Tous les Skoptzi qui l'avaient reconnu se tenaient sur leurs gardes.

. . . .

Un mois plus tard, le triste convoi se trouvait dans le gouvernement de Valogda, à une centaine de lieues des monts Ourals.

Il se rapprochait du nord à mesure que l'hiver s'approchait de nous.

Le convoi, d'abord bruyant, était devenu silencieux et morne. Pas une parole, pas un cri, pas même une plainte. On n'entendait que le bruit des chevaux, le gémissement des essieux, sur le sol de plus en plus raboteux, et le cliquetis des fers.

Jusqu'alors on n'avait permis aux forçats de quitter leurs bancs la nuit, que dans les villes.

Mais les villes devenaient rares.

On ne rencontrait plus que de misérables villages ou des relais de poste, gardés par un piquet de soldats. Les chemins n'existaient même plus. Quelques poteaux, quelques sapins ébranchés indiquaient la direction à suivre d'une poste à l'autre. La vaillance des chevaux, qui sont aussi courageux qu'ils sont misérables et laids, entraînait les pesants troïkas et venait à bout de tous les obstacles.

Mais les condamnés ne quittaient plus leurs charrettes. Ils n'avaient plus ce soulagement de pouvoir s'étendre de leur long sur des bottes de paille, sous le toit d'un hangar ou d'une prison.

Ils ne prenaient plus rien de chaud.

Les reins brisés, les membres engourdis, les articulations ankylosées, on les abandonnait, par les nuits froides, à la belle étoile, sous la garde d'une sentinelle.

Les relais de poste manquaient d'abris assez grands pour les recevoir, puis l'on trouvait commode de se dispenser de les détacher et de les reboucler.

Cependant, les dimanches, on faisait halte pour monder les charrettes, remplies d'ordures. On déchaînait quatre forçats par voiture et on les chargeait de ce soin, qui, si répugnant qu'il fût, était accepté volontiers.

C'était un exercice.

Ce fut ainsi qu'un matin, on s'aperçut qu'une femme était morte pendant la nuit.

On lui creusa une fosse sur le bord de la route et on lui dit une courte prière.

Mais les nuits de septembre étaient encore supportables, — c'est de celles d'octobre qu'il faut parler.

Quand la bise se mit à siffler, que le ciel se fit d'un noir d'ardoise...

Quand, à la pluie, à la neige, succéda la gelée...

Je vous laisse à concevoir les souffrances des condamnés, de ces êtres décharnés, hâves, épuisés par deux mois de chaînes et de voyage.

Quelques-uns essayèrent d'abord de réagir contre le froid qui les pénétrait jusqu'aux moelles, en agitant leurs bras et leurs jambes autant que leurs liens le leur permettaient.

Mais si leurs efforts occasionnaient ou semblaient causer quelque désordre :

— Attendez! disait un gardien, je vais vous réchauffer, moi. »

Et les coups de knout ou de bâton pleuvaient sur les misérables. Alors éclataient des hurlements de damnés, auxquels répondaient des rires féroces.

Le premier dimanche d'octobre, plusieurs condamnés ne purent descendre de voiture. Leurs jambes étaient raidies ou peut-être gelées.

On les arracha brutalement à leurs bancs, et on les jeta sur le sol, comme des colis.

Le nettoyage fait, on essaya du knout pour les remettre debout. Les infortunés se trainaient à quatre pieds jusqu'aux voitures, mais sans parvenir à se relever.

Ou s'ils se relevaient, c'était pour retomber encore. C'était un amusement pour les gardiens et même pour quelques forçats qui en riaient.

Jusqu'alors, malgré leur grand âge, Maxime Plotizine et sa sœur avaient résisté à toutes ces épreuves. Ils subissaient l'insulte, le froid, la fatigue, avec une résignation qui faisait l'admiration secrète de tous, et le désespoir du comte Mohilef.

Plus d'un avait succombé; ils résistaient comme des sapins centenaires.

« Attendons les neiges, se disait l'officier. »

Il aurait pu se dire également :

« Attendons les loups. » Les unes amènent les autres.

Le convoi traversait alors des steppes coupées de cours d'eau qui souvent l'arrêtaient et de forêts de sapins, dont les débris, qui jonchaient la terre, rendaient la marche très-difficile.

Dans ces forêts, errent des milliers de loups qui, en temps de neige, chassent par troupes innombrables.

La neige tombait fine et serrée.

Alors la nuit on pensa, afin de ne pas perdre tous ses voyageurs en route et arriver avec des voitures vides, à couvrir celles-ci pendant la nuit d'une bâche et de branches de sapins. Puis on doubla les sentinelles et on alluma des feux de bivouac afin d'éloigner les loups qui déjà se montraient.

Le matin, les voitures ressemblaient à des monceaux de neige.

Le second dimanche d'octobre, le temps s'adoucit un peu, la pluie se mêla à la neige qui fondait en tombant.

Ce jour-là était fête pour le chef du convoi. Parmi les Skoptzi, Plotizine et sa sœur devaient procéder au nettoyage de leur voiture.

Plusieurs Skoptzi s'offrirent pour remplacer ces deux vieillards; mais Mohilef était trop heureux de les voir peiner à ce labeur humiliant.

Maxime remercia ses frères et se traîna hors de la voiture; mais, en descendant, son pied mal assuré se heurta; il tomba lourdement.

Tatiana voulut le relever.

Mais sur un signe du comte Georges, un gardien lui envoya quelques coups de knout.

« Achève-le donc, bourreau, dit Tatiana au comte. Achève-le d'un coup d'épée, lâche !

— Misérable! » s'écria l'officier.

Et saisissant le knout d'un garde, il en cingla les épaules et la figure de Tatiana en lui prodiguant les plus grossières injures.

Maxime alors revint à lui et se releva.

On l'avait débarrassé de sa chaîne.

Aux cris de sa sœur, à la vue du sang qui inondait son visage, la fureur le galvanisa et lui rendit un moment toute son énergie.

Il se jeta sur son ennemi et le saisit à la gorge.

Le comte suffoqué chancela, roulant des yeux éperdus et sanglants.

Mais la bande des gardes se rua aussitôt

sur Maxime, lui desserra les mains crispées au cou de l'officier et l'envoya à coups de talons rouler dans la boue.

Ce ne fut qu'un cri de fureur parmi les Skoptzi, qui s'agitaient vainement sous leurs chaînes.

Tatiana se précipita sur le corps de son frère. Elle le croyait mort. Elle le couvrait de baisers, l'enveloppait de ses bras, mêlait à son sang le sang qui coulait de ses joues, insensible aux coups qu'on lui portait. Elle appelait la mort à grands cris; elle l'eût obtenue, si le comte revenu à lui n'eût arrêté le zèle de ses soldats.

— Prenez garde! cria-t-il d'une voix enrouée. Vous allez les tuer! Ne les tuez pas! Les coquins en seraient trop heureux.

« Allons, ajouta-t-il, ils en ont assez pour aujourd'hui, replacez-les dans la voiture. »

Les soldats obéirent. Maxime et sa sœur, presque inanimés, furent enchaînés à leur banc, et comme quelques-uns de leurs frères se penchaient vers eux pour les embrasser au passage, il y eut une nouvelle distribution de coups.

Cette besogne achevée, le convoi reprit sa marche.

Comme toujours, les injures et les plaisanteries les plus grossières n'épargnaient pas les malheureux Skoptzi; d'ailleurs les soldats savaient qu'ils faisaient plaisir à leur officier.

Celui-ci ne quittait pas des yeux la voiture de Plotizine. Il savourait à toute heure sa vengeance. Il l'avait si longtemps attendue, qu'il ne pouvait s'en rassasier. Mais comme le tigre avec sa proie, il se gardait bien de tuer ses victimes d'un seul coup. Leur mort eût enlevé tout intérêt au reste de son voyage.

Aussi, cette fois, fut-il saisi d'une sorte d'inquiétude.

L'épreuve avait été trop rude pour les deux vieillards. Plotizine surtout paraissait plus mort que vif.

Inerte, les yeux clos, son corps s'abandonnait à tous les cahots du troïka.

Il ruisselait d'eau et de sang comme le cadavre d'un homme récemment assassiné.

« J'ai peut-être été trop loin, se disait le comte Georges. Il est capable d'en mourir, le traître! »

Et au premier relai, il commanda à un soldat d'approcher sa gourde de guerre des lèvres du vieillard.

Plotizine rouvrit alors les yeux.

Mais comme il desserrait les dents par un mouvement instinctif, il aperçut le comte qui l'épiait. Il comprit l'intention haineuse de son ennemi et repoussa la gourde.

Le soldat insista.

— Laisse-moi mourir, lui dit-il.

Quant à Tatiana, elle refusa toute nourriture.

Elle posait ses mains garrottées sur celles de son frère, fermait les yeux et priait.

La tourmente de neige augmenta au déclin du jour; les loups devinrent plus nombreux et plus hardis.

— Ils flairent nos cadavres, disaient les Skoptzi.

La nuit tomba; on fit halte; on alluma des feux. Enveloppé dans sa fourrure, semblable à un ours, le vieux Mohilef tournait autour des feux, les bousculant du bout de sa botte d'un air rageur.

— Faites chauffer des bouilloires, dit-il; je ne veux pas que ces chiens de Skoptzi crèvent avant leur temps et trompent la justice. Je veux qu'ils aient chaud cette nuit. »

Cet ordre fut exécuté, au grand étonnement de toute l'escorte.

Les condamnés étaient trempés par la neige; le froid de la nuit pouvait les achever.

Toute la nuit, les loups hurlèrent plus nombreux que d'habitude.

« On dirait qu'ils sentent quelque chose d'extraordinaire.

— Nos chevaux?

— Non; comme les chiens ils sentent la mort. »

Le lendemain, lorsqu'on souleva les bâches, on reconnut que leur instinct ne les avait pas trompés :

Maxime et Tatiana avaient repoussé les cruches d'eau bouillante sous les pieds de leurs voisins, décidés à se laisser périr.

Ils étaient morts.

Dans leurs derniers instants, leurs têtes s'étaient penchées l'une vers l'autre. La gelée les avait raidis, et l'humidité de leurs vêtements s'était changée en un manteau de glace.

A ce spectacle effrayant et lamentable, les Skoptzi éclatèrent en imprécations.

— Silence! cria l'officier.

Puis il donna l'ordre de déchaîner le boucher Iwan Kozstezew, et deux autres d'entre les moins affaiblis, pour leur faire creuser la fosse de leurs coreligionnaires.

Il présida à cette opération, et comme le travail avançait lentement, dans un terrain durci par la gelée :

— Nous n'allons pas passer la nuit ici, dit-il, dépêchons-nous. Il est inutile que la fosse soit si profonde.

Et les hurlements des loups semblaient approuver les ordres de l'officier.

Quand la fosse parut assez grande pour contenir les corps des deux vieillards, le comte Mohilef donna l'ordre de procéder à l'enterrement.

On déferra les cadavres. Maxime et Tatiana étaient libres!..

Un soldat coupa une branche de sapin, en fit une croix, et la planta sur la tombe des deux victimes.

Puis le convoi reprit sa marche.

SECONDE PARTIE

LES NIHILISTES

I

La Secte politique des Skoptzi.

Le séjour des condamnés de Tambov avait causé à Moscou une certaine émotion populaire.

Les Colombes blanches ne craignirent pas de se compromettre pour consoler les condamnés.

D'autres Skoptzi, — dont nous allons parler, — se joignirent aux premiers et se livrèrent à des manifestations imprudentes.

La police, — comme toujours, — les laissa faire afin de les mieux connaître, puis elle fit des arrestations.

Alors on découvrit une nouvelle secte de mutilés plus dangereuse que la première, et ne ressemblant à celle-ci, dont elle est sortie, que par la castration.

Ils ne se rallient pas à un symbole de chasteté et de douceur, comme la Colombe blanche.

Ce n'est pas la chasteté qu'ils recherchent dans la castration ; cette opération brutale n'est pour eux qu'un moyen de se séparer d'une société qu'ils veulent détruire.

Ils n'ont aucun principe religieux.

Ils sont athées.

Leur devise est le mot latin *Nihil :* — *Rien* ou *néant*.

Détruire, anéantir le monde moderne, voilà leur but.

Comme nous ne voulons pas être soupçonné d'exagération, nous citerons quelques documents, et nous donnerons le portrait suivant que nous empruntons à M. E. Fribourg, l'un des fondateurs de l'*Internationale* (1).

« Le programme de la secte Nihiliste consiste à n'établir sous aucun rapport ni de sexe, ni de famille, nulle différence entre l'homme et la femme.

En conséquence, les adhérents des deux sexes porteront les cheveux courts, des vêtements amples qui dissimulent les formes, des coiffures masculines et des lunettes bleues destinées à voiler la couleur des yeux et la vivacité du regard.

« La maternité étant *le fait d'une inégalité de nature*, les Nihilistes l'évitent par tous les moyens possibles, et s'ils n'y peuvent parvenir, la femme nihiliste abandonne volontiers le fruit de ses amours, ou plutôt de ses nécessités naturelles. »

On voit que la chasteté est le moindre des soucis des nihilistes, au moins chez les femmes qui ne sont pas mutilées aussi

____

(1) *Association internationale*, par E. Fribourg, l'un des fondateurs, p. 181, A. Lechevalier, éditeur. Paris, 1871.

complétement que leurs sœurs de la Colombe blanche.

Voici ce qu'un écrivain russe nous apprend encore à leur sujet.

Saint-Pétersbourg, 17 janvier 1870.

Je vois que les journaux étrangers, ceux de l'Allemagne surtout, discutent à tort et à travers sur la soi-disant conjuration récemment découverte en Russie.

Comme aujourd'hui cette affaire, assez mystérieuse, en effet, dans son origine, est à peu près éclaircie; je suis à même de vous donner à ce sujet des renseignements sur l'exactitude desquels vous pouvez compter.

Vous savez que depuis longtemps une secte étrange, appropriée sous plusieurs rapports au caractère russe, se propage dans ce pays. Je veux parler des Nihilistes qui ne reconnaissent ni religion, ni propriété, ni mariage, professent un matérialisme grossier, — un retour à la nature, comme ils s'expriment, — et rêvent un nivellement social complet, une sorte de démocratie des paysans fondée sur la base du communisme.

C'est surtout parmi la jeunesse des écoles et au sein des professions libérales, que cette doctrine fait d'effrayants progrès, et l'on peut dire que presque toute la nouvelle génération est plus ou moins atteinte du nihilisme.

Répandus dans toute la Russie, investis par le gouvernement même dans les provinces polonaises du rôle de russificateurs, les nihilistes ont en Suisse leurs chefs, exilés volontaires pour la plupart, qui leur donnent des mots d'ordre.

Les meneurs du nihilisme ont voulu profiter du jour où les paysans seront définitivement affranchis de toute obligation envers leurs anciens seigneurs, et pourront quitter les terres où ils travaillent pour provoquer une espèce de jacquerie, un massacre général des propriétaires, et à la faveur de l'anarchie, qui en eût été la suite, renverser le gouvernement et s'emparer du pouvoir.

Dans ce but, ils ont fait imprimer, partie en Suisse, partie à Moscou même, une masse de proclamations qui devaient être répandues à profusion parmi les paysans. Ils avaient déjà commencé à expédier à leurs affiliés dans chaque province, des paquets de ces proclamations, lorsque le gouvernement, ce qui n'était pas difficile, a mis la main sur un de ces envois.

En même temps, un nommé Ivanoff, étudiant à l'académie d'agriculture de Moscou, poussé, dit-on, par les remords, a dénoncé à l'autorité plusieurs de ses amis et connaissances qu'il savait appartenir à cette conspiration.

Le gouvernement n'a pas manqué de les faire arrêter, mais Ivanoff a payé cher sa dénonciation.

On l'a trouvé mort, un matin; il avait reçu d'abord un coup de feu, ensuite on l'avait étranglé et jeté dans un étang.

Personne ne doute que ce ne soit là une vengeance des conspirateurs qu'il avait trahis, et l'on désigne même un certain Netchayeff, émigré volontaire en Suisse, rentré clandestinement en Russie, comme l'auteur principal de cet assassinat.

On dit de plus qu'après ce crime, ce dernier aurait réussi à gagner de nouveau la frontière.

En somme, toute cette affaire a amené l'arrestation de quarante à cinquante personnes, tant à Moscou qu'à Saint-Pétersbourg.

Ce sont pour la plupart des jeunes gens étudiants, journalistes, etc.

On remarque toutefois parmi eux un juge de paix de notre capitale, M. Tcherkessoff, dans le cabinet duquel on a saisi un paquet de proclamations.

On dit qu'une haute cour de justice sera prochainement instituée pour instruire et juger ce procès.

En attendant les révélations de la procédure, la société est fort alarmée de ces découvertes; et ce n'est pas sans raison si l'on en juge par les proclamations dont je vous envoie quelques échantillons.

Afin d'être mieux compris des paysans, l'auteur de ces pièces a eu recours à la langue populaire.

« Frères! dit-il, nous sommes à bout de patience; l'existence nous devient de jour en jour plus dure. On nous a trompés avec de vaines promesses : cette terre que Dieu avait faite pour tous les hommes, nos maîtres s'en sont emparé. Où donc est la justice?

« Hélas ! nulle part, partout règne la tyrannie.

« Autrefois, il n'en était pas ainsi.

« Les champs appartenaient à ceux qui les cultivaient.

« Nos ancêtres ne connaissaient ni nobles, ni prêtres, ni marchands, ni accapareurs; aussi ils vivaient libres et heureux !

« Mais vinrent d'au delà de la mer les princes étrangers, traînant à leur suite leur noblesse, leurs fonctionnaires, leurs accapareurs. Ils subjuguèrent le pauvre peuple et ils s'emparèrent de ses champs, et depuis ils ont vécu du prix de nos sueurs.

« Après s'être rendus maîtres de nos pays, les conquérants y ont construit des villes d'où ils nous dominent encore.

« C'est à eux que nous devons ces lois oppressives et ces lourds impôts qui nous réduisent à la misère. Ils sont contents!...

« Comment ne le seraient-ils pas?... Ils s'engraissent de notre pain !

« Leurs villes sont si bien fortifiées qu'il nous serait impossible de les attaquer, à moins de lancer sur eux le *coq rouge*.

(Dans le langage populaire, lancer le *coq rouge* veut dire *incendier*.)

« Ils se sont dit :

« Tout appartient aux nobles, aux commerçants, aux popes; le peuple n'est que notre esclave.

« En vérité, nous autres paysans, nous ne sommes pas plus que de vils animaux pour nos maîtres.

« Ils nous ont sellés et bridés, puis ils sont montés sur notre dos.

« Malheur à celui qui ose proférer une plainte.

« La fusillade et la Sibérie sont là pour faire raison de l'audacieux.

« Mais si le mécontentement commence à se traduire en agitation, il est vrai que nos seigneurs le prennent sur un autre ton; ah! alors ils sont prodigues de promesses et de mensonges !

« La tranquillité rétablie, les belles paroles sont oubliées et la persécution recommence plus violente que jamais...

« Le czar était ivre, lorsque lecture lui fut faite de l'ukase, dont lecture vous fut faite le 19 janvier 1861. Que dit cet ukase ?

« Vous, paysans, vous êtes libres, mais à cette condition, c'est que vous ne posséderez point un pouce de terrain, ni terre labourée, ni forêts.

Il est heureux pour le czar qu'il ait signé cet ukase étant ivre.

« Les popes nous ont dit :

« Le czar est le dieu de la terre; la noblesse remplit auprès de lui l'office des anges.

« Et nous nous sommes contentés de courber l'échine...

« Il y a dans notre histoire un moment où il nous fut permis d'espérer.

« Le czar et toute sa progéniture venait de crever; malheureusement la noblesse fit venir du pays allemand un principicule, et c'est de cet étranger qu'est sortie la lignée de souverains qui nous opprime depuis si longtemps.

« Cette famille allemande s'est multipliée à l'infini ; c'est à peine si les popes, dans les églises, parviennent à énumérer les noms de ses différents membres. Et elle mange beaucoup. Et ses courtisans dépensent énormément.

« Aussi nous sommes en plein dans le gouffre du déficit et nous avons perdu l'espoir de payer nos dettes...

« Imbéciles que nous sommes !

« Nous sommes gouvernés par des Allemands qui daignent le faire pour remplir leurs poches.

« Notre czar et les grands ducs sont incapables de nous gouverner ; ils se contentent de courir le long des grandes routes et de remarquer si nous crions bien fort hurrah! et si nous rattrapons avec adresse notre bonnet après l'avoir lancé en l'air en signe d'allégresse.

« Il ne nous reste plus qu'une seule chose à faire, c'est d'étrangler nos maîtres comme des chiens !... Pas de quartier : il faut que tout disparaisse !

« Il faut incendier leurs villes. Il faut que notre pays soit purifié par le feu !... A quoi bon ces villes ?... Elles ne servent qu'à engendrer la servitude.

« Quand le paysan sera le seigneur de sa maison, de son champ, quand il pourra travailler dans la fabrique de son village, il n'éprouvera plus le besoin de se faire domestique dans une ville.

« Comme ils ont des canons et des fusils et que nous sommes désarmés, ce n'est que par le feu que nous pouvons les attaquer et les vaincre.

« Une fois les murailles derrière lesquelles cette canaille se retranche, réduites en cendres, il faudra bien qu'elle crève de faim. »

II

Suite.

Ce programme a un mérite assez rare, celui d'être clair et sans hypocrisie. Il dit bien ce qu'il veut et indique un but positif. Il n'y est question ni du progrès, ni de l'humanité, ni de la science, cette religion nouvelle, ni de la fraternité des peuples, ni de la mission humanitaire du peuple russe, ni autres clichés à l'usage des démocrates d'Occident.

Cependant bien que les nihilistes soient athées, on y trouve encore le nom de Dieu.

Autre observation :

Les Colombes blanches se rencontrent parmi les petits marchands, les artisans, les paysans, les bateliers, les cochers, les illettrés enfin.

Les Nihilistes qui forment un soulèvement de paysans sont des étudiants, des professeurs, des journalistes... en somme, des jeunes gens et des lettrés.

Des jeunes gens qui abdiquent la jeunesse et tous ses droits, ses plaisirs et ses passions les plus naturelles... Cela confond tout d'abord l'esprit et l'on se demande : pourquoi ?...

Ils vous répondent :

— Pour le bonheur de nos frères les paysans.

Est-ce croyable ?... Est-ce sincère ?...

Non évidemment, une simple sympathie ne peut les entraîner à cette dégradation physique, à la castration volontaire.

Ils ne sont point fils de paysans, ils sont fils de bourgeois. Ils n'ont pas été élevés avec les paysans ; la vie de ceux-ci leur est restée étrangère.

Cet élan de sympathie n'existe même pas ; il ne peut exister entre des individus d'éducation et d'instruction si différentes.

Cherchons encore.

S'il n'y a pas sympathie réelle, il y a peut-être chez quelques-uns sympathie imaginaire, et cette dernière, — qu'on ne s'y trompe pas, — est comme toutes les passions ou les besoins d'esprit, factice; plus vivace et plus facile à s'échauffer que la sympathie naturelle.

Nous l'avons vu et nous le voyons dans toutes nos révolutions.

Elle est le produit de la vie oisive, rêveuse et bavarde des centres alcooliques, cafés, brasseries, etc., où se discutent les théories révolutionnaires écrites froidement ou légèrement par des gens de métier ou des ambitieux qui se tiennent à distance.

La paresse et l'alcoolisme, tels sont les mauvais génies de ces jeunes apôtres démocratiques dont la police et la loi font plus tard des martyrs.

Mais il n'y a pas que des naïfs et des rêveurs parmi eux.

Il y a des ambitieux.

Étudiez la liste : journalistes, professeurs, ingénieurs.

Ce sont des expansions étouffées, des carrières avortées, des talents sans issue et sans emploi.

Lisez les romanciers, Tourguenef par exemple, et vous verrez ce que c'est que le journalisme et le professorat en Russie.

La bourgeoisie jeune, lettrée et pauvre, venant au bout de dix ans d'efforts se meurtrir, se briser contre l'orgueil de la noblesse et la dureté humiliante de la fortune. Le précepteur subalterne presque domestique; l'ingénieur sans travaux parce qu'il est sans protecteurs : tout ce monde de jeunes gens leurrés par une éducation sans but positif, sans but lucratif; tous ces lauréats dont les couronnes de papier gauffré et doré, qui ne sortent de la chaude atmosphère des éloges officiels que pour vaquer, pauvres et glacés, sur le pavé des grandes villes.

Le monde dont ils se croyaient adoptés les repousse; alors ils se disent :

« Nous allons le détruire et en rebâtir un pour nous.

« Nous ferons une révolution sociale.

« Mais pour cela, il nous faut une armée.

« Sur qui s'appuyer?

« Sur les plus nombreux : Les paysans. »

L'abolition du servage a porté à cette ambition un coup terrible. Mais vous le voyez, ils ne se découragent pas.

« Paysan, que te donne-t-on? La liberté!

Le czar était ivre lorsqu'il signa cet ukase... Te contenteras-tu de la liberté de travailler et de souffrir?

Nous t'offrons la terre que tu cultives. Tu n'as pas d'armes pour t'en emparer? Prends une torche, et fais chanter le Coq rouge. »

L'instruction, en détachant du travail manuel, du labeur, des jeunes gens auxquels elle ne peut donner du pain, fait de ceux-ci des révolutionnaires.

On en arrêta cinquante; on pouvait en arrêter mille sans porter remède au mal.

Le mal est là où nous le signalons, et il est aisé de prévoir qu'il ira croissant.

Il se forme chez tous les peuples une nouvelle classe d'individus tels que les nihilistes dont nous venons de parler, sorte de condottieri de la politique, dont les révolutions sont une science et un art. Leur nouvelle profession n'est pas sans péril, mais elle n'est point non plus sans profits, puis elle a les émotions de la lutte, du jeu et du théâtre.

Mais laissons ces considérations qui nous entraîneraient trop loin.

Revenons aux nihilistes.

Tandis qu'on les arrêtait, jugeait et expédiait en Sibérie, leurs chefs passés à l'étranger y prenaient une part considérable aux Congrès dits de la paix, que l'Internationale ouvrait en Suisse.

L'Internationale qui, primitivement, respectait la liberté individuelle tout en poursuivant la solution des problèmes économiques, intéressant les majorités, laissa sa porte ouverte aux sectaires politiques.

Les Nihilistes en profitèrent.

Les Nihilistes trouvèrent des alliés naturels dans les collectivistes égalisateurs.

Déjà, en 1868, les Nihilistes s'étaient affirmés au congrès de Berne où ils étaient représentés par Bakounine (1).

Au congrès de Bâle, en 1869, qui fut de tous le plus important, et où toutes les nations de l'Europe et même les Etats-Unis furent représentés, Bakounine obtint un succès signalé.

Après avoir combattu la propriété individuelle, il proposa à l'assemblée le vote suivant :

« Je vote pour la collectivité du sol en particulier, et en général de toute la richesse sociale, — dans le sens de la liquidation sociale.

« J'entends par liquidation sociale l'expropriation, en droit, de tous les propriétaires actuels, par l'abolition de l'Etat politique et juridique qui est la sanction et la seule garantie de la propriété actuelle, et de tout ce qui s'appelle le droit juridique; et l'expropriation de fait, et partout et autant qu'elle sera possible, et aussi vite qu'elle sera possible, par la force même des événements et des choses.

« Quant à l'organisation postérieure, considérant que tout travail productif est un travail nécessairement collectif, et que le travail que l'on appelle improprement individuel est encore un travail produit par la collectivité des générations passées et présentes;

« Je conclus à la solidarisation des communes proposée par la majorité de la com-

mission, d'autant plus volontiers que cette solidarisation implique l'organisation de la société de bas en haut, tandis que le projet de la minorité nous parle de l'Etat.

« Je suis, ajoute Bakounine, un antagoniste résolu de l'Etat, et de toute politique bourgeoise de l'Etat.

« Je demande la destruction de tous les Etats nationaux et territoriaux, et sur leurs ruines, la fondation de l'Etat international des travailleurs. »

La proposition Bakounine fut mise aux voix et adoptée par cinquante-quatre voix contre treize abstentions et quatre absences.

Il ne restait plus à mettre aux voix qu'une proposition de castration, et le triomphe des modernes barbares eût pu être complet.

Mais nous voilà bien loin des Colombes blanches, et il y a un abîme entre le religieux Plotizine et Bakounine *le barbare*. Les Nihilistes, dans le cas d'un soulèvement général, auraient peut-être pour adversaires les autres Skoptzi, bien que les frères de la Colombe déjà formés en associations soient des partisans platoniques du communisme.

Mais les derniers Skoptzi sont les intransigeants du parti. Ils ne veulent laisser rien debout et ne toléreraient point les patriarches de la Colombe blanche et se feraient un devoir de piller leurs caisses. Ils ne reculeraient devant aucun crime pour réaliser leur dessein et nous aurions pu citer des discours incendiaires, — c'est le mot propre, — prononcés par leurs délégués aux congrès tenus en Suisse.

Il n'est donc pas vrai que la castration comme la musique adoucisse les mœurs et pour en être convaincu il n'est pas besoin de remonter dans l'histoire jusqu'aux eunuques tout-puissants de l'Empire d'Orient.

Leur propagande est des plus actives, et par les réunions de 1869 ils en ont établi

______

(1) Bakounine, qui aimait à se faire appeler le Barbare, a été longtemps le chef et l'orateur des Nihilistes. Il est mort en 1876.

des foyers dans toutes les contrées de l'Europe.

C'est en Suisse que Bakounine se lia avec Karl Marx, l'un des fondateurs de l'Internationale et le chef influent des communistes allemands. L'alliance de Marx ne tarda point à porter ses fruits. La Saxe et la province de Posen principalement, devinrent des foyers de propagande communiste et nihiliste.

En Allemagne comme en Russie, les sectes communistes sont celles qui se propagent le mieux, et le socialisme proprement dit, tel que nous l'entendions en France jusqu'à l'avénement des collectivistes, est beaucoup moins en faveur.

Le communisme est plus simple, moins compliqué, plus accessible à l'esprit des masses.

En Russie jusqu'en 1869, on ne songea point à sévir contre les communistes. Le gouvernement ne les craignait pas. Aujourd'hui, il n'en est plus de même. Ils lui inspirent les craintes les plus sérieuses.

Le *Coq rouge* des nihilistes, après ce que l'on a vu à Paris en 1871 et après les manifestes des communistes de tous les pays en faveur des incendiaires de la Commune, le *coq rouge* ne peut être considéré comme un oiseau fabuleux.

Depuis 1869, les complots se sont multipliés malgré les améliorations du régime politique et de grands progrès économiques.

La guerre sera-t-elle un dérivatif?

Mais il nous reste, pour compléter cette étude, à raconter la découverte de la société la plus récente et sans contredit la plus extraordinaire non-seulement de la Russie, mais du monde.

Cette société secrète politique et communiste succède dignement aux Skoptzi nihilistes, elle a pour nom :

LES VALETS ROUGES

Elle a été découverte en 1877 et l'agitation qu'elle avait provoquée n'a précédé que de quelques mois la guerre de Turquie.

FIN DES SKOPTZI

LES VALETS ROUGES

I

Dans le courant de décembre 1876, le jour de la fête populaire de Saint-Nicolas, patron de la Russie, alors que la foule des fidèles se pressait dans les églises de Moscou, une bande tumultueuse, portant un drapeau rouge, prétendit imposer sa manifestation dans l'église cathédrale.

Elle pénétra dans la basilique avec ce drapeau.

La police, secondée par un grand nombre de citoyens, s'élança au-devant d'elle pour lui barrer le passage et la repousser.

Une rixe sanglante s'ensuivit et de nombreuses arrestations furent faites.

L'instruction et le procès qui suivirent mirent sur les traces d'une association mystérieuse qui étendait ses ramifications dans toutes les grandes villes de l'Empire.

Les recherches de la police amenèrent les découvertes les plus inattendues et nous dirions volontiers les plus romanesques.

Cependant, comme il arrive presque toujours, la police, dans sa hâte excessive, effleura d'abord le sujet, si l'on peut dire, mit la main sur des imprudents, opéra au hasard, et ne posséda les clefs du mystère que lorsque des délateurs vinrent les lui apporter.

Le premier délateur fut un cordonnier de Toula, nommé Mataïef.

On était encore sous l'impression de la manifestation de la Saint-Nicolas, c'est-à-dire dans les premiers jours de janvier, lorsque ce Mataïef, un brave homme assez niais, demanda à parler au Directeur de la police.

Les agents subalternes cherchèrent d'abord à l'écarter comme un importun :

— Que lui voulez-vous? On ne parle pas ainsi à M. le Directeur. Il est occupé; il ne peut recevoir personne. Contez-nous votre affaire.

— S'il ne peut recevoir personne, répondit le cordonnier, il n'est bon à rien. Je garderai mon secret.

— Est-il donc de si grande importance, ton secret? fit un agent.

Cependant elle respirait encore.

— C'est un secret politique.

— Bah! De quoi s'agit-il? D'un complot peut-être?

— Oui, d'un complot.

— Voyons, parle.

— Non, je ne dirai rien qu'à lui.

— Attends un instant, je vais voir si M. le Directeur peut te recevoir.

Le Directeur venait de sortir.

Mataïef voulut se retirer.

Mais on le retint de force et on le garda jusqu'au retour du haut fonctionnaire.

Dès que celui-ci fut rentré, le cordonnier fut introduit dans son cabinet.

Le Directeur lui fit l'accueil le plus encourageant; il l'engagea à s'asseoir et à lui communiquer ce qu'il savait.

Mataïef raconta ce qui suit:

— Un de ces derniers jours, un ouvrier de ma profession, un cordonnier nommé Kovalef, vint me demander à loger chez moi.

Il venait de très-loin, et n'était que de passage à Toula.

Je ne le connaissais pas, mais j'avais une chambre disponible que je louais souvent, et il est d'usage d'héberger ses compagnons.

Kovalef n'était pas grand travailleur; il sortait beaucoup, et courait les cabarets.

Je ne le voyais pas de la journée, mais le soir, avant de se coucher, il causait volontiers avec moi.

Dans les premiers jours, il me questionnait beaucoup sur les ouvriers de Toula.

« Le travail marche-t-il? Est-on content? »

Puis il plaignait la misère de l'ouvrier qui travaille beaucoup sans pouvoir autre chose que lutter contre la faim, jusqu'au jour où la fatigue, la vieillesse, fassent tomber l'outil de ses mains, et le réduisent à une fin douloureuse.

Bientôt il s'adressa directement à moi, et il essaya de me gagner à sa cause.

Mais moi, fidèle à ma patrie et à mon serment, je n'y consentis pas, et je le priai instamment d'en finir avec ses propositions.

Alors, il commença à me tenir toute espèce de propos :

— Toi, me dit-il, tu travailles et tu es pauvre, tandis que d'autres ne font rien, et sont riches.

— Si Dieu, lui répondis-je, m'a refusé la richesse, ce n'est pas une raison pour que je l'enlève aux autres par le pillage.

Et puis, lui dis-je encore, comment tout cela se passerait-il? Je suppose que nous prenions avec toi deux tasses, dont l'une serait bonne et l'autre mauvaise? Tu diras que toi, tu veux la bonne, et moi, j'en dirai autant. Comment ferons-nous pour partager la richesse? Il s'ensuivra des mésintelligences, des querelles, et nous finirons par nous battre.

— C'est ce qui arrivera peut-être. Mais quant aux riches, nous les tuerons, nous tuerons tout.

— Et le Czar? demandai-je.

— Lui également, et toute sa famille.

Je lui dis :

— Kovalef, de même qu'un troupeau ne peut pas rester sans pasteur, nous ne pouvons pas rester sans Czar. Si nous n'avions plus de Czar, plus d'autorités, plus d'armée, les étrangers viendraient, et pourraient nous écharper.

Il me parut partager mon opinion.

Depuis il n'insista plus pour me gagner à ses doctrines. Un jour même il me dit :

— Si la police se doutait de tout ce que je sais, elle me donnerait peut-être bien de l'argent, pour me faire causer.

Et comme je ne répondais pas :

— Crois-tu, ajouta-t-il, qu'elle me donnerait mille roubles?

— Elle t'en donnerait bien davantage, lui dis-je, mais tu aurais vendu tes camarades.

Cette conversation me donna à réfléchir. Et comme il m'annonçait son départ de Toula, je résolus de vous apporter les avertissements du complot qui se trame contre le gouvernement.

—Très-bien, mon ami, répondit le directeur, vous avez agi en bon citoyen. Mais vos renseignements sont bien vagues. Il y a toujours des conspirateurs, nous le savons ; le difficile est de les connaître avant que leur complot passe de la théorie à l'action. Savez-vous les ouvriers près desquels Kovalef faisait de la propagande?

— Non, monsieur.

— Et quelle direction a pris Kovalef?

— Je l'ignore.

— Tâchez d'en apprendre davantage et revenez nous voir.

Mataïef se retira. Sa dénonciation n'aurait pas servi à grand'chose, si l'individu qu'il avait hébergé, au lieu de quitter la ville, comme il l'avait dit, ne s'était rendu lui-même à la police.

Dès qu'on eut dit son nom au Directeur, celui-ci s'empressa de lui donner audience.

— Tu te nommes?

— Kovalef.

— Ta profession?

— Cordonnier.

— Ton dernier domicile?

— Je logeais chez un compagnon de mon métier, nommé Mataïef.

— Très-bien, parle.

— Je connais des secrets qui intéressent M. le directeur, mais comme en les révélant, je me compromets et m'expose à la vengeance de ceux à qui ils appartiennent, je voudrais être assuré d'une récompense.

— Si ce que tu as à m'apprendre est vraiment intéressant, tu peux compter sur une récompense.

— Que me donnera-t-on?

— Je ne puis te le dire à l'avance. La gratification sera proportionnée au service que tu auras rendu.

Kovalef réfléchit un instant. Il reprit :

— Il s'agit d'une société secrète...

Il s'arrêta.

— Eh bien? Continue, dit froidement le directeur.

— Cette société a des ramifications dans toutes les villes de l'Empire et dans toutes les classes de la société. On l'appelle la société des Valets rouges...

— J'en ai déjà entendu parler. Elle a pour but de massacrer les riches, et de les piller?

— Ah! vous savez... fit Kovalef.

— Parbleu, nous en savons bien davantage encore. Cette société doit assassiner le Czar et sa famille, n'est-ce pas?

— Elle doit massacrer toutes les autorités.

— Cette société entretient des relations dans toutes les villes, elle a ses voyageurs, ses prédicateurs, et tu es, Kovalef, de ces derniers...

Le délateur parut interdit.

La récompense qu'il convoitait allait lui échapper!...

Que dire? que faire pour l'obtenir?

— Eh bien, fit le directeur, continue ta déposition. Voyons, je vais t'interroger. Tu connais les chefs de la société des Valets rouges?

— Je connais les chefs de mon cercle, mais ne connais point ceux de Moscou et de Saint-Pétersbourg.

— Tu as affilié plusieurs ouvriers à Toula?

— Oui, monsieur, des ouvriers et des ouvrières. La société compte beaucoup de femmes.

— Tu sais donc lire et écrire?

— Oui, monsieur.

— Voilà le moyen de gagner une bonne gratification. Assieds-toi à cette table, Kovalef. Prends une plume et une feuille de papier, et écris-moi les noms, professions et adresses de tous les affiliés que tu connais à Toula et ailleurs.

Kovalef écrivit une liste assez longue. Le directeur la parcourut.

— Très bien, fit-il. Tu seras récompensé. D'abord, au lieu d'aller en Sibérie, tu resteras libre... C'est beaucoup. Ce n'est pas tout. Tu veux de l'argent?

La figure du traître s'épanouit.

— Voilà dix roubles.

Il s'inclina, mais pour dissimuler son désappointement :

— J'avais espéré davantage, dit-il.

— Espère. Mais qui me garantit ta véracité? Il faut que tu serves de guide à mes agents pour procéder aux arrestations. Après cela... Oh! après cela... Je te remettrai une somme.

Le directeur sonna et demanda le chef

de la police de sûreté, auquel il recommanda le délateur.

Cependant ce Kovalef n'était qu'un agent obscur ; ses renseignements suffisaient pour Toula et quelques villes de la même province, mais n'apprenaient rien au delà.

C'est à l'amour d'une pauvre paysanne que fut due la découverte de l'organisation centrale, et de ses documents les plus importants.

II

Autres révélations.

Presque en même temps que Kovalef trahissait à Toula, voici ce qui se passait à Moscou.

L'ouvrier d'une filature de Moscou nommé Iacoolef ayant présenté à la gendarmerie des brochures subversives, expliqua qu'il les avait reçues d'autres ouvriers, dont l'un, Wasiliev, lui avait déclaré que la propriété devait être commune, et que pour l'obtenir, le plan d'une révolution sociale serait prochainement mis à exécution.

On procéda immédiatement à l'arrestation de Wasiliev. On l'interrogea, il refusa de répondre.

Mais à peine ce dernier était-il écroué, que sa maîtresse Daria Skvortzow vint faire aux autorités les révélations les plus importantes.

Le voyant perdu, elle voulut le venger en livrant à la justice les vrais auteurs de son malheur.

Elle raconta les manœuvres employées dans le but de faire entrer son amant dans l'organisation criminelle des Valets rouges.

— Dans cette société, dit-elle, il y a de jeunes femmes que d'abord j'avais prises pour de vraies paysannes, mais dont le langage et les manières trahissaient malgré elles la véritable condition, et me donnaient de singuliers soupçons. Bientôt j'appris de mon amant qu'elles appartenaient aux plus grandes familles. Elles étaient nobles et riches, et consentaient à se mêler à nous sous un faux nom et déguisées sous des habits grossiers, pour prendre part à la révolution.

« Il y avait aussi parmi nous des jeunes gens instruits et riches, également déguisés en ouvriers des campagnes et c'étaient ceux-ci principalement qui colportaient des livres défendus, et qui avaient perdu Wasiliev en le faisant boire et en le détournant de son travail. »

Son récit achevé, Daria indiqua le domicile qui servait de lieu de réunion habituelle aux conspirateurs.

Elle confirma leur identité et attesta leurs relations mutuelles malgré leurs efforts pour dérouter l'enquête.

Des perquisitions amenèrent ensuite la découverte d'un nombre considérable de brochures, de journaux et de livres interdits, servant à la propagande communiste, dans le but de renverser le gouvernement et d'établir l'égalité des biens.

Nous résumerons les théories de la nouvelle société secrète, qui se distingue des Nihilistes par ses personnages excentriques et romanesques.

Cette société ne rappelle en rien non plus les sociétés précédentes, ni la communauté de Robert Owen, ni celle des Icariens ou des Phalanstériens. Jugez-en :

D'après les statuts de la société, les affiliés des deux sexes, quelle que soit la classe sociale à laquelle ils aient appartenu jusqu'alors, doivent renoncer à leur position, et accepter la condition du prolétaire, son costume, les labeurs et les misères de sa vie et ses usages.

Les jeunes filles de bonne famille — et parmi celles-ci se trouve même une princesse Titzianof, — quittent leurs familles, renoncent à leurs habitudes de confort, soit pour se déguiser en pauvres paysannes, soit pour entrer dans des manufactures à titre de simples ouvrières. Et ce n'est pas là un amusement de quelques jours; elles passent des mois entiers occupées aux travaux les plus pénibles, marchant pieds nus, remplissant les offices grossiers des servantes, portant des sobriquets, exposées au contact le plus brutal et s'efforçant de ne pas trahir leur origine.

Aucun sacrifice ne leur paraît trop lourd en vue de l'objet qu'elles poursuivent.

Elles donnent leur fortune lorsqu'elles en possèdent.

Et s'il s'agit de se procurer une part de l'héritage paternel, détenu par les parents, elles ne s'arrêtent pas devant le mariage *fictif* pour hâter le moment d'en disposer en faveur de la communauté.

Deux des condamnées du procès de Moscou, la princesse Titzianof et Catherine Gamdrelidsé, qui appartient à une riche famille de la bourgeoisie, y ont eu recours, n'acceptant des époux nominaux que pour obtenir de leurs parents la dot nécessaire à leur activité criminelle.

Ces jeunes filles sont toutes deux jolies et intelligentes, mais dans leurs discours trahissent une extrême exaltation. Elles ne sont pas perdues de mœurs, comme on pourrait le supposer à la triste société qu'elles ont adoptée, mais on se demande si elles obéissent à un entraînement romanesque, comme on en voit tant d'exemples dans un monde oisif et blasé, ou si tout simplement ces malheureuses ne sont pas des aliénées.

Quel est le but de cette abnégation extraordinaire, si incroyable à première vue qu'elle fait accuser d'exagération l'auteur qui ose l'admettre dans son récit?

Ce but capable d'enflammer à ce point le cœur ou l'imagination de la jeunesse,

c'est toujours la propagande socialiste et révolutionnaire; la satisfaction d'un besoin d'apostolat et même de dévouement à une entreprise chimérique.

Le cas de Mlle Titzianof et de Mlle Gamdrelidsé, s'il n'est une simple névrose politique, doit donner à réfléchir non-seulement au gouvernement russe, mais aux familles. De tels événements dénoncent un vice radical dans l'éducation et l'enseignement que reçoivent les jeunes filles. Selon nous, mais sous toutes réserves, les grandes familles russes sont empoisonnées par les précepteurs des deux sexes, et les femmes de chambre.

Ces précepteurs pour la plupart sont des déclassés, des bohêmes ou des aventuriers ambitieux. On les trouve mêlés à toutes les conspirations de l'Europe.

C'est dans leur vie familière avec cette haute domesticité que les jeunes gens de grande famille s'initient aux utopies les plus bizarres et les plus dangereuses.

Ce sont ces professeurs qui introduisent dans les châteaux des livres criminels que la police était si éloignée d'y soupçonner.

De néophytes, les jeunes gens de famille deviennent eux-mêmes apôtres. Leur argent sert à l'entretien de parasites qui ont remplacé les astrologues et les alchimistes du moyen âge et les illuminés du XVIIIe siècle.

Au lieu de chercher la pierre philosophale on cherche à transformer du haut en bas toute une nation, quand on se croit encore positif et modeste, et l'humanité tout entière quand on ne laisse plus de frein à son imagination.

Les charlatans, marchands de théories humanitaires, de remèdes universels, en profitent. Les plus habiles d'entre eux résident en Suisse et en Angleterre.

C'est de Zurich que le mot d'ordre était donné aux Valets rouges, comme chez nous il était donné à la Marianne par le comité de Londres.

Les principaux moyens de propagande consistaient dans des conférences, des lectures de livres interdits, l'organisation de cercles locaux, de bibliothèques et de caisses de secours.

Après avoir ainsi préparé les esprits, les membres devaient passer à l'agitation proprement dite, c'est-à-dire à l'excitation à la révolte. Quand le réseau de l'affiliation aurait embrassé la Russie tout entière, quand le travail souterrain aurait miné toutes les bases de l'ordre social existant, on passerait de la théorie à l'action.

En attendant ce moment, la société multipliait les émissaires, ses membres se dispersaient pour préparer le terrain dans les provinces, surtout dans les districts manufacturiers, et les arrestations une fois commencées, on en opéra à Kiew, à Odessa, à Ivanovo (gouvernement de Wladimir), et à Toula, où des centres de propagande avaient été fondés par les soins de cinq femmes qui figurèrent au nombre des principales accusées.

L'organisation, comme on le voit, était considérable. Mais on voulut aller trop vite et l'affluence des adeptes hâta la crise. Une centaine d'arrestations furent opérées et plusieurs furent accompagnées d'incidents dramatiques.

Nous citerons, entre autres, celle de Dimitri Ostrow et de sa maîtresse Alexandra Chelmouski à Smolensk.

Alexandra appartenait à une famille de riches négociants et avait été élevée au milieu d'un luxe vraiment seigneurial.

Elle avait reçu l'instruction la plus variée et la plus solide. Elle savait de tout un peu et le savait bien. Comme toutes les Slaves, elle avait le don des langues et à dix-huit ans écrivait et parlait avec une égale facilité le russe, le français, l'anglais, l'allemand et l'italien. Avec cela, excellente musicienne et ayant acquis, dans des lectures très-étendues, le fonds qui manque souvent à la conversation des femmes.

Ses parents, qui l'adoraient et ne rêvaient que son bonheur, songeaient à la marier, quand tout à coup elle disparut.

Après l'avoir attendue en vain, ses parents désolés, ne sachant à quelle cause attribuer sa subite disparition, s'adressèrent à la police.

Celle-ci, malgré des recherches actives, ne put retrouver ses traces.

C'est parmi les Valets rouges, six mois après sa fuite, qu'on devait la découvrir.

Elle était cachée à Smolensk, où elle vivait comme ouvrière d'une filature en compagnie d'un nommé Dimitri Ostrow.

C'était ce dernier qui l'avait séduite et entraînée parmi ces bandits, en profitant, avec une habileté consommée, de son ignorance du monde et de sa sensibilité exaltée.

M. Chelmouski avait pris Dimitri à son service pour donner des leçons d'équitation à sa fille. Dimitri était un beau garçon de vingt-cinq ans, d'une tournure assez distinguée. Sans instruction sérieuse, il avait beaucoup lu de pamphlets politiques et fait une étude spéciale des questions et théories communistes.

Il sut piquer la curiosité de la jeune fille, qui consentit à recevoir de lui des brochures et des journaux interdits. Un nouveau monde se révéla ainsi à cette jeune imagination.

Son cœur s'émut pour les souffrances du peuple, pour les grandes luttes du prolétariat.

Elle prit pour de l'histoire les romans où des aventuriers sont transformés en héros et des songe-creux en penseurs. Elle ne s'arrêta plus aux spirituelles critiques de Hertzen et de l'auteur de la Cloche, descendit, sans se douter qu'elle descendait, jusqu'à Bakounine le barbare.

Le chef des Nihilistes lui parut un héros et comme il était exilé, un martyr.

Les horreurs de la Commune de Paris achevèrent d'exalter son esprit et lorsque son père remercia Dimitri, elle était déjà toute préparée à le suivre et demeura secrètement sous son influence ou, si l'on veut, sous sa domination.

Le maître et l'élève conservèrent des relations auxquelles l'amour restait étranger, mais qui n'étaient pas moins dangereuses.

Dimitri, paresseux et sans moyens d'existence, vivait des emprunts réguliers qu'il faisait à Mlle Chelmouski : cette vie précaire le rendit plus audacieux.

Comme un mauvais prêtre qui abuse de la confiance de sa pénitente, ce directeur de conscience politique tenta de détourner Alexandra de ses devoirs.

Il eut d'abord recours à l'intimidation.

A l'aide de lettres fausses, attribuées aux chefs exilés des Valets rouges, il lui annonça que les prolétaires russes allaient se soulever en masses, procéder à un massacre général des propriétaires, à l'incendie des villes et des châteaux.

De ces effrayantes peintures il ressortait qu'il n'y avait plus de salut que dans les rangs de l'insurrection. Il citait en outre les conversions obtenues dans la bourgeoisie et la noblesse. L'exemple de la princesse Titzianof ne fut pas oublié.

Naturellement une entrée en campagne exige de l'argent. Il profita de cette circonstance imaginaire pour soutirer à la jeune fille des sommes assez fortes destinées, disait-il, à la caisse sociale de la Révolution.

Enfin il parvint à son but.

Alexandra, affolée par ces prétendues révélations, ne lui résista plus lorsqu'il l'ad-

jura de se joindre à ses frères à qui elle appartenait déjà de cœur.

III

L'arrestation.

Alexandra s'enfuit de la maison paternelle et demeura cachée à Smolensk, chez des complices de Dimitri. Ceux-ci n'oublièrent pas son ancienne condition et la traitèrent avec des égards exceptionnels et un respect dont ils ne pouvaient se défendre.

Alexandra, comme toutes les novices, montra un zèle excessif. Sa transformation en ouvrière ne semblait lui coûter rien.

On sait du reste les miracles qu'en ce genre peut produire la foi. Combien de jeunes filles, au sortir d'un palais, revêtent la bure de la religieuse, se soumettent aux travaux les plus répugnants et s'imposent les privations les plus dures !

Alexandra avait la foi, et là où Dimitri ne voyait qu'une affaire, elle voyait la rénovation du peuple russe, l'abolition de toutes les misères et de toutes les injustices.

Au bout de quelques jours elle se enhardit à sortir et se fit admettre dans un atelier pour un de ces labeurs mécaniques qui n'exigent pas un long apprentissage.

Mais bientôt elle connut ce qu'il y avait de plus dur dans sa nouvelle condition pour une jeune fille bien élevée. La grossièreté, la bêtise, l'ivrognerie, la malpropreté, tous ces défauts qui sont presque inséparables de la pauvreté et de l'ignorance lui infligèrent chaque jour leur répugnant contact.

Il lui fallut en rabattre sur ces prolétaires idéalisés par les écrivains du parti communiste lorsqu'elle se trouva avec les brutes des deux sexes dont jusqu'alors Dimitri l'avait tenue éloignée.

Et elle se demanda sans doute comment

il serait possible, au lendemain des massacres, des pillages et des incendies, d'organiser une société nouvelle avec de semblables éléments.

Où donc était le bon sens des masses dont Dimitri lui avait tant parlé, cet esprit d'abnégation, cet amour de la liberté et de l'égalité? Elle ne voyait autour d'elle que les plus sottes superstitions, l'envie, l'hypocrisie, l'espionnage et surtout l'intolérance.

Elle commença à douter et prendre peur.

Dimitri cependant épiait ses impressions et s'efforçait d'en dissiper l'amertune. Puis, comme elle était isolée et faible, elle l'écouta volontiers et se laissa aller à s'appuyer sur lui.

La compromettre tout à fait n'était plus difficile.

Dimitri n'osa ou ne voulut point renoncer à sa conquête en lui conseillant un retour dans sa famille et un mariage fictif, et comme la société des Valets rouges de même que celle des Nihilistes demande l'abolition du mariage, leur union fut exempte de toute formalité légale ou religieuse.

Ils vivaient ensemble depuis un mois à peine lorsque la police opéra des arrestations.

Le télégraphe de Zurich, au lieu de donner le signal de l'insurrection, donna l'ordre de fuir et de se cacher.

Fuir! Les deux amants n'étaient plus assez riches pour aller vivre à l'étranger.

Ils se résignèrent à attendre leur sort.

Bientôt ils virent arrêter plusieurs de leurs compagnons et ne purent douter de ce qui les attendait. Les journaux étaient remplis de révélations effrayantes. Tous les secrets de l'association avaient été vendus à la police.

Ils n'osaient plus sortir.

Mais des deux, Dimitri Ostrow n'était pas le plus brave.

Un soir, comme il tressaillait à un bruit insolite et suspect dans la maison, Alexandra lui dit avec dédain :

— Aurais-tu peur, Dimitri?

— Ce serait assez naturel, répliqua-t-il avec un sourire pénible.

— Que crains-tu?

— La police, parbleu!

— Si c'était elle, que ferais-tu?

— Ce que font les autres.

— Tu te laisserais emmener?

— Il le faudrait bien.

— Je ne suis pas du même avis, reprit la jeune fille.

Puis, se levant et allant à son amant qui la considérait avec surprise :

— Donne-moi ton revolver, Dimitri.

— Qu'en veux-tu faire?

— Donne, et s'il le faut, je te le montrerai.

— Pas de sottise! .. Le bel avantage, quand tu auras brûlé la cervelle à un ou deux de ces messieurs; nous aurons un meurtre de plus à notre charge, mais nous ne leur échapperons pas.

— Puisque tu ne fais rien de cette arme, Dimitri, puisqu'elle ne t'est utile en rien, donne-la-moi.

— Non, répondit Ostrow avec fermeté.

— Prétends-tu m'imposer ta résignation? s'écria Alexandra. Il te convient d'aller en prison et aux mines, mais s'il ne me convient pas de t'y suivre?...

— Mais résister aux agents est impossible, enfant que tu es. Tu en tuerais dix, il en reviendrait cent.

— La résistance serait pourtant d'un bon exemple. Qui sait? Si l'on combattait, au lieu de se rendre lâchement, peut-être, les revolvers de Smolensk provoqueraient-ils une émeute qui elle-même, se changerait en insurrection?...

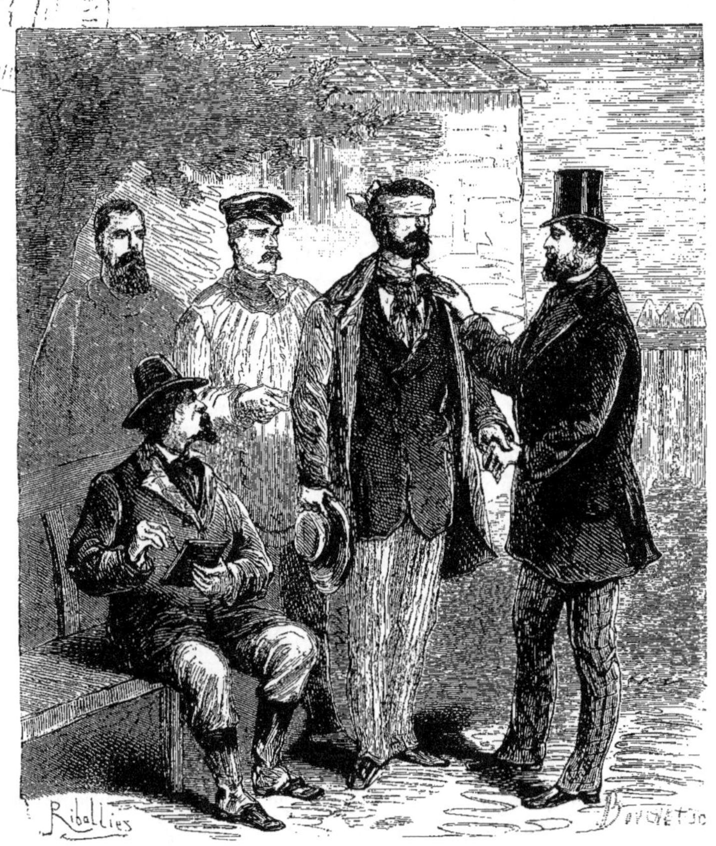

Le Néophyte.

— Non, fit Dimitri en secouant la tête avec découragement. Tout le monde a peur.

— Oh! les misérables! Des hommes... des hommes qui ne parlent que batailles, et qui, en définitive, n'ont à sacrifier que leur peau...

Et c'est à ces hommes, que moi, j'ai fait le sacrifice de ma fortune, d'un avenir qui eût pu être honorable et paisible, de toutes mes affections les plus chères...

Je commence à voir que je me suis fait d'étranges illusions. Mais, en définitive, quand les chefs se tiennent si prudemment à l'abri, il ne faut pas s'étonner que les soldats aient peur.

— Nous ne sommes pas des soldats, ma chère.

— Vous ne serez jamais des combattants.

— Tu ne connais pas le peuple... Une fois en mouvement, il va, rien ne saurait l'arrêter. Mais il lui faut l'impulsion et le nombre. Parmi ceux que l'on a pris, j'en connais qui, derrière une barricade, seraient des héros!... Eh bien! Ils n'ont opposé aucune résistance.

— Vous êtes comme les loups, vous n'attaquez que par bandes, et encore, que les hommes qui tombent devant vous.

« Tu ne veux pas me donner ton revolver, Dimitri?

— Non; n'insiste pas. Et quand tu auras tué deux ou trois de ces misérables agents, serons-nous bien avancés? Le peuple lui-même nous huera. Car ces agents, en définitive, sont de pauvres diables, qui obéissent à une consigne pour gagner leur pain et celui de leur famille. Dis-moi, Alexandra, leur en voudrais-tu?

— Moi? fit la jeune fille, pas le moins du monde.

— Eh bien alors?

— J'avais une autre idée de toi, Dimitri.

— Laquelle?

— Je te croyais l'âme plus fière, le cœur plus résolu. A ta place, moi, sais-tu ce que je ferais?

— Parle.

— Si j'avais ce revolver, je me dirais : je suis libre, et je resterai libre. Je reste maître de ma destinée. Au lieu d'aller en prison, et de là aux travaux forcés, au moment où les agents frapperont à ma porte, je tuerai ma maîtresse, et je me tuerai après elle.

« Voilà ce que je ferais, Dimitri. »

— Ostrow pâlit à cette énergique proposition. Il baissa la tête, ne sachant que répondre.

— Tu seras peut-être acquittée, dit-il.

— Acquittée! se récria Alexandra, acquittée par le tribunal peut-être, mais par le monde et par ma famille...

— Bast! Tout s'oublie.

— Acquittée après avoir été humiliée,

bafouée et traînée dans le ridicule... Je n'accepte pas cela, moi!

Puis avec mépris :

— Tenez, c'est bon pour vous!...

Ostrow alors releva la tête; ses yeux eurent même un éclair de colère.

— Ah! vous faites l'aristocrate, dit-il... Le naturel revient toujours.

Quelques larmes perlèrent aux cils d'Alexandra. Elle avait honte de cet homme.

— Vous êtes un lâche, dit-elle.

Il allait répliquer, quand un bruit de foule dans la rue appela son attention.

Il éteignit la lumière, et ouvrit doucement sa fenêtre.

— Ce sont eux, dit-il d'une voix altérée.

Alexandra ne souffla mot et ne bougea point.

Bientôt on frappa fortement à sa porte.

— Ouvrez! au nom du Czar!

Il hésitait et tremblait de tous ses membres.

— Alexandra, balbutiait-il, faut-il allumer la lampe?...

Il tournait sur lui-même sans savoir ce qu'il faisait.

— Ouvrez la porte, dit un homme de police.

Et un serrurier commença à crocheter la serrure.

Alors seulement Dimitri Ostrow eut la force d'ouvrir.

Soudain la chambre s'emplit d'une vive lumière, et des agents se précipitèrent vers les deux jeunes gens.

Un d'eux posa la main sur l'épaule du jeune homme :

— Dimitri Ostrow?... C'est vous?..

— C'est moi, répondit ce dernier.

— Et cette femme?... fit un autre.

Et il s'approcha d'Alexandra toujours assise, mais en la regardant il poussa un cri.

Alexandra était assise dans un fauteuil

Sa belle tête d'une pâleur mortelle penchait sur son épaule, un ruisseau de sang coulait de sa poitrine... A ses pieds était un couteau...

Elle s'était tuée.

Cependant elle respirait encore.

— Quel est le nom de cette jeune femme? demanda le chef de police à Dimitri.

— Alexandra.

— Son nom de famille?

— Je ne lui connais pas d'autre nom.

— Nous le saurons bientôt.

On transporta Alexandra à l'hôpital, mais elle expira en chemin. Son sang avait lavé sa honte.

. . . .

Dans le courant du mois de mars 1877, les prévenus comparurent à Saint-Pétersbourg devant la cour spéciale du sénat instituée pour juger les crimes politiques.

Leur société était désignée sous le titre de Société secrète formée pour la propagation de livres criminels.

Les peines les plus sévères leur furent appliquées.

Les principaux accusés furent condamnés aux mines, d'autres à l'exil perpétuel en Sibérie; enfin quelques femmes, telles que la princesse Titzianof et Mlle Gamdrelidsé ne furent condamnées qu'à la détention simple.

FIN DES VALETS ROUGES

LA MARIANNE

I

Origines de la société.

La Marianne fut la société secrète la plus importante qu'eut à combattre le second Empire et causa à ce gouvernement des inquiétudes sérieuses.

Elle avait fait des progrès considérables avant que la police eût soupçonné son existence. Républicaine, recrutée dans les classes laborieuses, dans les grands ateliers, les mines, les ardoisières, les charbonnages, elle ne semblait point destinée à fomenter d'éphémères émeutes, à se compromettre et se faire décimer derrière des barricades, mais à former une sorte de ligue populaire, de franc-maçonnerie politique, capable d'exercer une influence redoutable dans les crises industrielles et sur les élections.

Ses organisateurs et ses chefs, sa correspondance, ses archives, étaient à l'abri des entreprises de la police.

Le cabinet noir la surveillait sans pouvoir l'atteindre.

La police se glissait dans ses rangs, sans parvenir à y prendre l'initiative d'un complot, sans même pouvoir se rendre compte du nombre de ses affiliés, qu'elle supposait encore plus considérable qu'il ne l'était en réalité.

Elle avait pris naissance dans les départements de l'Ouest, puis s'était propagée rapide et silencieuse dans tout le bassin de la Loire. Des ramifications nombreuses reliaient les provinces aux grands centres.

Avant qu'elle se fût manifestée par des actes, déjà partout on parlait d'elle.

A peine née, elle avait déjà le prestige des grandes puissances occultes, et depuis les carbonari aucune société secrète n'avait paru plus puissante.

Mais, ainsi que nous allons le voir, ce qui faisait sa force, sa vitalité, portait en soi également les causes de sa décadence.

La Marianne était née de l'entente de Mazzini avec Ledru-Rollin, qui venaient de fonder à Londres le Comité révolutionnaire européen.

C'était de ce Comité, ou si l'on veut, des deux agitateurs célèbres qui le présidaient que la Marianne recevait le mot d'ordre.

Son existence était donc subordonnée à celle de l'entente entre les deux chefs de parti.

Et cet accord, pouvait-il être durable?

Pour chasser les Autrichiens et le Pape, rendre à l'Italie l'unité nationale, qu'elle avait perdue depuis les Romains, et enfin y établir la république, Mazzini voulait se servir de la France, et pour faire de celle-ci un instrument favorable à ses desseins, jugeait indispensable de la débarrasser de l'Empire.

Pour faire la république italienne, il fallait à ce grand patriote la république française.

Ledru-Rollin, en 1848, avait soutenu la cause italienne avec autant d'énergie que d'éloquence; il avait encore pour elle les mêmes sympathies, mais par cela même qu'il ne croyait pas le concours des Italiens indispensable au bonheur de la France, avait en politique des idées plus désintéressées, des sentiments plus généreux.

En attendant, tous deux avaient un ennemi commun, Napoléon III; et le vieux carbonaro était par excellence l'homme capable d'ourdir un vaste complot, d'organiser une société secrète.

La main de Mazzini se reconnaît dans l'organisation de la Marianne.

Cette société devait profiter tout d'abord de sa longue expérience.

Ayant sa tête abritée sous le pavillon anglais, la Marianne pouvait être persécutée, mutilée, sans être détruite.

Elle n'avait point d'assemblées générales, qui permettent à la police d'opérer des razzias. Elle se passait de la hiérarchie compliquée des anciennes sociétés et simplifiait autant que possible les cérémonies d'initiation.

Nous disons autant que possible. Une imagination italienne ne pouvait renoncer complétement au prestige d'une certaine mise en scène.

Le néophyte était présenté par un parrain. Conduit dans un lieu désert, on lui bandait les yeux, puis on l'invitait à prêter le serment de courir aux armes au premier signal pour rétablir la République.

Il était ensuite initié aux signes et aux mots de reconnaissance.

Les signes consistaient :

1° A serrer la main en donnant trois coups de pouce sur la première phalange de l'index ;

2° A saluer de la main gauche ;

3° A porter le pouce à son front et à le descendre sur la poitrine en passant sur le cœur.

Les mots de reconnaissance étaient les suivants :

Demande.—Connaissez-vous Marianne?

Réponse. — De la montagne.

D.— L'heure?

R. — Elle va sonner.

D. — Le droit?

R. — Au travail.

D. — Le suffrage?

R. — Universel.

D. — Dieu nous voit?

R. — Du haut de la montagne.

D. — De lion?

R. — Le lion.

Ces formules plus bizarres que compliquées ne prêtaient à aucune discussion et pouvaient être acceptées par les républicains de toutes les écoles ; enfin, du côté de la police, elles n'avaient rien de compromettant.

II

Principes et organisation

Après cette esquisse générale, revenons plus en détails sur la création et sur les agissements de la société.

Son origine date du commencement de 1852.

Mazzini et Ledru-Rollin eurent pour premiers collaborateurs : Charles Delescluze, Augustin Marchais et Bordage.

Delescluze et Marchais étaient des amis de Ledru-Rollin.

Le premier avait été préfet du Nord et le second commissaire du gouvernement dans Indre-et-Loire sous le gouvernement provisoire de 1848.

Delescluze, réfugié à Londres, écrivit à Marchais qui bientôt reçut de Mazzini une lettre-programme, si je puis dire, une lettre longue et détaillée, où le maître en conspirations, après lui avoir exposé son opinion sur la situation politique de la France, définissait le but et les moyens de la révolution.

Nous citons :

« Il vous faut un plan, un chef. Je crois toujours que cet homme est Ledru-Rollin ; il comprend bien la révolution comme une œuvre sociale et non-seulement politique.

« Il vous faut une organisation ; cette organisation n'a pas besoin d'être formelle et entourée de symboles. Elle peut être telle que la persécution n'ait pas de prise sur elle. Il faut que d'atelier en atelier, un lien soit établi de façon qu'une nouvelle, qu'un mot d'ordre, puisse courir facilement d'un bout à l'autre de Paris.

« C'est-à-dire qu'il ne peut y avoir d'association secrète, mais que des comités sont indispensables.

« Il faut que des noyaux existent. Qu'ils choisissent autour d'eux quelques agents, qu'ils surveillent l'ennemi ; qu'ils sachent l'état des forces militaires existant à Paris, qu'ils connaissent s'il y a des armes, et quels seraient les moyens d'en avoir ; qu'ils supputent, sans les affilier, le nombre d'hommes sur lesquels on pourrait compter ; qu'ils cherchent tous les moyens possibles d'entrer en rapport avec l'armée. Il faut surtout qu'ils cherchent à serrer les rapports avec ceux qui servent à la circulation : conducteurs de diligence, ouvriers sur les chemins de fer, etc.

« Ce plan ne peut sortir que de l'état des forces, des causes imprévues qui peuvent diminuer la garnison de Paris, de circonstances que l'on ne calcule pas à l'avance.

« Vous n'opinez pas pour une initiative au dehors ?

« Nous ne pouvons pas ajourner le mouvement en Europe parce qu'une nation s'arrête en marche. L'initiative des nationalités peut devenir inévitable. C'est à vous de vous préparer pour être à même d'agir prochainement.

« L'occasion vous sera toujours favorable. Un mouvement des nationalités entraînera la guerre.

« Il faut prêcher ces choses-là aux ouvriers.

« Suivez, de toutes manières, la marche de l'opinion parmi eux et veuillez vous en rendre compte.

« P. S. Mon ami me dit que vous êtes disposé à me demander quelques fonds.

« Ecoutez, j'ai les bras liés par mes commettants, et j'ai fort peu, parce que, travaillant à faire une révolution italienne, je dépense en fusils et autres choses ce que l'on me donne. Mais partout où je verrai un travail sérieux de peuple prêt à s'allier avec nous sur de véritables bases d'égalité fraternelle, je ferai tous les efforts possibles pour l'aider. Je suis las et honteux de tant de discours et de systèmes en face de l'ennemi. Songeons à une action sérieuse et comptez sur moi. Que vous faudrait-il ? Et autant que vous pouvez me le dire, pourquoi ? je ne demande pas de détails, mais la généralité du but. »

JOSEPH MAZZINI.

L'argent, le nerf de la guerre, était la plus grande préoccupation des conspirateurs ; et l'on est naturellement porté à songer que Ledru-Rollin avait une grande fortune et pouvait trouver des ressources dans la bourse de proscrits non moins riches que lui. Nous ignorons, comme la main gauche, ce que la main droite a donné ; mais il n'y a pas eu de prodigalités.

Cependant Ledru-Rollin écrivait :

« Il y a à Paris de braves gens qui se privent du nécessaire pour se procurer à tout prix des armes, des munitions, des capsules de guerre surtout... Je n'ouvre pas une lettre qu'on ne m'y demande de l'argent dans ce but. »

Marchais, à Paris, était un des chefs d'une société secrète fondée avant le coup d'état sous le nom de Jeune Montagne.

Celle-ci servit de premier contingent à la Marianne, dont l'organisation marcha rapidement. L'ex-commissaire d'Indre-et-Loire s'adressa d'abord à un de ses amis intimes de Tours, M. Bordage, et celui-ci entra en rapports avec d'autres républicains d'Angers et de Nantes.

Le premier comité de l'Ouest fut fondé dans cette ville.

Avant la fin de l'année 1852, la Marianne comptait six comités locaux de Nantes à Orléans.

Les chefs agissaient avec la plus grande prudence.

Ainsi Marchais et Bordage ne correspondaient point directement, mais par l'intermédiaire d'un concierge de la rue Montmartre, nommé Proust.

Pendant un an (avril 1853), la police ignora l'existence de la nouvelle société secrète.

Mais d'une part, l'ignorance et l'intempérance de quelques affiliés, et de l'autre un expédient malheureux de Ledru-Rollin en amenèrent la découverte.

Ce dernier, pour battre monnaie, avait imaginé une cotisation et des bons de cotisation, destinés à être distribués en secours aux démocrates malheureux.

La police saisit plus tard la lettre suivante :

COMITÉ CENTRAL DÉMOCRATIQUE EUROPÉEN.

Londres, 20 août 1852.

« Les citoyens porteurs de ces lignes sont autorisés à mettre en circulation parmi les patriotes les bons de la souscription révolutionnaire : 1 franc.

« La moitié des sommes qu'ils pourront recueillir restera dans leurs mains, affectée aux besoins de la démocratie parisienne, l'autre moitié sera envoyée au Comité central démocratique européen.

Signé :

LEDRU-ROLLIN, JOSEPH MAZZINI.

Bientôt ce moyen d'alliance devint une cause de discorde.

Quelques affiliés mirent en doute l'authenticité des signatures et déclarèrent que ces bons de cotisation étaient un moyen imaginé par la police. Pour éclairer leurs doutes, ils nommèrent à Tours M. Cosmadeuc et le députèrent à M. Marchais.

Déjà dans la même ville, les allées et venues des républicains les plus connus avaient éveillé les soupçons de la police. Le voyage de Cosmadeuc fut signalé à Paris par le commissaire tourangeau Isard et l'agent Lagrange organisa une surveillance qui ne pouvait tarder à obtenir des résultats importants.

Lagrange consacra plus de six mois à ses investigations.

Nous ne le suivrons pas dans ses longues recherches. Prévenu que les affiliations avaient toujours lieu en plein air, dans des endroits écartés, il eut bientôt l'occasion de constater l'exactitude de ces renseignements et assista, à distance, à des conciliabules dans les fossés des fortifications, à Ivry et à Clichy, entre des membres de la Marianne.

Il ne s'agissait, pour la Préfecture, que de s'assurer de l'existence de la nouvelle société, à Paris. Ceux qui pouvaient en faire partie étaient parfaitement connus de la police.

Surveiller ces personnes, *les filer*, remarquer dans leurs relations une activité nouvelle, les voir, même de loin, se donner des rendez-vous mystérieux, était pour les agents de suffisants indices de leur culpabilité.

On était sûr de leurs desseins, comme on était renseigné depuis longtemps sur leurs opinions; on assistait à leur groupement et l'on s'attendait enfin à trouver chez eux, à la première perquisition, tout ce qu'il faudrait pour obtenir leur condamnation.

L'action de la police devait se régler sur celle des conspirateurs, c'est-à-dire se produire simultanément dans les différents chefs-lieux de la Marianne.

Déjà, nous l'avons dit, dès le mois d'avril 1853, le commissaire de Tours, M. Isard, avait entendu parler de la Marianne.

Un dimanche de printemps, le soir, il se déguisa en ouvrier et se rendit aux environs du cabaret Jarry, à la Membrolle.

La nuit tombée, il s'approcha du jardin de Jarry, et se coucha au pied de la haie.

Ce qu'il attendait arriva.

Tandis que le cabaret retentissait de chants républicains, la *Marseillaise*, le *Chant du départ*, les *Girondins*, un homme venait au fond du jardin et s'arrêtait précisément à côté de lui.

Il était bientôt rejoint par deux autres : un néophyte et son parrain.

Le néophyte avait les yeux bandés.

Le premier initié dirigeait sur sa poitrine la pointe d'un poignard en lui disant :

— Tu jures de courir aux armes au premier signal pour rétablir la République et de quitter, s'il le faut, femme et enfants?

— Je le jure.

Isard pouvait entendre leurs paroles et assister dans tous ses détails à la courte cérémonie d'affiliation à la Marianne.

Les formalités accomplies, on remettait au nouvel initié un bon de cotisation contre la somme d'un franc.

Et le soir même, celui-ci pouvait servir de parrain à un autre républicain.

Plusieurs initiations se succédèrent.

Aucun affilié n'était inconnu du commissaire de police Isard.

En même temps une surveillance analogue était exercée à Angers.

Enfin, dans le courant d'octobre 1853, la police se décida à opérer des perquisitions.

III

Arrestations

A Paris, l'on découvrit quelques fusils, quelques provisions de poudre et de capsules de guerre, et des canons, fabriqués avec des boîtes d'essieu.

Quarante-sept personnes furent arrêtées, parmi lesquelles nous citerons : MM. Charles Delescluze, récemment arrivé de Londres, Cosmadeuc, Augustin Marchais, Benjamin Tilleul. — Le concierge Proust avait pris la fuite.

Chez Marchais, l'on avait saisi plusieurs lettres de Ledru-Rollin, de Delescluze et de Mazzini, — entre autres, la lettre citée plus haut, et la formule concernant les bons de cotisation.

A Tours, on avait arrêté soixante-six personnes, et l'on s'était contenté de pré-

François et plusieurs Angevins de la Marianne se confèrent au radeau.

venir un grand nombre d'autres, jugées moins dangereuses, que leurs opinions et leurs manœuvres étaient connues de l'autorité, et qu'elles seraient surveillées.

A Angers, vingt-et-un citoyens, prévenus des mêmes délits, étaient également mis en état d'arrestation. Ils appartenaient presque tous à la population des carriers, qui, jusqu'alors, n'avait jamais pris part à aucun mouvement politique. Les plus compromis étaient MM. Lejeune et Leboucher.

En somme : 141 arrestations.

Et l'autorité, — elle l'a déclaré, — avait hésité à faire une razzia plus nombreuse.

En définitive, beaucoup de ces engagés volontaires de la cause républicaine, ne pouvaient soutenir leur opinion par aucune idée précise et sérieuse, et n'étaient point dominés par la passion politique.

Une aspiration vague, née du souvenir et du prestige de la première république, l'entraînement de la camaraderie d'atelier et aussi, pour quelques-uns peut-être, la secrète satisfaction de se sentir membre d'une société mystérieuse et puissante, toutes ces causes réunies les avaient déterminés à faire partie de la Marianne.

Plusieurs n'avaient pas, sans un certain effroi, prêté le serment de quitter leurs femmes et leurs enfants.

Ils s'étaient aussi engagés à frapper de mort les traîtres.

Le dénonciateur devait être puni de mort par son parrain, et ce dernier, s'il hésitait à remplir ce rigoureux devoir, devait être tué lui-même par celui qui l'avait présenté.

Cette loi, digne du moyen âge, frappait de terreur les imaginations naïves, qui oubliaient pour elle le danger réel et sérieux de la police.

Enfin dans la facilité même qui était offerte aux affiliations, les fondateurs de la Marianne durent reconnaître un péril, une imprudence. Parmi les individus arrêtés, quelques-uns ne s'étaient compromis que par des menaces de vengeance personnelle.

Ils n'avaient vu dans la nouvelle société qu'un moyen de vindicte particulière.

L'ignorance fait de mauvais soldats.

Des instruments aveugles ne pouvaient que compromettre la cause qu'ils devaient servir, et une société composée d'éléments semblables, à peine bonne pour des émeutes, ne convenaient pas à l'entreprise d'une révolution.

A peine le procès des complots dits de l'Hippodrôme et de l'Opéra-comique étaient-ils terminés, c'est-à-dire dans les premiers jours de Mars 1854, les prévenus d'affiliation à la société de la Marianne comparurent presque simultanément à Paris, à Tours et à Angers.

A Paris Delescluze déclara qu'il refusait de répondre aux questions qui lui seraient adressées ne voulant pas donner la réplique à l'accusation, et se faire complice de jugement.

Les correspondances saisies chez Marchais établissaient les preuves du délit pour les principaux accusés. Les saisies d'armes et de munitions fournissaient d'autres faisceaux de preuves ; les bons de cotisation venaient encore s'ajouter à ces dernières.

Delescluze fut condamné à quatre ans de prison ; Marchais et Closmadeuc à trois ans, les autres à deux ans, dix-huit mois ou à des peines inférieures.

A Tours, le chef principal, M. Bordage fut condamné à quatre ans ; les autres à des peines inférieures.

A Angers M. Lejeune fut condamné à quatre ans, M. Leboucher à trois ans, les autres à dix-huit mois, six mois, etc.

Mais ce que l'on ignore généralement c'est que là pour les Principaux condamnés ne s'arrêtait point la pénalité, En effet, en vertu d'un décret de 1852, ils pouvaient être transportés à Lambessa ou à Cayenne sans nouveau jugement et par simple mesure administrative.

Ce décret fut appliqué aux incorrigibles, c'est-à-dire aux citoyens d'inébranlable conviction qui devaient s'appeler plus tard des irréconciliables.

Delescluze fut ainsi envoyé au bagne. Il a écrit plus tard le récit de sa transportation à Cayenne lorsqu'une amnistie lui permit de rentrer en France. En 1869, il fonda à Paris un journal politique hebdomadaire le *Réveil.* qui devint quotidien en 1870. Nommé membre de la commune en 1871, il prit part au combat livré du 21 au 28 Mai, dans les rues de Paris, et fut tué sur une barricade.

Tel fut le sort de l'un des plus intelligents fondateurs de la Marianne.

Des autres victimes, l'histoire daigne à peine nous dire quelques mots, les lutteurs obscurs sont voués à la fosse commune de l'oubli,

Ont-ils moins souffert cependant les humbles artisans, les pauvres ouvriers des ardoisières d'Angers, par scrupule, qui à la fleur de l'âge, — car ils étaient jeunes pour la plupart — ont été chargés de chaînes, traînés à Toulon en voiture cellulaire, et envoyés aux travaux forcés sous le soleil brûlant des tropiques?... La plupart ont péri de la fièvre jaune ou succombé dans des tentatives d'évasion.

L'histoire de ces douleurs, de ces luttes désespérées, appartient à ce livre. La Marianne fut longtemps tributaire de Cayenne. Nous aurons encore à raconter d'autres complots formés dans son sein et par conséquent à enregistrer les noms de nouvelles victimes. Notre histoire serait incomplète si nous ne suivions les personnages qui en sont les héros dans les sables d'Afrique, sur les pontons de Cayenne dans les forêts de palétuviers.

Auparavant encore quelques pages nécessaires à compléter notre notice historique sur la Marianne en France.

IV

Nouveaux efforts du Comité.

Cependant en se voyant frappé dans ses membres les plus chers, en voyant décimer ses comités de Paris et de la Loire, le comité central de Londres ne se découragea pas, mais résolut de donner à l'association une impulsion plus énergique.

En France, loin d'arrêter par la terreur les progrès de la société, les arrêts des tribunaux qui venaient de frapper plus d'une centaine de républicains ne firent que prêter à la Marianne un nouveau prestige.

Les comités locaux se reformèrent et le recrutement mystérieux s'opéra dans les mêmes centres de population.

Ce furent encore les départements de l'Ouest, et principalement Angers, qui fournirent le plus grand nombre d'affiliés.

La guerre d'Orient en dégarnissant les garnisons françaises semblait à Mazzini offrir une occasion propice. C'est ce qui ressort de sa lettre à Marchais. Mais cette idée de l'agitateur italien était contraire au sentiment français. Il se trompait de pays.

Nos garnisons n'étaient pas composées de troupes étrangères, comme en Italie.

L'armée sortie des entrailles de la nation n'avait pas cessé d'être sympathique à celle-ci, surtout après les victoires de l'Alma et d'Inkerman.

Susciter des troubles en pareil moment, obliger le gouvernement à rappeler des troupes pour se défendre, eut révolté le sentiment national, le patriotisme, et déshonoré la cause que l'on eût voulu servir.

S'entêtant donc de plus en plus de cette idée fausse, Mazzini et Ledru-Rolin tentèrent un nouveau mouvement.

Cette fois leur attente fut trompée.

L'instrument hésita dans la main des maîtres. Ce coup fut raté. Les ardoisiers d'Angers seuls donnèrent, et eurent la douloureuse surprise de se voir isolés.

De nouvelles arrestations furent opérées, et parmi ces dernières victimes, l'administration choisit ceux qu'elle jugea incorrigibles et les envoya à Cayenne.

Parmi ces malheureux, il en est un dont on nous a raconté l'histoire. Cette biographie d'un humble carrier, immolé à la politique, nous paraît trop émouvante pour que nous ne croyions pas devoir la reproduire ici.

François A. était un honnête et laborieux ouvrier, âgé de 25 ans environ et marié depuis un an à peine.

Il y avait chez ce travailleur, de mœurs paisibles et régulières, d'un esprit peu lettré mais intelligent et droit, l'étoffe d'un bon citoyen et d'un bon père de famille plutôt que celle d'un conspirateur.

Sa jeunesse avait traversé les grand événements de 1848 et 1852 sans s'y mêler, sans même se préoccuper de leur nature, comme un paysan subit l'orage sans chercher à en raisonner les causes.

Tout ce que la fatigue du labeur quotidien n'absorbait pas de sa pensée, il le donnait à l'espérance du bien-être domestique et à l'amour. Il était toujours sûr d'avoir du travail.

Posséder une maisonnette et un jardin, se marier, avoir des enfants auxquels il apprît à travailler et sur qui il pût se reposer pour ses vieux jours, — tel était son idéal, — cet idéal n'était pas celui d'un écervelé ou d'un ambitieux.

Mais pourquoi donc, direz-vous avec raison, était-il de la Marianne ?

C'est fort simple.

Il était de la Marianne parce que ses camarades d'atelier en étaient.

Et pourquoi ceux-ci en étaient-ils ?

Nous n'avons pas à répondre à cette question. Nous n'avons pas à expliquer comment des gens qui taillent l'ardoise, de père en fils, depuis l'aube jusqu'à l'heure de la soupe qui précède celle du sommeil sont des hommes politiques, des savants qui ont médité l'histoire de leur pays, se sont rendu compte du régime politique qui lui convient le mieux, des coups d'état à punir et des réformes à opérer.

Sans doute, les cerveaux de ces hommes de labeur ne sont pas plus pauvres que d'autres, ce sont de riches terres qui n'attendent qu'un peu de culture, mais ce sont des terrains vierges. En d'autres termes, ce sont des ignorants d'histoire et de politique.

François ne savait pas trop ce qu'on lui demandait lorsque ses camarades lui proposèrent de faire partie d'une société secrète. Il ne voulait pas paraître moins intelligent et plus poltron que les autres et il jura sur le poignard de renverser le nouveau gouvernement, et, au premier signal, de quitter femme et enfants pour prendre les armes et rétablir la république.

A cette époque d'ailleurs il n'était pas encore marié.

Quelques mois plus tard il épousa une jeune fille des environs et oublia bien vite le pacte qu'il avait fait avec ses directeurs inconnus.

Mais ceux-ci ne l'oubliaient pas.

L'ordre d'une prise d'armes partit de Londres.

Un soir, son parrain politique vint le trouver, et l'invita à sortir. Il replaça dans son petit lit le nouveau-né qu'il berçait dans ses bras et suivit son corréligionnaire.

— Que me veux-tu ?

— C'est pour demain.

— Demain ? Que doit-on faire ?

— Prendre les armes et proclamer la république. Nous en sommes tous. Nous nous réunirons au chantier, et armés de nos outils, nous marcherons sur la ville. Les sections réunies forment une petite armée. Nous nous emparons du sous-préfet, puis du général... et nous proclamons la république. Le même mouvement doit s'accomplir à la même heure dans toute la France. Partout les garnisons sont réduites, le gouvernement est sans défense ; ce soulèvement général déconcertera l'autorité par sa promptitude, nous serons les maîtres sans avoir combattu ; la révolution sera accomplie sans effusion de sang. Ce sera superbe !...

« Tu pâlis ?...

— Moi ? Allons donc.

— Ta main tremble ?...

— De saisissement, d'émotion, ou si tu le veux, d'espérance.

— N'oublie pas tes serments. Il y va de ta vie.

— Tu peux compter sur moi.

— Si tu es le parrain d'un autre, va le trouver sur-le-champ et répéte-lui ce que je viens de te dire.

On sait ce qui résulta de cette prise d'armes, nous l'avons déjà dit. Le lendemain, à la même heure, François A. était arraché à ses affections, à sa femme, son enfant, son modeste intérieur et enfermé au château d'Angers.

A peine put-il jeter un suprême adieu à ceux qu'il aimait avant qu'on le fit monter dans une voiture cellulaire, qui devait le conduire à Toulon.

On a souvent dépeint le supplice d'un long voyage fait dans une des cellules de cette terrible voiture. Etre pendant trente-six heures assis sur une banquette percée, les mains prises dans des menottes, les jambes chargées de soixante livres de fers, souffrir de la trépidation du véhicule, d'une fatigue qui vous brise les reins, de la faim et du froid, tel est le premier châtiment de l'homme condamné aux travaux forcés.

Le bagne vient ensuite.

L'homme le plus robuste et le plus énergique se sent accablé.

Que serait-ce s'il pouvait entrevoir tout ce qui lui reste à souffrir ? Il appellerait la mort à grands cris.

Comme Delescluze au fort Lamalgue, comme Arthur Ranc après le complot de l'Opéra-Comique, François A. eut pour compagnon un de ces misérables que le crime et un long séjour au bagne ont complétement dégradés. Sous peine de mourir de faim il dut puiser avec lui la nourriture rebutante qu'on leur donnait dans un baquet, partager la paille de son coucher et sa vermine. Descendu dans cet enfer, il faut surmonter tous les dégoûts, supporter le contact de toutes les infamies et étouffer en soi tout sentiment d'indignation ou de révolte.

Il le faut sous peine de mort.

Chaque jour, pour l'homme récemment condamné, garde une épreuve nouvelle.

Le bagne, bourreau fertile en inventions féroces, ingénieux à torturer le patient sans le tuer, lui prend peu à peu tout ce qui composait dans la société sa qualité d'homme et de citoyen.

Sa liberté, puis son nom auquel il substitue un numéro ; — son costume qu'il remplace de toutes pièces.

On lui taille la moitié des cheveux et de la barbe, on lui donne pour chemise un sac d'une toile d'étoupe, pour vêtements des guenilles de deux couleurs.

Réputé infâme, on l'avilit au-dessous d'un animal domestique, l'auge d'un porc semble digne de lui.

Après avoir supprimé l'esclavage et relevé à la dignité humaine le dernier noir des peuplades les plus abruties de l'Afrique, on rétablit pour lui la chaîne et on le conduit au labeur sous la bâton.

Il gémit, il faiblit, on le bat ; il tombe, on le bâtonne encore.

Nul ne le plaint et il le sait.

Il n'appartient plus à aucune société civilisée ; il fait partie d'un troupeau immonde.

L'idée du suicide bourdonne dans son cerveau, mais rarement elle se réalise ; elle naît et se fait écouter pendant les souffrances des premiers jours, et lorsque le patient est enfin certain de toucher au suprême degré de sa torture, lorsqu'il a mesuré ce qui lui reste de forces à ce qui lui reste à souffrir, il se rassure, reprend courage, se dit qu'il résistera bien à cette terrible condition dont rien désormais ne lui est inconnu. Son corps s'est habitué aux privations et aux fatigues ; son orgueil est mort ; son cœur est endurci.

Et alors se lève pour lui, comme une

petite étoile tremblante dans un ciel noir, l'espérance de l'évasion.

De ce jour il se sent fort et prêt à tout pour reconquérir sa liberté. Il vit d'une vie nouvelle. Il pense, il médite, il cherche, il invente. Tout ce qui l'entoure prend à ses yeux un intérêt nouveau.

François A. comprit ainsi pourquoi la nouvelle du départ de Toulon pour Cayenne fut accueillie chez tous ses compagnons de chaîne avec une joie à peine dissimulée ; ce n'était point parce qu'ils estimaient les travaux forcés sous le soleil des tropiques moins pénibles que sous le ciel tempéré de Toulon, mais parce qu'ils entrevoyaient la chance de s'évader.

D'une ignorance commune à bien des gens de sa condition, il ne savait rien ni de la longueur de la traversée qu'il allait faire, ni de la contrée vers laquelle on le dirigeait.

Cependant sa première pensée fut aussi celle de l'évasion.

V

La ville de Cayenne est située à l'embouchure d'une petite rivière sur un fond bas, envasé, qui en rend l'abord impossible aux navires d'un fort tonnage.

Les transports de l'État, les bâtiments de guerre se tiennent donc en rade à plusieurs lieues de la ville, dans les eaux d'un petit archipel composé de cinq îles ou îlots.

Ce qui frappe la vue à l'arrivée ce sont donc les îles du Salut. Ces roches couvertes de la luxuriante végétation des tropiques arrache aux voyageurs les plus froids, aux condamnés eux-mêmes, des cris d'admiration.

Et la première idée qu'elles provoquent est celle d'un paradis terrestre.

Les premiers condamnés politiques furent déposés dans la plus jolie de ces îles — et alors la plus verdoyante : — l'île du Diable.

François y retrouva plusieurs anciennes connaissances d'Angers.

Les condamnés pour crimes de droit commun étaient internés sur l'île Royale, plus grande que la première. — L'archipel était sous la surveillance d'un stationnaire. Enfin à l'entrée de la rade on distinguait la masse noire et morne d'un ponton, qui, pendant quelque temps resta un mystère pour les nouvaux débarqués de l'île du diable.

Sur cette dernière île, les politiques étaient libres de l'emploi de leur temps et n'avaient même aucun surveillant. On leur avait donné les arbres d'un petit bois pour se construire des maisonnettes, des outils de jardinage et des semences, et chaque vendredi un bateau se détachait de la ville pour leur apporter du pain, du lard, du rhum, — la ration du marin à bord.

Enfin en cas de maladie ou de réclamation urgente ils avaient une clochette pour appeler à eux. Ils n'étaient donc pas traités cruellement.

Certes, ils souffraient. Arrachés à leur patrie, à leur famille, à leurs intérêts, ils subissaient non-seulement les peines de l'exil, mais celles de l'internement, cependant ils trouvaient leur condition moins pénible qu'ils ne la redoutaient en quittant le bagne de Toulon.

Ils pouvaient vivre à leur guise, dans la limite étroite des resssources que leur allouait le gouvernement. Le jardinage et la pêche améliorait leur table ; et cette table ils pouvaient chacun selon leur humeur la dresser à leur fantaisie.

Cependant bien qu'ils fussent assez nombreux ils vivaient en commun.

Ajoutons enfin qu'ils jouissaient d'une parfaite liberté de conscience et qu'ayant déclaré qu'ils ne tenaient point à recevoir de prêtres, ils n'en voyaient point.

Sur l'île Royale il en était tout autrement. Les condamnés étaient astreints au travail et à la discipline du bagne... Toutefois ils étaient classés par catégories, selon la gravité de leur peine et selon leurs aptitudes. Les forçats insoumis étaient occupés aux travaux les plus durs : — l'extraction des pierres, le transport des matériaux de construction, la création, des routes.

Ainsi furent construits de la main des condamnés de vastes ateliers, des bâtiments d'habitation et même une jolie église.

Revenons à l'île du Diable.

Ses malheureux habitants payèrent bientôt tribut au fléau périodique du pays.

La plupart d'entre eux furent atteints de la fièvre jaune. Lorsqu'un déporté tombait malade, ses compagnons avaient recours à la cloche d'appel et quelques heures plus-tard le malade était reçu soit à l'hôpital de la ville soit à celui de l'île Royale, tenu par des sœurs de charité. Le mal est presque foudroyant; il est rare que des européens d'un certain âge lui échappent, la mortalité fut donc effrayante et les requins qui peuplent par millions la mer des Guyanes, eurent dans le pénitencier un pourvoyeur régulier.

Cependant les îles du Salut sont les points les moins insalubres de la colonie.

D'autres territoires plus riches, plus séduisants et aussi sains en apparence, où l'on tenta l'établissement du premier pénitencier durent être abandonnés parcequ'ils se trouvaient, par des courants, placés sous l'influence directe des miasmes paludéens du fleuve des Amazones. Ce sont surtout les miasmes qui après la saison des pluies s'élèvent des vases et des marais de ce fleuve immense qui répandent la terrible maladie. C'est un véritable empoisonnement. Pendant une partie de l'année il y a toujours dans l'air plus ou moins de germes morbides et les navires gardent leurs passagers en rade pendant deux ou trois jours afin de les acclimater.

Sauf cela le climat est supportable, et la terre [d'une fécondité prodigieuse offre à l'homme des ressources qui lui sont nécessaires sans exiger beaucoup de travail.

Afin de coloniser la Guyane et de tirer de ce pays ses immenses richesses en sucre, en épices, et surtout en bois, le gouvernement avait offert aux condamnés dont le repentir ou la conduite lui offraient des garanties, des concessions de terre gratuites et des moyens d'exploitation.

Abolir les bagnes et transformer les forçats en colons était une idée sage et la Guyane était de toutes nos colonies celle qui semblait la plus convenable à sa réalisation.

Les déportés de l'île du Diable (et c'était assez naturel) songeaient autant à profiter de ces offres de colonisation que des moyens et des occasions de reconquérir leur liberté.

Une année ne s'était pas écoulée lorsqu'ils firent leur première tentative d'évasion.

VI

Chaque mois le contre-amiral venait leur faire une courte visite.

Un jour il remarqua que les plus beaux arbres de l'île avaient disparu.

Ce fait fixa son attention.

Il voulut, pour se rendre compte, parcourir le petit bois, et au milieu d'une large clairière vit une magnifique chaloupe dont la construction était achevée et à laquelle il ne manquait que les agrès pour prendre la mer.

— C'est bien, dit-il, nous vous ferons surveiller.

Il fit couper les plus gros arbres, enlever l'embarcation et prépara des cases pour une gendarmerie.

On était au commencement de la saison des pluies; les condamnés de la Marianne résolurent de profiter du mauvais état de la mer qui rendait les communications plus difficiles entre l'île et la grande terre pour renouveler leur tentative.

Ils devaient se hâter s'ils ne voulaient être prévenus par l'arrivée des gendarmes et ne pouvaient songer à la construction d'une chaloupe. D'ailleurs le gros bois leur manquait. Ils se résignèrent à employer un radeau.

Sur ces entrefaites les flots de l'amazone roulèrent jusqu'à eux quelques grosses pièces de bois; elles furent utilisées pour la charpente et formèrent un cadre que l'on remplit de bottes de tiges de ricin fortement liées entre elles.

Un jeune arbre fournit un mât; et des chemises, — celles du pénitencier sont solides, — composèrent une voile.

Se jeter à la mer sur ces bottes de joncs, à la merci des vagues qui pouvaient les disjoindre, les disperser et qui, à coup sûr, devaient les balayer, partir sans boussole, presque sans vivres, sans prévoir où l'on serait emporté, c'était, on le conçoit, une entreprise d'une audace insensée.

Plusieurs déportés refusèrent de s'exposer à une mort presque certaine. François A** et vingt de ses compagnons dont plusieurs angevins de la Marianne se confièrent au radeau.

Un vendredi, — jour où l'on renouvelait les vivres — le soir, le vent du sud-est soufflant en tempête, ces vingt-et-un déportés mirent leur radeau à la mer, ouvrirent leur voile à la tempête et furent emportés vers l'ouest avec une rapidité fantastique.

La nuit était d'un noir d'encre.

Couchés sur des bottes de roseaux, amarrés à la charpente, ils ne pouvaient tenir ni l'écoute de la voile ni la barre de leur gouvernail. Bientôt le mât se brisait et la voile ne servait plus à couvrir que quelques uns d'entre eux contre les paquets de mer qui les inondaient.

Où couraient-ils ainsi?

Ils espéraient franchir les soixante-dix lieues environ qui les séparaient des eaux de la Guyane hollandaise.

En effet vers la fin de la nuit, ils aperçurent à leur gauche des feux et entendirent de grands cris.

C'était le poste français établi à l'embouchure du fleuve le Maroni, notre frontière naturelle.

— Par ici, mes amis! leur criait-on.

Ils étaient si près de la terre que les voix arrivaient jusqu'à eux.

Leur terreur fut extrême. Un canot pouvait être lancé à leur secours; mais le courant du fleuve luttant contre la marée qui les avait rapprochés de la terre les repoussa et les rejeta au large.

Lorsque le soleil éleva brusquement son disque enflammé à l'horizon, ils avaient franchi la frontière, et leur radeau s'échouait sur le sable à quelques lieues du Maroni.

Il y eut parmi eux un premier mouvement de joie. Brisés par la fatigue, mais sains et saufs, ils n'avaient à regretter que la perte d'une partie de leurs provisions.

Devant eux, une plage de sable gris et boueux, et au-delà une forêt qui à perte de vue prolongeait son épais rideau de verdure.

Derrière eux, la mer déserte.

Ils tirèrent leur radeau à sec, déjeunèrent sobrement et se dirigèrent vers la forêt.

Mais à mesure qu'ils s'avançaient vers celle-ci, ils s'apercevaient que le sol perdait de sa fermeté. Pour échapper à l'ardeur brûlante du soleil, s'ils voulaient pénétrer dans le bois, ils rencontraient une vase gluante et dangereuse, un sol mouvant.

Ledru-Rollin et Delescluze, deux des membres fondateurs de la Marianne.

Force leur fut de s'arrêter et d'ouvrir conseil sur ce qu'ils avaient à faire.

— Nous avons le choix entre trois directions, dit François : — Suivre la côte jusqu'à ce que nous découvrions un village de pêcheurs, quelques cases de noirs ou un poste hollandais.

« Pénétrer dans la forêt au hasard.

« Regagner notre radeau, et là, abrités par notre voile, attendre le passage d'un navire jusqu'à ce que nous ayons consommé nos provisions.

— Ce ne sera pas long, fit un autre. Mieux vaudrait tâcher de reprendre la mer.

— Mais le vent est tombé, dit un troisième, la mer est unie comme un miroir; nous flotterons comme un liége, sans avancer, tournant sur nous-mêmes.

Malgré cette triste éventualité, ils se décidèrent cependant à regagner leur radeau. Mais là, une pénible surprise les attendait :

Le radeau avait été mis en pièces. La voile, les cordages avaient été enlevés, et le sable piétiné alentour leur prouvait que les voleurs n'étaient pas loin.

En effet, avant qu'ils fussent revenus de leur douloureuse surprise, des hurlements lugubres leur annoncèrent une bande de sauvages.

Bientôt la plage fut envahie par une foule de noirs, armés de lances et de massues, qui probablement avaient épié les étrangers et avaient remarqué qu'ils étaient sans armes.

Les évadés n'avaient pour se défendre qu'une hache et des bâtons. Ils étaient inférieurs en nombre.

— Laissons-les arriver, dit le charpentier, vous ferez attention qu'ils ne m'enveloppent pas, et je me charge de fendre en deux le premier qui tentera de pénétrer dans nos rangs.

Leur attitude en imposa à ces misérables.

L'un d'eux s'avança en parlementaire.

Il débita un discours dans un langage de sa composition, qu'un polyglotte seul eût pu traduire, et qui était formé de mots français, anglais, hollandais et espagnols.

Mais ses gestes étaient significatifs et nos compatriotes comprirent que ces gens leur demandaient leurs vêtements et de l'eau-de-vie.

Cette découverte souleva une explosion de colère :

— Non ! No ! Nicht ! Nein ! leur répondit-on en trois langues ; en accompagnant ces refus de gestes furibonds.

Convaincus, mais non découragés, les sauvages, avec la prudence qui les distingue, se retirèrent, mais s'établirent en demi-cercle à quelque distance des étrangers, décidés apparemment à les garder à vue.

La tactique n'était pas mauvaise ; la marée montait et bientôt nos malheureux fugitifs furent obligés de se retirer devant le flot et de se rapprocher peu à peu de l'ennemi.

Ajoutons que les sauvages avaient l'ombre des palétuviers, tandis qu'ils étaient à demi rôtis sur le sable.

— Poussons notre cri de guerre, dit le charpentier, et en avant, enlevons-les à la baïonnette.

— Allons ! firent les porteurs de bâtons en brandissant leurs armes.

Le charpentier leva sa hache et entonna :

> Aux armes ! citoyens.
> Formez vos bataillons !

Tous reprirent en chœur le refrain sacré et l'on marcha à l'ennemi.

Au même instant celui-ci fut debout et le combat allait s'engager, quand de nouveaux cris se firent entendre et jetèrent chez les nègres une minute d'hésitation.

Une bande rivale faisait son apparition sur le champ de bataille.

Elle était plus nombreuse que la première et paraissait moins misérable.

— Qui êtes-vous ? leur cria l'un des noûveaux venus.

— Nous sommes dés français.

— D'où venez-vous ?

— Des îles de Cayenne.

Ces mots lâchés, ils s'entre-regardèrent frémissants de crainte, car ils savaient qu'en Guyane, comme en Afrique, le gouvernement français offrait une prime aux indigènes qui arrêtaient des évadés.

— Amis ! s'écria le chef de la bande en leur tendant la main.

Des poignées de main s'échangèrent aussitôt.

— Vous êtes des condamnés évadés du pénitencier ?

— Oui.

— Moi aussi, dit le nègre. Où voulez-vous aller? A Paramaïbo, sans doute?

— Oui, c'est la ville la plus prochaine.

— Vous en êtes encore loin; mais peut-être parviendrez-vous jusqu'à une plantation hollandaise qui n'est qu'à une journée de marche d'ici. Là, vous trouverez du secours. Le planteur est généreux, et vous donnera les moyens de gagner la ville ou les bords du Sinamary.

— Mais quelle direction prendre?

— La forêt : je vous servirai de guide pour vous mettre sur votre chemin, puis nous nous quitterons.

— Merci. Nous te donnerons en récompense tout ce que nous pourrons.

— Tu me donneras ta hache, dit le nègre.

On ne pouvait rien refuser à un allié aussi précieux.

Guidés par lui, les évadés se mirent en marche.

Les carriers de la Marianne, habitués à la fatigue, suivaient facilement les nègres habitués à fouler un sol couvert de plantes épineuses, de racines ou de cailloux, à se frayer passage à travers les fourrés, à franchir les mille obstacles d'un terrain vierge; mais il n'en était pas de même de tous les autres voyageurs.

Quelques-uns, avant la moitié du jour, étaient épuisés.

Ils haletaient, et leurs pieds meurtris buttaient à tout obstacle.

La soif les dévoraient et ils ne devaient boire qu'à une petite rivière dont le cours les conduirait jusqu'à la plantation promise. La chaleur devenue intolérable même pour les noirs, les obligea à faire halte.

— Où sommes-nous? demanda au nègre celui d'entre les évadés qui jouissait de la plus grande influence, l'homme à la hache.

— Vous approchez du territoire de Sinamary et vous n'êtes pas loin de la vallée de Conanama.

Sinamary! Conanama!...

— N'avez-vous jamais entendu parler par les anciens de votre tribu de condamnés français transportés dans cette contrée?

— Si, répondit le noir; un peu plus loin vers l'orient, il y avait un poste avec une petite garnison chargée de surveiller les prisonniers. Les noirs d'Anebon leur portaient des vivres. Quelques-uns allaient à la chasse. Mais beaucoup sont morts tués par le climat et l'air du pays qui est mortel aux blancs. Nous allons nous reposer dans des huttes bâties par eux et qui depuis longtemps sont inhabitables.

La proposition fut acceptée avec empressement.

Bientôt dans une clairière, à l'ombre d'arbres de proportions gigantesques, ils aperçurent une sorte de *Carbet*, composé d'une douzaine de cases dont les parois et les toits pourris étaient envahis par la végétation.

C'était le dernier campement des condamnés de Fructidor an V.

Mais pour y pénétrer, il fallut presque livrer combat. Ces réduits étaient envahis par des reptiles et d'énormes chauves-souris.

Après avoir expulsé ces voisins incommodes, quelques Français visitèrent les cases dans l'espoir d'y découvrir quelques reliques, un objet abandonné ou une inscription, mais cette espérance fut déçue.

On sait qu'à deux époques de la première république, des convois de condamnés politiques avaient été jetés là : — Après le 1ᵉʳ avril (12 germinal) 1795, les membres des anciens comités, Barrère, Billaud-Varennes, Collot-d'Herbois, Vadier, furent jugés par la Convention et condamnés à la déportation, — nouveau supplice que l'un de ses inventeurs Tronçon Ducoudray, appelait *la guillotine sèche*.

Deux ans plus tard le 4 septembre 1797,

ou 18 fructidor an V, le Directoire envoyait une vingtaine d'hommes politiques dont plusieurs avaient pris part aux premières proscriptions. C'étaient Tronçon Ducoudray, Pichegru, Ramel, Rovère, Bourdon, Aubry, Murinais, Laffon Ladebat, etc. qui furent transportés à Rochefort dans des cages de fer.

Une de ces cases où les fugitifs de la Marianne venaient de faire halte avait peut-être été le théâtre de ce petit drame trop curieux pour ne pas être rappelé ici.

A son arrivée à Sinamary, Bourbon de l'Oise à la recherche d'un logement, entra dans une de ces cabanes, qu'il croyait sans doute inhabitée.

Mais il en sortit aussitôt frappé d'épouvante devant un homme au teint pâle, qui, le regard indigné, s'était dressé comme un spectre...

Cet homme était Billaud-Varennes, à la proscription duquel il avait si puissamment concouru. — A ton tour donc, misérable! lui cria son ancien complice d'une voix où vibrait toute sa haine. Regarde-moi bien! Vois ce fangeux taudis! Voilà le sort que tu m'as fait... Eh bien! il n'est pas aussi désespéré que je le croyais, car le hasard m'y ménageait une consolation à laquelle je ne m'attendais guère. Et c'est toi qui me l'apportes, ajouta-t-il avec un affreux sourire, en venant partager mon sort.

Bourdon, homme de sang comme Billaud, se retira sans mot dire, l'esprit et les traits bouleversés.

On eut dit qu'il avait vu apparaître non l'odieux terroriste de septembre, mais son spectre. De ce moment datent les atteintes de la maladie qui devait bientôt l'emporter.

Près de ces cases furent enterrés après Bourdon, Berthelot, les généraux Villet et Murinais et Tronçon Ducoudray.

On n'avait évidemment point songé à transformer ces hommes en colons et dans la pensée des législateurs de thermidor la transportation à la Guyane équivalait à la peine de mort. Et cependant le gouverneur, qui était initié à la pensée secrète du Directoire, trouvait encore trop salubre le lieu de déportation.

La mort n'y fauchait pas assez vite à son gré. Il avait fait explorer les environs, afin de découvrir une vallée plus profonde où la fièvre en dévorant les dernières victimes, rendît inutile toute surveillance et fît de sa place une véritable sinécure.

Ses hommes découvrirent Conanama... gouffre putride où trois tentatives de colonisation étaient déjà venues s'engloutir.

Avertis de cette intention, les déportés résolurent alors de braver tout pour s'évader.

« Quels que soient les dangers et les privations qui nous attendent, déclarait Pichegru, dussions-nous courir à la mort, qu'importe! Mieux vaut être dévorés par les requins que de périr lentement ici. Pour moi, rien ne me fera changer de résolution, je fuirai plutôt à la nage. »

Un heureux hasard les arracha à cette situation désespérée. Un brick américain arrêté par un croiseur français fut conduit dans le Sinamary. Le capitaine de ce brick donna pour pilote aux déportés son maître d'équipage et dans une simple pirogue, moins sûre peut-être que le radeau de l'Ile du Diable, les évadés s'élancèrent au large.

A travers mille dangers, ils parvinrent ainsi à Monte-Crick.

Ces souvenirs historiques n'étaient pas étrangers à tous les évadés des îles du Salut, et les noms seuls de Sinamary et de Conanara suffisaient à les leur rappeler.

Ils leur présageaient aussi de nouveaux périls.

Affaiblis par les privations, souffrants déjà de la faim, ils avaient à redouter les funestes influences de cette vallée empestée. Aussi dès que la plus grande chaleur du jour fut tombée, ils reprirent leur marche vers le cours d'eau dont on leur avait parlé.

Arrivés au bord de la rivière ils se séparèrent de leurs guides, dont le service n'était pas trop payé par le don d'une hache et de quelques menus objets.

Avant de les quitter, ces derniers leur avaient affirmé qu'ils n'avaient plus que trois ou quatre heures de marche avant de parvenir à la plantation.

Ils croyaient donc toucher au but de leur voyage.

VII

Mais les bords d'un cours d'eau, dans ces terres basses, sont presque toujours impraticables à un européen ; une expérience spéciale permet seule de les suivre. Il faut juger la nature du sol d'un œil expert avant d'y poser le pied ; il faut savoir se garder à travers les méandres d'une végétation exhubérante, se frayer un passage entre les branches enchevêtrées des mangliers.

Plus d'une fois, ils regrettèrent d'avoir perdu la hache qui leur eût évité de longs détours.

Leur marche se ralentit ; la nuit tomba.

Se traînant dans une obscurité presque complète, oppressés de terreur comme dans un cauchemar, ils se croyaient perdus et destinés à devenir la proie des serpents ou des tigres.

François A... laissa dans la vase nonseulement ses bottes, mais la peau d'une de ses jambes. D'autres se blessèrent contre les arbres. Enfin lorsque la forêt s'éclaircit, et qu'ils purent se voir et se

compter, ils s'aperçurent que l'un d'eux avait disparu : c'était un italien qui avait été englouti par les vases. Ils l'appelèrent et l'attendirent en vain.

Lorsque le lendemain on envoya à sa recherche on ne trouva plus que son squelette.

Avant la fin de la nuit ils étaient parvenus au confluent du cours d'eau dont ils avaient suivi les bords avec le Sinamary.

Près de ce fleuve, mais sur la rive opposée s'élevaient les bâtiments d'une importante plantation.

Ils appelèrent et aussitôt des chiens par leurs aboiements donnèrent l'éveil et attirèrent l'attention de leur coté.

Enfin une barque vint à leur rencontre.

— Nous sommes sauvés ! se dirent-ils.

En effet pendant quelque temps ils purent le croire.

Les maîtres de la plantation leur offrirent l'hospitalité la plus généreuse.

Déchirés, harassés, couverts de boue, en un mot dans un état affreux, ils furent l'objet des soins les plus empressés. On leur donna du linge et des vêtements. On leur prodigua tout ce qui pouvait les réconforter, même du vin de Bordeaux, mais enfin au bout de quatre ou cinq jours, ils durent se séparer de leurs hôtes, quitter ce paradis et continuer leur voyage.

Des barques furent mises à leur disposition et ils descendirent le fleuve jusqu'à Paramaïbo.

Là, de nouvelles épreuves les attendaient.

— Qui êtes-vous ? leur demanda l'autorité hollandaise.

— Nous sommes des condamnés politiques français.

— D'où venez-vous ?

— Du pénitencier de Cayenne.

— Rien ne nous prouve que vous n'êtes pas des condamnés pour crimes de droit commun, et dans l'incertitude où nous sommes, nous allons vous garder en prison en attendant des renseignements de Cayenne.

« Si vous êtes des condamnés politiques, nous vous rendrons la liberté. »

Il n'y avait rien à objecter à ce raisonnement; nos évadés se résignèrent donc à attendre que le bateau-poste eût été chercher des informations, et firent huit jours de prison préventive.

Cette courte quarantaine leur parut assez longue, alors qu'ils se croyaient libres.

Lorsqu'on leur tira les verrous, ils tinrent conseil sur ce qui leur restait à faire.

Les habitants de Paramaïbo ne leur marquaient aucune sympathie, et la ville ne leur offrait aucune ressource.

Deux ou trois d'entre eux se décidèrent cependant à y attendre un sort meilleur et à y chercher du travail; les autres, dégoûtés du pays par le froid accueil qui leur avait été fait, résolurent de quitter la Hollande pour l'Angleterre et de passer à Surinam.

Depuis l'île du Diable, leur situation matérielle ne s'était pas beaucoup améliorée, et même, après avoir touché le sol étranger, leur évasion n'était pas complète.

Ramasser le pécule nécessaire au voyage de la Guyane Hollandaise à la Guyane Anglaise, ne fut pas une petite affaire.

Ceux qui avaient un métier pouvaient s'en tirer, mais les ardoisiers?...

François et ses amis offrirent leurs bras sur le port et firent concurrence aux nègres qui seuls, sous cette latitude, peuvent braver le soleil et travailler à charger et décharger les navires.

Un capitaine anglais leur offrit enfin de les transporter.

Mais, débarqués à Surinam, étaient-ils libres, ou pour mieux dire, hors de peine? Non, pas encore.

Obligés de passer au gouvernement, ils y furent accueillis avec une froideur marquée.

On était alors dans toute la ferveur de l'alliance Anglo-Française.

Un représentant de sa gracieuse majesté ne pouvait bien accueillir des ennemis déclarés de sa majesté l'empereur. Cependant on ne les emprisonna point; on se contenta de les abandonner à leur misère.

Où aller? Car il fallait quitter cette ville.

Au Mexique, aux États-Unis, disaient les uns; en Angleterre, disaient les autres.

François était de l'avis de ces derniers.

Il voulait se rapprocher de sa femme et de son enfant. C'était l'amour de ces êtres si chers qui lui avait inspiré l'idée de s'évader et soutenait son courage.

Depuis près de deux ans, il était sans nouvelles de sa jeune famille. A son arrivée à Paramaïbo, il s'était empressé d'écrire à sa femme, mais il doutait que sa lettre pût lui parvenir : — Il avait entendu parler du cabinet noir.

Il craignait enfin que son évasion ne lui attirât quelques vexations de la part des autorités locales, toujours trop zélées.

Ces craintes étaient chimériques, mais ne lui laissaient néanmoins aucun repos.

En Angleterre, se disait-il, je trouverai des amis, du travail et je pourrai faire venir ma femme près de moi.

Aussi le jour où un capitaine de commerce anglais consentit à le prendre à son bord comme matelot, ce jour-là, il crut toucher à la fin de ses maux.

Il partit pour Liverpool.

L'apprentissage de marin est rude, et quinze cents lieues de traversée sur un voilier sont longues, mais il était robuste et avait connu de plus pénibles épreuves.

VIII

Cependant plus d'une déception lui était encore réservée.

Qui n'aurait cru, par exemple, à Paris, à Angers ou même à l'île du Diable, que dans la capitale de la proscription, à Londres, être un condamné de la Marianne, un évadé de Cayenne ne constituait pas un titre aux plus fraternelles sympathies?...

Il n'en était pourtant pas ainsi.

Cela est triste à dire, mais la vérité historique est une boisson d'une amertume salubre et fortifiante dont il ne faut pas détourner les lèvres.

Cette proscription qui combattait avec une incontestable vaillance pour deux des principes inscrits sur son drapeau, pratiquait assez mal les devoirs de la fraternité.

Les plus riches d'entre les proscrits n'étaient pas les plus généreux.

François A. fut heureux de rencontrer les plus pauvres; sans eux, il serait mort de faim. Ces derniers lui procurèrent le crédit d'un petit hôtel où ils vivaient eux-mêmes pour la plupart, et par eux enfin, il parvint à trouver du travail.

Il fut occupé dans une fabrique de glaces.

Il avait reçu des nouvelles de sa femme et de son enfant, il se trouvait presque heureux, mais son salaire n'était pas assez élevé pour lui permettre de faire venir près de lui sa famille.

Il conçut le projet de se rapprocher de la France et d'aller en Belgique.

Par la langue et les mœurs, la Belgique, pour un français est presque la patrie.

Un grand nombre de proscrits français s'y étaient établis; quelques-uns s'y sont fixés définitivement.

L'ardoisier d'Angers se disait : Peut-être pourrai-je trouver du travail dans les carrières de la province de Namur ou les charbonnages; je vivrai là paisiblement.

Mais on lui fit observer que le gouvernement belge n'accordait pas à tous les proscrits indistinctement les bénéfices de l'hospitalité. Bruxelles comptait parmi ses hôtes, des condamnés de la Jeune Montagne, et du complot de l'Opéra-Comique; un condamné de la Marianne ne pouvait porter ombrage au ministre de Justice et Police, mais un évadé de Cayenne?

L'évasion avait fait du bruit et était encore récente. Ce nom de Cayenne avait un retentissement désagréable aux oreilles du gouvernement impérial, et celui-ci avait à Bruxelles un représentant d'un crédit incontesté.

On conseilla donc à l'évadé de prendre un passeport et un ami lui donna le passeport d'un ouvrier flamand.

Beau moyen pour voyager incognito!... Comment avec l'accent des bords de la Loire se ferait-il passer pour un citoyen des bords de l'Escaut?

Il n'y réfléchit pas.

On croit volontiers ce que l'on désire et il crut que s'il se cachait mal sous le faux nom flamand, qu'il savait à peine prononcer, la police belge fermerait les yeux.

D'exil en exil, il arriva donc à Bruxelles où il entra avec la recommandation de son patron de Londres dans une fabrique de glaces, en attendant mieux.

Il demeura caché dans un faubourg pendant plusieurs mois, travaillant sans relâche et mettant de côté une partie de son salaire qu'il envoyait à sa femme.

L'apparente sécurité dont il jouissait l'enhardit à se départir du silence et de l'isolement que lui conseillaient la prudence. La police belge se montre peu, il n'y croyait pas et il ne se doutait pas qu'il fût menacé d'autre part. Enfin il oubliait le nom flamand sous lequel il était domicilié.

Un jour on publia dans un journal républicain de Bruxelles le récit de l'évasion de l'île du Diable. Le consul de France se plaignit et le ministre de la police intima aux rédacteurs du journal de cesser leur publication sous peine d'être expulsé.

En même temps la police rechercha le malheureux qui avait eu l'imprudence de raconter comment les vaincus de décembre étaient traités par les vainqueurs et comment il n'était pas impossible de s'évader du trop célèbre pénitencier de la Guyane.

François ne tarda point à être découvert et l'on ne se contenta point, ainsi qu'on l'avait fait pour d'autres réfugiés obscurs de le prier de désigner la frontière par laquelle il voudrait bien sortir du royaume, mais on l'arrêta comme porteur de faux passeport.

Après la prison de la colonie hollandaise la prison des Petits-Carmes de Bruxelles... telle était sa destinée. Le journaliste fut expulsé et l'évadé de Cayenne fut condamné à six mois de prison.

Était-ce tout enfin? Et ces six mois expirés, François A. devait-il toucher au terme de ses peines?

Six mois plus tard il quittait la Belgique et rentrait à Londres, où il retrouvait un gagne-pain et la sécurité; mais il ne pouvait vivre loin de sa femme et de son enfant. Cette séparation le tuait. Il dut donc attendre longtemps encore le bénéfice d'une amnistie.

Telle est l'histoire d'un obscur affilié de la société de la Marianne. Entré dans une de ces associations mystérieuses, vous êtes pris comme par un engrenage et ne pouvez prévoir où s'arrêteront les conséquences de votre affiliation.

Bien peu de condamnés d'Angers ont survécu à la transportation. La plupart des chefs sont morts. Delescluze rentré en France en 1869, après avoir dirigé pendant deux ans le journal le *Réveil* fit partie de la Commune de 1871 et trouva sur les barricades une fin tragique.

Mazzini, à la fin de sa vie, vit s'accomplir par le comte de Cavour, Napoléon III et Garibaldi l'affranchissement de l'Italie, et l'unité politique de la péninsule. Ce n'était point la réalisation complète de son idéal. La République lui manquait et l'Italie n'avait pas encore Rome pour capitale...

Cependant il pouvait considérer sa mission comme terminée.

Destinée étrange...

Parmi les carbonari, Mazzini s'était rencontré avec un français et un Suisse, dont l'un devait un jour être l'empereur Napoléon et l'autre, M. James Fazi, devait être le premier magistrat du canton de Genève.

L'agitation patriotique dont il était l'âme fut féconde et seconda puissamment la politique de M. de Cavour, mais la moisson ne fut point la récompense du semeur.

Après la guerre d'Italie, Mazzini se désintéressa de la Marianne. Le Comité démocratique européen fut dissous et Ledru-Rollin lui-même découragé d'une lutte qui déjà comptait tant de victimes, se retira de la politique d'action.

Personne ne reprit leur œuvre. La Marianne demeura ainsi décapitée.

Il ne resta plus de la célèbre société que le nom populaire que l'on donna dans plusieurs provinces à de petites images de la République coiffée du bonnet Phrygien.

On entendit toujours parler d'elle, on crut longtemps encore à son existence, mais ses comités s'étaient dissous et pendant une période de dix ans il ne se créa point en France d'autre société secrète.

Mais dix ans plus tard elle devait revivre dans une autre association plus puissante; nous avons nommé l'Internationale. Il

Je suis Pierre Marin, le premier mari de madame.

n'est pas douteux que cette dernière n'ait affilié un grand nombre de membres de la Marianne qui d'ailleurs lui servit de type.

Les principes des deux sociétés sont les mêmes et toutes deux cherchent à réaliser dans une sorte de franc-maçonnerie démocratique l'union de tous les révolutionnaires du monde, sans distinction des nationalités.

UN DRAME MYSTÉRIEUX

I

Restée veuve en 1860, Mme Albine Marin avait, deux ans plus tard, épousé M. Duplessis.

Elle était jeune encore et dans une situation de fortune assez précaire, il est vrai ; cependant, en contractant cette seconde union, elle n'avait pas seulement consulté sa raison, et son cœur avait parlé avant qu'elle accordât sa main.

Son mari l'adorait, ce qui paraissait fort naturel à tous ceux qui connaissaient cette charmante femme. Albine était une brune de vingt-cinq ans, faite à ravir et d'une physionomie expressive et passionnée. La conformité de leurs idées, celle de leurs goûts pour la vie intime, pour les plaisirs partagés avec l'égoïsme et la joie furtive des amants, le soin jaloux avec lequel ils se dérobaient au monde, tout semblait assurer la durée de leur bonheur.

Les deux époux habitaient Neuilly. M. Michel Duplessis avait à Paris, rue du Sentier, une importante maison de commerce et avait son habitation à Neuilly. Chaque matin, à dix heures, il se rendait à ses bureaux, et rentrait chez lui vers six heures, à moins que sa femme ne vînt le trouver pour aller au théâtre.

Dans la journée, lorsque le soleil l'y invitait, Albine conduisait son enfant, — un garçon de quatre ans, né de son premier mariage, — soit aux Champs-Elysées, soit au jardin d'acclimatation. Les dimanches étaient tout au plaisir et presque toujours consacrés à une promenade dans les champs et les bois de ces beaux coteaux dont la Seine est bordée.

Il y avait un an que durait cette existence si heureuse et si simple.

On était en octobre 1863, lorsque le caractère et même la santé d'Albine s'altérèrent subitement, sans aucune cause apparente. Elle perdait le sommeil et l'appétit et le soir faisait de trop visibles efforts pour paraître insoucieuse ou enjouée.

Une inquiétude, une tristesse incompréhensibles la dévoraient et la tendresse de son mari, comme les prescriptions du médecin, demeuraient impuissantes.

— Que désires-tu ? lui demandait Michel, ou plutôt que regrettes-tu ?

— Rien, mon ami, répondait-elle avec un sourire contraint.

— Au moindre bruit, tu tressailles. Nous n'attendons personne et si, par hasard, une voiture s'arrête devant la porte, je te vois émue, inquiète.

— Oui, répondait-elle rêveuse, c'est chez moi comme un pressentiment d'une visite inattendue et d'un malheur.

— Tu as la fièvre, disait Michel en lui prenant les mains. Sais-tu que tu es encore plus belle avec tes joues pâlies et tes grands yeux noirs pleins d'une flamme étrange. Mais tu souffres et cela me fait mal.

Puis il ajoutait :

— Je crains que la vie isolée que nous menons ne te soit contraire. Quel malheur que je sois tenu à la chaîne par mon commerce, nous pourrions faire quelque voyage, aller aux eaux. Dès que tu iras mieux, nous modifierons notre existence, nous irons en soirée, au bal, dans le monde.

— Au bal ! moi ! se récriait Albine. Oh ! non, jamais plus.

— N'es-tu pas jeune ? N'es-tu pas belle ?

— Et toi, si je suis belle ne serais-tu pas jaloux ? répliquait la jeune femme avec un sourire.

— Jaloux ? Non. Mais je suis inquiet du mal mystérieux qui te prend le repos de tes nuits, qui t'arrache, dans mes bras, des soupirs et des larmes ; qui est là, invisible et debout derrière ta chaise comme un mauvais génie.

— Oh ! que dis-tu là ! Quelle folie.

— On dirait parfois, ici, au coin du feu, que tu rêves toute éveillée. Tes lèvres frémissent sans parole ; tes yeux semblent chercher un fantôme. A quoi, à qui rêves-tu ?...

Il s'interrompait.

— Mais je te fais de la peine, ajoutait-il.

En effet, à ces dernières paroles, Albine avait paru éprouver une impression douloureuse.

Quelquefois, elle interrompait la conversation, et par un élan spontané se jetait à son cou et le couvrait de caresses et de larmes en lui disant :

— Crois-tu bien que je t'aime, mon pauvre Michel. Oh! oui, va, je t'aime ; tu es si bon ; tu es mon unique et véritable ami.

Quelquefois, c'était son enfant qui était l'objet de ses mouvements de joie ou de tristesse passionnées. Tantôt elle le repoussait sans motif, avec une humeur chagrine, et tantôt le dévorait de baisers en murmurant :

— Pauvre enfant ! Comme il lui ressemble !...

Elle n'avait donc pas sacrifié à Duplessis le souvenir de son premier mari. Malgré son amour pour Michel, quelque regret palpitait donc encore et souffrait agonisant en elle, comme une colombe mal étouffée ?...

Était-ce le fantôme de Pierre Marin qui en ces jours de crise surgissait entre elle et Duplessis ?

La vie morale de la femme, c'est l'amour. Il y avait certainement de l'amour dans les souffrances morales d'Albine.

Cinq ans s'étaient écoulés cependant depuis qu'elle avait vu Pierre Marin pour la dernière fois ; trois ans depuis qu'elle avait pleuré sa mort et en se remariant, elle avait loyalement et délicatement renoncé à tout ce qui pouvait lui rappeler son bonheur du premier lit.

Quelques amis du mort, et surtout son frère, le docteur Albert Marin, avaient mal apprécié le sentiment de loyauté qui dictait sa conduite et l'avaient taxé d'ingratitude.

Albert, — tout en restant le médecin de la maison, — était avare de ses visites d'amitié. Il était peut-être le seul homme au monde qui détestât Michel Duplessis.

Ce dernier, cependant, s'ingéniait en vain à combattre le mal inconcevable qui changeait en un enfer d'inquiétude la paix souriante de son intérieur. Il s'était fait une si douce habitude de se reposer chaque soir, au coin du feu, d'une journée laborieuse et du vain bruit de Paris.

C'était dans ces causeries intimes, dans ce tête-à-tête de chaque soir avec une femme intelligente, affectueuse et belle qu'il s'était pour ainsi dire révélé à lui-même. Il avait trouvé dans sa femme un ami et un conseiller sagace. En l'initiant à ses affaires, il s'était éclairé lui-même sur le fort et le faible de ses opérations et avait donné à son commerce une associée anonyme dont la pensée l'accompagnait à Paris.

Ce bonheur lui paraissait trop simple pour ne pas être inaltérable. Aussi dans le calme profond de sa sécurité, la première piqûre du doute lui causa une vive souffrance.

Avec le pressentiment d'un malheur, il se demandait : « De quoi suis-je menacé ? Albine m'aime. Je ne suis pas atteint dans mes affections. Elle souffre ?... C'est un de ces malaises passagers et inexplicables particuliers aux femmes nerveuses. La femme, à dit Michelet, est une malade. Je m'alarme outre-mesure. »

On était, avons-nous dit, à la fin de l'année ; à cette époque le commerce parisien prend une recrudescence d'activité ; Michel Duplessis était souvent retenu à Paris plus tard que d'habitude, le samedi surtout. Ce jour-là il ne rentrait pas à Neuilly avant neuf heures du soir. Autrefois sa femme venait au devant de lui et ils soupaient ensemble à Paris, mais depuis quelque temps l'état de sa santé ne le lui permettait plus. Il la priait donc de ne point l'attendre et mangeait seul au restaurant.

La veille du dernier samedi d'octobre, comme il se disposait à rentrer au logis, un inconnu l'aborda :

— Vous êtes M. Michel Duplessis ? lui demanda-t-il.

— Oui.

— Voici une lettre pressée pour vous.

— Il y a-t-il une réponse verbale ?

— Non, monsieur.

Et l'inconnu s'éloigna rapidement.

Duplessis mit la lettre dans sa poche et monta en voiture.

En route, cette lettre le préoccupa et après avoir cherché de qui il attendait une réponse pressée, il prit la lettre, l'ouvrit et alluma une allumette-bougie afin de lire la signature.

Elle ne portait aucune marque de commerce et était signée : — *Un ami inconnu.*

C'était une lettre anonyme.

Son premier mouvement fut de l'approcher de l'allumette et de la brûler.

Tout honnête homme frémit de répugnance au contact de cette arme de lâche et de délateur, comme à celui d'un mouchard ou d'un assassin.

Mais la bougie s'éteignit en entamant à peine l'odieux papier.

Il froissa la lettre et la remit dans sa poche.

De retour chez lui, il trouva sa femme plus pâle et plus énervée encore que les jours passés. La soirée était avancée il ne la prolongea pas et se coucha de bonne heure.

Il ne voulut point lire la lettre honteuse et cependant il y pensa toute la nuit.

Il lui semblait qu'il couchait dans une chambre ou s'était introduit un serpent. « Il faut en finir, se disait-il, pendant ses heures d'insomnie. Il faut me relever et la lire ou la brûler. »

Le courage lui manqua.

Enfin, le lendemain, en allant à Paris, il reprit la lettre anonyme et la lut.

Voici ce qu'elle contenait :

« Monsieur Michel Duplessis,

« Vous croyez votre femme fidèle. Chaque samedi, à sept heures du soir, elle prend une voiture qui la conduit chez son amant à Levallois, rue des Arts n°,.

« Le cocher stationne à l'angle de votre maison et de la petite rue de..... Ce cocher est bien connu de vous. A bon entendeur, salut. »

« *Un ami inconnu.* »

Il déchira la lettre, écrasa la vipère, mais il était mordu et le venin coulait déjà dans ses veines.

Albine infidèle !... C'était absurde, insensé. C'était le renversement de toutes ses croyances, une insulte à la vertu et au bon sens. Cependant le poison agissait.

« Après tout, se dit-il, il est possible encore qu'Albine sans m'être infidèle, me cache quelque chose. Et c'est peut-être le poids de ce secret qui la tourmente. En pénétrant ce mystère, je l'en débarrasserais et lui rendrais service. Je veux ce soir l'interroger. »

A mesure que le temps s'écoulait, ses préoccupations devenaient plus vives. Le soir venu, il était en proie à une véritable anxiété.

« Je rentrerai avant sept heures, se dit-il, je verrai bien. »

II

LE MYSTÈRE.

Malgré lui, tout ce qu'il avait lu ou entendu dire de la perfidie des femmes obsédait sa pensée ; et se rappelant tous les incidents qui avaient marqué le changement étrange survenu chez sa femme, il se laissait gagner par cette idée qu'il y avait quelqu'un entre elle et lui.

Ce ne pouvait être un amant. Cette supposition lui semblait la dernière à laquelle il pût s'arrêter. Comment et pourquoi un amant ? Il ne le concevait pas.

Faisant un retour sur lui-même, il se disait avec raison d'ailleurs, qu'il n'était ni vieux, ni laid ; que rien de lui ne pouvait provoquer l'antipathie ou le dégoût.

Il allait au-devant des moindres désirs de sa femme et cent fois, presque sans y songer, avait provoqué de sa part les élans d'une passion à laquelle se mêlait l'expression de la reconnaissance.

Albine était pauvre, il l'avait faite riche. Il s'était fait aimer de son enfant qu'il aimait, comme son fils.

Enfin leurs relations étaient très bornées et parmi les personnes qu'ils voyaient, il n'en connaissait aucune capable de séduire sa femme.

Si Albine sortait en cachette, le soir, ce ne pouvait être pour un rendez-vous d'amour ; mais alors qui allait-elle voir ?

« Une famille malheureuse qu'elle secourait ? Mais un tel secret ne trouble pas le repos du cœur. »

Il chercha encore dans le passé.

Pierre Marin, le premier mari d'Albine, s'était jeté autrefois dans une conspiration politique ; il y avait péri ; était-ce chez quelque coréligionnaire de ce malheureux que se rendait sa femme. Albine n'était-elle pas la victime de quelque machination, n'était-elle pas en butte, par exemple, aux obsessions d'un misérable, dépositaire d'un secret de Pierre Marin, et qui se servait de ce secret pour la faire *chanter* ?

Michel Duplessis, en bon négociant, s'était toujours tenu en dehors des manœuvres et des mystères des partis politiques, et il éprouvait à l'égard de ces derniers un peu de mépris et beaucoup de méfiance. Il crut que cette dernière supposition était celle qui se rapprochait le plus de la vérité.

« Pauvre chère femme, pensa-t-il, s'il en est ainsi, je la sauverai. »

En prévision d'une lutte avec des coquins, il acheta un revolver.

A six heures il était à Neuilly se promenant de long en large, impuissant à calmer l'inquiétude qui le dévorait.

A sept heures, il vit une voiture s'arrêter à l'entrée de la petite rue qui lui avait été indiquée.

Il reconnut le cocher.

Il s'approcha aussitôt de lui.

— C'est vous, Lemaire ? lui dit-il à voix basse.

— Oui, M. Duplessis.

— Vous êtes retenu ?

— Oui, monsieur.

— J'ai besoin de votre voiture, pour une heure ou deux.

— Je le regrette, monsieur, mais ce n'est pas possible.

— Je sais par qui vous êtes retenu.

— Ah ! fit le cocher avec surprise.

— C'est par une dame, n'est-ce pas ? Et vous savez son nom ?

— Je n'ai jamais vu sa figure.

— Eh bien, mon ami, écoutez ; il y a cent francs à gagner pour vous, si vous consentez à me céder votre siége, votre manteau et votre chapeau, pour une heure ou deux.

— Diable ! fit le cocher, cent francs.

— C'est moi qui conduirai à votre place ; je connais l'adresse, c'est rue des Arts à Levallois, n'est-ce pas ?

— Oui, monsieur.

— Voilà cent francs. La rue est déserte. Il fait noir comme dans un four ; la substitution sera vite faite.

— M. Duplessis, c'est bien pour vous obliger, dit le cocher en descendant de son siége.

Michel s'affubla du manteau et prit la place de l'obligeant Lemaire, qui aussitôt s'éloigna.

Quelques minutes plus tard, une dame dont une voilette épaisse cachait les traits, monta dans la voiture sans rien dire. C'était Albine.

Michel fouetta ses chevaux et partit pour Levallois.

Cette localité en 1863 n'était pas encore aussi peuplée qu'aujourd'hui. On y rencontrait beaucoup de rues inachevées et de maisons neuves à louer ou à vendre.

La maison devant laquelle Duplessis s'arrêta était une de ces dernières. Les volets en étaient fermés, au-dessus de la porte se balançait un écriteau blanc ; elle semblait inhabitée.

Une cour étroite fermée par une grille la séparait de la rue ; mais une allée y donnait accès par une porte de côté.

Albine descendit de voiture et s'engagea dans cette allée.

Son mari sauta du siége et la suivit. La nuit, nous l'avons dit, était fort noire, et comme toutes les personnes, sous l'empire d'une vive préoccupation, elle n'entendait point les pas qui suivaient les siens.

Elle frappa à une porte qu'elle seule pouvait distinguer dans les ténèbres, un rayon lumineux se projeta sur elle un instant et elle disparut.

Michel n'était qu'à trois pas de la porte, il n'entendit ni le bruit d'une clef ni celui d'un verrou. Il s'approcha et prêta l'oreille. Aucun bruit ne parvint jusqu'à lui.

Il se demanda s'il attendrait Albine, ou pénétrerait dans la maison.

Il voulut d'abord attendre, mais l'absence de sa femme en se prolongeant, l'alarma. Le temps d'ailleurs lui paraissait très-long. Il tourna l'olive de la porte et entra.

Il se trouva dans une petite pièce qui devait servir de débarras à la cuisine.

Un rayon jaune, filtrant sous une porte, le guida ; il écouta encore, retenant son souffle, comprimant les battements de son cœur.

Il entendit deux voix ; celle d'Albine et celle d'un homme. Il en fut bouleversé, et pendant un instant, s'appuya à la muraille pour ne pas tomber. Ses jambes tremblaient sous lui ; il éprouvait les sensations du vertige. Son cœur ne battait plus ; son front brûlait.

Une réaction se fit cependant, la circulation reprit son cours régulier, il se sentit fort et résolu.

Il écouta encore.

Les voix arrivaient à lui plus distinctes. Albine suppliait ; l'inconnu répliquait d'un ton impérieux, presque menaçant. Rien ne lui prouvait que ce fût une scène d'amour, mais il y avait de la passion dans l'accent, dans la diction.

Il n'hésita plus.

Il arma son revolver et entra.

Ce fut un coup de foudre.

La stupéfaction fut égale de part et d'autre. La chambre n'était éclairée que par une bougie posée sur la cheminée dégarnie, et ne contenait d'autre meuble qu'un large canapé.

Sur ce canapé était assis un homme jeune encore, et dont la physionomie n'avait rien de vil, ni même de vulgaire.

Son visage d'un dessin vigoureux et correct, son front pâle, portaient les traces de la douleur, ou d'une fatigue extrême. Sa toilette négligée n'eût pas fait supposer qu'il avait donné rendez-vous à une femme du monde.

Aux pieds de cet homme, se tenait Albine accroupie sur un des coussins du canapé, dans une attitude humble et caressante.

Au moment où Duplessis entra, elle serrait encore les mains de l'inconnu.

A la vue de son mari, elle ne jeta pas un cri, ne proféra pas une parole.

De son côté, l'inconnu qui voyait Michel pour la première fois de sa vie, le considérait sans autre émotion que celle d'un profond étonnement.

Ce fut Duplessis qui rompit le silence.

— Misérables ! s'écria-t-il en levant son revolver sur les coupables, je ferai justice !

— Qui êtes vous ? s'écria l'inconnu avec vivacité.

— Qui je suis ?... Ne le savez-vous pas ?... Je suis Michel Duplessis, le mari de cette femme.

— Michel ! grâce ! implora Albine en se jetant à genoux devant son mari. Monsieur n'est pas coupable. Je vous le jure...

— Et toi ? fit Michel.

— Ne frappez que moi... moi seule...

La douleur qui l'étouffait l'interrompit un instant.

— Cet homme n'est-il pas ton amant ? reprit Duplessis.

— Non, Monsieur, dit l'inconnu en se plaçant entre Albine et Michel. Je suis Pierre Marin le premier mari de madame.

A cette révélation inouïe, Michel stupéfait abaissa son arme, et demeura un moment sans idée et sans voix.

En revenant à lui, il eut un sourire amer et secouant la tête :

— Pierre Marin est mort, dit-il. Son décès a été constaté. L'homme qui prend aujourd'hui son nom ne peut-être qu'un fourbe. Il y a ici crime flagrant...

— Le crime, répliqua Pierre, n'est pas avec moi, mais avec vous. Si Albine est coupable, ce n'est pas en venant me voir, mais en persistant à demeurer avec vous.

— N'est-il donc pas prouvé que Pierre Marin condamné à la transportation pour s'être affilié à la Marianne est mort en tentant de s'évader de Cayenne ?

— Cela a été dit, monsieur ; cela a été officiellement publié, mais non prouvé. Ma disparition dans des contrées inhabitables pour les européens, les récits mensongers d'un de mes compagnons de fuite retombé aux mains de la police du bagne, ont tenu lieu de preuves. Mais on revient de plus loin que de Cayenne. Me voici ; mon existence dément suffisamment l'administration. Je ne suis pas le premier qui ait survécu à ses funérailles. Je suis de retour à Paris depuis un mois. Albine, que j'ai fait prévenir de mon retour, n'a pas douté à ma vue, et la police si elle me rencontrait, n'hésiterait point non plus à me reconnaître, à rayer l'acte de mon décès et me réintégrer sous mon nom au bagne des îles du Salut.

« Cependant, condamné évadé et fugitif encore, malgré le danger que je cours, je n'ai pas abdiqué mes droits...

— Quels droits? fit Duplessis d'un ton hautain.

— Si, libre en Angleterre, reprit Pierre Marin, j'ai joué ma liberté, exposé ma vie, en rentrant à Paris, ce n'est pas, je suppose, pour y tenter la fortune, ce n'est pas dans un intérêt vulgaire; non, c'est sous l'empire d'une passion profonde; c'est pour revoir, pour embrasser ma femme et mon enfant.

« Si vous saviez ce que j'ai souffert d'en être séparé!...

« Et si je pouvais vous dire ce que j'éprouvai lorsqu'à mon arrivée en Europe, j'appris votre mariage!... Un moment je pensai à disparaître tout à fait, à me sacrifier, à mourir... mais je suis un homme de lutte. Je surmontai cette défaillance passagère. J'avais trop fait d'ailleurs, trop combattu, trop souffert pour renoncer ainsi au prix de mes efforts. Je n'ai repris la liberté qui m'a été volée que pour reprendre la femme et l'enfant qui m'ont été ravis. C'est mon droit et c'est mon devoir. Je n'abdique aucun de mes droits.

— Ainsi, monsieur, vous prétendez...

— Que ma femme et mon enfant me suivent à l'étranger.

— Mais Albine?

— Elle refuse, je l'avoue; elle hésite encore.

— Et si elle vous repousse?

— Alors, trahi, abandonné, sans intérêt et sans but dans la vie, je me résignerai à mourir. Albine sera veuve. Qu'elle prononce!...

Sur ces paroles, les regards des deux rivaux se tournèrent en même temps vers la jeune femme.

Prononcez entre nous, semblaient-ils lui dire.

Elle, éperdue et se tordant les mains de désespoir, ne savait que répondre.

— Que puis-je vous dire? soupira-t-elle.

S'il faut que l'un de nous meure, que ce soit moi!... La fatalité le veut ainsi. Qui dois-je abandonner? Qui dois-je suivre? Où est le devoir? Et quelles parts faire de mon cœur? Le sais-je!...

— Albine, dit Michel d'un ton impérieux et grave, cet homme entre ses convictions politiques et votre amour n'a pas hésité autrefois. Il a joué votre bonheur dans une intrigue de parti. Il savait qu'il pouvait être pris et jeté au bagne, que vous l'aimiez, et que vous resteriez seule et sans ressources avec votre enfant et il n'a pas hésité à vous sacrifier à ses ambitions politiques. Aujourd'hui dans l'exil, il a besoin de vous. Flétri, condamné, il vient vous demander de quitter le foyer de celui qui a uni sa destinée à la vôtre, qui a été le véritable père de votre enfant, et vous offre en échange sa vie errante. Si vous êtes coupable, ose-t-il dire, c'est en restant sous mon toit. N'est-ce pas le comble de l'audace! Ne vous a-t-il pas abandonnée pour la *Marianne*? En faisant partie de cette société secrète, n'a-t-il pas juré de sacrifier femme et enfant à la volonté de ses chefs? Puisqu'il a consenti à ce sacrifice, puisqu'il a pu l'accomplir, que vient-il réclamer aujourd'hui, et comment votre pitié peut-elle s'égarer jusqu'à lui?

« Revenez à vous, Albine, écoutez la voix de l'honneur et de la raison et rentrez chez votre mari.

— Permettez! fit Pierre Marin, Albine ne sortira pas avant de vous avoir répondu. Parlez, madame; ce n'est pas pour la première fois que vous êtes venue ici. D'autres mobiles qu'une vaine curiosité ou un premier mouvement de pitié, vous ont attirée ici. Parlez; expliquez-vous. A quels mobiles obéissiez-vous en venant me revoir?

— A la compassion, répondit l'infortunée, à un indéfinissable mélange de pitié et d'affection, mais au fond...

Arrestation de Pierre Marin.

— Au fond, interrompit Marin avec véhémence, ce n'est plus moi, c'est lui que tu aimes. A lui la dernière et la plus forte attache. A moi le souvenir fané, desséché par le temps, à lui le présent, la passion. A lui tes baisers; à moi l'abandon, l'exil, la tombe... si je consens à y descendre!...

— Non, Pierre! s'écria la pauvre femme affolée par cette explosion de désespoir. Non, calme-toi. Ne te désespère pas ainsi. Je t'aime...

A ce mot, Michel bondit vers elle, indigné, menaçant :

— Malheureuse ! s'écria-t-il.

— Michel! reprit Albine. Pitié pour lui et pitié pour moi. Ne voyez-vous point que nous en mourrons. Ah! soyez juste. Si je l'avais su vivant, jamais je ne vous aurais appartenu. Et je vous le jure, sur mon âme, si je l'ai revu, je n'ai pas cessé de vous être fidèle. Vous me jugez criminelle, je ne suis que malheureuse... Oh !

bien malheureuse... Est-ce de ma faute s'il vit et s'il réveille un amour que je croyais enseveli?...

— Eh bien! répliqua Duplessis, que ce mort et son amour rentrent dans leur tombe et vous les oublierez encore. Albine, vous allez me suivre pour ne plus le revoir. Obéissez. Ce n'est pas une prière que je vous adresse, c'est un ordre que je vous donne.

« Vous hésitez? Si la pitié vous égare, prenez garde! Vos hésitations sont un outrage; votre faiblesse serait un crime et un malheur de plus. Ne me résistez pas ou je réclame la protection de la loi!...

Albine épouvantée fit un pas vers lui, mais Pierre se jeta devant la porte, et des poches de sa vareuse, il avait tiré un revolver.

— Vous me menacez, dit-il avec l'accent sourd de la colère; je saurai me défendre. Ah! vous parlez de la protection de la loi. Eh bien! fort de son aveu, je m'oppose à ce qu'elle sorte... Et vous ne me dénoncerez pas, je vous l'affirme.

« Albine m'aime. Elle est à moi. La pitié est pour vous.

« Entre nous, à cette heure, il ne peut y avoir qu'une lutte à mort.

« Vous avez votre revolver; j'ai le mien.

Le sort des armes décidera entre nous.

— Un duel! Du sang! Oh! mon Dieu! s'écria Albine. Non. Je veux sortir. Pierre, laissez-moi. Laissez-nous.

— Tout à l'heure, dit Pierre Marin. Mais avant que vous sortiez, Madame, il faut que l'un de nous deux soit mort, et que vous soyez réellement veuve de l'un ou l'autre de vos deux maris.

Albine alors se rejeta vers Michel.

Celui-ci l'éloigna doucement.

— Madame, lui dit-il, d'un ton résolu, mais sans colère, il le faut!...

Tremblante, épuisée d'émotions, elle se laissa tomber sur le canapé.

Il ne restait plus qu'à régler le combat.

III

L'entente sur ce point, — les conditions du combat, — s'établit facilement entre les deux adversaires.

Il fut convenu que le combat aurait lieu dans la maison. A la salle à manger qui ne mesurait que dix pas, on ajouta l'espace de la chambre voisine, en ouvrant la porte de communication.

L'arme choisie fut le revolver.

Pour le signal, on s'en remit à la pendule dont l'aiguille fut avancée jusqu'à dix heures moins cinq minutes.

Au premier coup de dix heures chacun tirerait.

Le combat durerait jusqu'à ce qu'un des deux adversaires fût tué, ou dans l'impuissance de tirer.

Dans le cas où l'un des deux tomberait incapable de continuer la lutte, l'autre devrait s'approcher de lui et lui donner le coup de grâce.

Albine ne connut rien de ces conditions, qui furent réglées à voix basse.

Cependant elle avait renoncé à toute intervention.

Elle avait compris que Michel ne pouvait se déshonorer en dénonçant son rival à la police, et que Pierre ne pouvait renoncer à elle et à son enfant.

« Que la volonté de Dieu se fasse! se disait-elle.

— Madame, lui dit Pierre Marin d'un ton solennel, nous allons échanger plusieurs balles; nous avons besoin d'espace, et votre présence ici peut influer sur les chances du combat. Veuillez donc vous retirer dans le vestibule et y attendre la décision de la Destinée.

— Mais, dit-elle, ici blottie dans un angle!...

— Nous disposons des deux pièces; dans laquelle vous placeriez-vous? Un seul des combattants subirait l'influence heureuse ou funeste de votre regard, de votre présence.

Albine se rendit à la justesse de ce raisonnement et se résigna à attendre dans le vestibule.

Pierre mit l'aiguille de la pendule sur dix heures moins cinq et tourna le cadran du côté de la muraille.

Michel Duplessis et lui prirent ensuite leur poste de combat.

Quatre bougies jalonnaient l'espace resté entre eux.

Tous deux étaient pâles. Dieu sait ce qui se passait dans leur âme, mais ils semblaient avoir recouvré tout leur sang-froid.

Debout, en face l'un de l'autre, à vingt pas de distance à peine, le revolver à la main, le côté gauche légèrement effacé, ils attendaient le signal.

Ces cinq minutes d'attente furent les plus longues de leur vie, et mettaient leur énergie à une singulière épreuve.

Pour Albine, restée seule dans les ténèbres, ce fut un siècle d'angoisses. Quelle que fut la décision du sort, elle devait être sûrement atteinte dans son bonheur. Elle n'attendait qu'une catastrophe.

Enfin dans un silence profond, retentit le premier coup de dix heures.

Les deux adversaires levèrent leur arme et tirèrent presque en même temps.

Ces premières balles s'aplatirent contre les murailles.

Une seconde décharge eut lieu à travers la fumée des premiers coups; elle mit fin au combat.

Michel Duplessis laissa tomber son arme, porta la main à sa poitrine, fit deux ou trois pas en chancelant, puis tomba lourdement sur le sol.

Au même instant, Albine sans attendre qu'on l'appelât, et comme obéissant à un avertissement intérieur, se précipita sur le lieu du combat.

Elle courut à Michel, tandis que Pierre Marin la suivait d'un pas lent.

Tous deux se penchèrent sur le blessé.

Albine le leva sur son séant.

Duplessis n'était pas mort.

Il ne proférait point une parole, pas une plainte, ses yeux grands ouverts étaient pleins de vie; mais en le soulevant, Albine lui causa une douleur si vive, que ses traits se contractèrent et qu'il perdit connaissance.

— Il n'est pas mort, dit Pierre Marin d'un ton calme.

— Survivra-t-il à sa blessure? demanda Albine avec angoisse.

— Non, c'est impossible.

— Impossible? Et pourquoi? fit la jeune femme étonnée de cette singulière réponse.

Pierre eut un sourire amer.

— Eloignez-vous, madame, dit-il. Il est inutile de le laisser languir ainsi.

Elle le regarda et crut deviner sa pensée.

— Que voulez-vous dire? demanda-t-elle.

— Eloignez-vous, laissez-le, vous dis-je, insista Pierre avec colère.

— Aidez-moi plutôt, monsieur, répliqua Albine, et transportons-le dans la voiture.

— Madame, dit Marin, c'est impossible. Il doit mourir. Il a été convenu entre nous que ce duel serait un combat à mort et que dans le cas où l'un des deux tomberait incapable de continuer la lutte, l'autre lui donnerait le coup de grâce.

— Et vous voulez le tuer? s'écria Albine.

— Je le veux.

— Mais c'est un assassinat!

— Pas de discussion. C'est une affaire décidée entre nous, acceptée par lui. Nous ne nous battions pas pour déjeûner ensemble, mais pour que l'un des deux cédât la place à l'autre. Encore une fois, madame, retirez-vous.

Albine demeurait silencieuse et stupéfaite.

— Si vous ne vous retirez, reprit Marin, je ne serai pas moins obstiné que vous, et vous ne ferez qu'ajouter à cette scène une horreur de plus. Je vais lui faire sauter la cervelle, là, dans vos bras.

A cette menace affreuse, Albine se couvrit du buste du blessé et appuyant la tête de Michel contre son cœur :

— Eh bien! tirez, dit-elle.

Puis avec l'éclair et l'accent de l'indignation :

— Mais tuez-moi avec lui, du même coup, ou prenez garde!... ajouta-t-elle.

Pierre, qui déjà avait levé son arme, l'abaissa de nouveau vers le sol.

Il sentit l'horreur de son action, et cette résistance inattendue l'arrêta.

Après un moment d'hésitation :

— Vous préférez donc qu'il meure chez lui? dit-il avec un sourire sardonique.

— S'il doit mourir, oui, monsieur.

— Il mourra. Vous êtes trempée de son sang; ses forces s'éteignent. Il sera mort avant d'arriver chez lui.

— Jetez votre arme, et aidez-moi à le transporter. Je vous aurai du moins épargné un crime.

Pierre Marin désarma son revolver et le jeta sur le canapé.

— Soit, dit-il. Il mourra, mais il ne vous aura pas entendu prendre sa défense, mais il n'aura pas su que vous l'aimiez encore... car vous l'aimez?...

Albine baissa les yeux et garda le silence.

— Aidez-moi, dit-elle.

Pierre Marin se conforma à sa volonté.

Comme on le transportait, le blessé reprit connaissance; mais il ne dit pas un mot.

Le fiacre était une voiture à quatre places, il y fut établi à demi couché, soutenu dans les bras de sa femme.

Marin prit place sur le siége et conduisit au pas.

IV

Pierre Marin, dont nous n'avons pu qu'esquisser rapidement la silhouette, était cinq années auparavant le mari heureux d'Albine... Lui aussi s'était marié par inclination. Intelligent et travailleur, il avait vu s'ouvrir devant lui les plus riantes perspectives.

Sorti de l'école des Ponts et Chaussées, il avait trouvé, dans les immenses travaux du nouveau Paris, l'emploi de sa science et les promesses de la fortune.

Cependant mêlé dès 1848 au mouvement politique, et resté fidèle à ses convictions républicaines, il devait prendre part aux tentatives de son parti pour renverser le gouvernement, issu du coup d'État.

Il n'avait pas, ainsi que l'en avait accusé Michel Duplessis, sacrifié froidement et de propos délibéré le repos, la sécurité de sa femme et de son enfant, aux exigences des chefs du parti républicain ou à des visées ambitieuses; il avait, après son mariage, continué à fréquenter les républicains militants et, comme un grand nombre de ceux-ci, avait passé de la société de la jeune Montagne, à celle de la Marianne.

Sa femme l'ignorait.

Elle était fort ignorante des hommes et des choses de la vie politique. Elle ne se doutait pas de l'existence des sociétés secrètes, et des dangers que ces associations pouvaient faire courir à son mari.

Pierre Marin d'ailleurs ne prévoyait sans doute pas lui-même où son affiliation à la Marianne pouvait le conduire. La crainte du danger n'existe pas pour les hommes de ce caractère. Ils rougiraient d'eux-mêmes en calculant les périls auxquels les expose une entreprise qu'ils croient juste et nécessaire au bien public.

D'ailleurs, sans être un héros, on s'accoutume à certaines situations périlleuses : le pêcheur à la tempête et aux récifs, le mineur à son souterrain et au feu grisou, le napolitain au Vésuve. Enfin, il y a des conspirateurs heureux.

Le 2 décembre n'a-t-il pas couronné un homme qui avait passé les deux tiers de sa vie à conspirer.

En dehors de ses préoccupations politiques, Pierre Marin était l'homme le plus laborieux et le père de famille le plus paisible qui fût au monde. A le voir dans son intérieur, entre sa femme et son enfant, on n'eût jamais cru être en présence de ce qu'au palais, les procureurs appellent un homme dangereux.

Cependant les arrestations des chefs du comité de Paris, et le procès que nous avons raconté plus haut, furent pour lui un sévère avertissement.

Il n'avait dû qu'au hasard d'échapper à ce coup de filet de l'agent Delagrange.

A l'époque où ce dernier surveillait activement les conciliabules tenus par quelques conspirateurs, à Clichy et dans les fossés des fortifications, des travaux importants le retenaient à Versailles. Pendant plusieurs mois, malgré de pressantes invitations, il s'était donc abstenu de prendre part aux réunions et aux affiliations. Il ne fut pas même inquiété.

De retour à Paris, il eût dû redoubler de prudence, mais il est vrai qu'un membre d'une société secrète ne s'appartient pas.

Quelques semaines après le procès, il reçut la visite d'un nommé Auguste Lermot.

— Eh bien ! lui dit ce dernier, nous sommes entamés, mais nous ne sommes pas vaincus.

— Nous avons fait de grandes pertes, répondit Marin.

— Oui, Delescluze et Marchais, reprit Lermot. Cependant ces pertes ne sont point irréparables ; nous sommes toujours nombreux ; notre direction est à l'abri, à Londres, et enfin ce procès nous a fait de la propagande.

— Que dit-on dans le parti?

— Ce que je viens de vous dire. Nous attendons pour dimanche prochain, un délégué de Londres, chargé de procéder au remplacement de Marchais. Nous nous réunissons aux Prés-Saint-Gervais, y viendrez-vous?

— Peut-être.

— Il faut y venir. Nous manquons de membres intelligents et instruits. L'élément bourgeois est écarté, et les ouvriers capables de remplacer Marchais dans sa correspondance avec Ledru, sont assez rares. Moi, j'ai tout d'abord pensé à vous.

— Je suis accablé de travaux, répondit Marin. Le temps me manque.

Au fond, cette offre le flattait.

— J'ai déjà parlé de vous à plusieurs camarades, reprit Lermot. Tous les survivants de la *Jeune Montagne* appuieront votre candidature, et je doute que votre excuse soit facilement acceptée.

— Elle n'est que trop sérieuse cependant.

— On ne vous offre point un passetemps, mais on vous demande un sacrifice. Songez aussi que par votre profession vous êtes, ou vous devez être pour la société, un instrument précieux de propagande. Chacun de nous ne se doit-il pas à la cause dans la proportion de ses moyens?

— Je vous remercie de votre confiance, dit Marin encore hésitant, mais vous vous faites de mes moyens une idée trop avantageuse.

— Du moins vous ne manquerez pas à la réunion de dimanche?

— Soit; j'irai. A quelle heure a-t-elle lieu, et en quel endroit?

— Au café-restaurant du Marronnier, à 8 heures. Du reste, je vous écrirai un mot.

— Comptez sur moi, répondit Marin, et écrivez-moi comme si vous aviez une importante commande à me faire. Cela me servira de prétexte pour m'absenter.

Pour lui, renoncer aux plaisirs de la famille était un véritable sacrifice. Quant au poste d'honneur qui lui était offert il le redoutait plus qu'il ne l'ambitionnait.

Il faisait ce dimanche-là un temps magnifique et qui serrait le cœur d'Albine obligée de renoncer à une promenade en voiture avec l'enfant.

La promenade était le seul plaisir qu'ils se permissent une fois par semaine.

Il ne pouvait inviter sa femme à l'accompagner aux Prés-Saint-Gervais; il lui avait caché qu'il appartenait à une société politique.

Il lui donna pour prétexte la lettre de Lermot une commande de travaux et promit de rentrer vers onze heures.

Il tint sa promesse en effet, mais non ainsi qu'il l'espérait.

Vers onze heures il descendit de fiacre devant sa porte en compagnie de trois inconnus.

Sa femme l'attendait à la fenêtre.

— Oh! mon Dieu, dit-elle, il m'amène du monde si tard que cela; que c'est ennuyeux.

Mais bientôt après, à la vue des personnes qui accompagnaient son mari, silencieux et pâle, elle eut le sentiment d'un malheur.

— Ne t'alarme pas mon amie, dit-il à sa femme en l'embrassant, monsieur est commissaire de police et vient faire une perquisition chez nous. Il s'agit de politique.

— De politique! répéta Albine.

— Oui, madame, affirma le magistrat.

Elle était au comble de l'étonnement.

« Eh bien, pensa-t-elle, ils peuvent chercher de la politique ici. »

Et elle se tranquillisa.

Cependant son mari était toujours très pâle.

A peine le commissaire eut-il ouvert son bureau qu'il mit la main sur la lettre d'Auguste Lermot.

« Je réunis quelques amis au restaurant du Marronnier. lui écrivait ce dernier, soyez des nôtres, je vous prie, j'ai à vous entretenir d'une importante affaire. »

La lettre était signée.

Il n'en fallait pas davantage au commissaire, car cette lettre n'était qu'une circulaire dont on avait déjà saisi quatre autres copies et le signataire appartenait à la police secrète.

De nouvelles fouilles dans l'appartement amenèrent la découverte d'une brochure publiée à Londres et interdite en France.

Pierre Marin comprit qu'il était perdu et dès ce moment soupçonna Lermot de trahison.

— Ma chère Albine, dit-il à sa femme en la prenant dans ses bras, je suis compromis pour une méchante brochure que m'a donnée dans un temps un nommé Lermot. J'aurais dû la brûler, pardonne-moi mon imprudence, chère femme. On va m'enfermer pour plusieurs mois peut-être. Du courage...

Albine n'en entendit point davantage, elle perdit connaissance.

Son mari appela la domestique, embrassa une dernière fois sa femme et son enfant et suivit les agents de police.

Il connaissait la gravité de son affaire et ne se faisait aucune illusion sur son dénouement. Condamné à un an de prison il fut à l'expiation de sa peine transporté à Cayenne. Le traître condamné à six mois resta à Paris.

Nous passons sous silence les détails de cette aventure qui si tragique qu'elle soit, n'avait hélas rien d'extraordinaire.

Nous insisterons seulement sur le fait particulier à Lermot.

Sur quatre malheureux qu'il avait attirés dans le piége, dénoncés et compromis, trois avaient été transportés aux îles du Salut et ces trois victimes avaient juré de se venger.

De tels serments, faits au fond de l'abîme, sont tenus par ceux qui les prononcent.

Des trois déportés, deux périrent de la fièvre jaune au bout de six mois, et Pierre Marin qui avait obtenu d'être employé dans la ville de Cayenne, s'évada en compagnie de deux forçats.

On sait les obstacles presque insurmontables qui s'opposent aux évasions de la Guyane: nous n'insisterons par sur ce sujet.

N'ayant pu réussir à s'emparer d'une embarcation quelconque, les fugitifs avaient entrepris de gagner les forêts du sud-ouest et de se réfugier chez la première peuplade sauvage qu'ils pourraient y rencontrer.

Ils remontèrent les bords de l'Oiapoc, à la frontière ouest de notre colonie.

Dans les solitudes qu'ils traversèrent pour parvenir jusqu'à ce fleuve, d'autres déjà étaient morts de faim. Les deux for-

çats le savaient, et afin d'augmenter leurs ressources, qui consistaient en quelques livres de biscuit et de bœuf salé, ils complotèrent de se débarrasser du politique.

Mais Pierre Marin ne dormait que d'un œil. Robuste et agile, il était prêt à vendre chèrement sa vie.

Au premier signe d'hostilité de la part des deux scélérats, il bondit sur eux, et, sans autre arme qu'un bâton, parvint à les mettre hors de combat.

Il les laissa gisant, estropiés sur le sol, et poursuivit son chemin.

Il erra pendant près de deux mois dans les sauvages et désertes contrées qui le séparaient du premier poste brésilien. Il remonta l'Oiapoc jusqu'à ses sources, et s'engagea dans le défilé des vallées profondes et coupées de précipices qui s'ouvrent à l'origine du fleuve, à travers d'inaccessibles montagnes.

Dans ce voyage, il eut à disputer sa vie chaque jour et presque à toutes les heures.

Il lui fallut, pour vivre, la prévoyance et l'industrieuse habileté d'un Robinson, les ruses d'un trappeur, la sobriété d'un arabe, et l'énergie d'un évadé.

Il avait dû se confectionner des vêtements, des chaussures, une coiffure.

Les premiers êtres humains qu'il rencontra, éprouvèrent à sa vue, un étonnement mêlé d'effroi. Il ne ressemblait à aucune espèce d'homme connue.

Son air terrible, son accoutrement étrange, en imposèrent à la horde de nègres marrons qui vaquait sur le territoire contesté et abandonné, qui sépare la Guyane française du Brésil, au versant des monts,

Ces gens ne lui furent d'aucun secours, mais résistèrent au désir de le massacrer, et le laissèrent poursuivre sa route.

Cependant leur rencontre était pour lui de bon augure. Comme la vue des oiseaux annonce aux marins l'approche d'une terre, cette bande de nègres lui révélait en quel endroit il se trouvait, lui annonçait un pays habité et ranimait son courage.

Il put donner son nom géographique au premier fleuve qu'il rencontra l'Aguaric, et maintint la direction qu'il avait prise vers le sud-ouest.

Ce fut un jour fécond en émotions celui où il revit la mer à l'horizon, et marcha vers le rivage!

Et lorsqu'il distingua dans un bouquet de bananiers et de palmiers le premier village brésilien, il pensa défaillir et ne pouvoir se traîner jusqu'à lui.

Le soir tombait et le ranimait de sa fraîcheur lorsqu'il se hasarda à s'approcher du village.

Son chapeau informe, composé de feuilles tordues et grossièrement cousues, sa barbe et ses cheveux longs et incultes, sa chemise faite de la dépouille de plusieurs animaux de pelage différents, souillée de sang et de boue; les enveloppes indescriptibles qui prêtaient à ses pieds, à ses jambes des formes monstrueuses; le long couteau qu'il suspendait à sa ceinture; la massue et la besace qui renfermait ses maigres provisions, tout cela composait un ensemble bizarre et affreux.

Des femmes qui allaient à une fontaine s'enfuirent en poussant des cris d'épouvante.

Des colons ne sortirent de leurs cases que pour rentrer aussitôt et chercher des armes; enfin des nègres, représentants de la force armée, s'avancèrent à sa rencontre et l'entourèrent en brandissant leurs lances.

Ne connaissant pas un mot d'espagnol, il s'arrêta silencieux, se croisa les bras, et attendit.

Aux questions qu'on lui adressait, il eut l'heureuse idée de répondre par un signe de croix.

Un chrétien! C'était un chrétien!

Les bras levés pour le frapper s'abaissèrent. On le considéra attentivement comme une bête curieuse et inoffensive et on se décida enfin à le conduire devant l'alcade.

Pierre Marin salua à l'européenne ce magistrat municipal et lui déclara, à plusieurs reprises, qu'il était voyageur et Français de Paris.

Ces deux derniers mots furent compris de l'alcade. C'était la première fois de sa vie qu'il voyait un parisien, mais il n'eut pas l'idée saugrenue que la capitale européenne était peuplée d'êtres aussi misérables, aussi bizarres que celui qui s'offrait à ses yeux. Il avait entendu parler des explorateurs de l'Amérique centrale, de leurs souffrances et de leurs incroyables aventures, il pensa qu'il avait devant lui un de ces hardis pionniers de la civilisation et se montra aussitôt plein de bienveillance.

Dans les discours que l'alcade lui adressait à tout hasard, Marin devina sa pensée et se garda bien de prononcer les noms des endroits d'où il s'évadait.

Il n'avait rien à y gagner.

Au contraire, apercevant aux murs de la case municipale une carte de l'empire du Brésil, il s'en approcha et du bout de l'ongle, souligna le cours de l'Amazone en disant : — Explorateur.

Dès lors il fut comblé de soins de toutes espèces et put se remettre en paix de ses longues fatigues.

Il goûta enfin l'ineffable conviction de sa délivrance.

A l'aide de la carte, il put exprimer ensuite le désir de continuer sa route et désigner comme son but le plus prochain la petite ville de Macapa, située à l'embouchure de l'Amazone.

Bien qu'il fût très-pauvre, le brave homme qui l'avait hébergé parvint à lui composer un costume décent, lui prêta

Albine jeta le médicament dans la cheminée.

une mule et le conduisit lui-même à la petite ville.

Désormais il n'avait plus qu'à se diriger d'étape en étape jusqu'à une ville assez considérable pour lui offrir du travail, des moyens d'existence et le prix de son passage en Angleterre.

Près de deux ans s'étaient écoulés depuis son évasion de Cayenne, lorsqu'il partit pour l'Europe. Il avait pris les noms de Henri Artaud. Le premier était celui de son petit garçon, le second celui de sa femme.

A Londres, avec la même prudence, il se garda bien de se vanter à ses compatriotes de son évasion et de sa qualité de condamné politique. Il commença par lire une collection de journaux français, publiés depuis sa transportation, et y trouva un fait divers qui le concernait :

Tentative d'évasion de trois détenus du pénitencier de Cayenne.

Il apprit ainsi que des chasseurs avaient retrouvé les os et une partie de la défroque des misérables qui avaient voulu l'assassiner et que depuis un an il passait pour mort.

Il fit prendre des informations en France par une agence anglaise et le décès de Pierre Marin lui fut confirmé d'une façon officielle.

Pendant deux ans, au milieu de ses luttes désespérées, de ses souffrances cruelles, il ne s'était soutenu que par l'amour de sa femme et de son enfant et aussi le désir de se venger du traître Lermot.

La trahison de cet individu, le monde de turpitudes et de lâchetés qu'il avait traversé depuis deux ans, avaient profondément influé sur son caractère. De débonnaire et confiant qu'il était autrefois, il était devenu dur et méfiant.

Il résista donc au désir d'écrire directement à Albine ou de l'informer par un tiers de son évasion et de son dessein de rentrer à Paris.

Il craignait une indiscrétion.

Pierre Marin est rayé du nombre des vivants, son décès est enregistré, sa femme est veuve, voyons ce que fait sa veuve. Rentrons à Paris, mais incognito, comme un homme nouveau.

Une courte maladie, la pénurie d'argent, le retinrent encore quelques mois à Londres.

Enfin il parvint à gagner une petite somme et partit pour Paris.

Nous laissons à imaginer ce qu'il éprouva en apprenant que sa femme était remariée.

Elle avait fait un mariage avantageux et paraissait heureuse.

Il fut plus accablé par cette nouvelle qu'il ne l'avait été par l'arrêt de la cour d'assises.

La déclaration de son décès l'avait fait sourire, mais il n'en fut pas de même lorsqu'il apprit qu'il était mort dans le cœur de sa femme. Il fut saisi d'une douleur profonde et se demanda s'il ne descendrait pas dans la tombe qui lui était marquée ou s'il consentirait à jouer le pitoyable rôle de revenant.

Il était mort pour le seul cœur où il eût voulu vivre, et se dit qu'on ne ressuscite pas les morts.

Mais il se demanda aussi, s'il devait accepter les faits accomplis, déserter la lutte, se retirer avant d'avoir dit : me voilà, renoncer au bout de tant d'efforts, au prix de tant de misères, à la récompense de son courage.

Il s'enferma où nous l'avons vu et rôda quelque temps aux environs de la maison d'Albine.

Il la vit passer un jour, son enfant à la main.

L'amour se réveilla en lui plus ardent.

La jalousie y ajouta sa torture.

Il entra dans un café et lui écrivit.

V

Il avait prié Albine de lui répondre bureau restant à l'adresse de Henri Artaud.

Albine reconnut son écriture et lui répondit :

« Je crois reconnaître l'écriture de mon premier mari. La supercherie d'un homme assez infâme pour imiter son écriture m'est encore plus difficile à croire que le retour inespéré et invraisemblable de Pierre Marin.

Que mon cher Pierre, s'il existe, sache qu'il n'est pas mort dans mon cœur. J'irai au rendez-vous qui m'est donné. »

Elle s'y rendit ; ce fut une faute.

Et cette faute était d'autant plus grande

qu'elle aimait Michel Duplessis et en était aimée.

Qu'allait-elle dire? Qu'allait-elle porter au revenant? Une consolation? Et quelles consolations pouvait-elle lui donner sans se rendre coupable envers Duplessis?

Pouvait-elle croire que Pierre n'exigerait pas d'elle de le suivre?

Son devoir était de communiquer à Michel la lettre de Marin et de lui demander la conduite qu'elle devait tenir.

Elle y pensa, mais elle se répondit que le secret de l'existence de Pierre ne lui appartenait pas, puis elle ne prévit point toutes les conséquences de sa démarche.

Elle partit avec la ferme résolution de rester fidèle à son second mari et d'engager le premier à se résigner à sa destinée.

Mais après la première effusion d'une tendresse toute cordiale et à laquelle la passion ne mêlait point encore ses élans et ses exigences, lorsqu'Albine parla de son mariage, expliqua la situation qui l'avait rendu nécessaire et enfin parla de Michel Duplessis, elle vit la colère et la jalousie enflammer le regard de Pierre Marin.

— Ne me parlez pas de cet homme, dit-il d'une voix brève. Je sais qu'il existe et les droits qu'il a sur vous. Je sais cela et c'est déjà de trop!...

— Pensez-vous donc, dit Albine, qu'en venant vous voir j'aie renoncé à lui. Si j'ai pu survivre à la nouvelle de votre mort, n'est-ce pas à lui que je le dois. Qu'attendez-vous de moi?

— La conduite que vous dictera votre cœur, répondit Pierre.

— Et mon devoir?

— Il n'en peut être question, car devant Dieu mes droits à vous posséder et les siens sont égaux. Si le devoir ne peut vous rendre à moi il ne peut non plus vous retenir à lui. Je vous le répète, vous n'avez

à prendre conseil que de votre cœur. Moi aussi, je pourrais me remarier, mais je viens ici, au risque de ma vie, pour retrouver ma femme et mon enfant : parce que je vous aime. En venant ici je sais ce que je veux. Ne le savez-vous donc pas aussi? N'est-ce qu'une simple entrevue que vous m'accordez?... A votre attitude, à votre langage, je ne le vois que trop, vous ne m'aimez plus.

A cette négation absolue d'un amour, qui s'était transformé en une affection paisible, et dont la passion, elle le sentait, pouvait se réveiller encore, Albine était bouleversée.

Elle ne pouvait répondre :

« Je t'aime! je suis à toi. »

Et le contraire n'était pas vrai non plus.

— Je vous ai pleuré mort, répondit-elle, je vous pleurerai vivant. Vous aurez toujours une part de mon cœur, mais je ne puis être à vous seul. Nous ne nous sommes pas quittés c'est la volonté de Dieu qui nous a séparés, je ne quitterai point Michel pour vous. Je ne le dois pas ; je ne le puis.

Malgré l'irritation et la douleur poignante que lui causaient ces refus, Pierre Marin comprenait qu'il manquerait de générosité et de délicatesse en violentant l'affection légitime qu'elle gardait à son second mari.

— Je dois la reconquérir, se disait-il. Encore quelques entrevues et j'y parviendrai peut-être, puisqu'elle me garde une part de son cœur.

Il feignit donc une résignation à la destinée qu'il n'éprouvait pas.

— Eh bien, dit-il, je m'éloignerai, Albine, mais auparavant promettez-moi de me revoir encore.

Elle y consentit.

Dans l'isolement où il se trouvait il avait

tout le loisir de combiner la tactique qu'il devait suivre.

Il voulut d'abord ranimer l'affection en excitant l'intérêt et il s'attacha aussi, puisqu'elle ne pouvait le voir que le samedi, à l'occuper sans cesse de lui dans l'intervalle de leurs entrevues.

Dans ce but, il adressa sous forme de lettres un récit complet de ses souffrances morales et physiques, et des luttes qu'il avaient eues à soutenir pendant les cinq années de leur séparation.

Ce récit obtint certainement un succès d'émotion. On l'a vu ; madame Duplessis tomba malade.

Albine le plaignit, l'admira même. Mais sans s'en douter il se révéla à elle sous l'aspect d'un homme nouveau.

Elle avait aimé autrefois en lui un homme doux et paisible, concentrant toutes les forces de son esprit et de son cœur vers un but unique, le bonheur de sa femme et de son enfant.

Elle voyait dans ce récit un conspirateur ardent, jouant sa vie et celle des êtres qui lui étaient le plus chers et qui se reposaient sur lui. Pierre Marin ne l'avait pas initiée à la vie politique.

Les épreuves cruelles qu'il subissait ensuite, son contact avilissant avec des hommes qu'elle méprisait, des forçats, son évasion, ses voyages étranges, ses aventures où le burlesque le disputait au tragique, tout cela, pour elle, loin de reconstituer le Pierre Marin qu'elle avait connu ou cru connaître, le transformait en un personnage intéressant comme un héros de roman.

En le lisant elle se disait : « Est-ce bien lui?... »

Et lorsqu'elle eut serré la dernière page de ces mémoires, elle n'en garda qu'une impression pénible, un sentiment de déception.

Le conspirateur, l'évadé de Cayenne, n'était pas celui qu'elle avait aimé et qu'elle avait pleuré.

Le bonheur dont elle avait goûté la lune de miel et qu'elle avait cru durable n'était qu'une illusion.

Un jour ou l'autre le lion captivé par l'amour eût recouvré son humeur sauvage.

Un jour ou l'autre la passion politique eût bouleversé cet intérieur à la paix duquel elle attachait tant de prix.

Tournant au contraire ses regards autour d'elle, elle trouvait chez son second mari tout ce qui répondait le mieux à ses aspirations, à son caractère.

Fille d'un bourgeois, elle rencontrait chez Michel Duplessis, comme elle avait cru les découvrir chez Pierre Marin, toutes les qualités que la jeune fille avait désirées chez un mari.

Cependant la dernière page du récit de Pierre Marin ne lui parvint que le vendredi soir. Elle n'eut pas le loisir d'interroger son cœur avant d'aller au rendez-vous promis.

Elle partit en se promettant de lui dire adieu.

« Sans doute, de son côté, il aura réfléchi, se disait-elle. »

Une certaine crainte l'accompagnait.

Elle trouva Pierre moins nerveux, moins exigeant. Il ne parlait plus de ses droits. C'était moins un amant passionné qu'un ami rempli d'une respectueuse tendresse.

On eût dit déjà qu'il devinait l'impression produite par le récit de ses aventures et eût désiré en atténuer l'effet.

— J'ai assez de la vie militante, lui disait-il, je n'aspire plus qu'au repos dans une affection partagée. Élever mon fils !...

Et il couvrait de baisers la photographie de l'enfant qu'Albine lui avait donné.

Mais néanmoins il reconnut qu'entre sa

femme et lui il s'était creusé un abîme qu'il aurait du mal à combler.

Pourrait-il cependant prolonger long-temps encore son séjour clandestin dans la banlieue de Paris?

L'ennui le dévorait et il n'avait déjà plus la force de résister au besoin de sortir et de revoir Paris. Il céda donc à la tentation de quelques promenades dans les quartiers qu'il avait habités ou fréquentés jadis.

Il revit Paris embelli et encore plus animé qu'autrefois. Il parcourut les boulevards, et dans la foule d'affamés et de rassasiés de plaisirs il reconnut d'anciens amis pour lesquels il n'existait plus et qui supportaient le régime impérial sans paraître en souffrir beaucoup.

Tout ce monde oublieux et insouciant lui inspirait des réflexions amères.

« Me serais-je trompé? se demandait-il.

« Retirons-nous à l'écart jusqu'à ce que l'avenir m'ait donné raison et que l'empire s'écroule sur tous ces gens-là. »

Puis la vue des agents lui faisait mal. Il se rappelait Auguste Lermot.

Ce fut deux jours avant le duel qu'il fit sa dernière promenade aux boulevards.

De retour à Levallois il se dit qu'il ne pourrait supporter plus longtemps les nouvelles conditions d'existence qui lui étaient faites, et revenant sur le système de temporisation qu'il avait adopté vis-à-vis d'Albine, il résolut de s'ouvrir à celle-ci de tout ce qu'il souffrait et de la supplier de mettre fin à une situation intolérable en partant avec lui.

— Albine, lui dit-il, ayez pitié de moi, il ne me reste d'autre attache à la vie que votre amour. Cet amour que vous m'avez juré de me garder éternellement, rendez-le-moi, Albine, ou je prévois une catastrophe.

Vous pouvez d'un mot réparer toutes les injustices des hommes, me sauver ou me rejeter à l'abîme. J'ai bravé cent fois la mort pour vous rejoindre, ne ferez-vous rien pour moi?

— Pierre, ne voyez plus en moi qu'une amie, répondait Albine.

— Une amie! se récriait Marin. Puis-je me contenter d'être votre ami, moi? L'attrait de votre beauté n'existe-t-il plus pour moi? Combien de temps vous déroberez-vous à mes lèvres et m'infligerez-vous le supplice de votre fidélité à mon rival? N'espérez pas que cette situation se prolonge; ou vous vous trompez vous-même, ou vous vous jouez cruellement de moi.

— Vous êtes injuste. Vous ne paraissez pas vous douter des dangers auxquels je m'expose moi-même en venant vous voir ainsi. Je vous en supplie revenez à des sentiments plus justes, mon ami.

— Non, répliquait Marin, plus d'équivoque entre nous. Vous êtes ma femme, je pars et vous allez me suivre.

Ce fut sur ces entrefaites que survint Michel Duplessis.

VI

Tout en reconduisant le blessé avenue de Neuilly, Pierre Marin se demandait par qui et comment Duplessis avait été instruit de ses relations avec sa femme.

Un seul homme connaissait le secret de son séjour à Paris, et cet homme était au-dessus de tout soupçon.

Était-ce le cocher qui avait averti le mari?

« Je le saurai bientôt, se dit-il. »

Duplessis demeurait au rez-de-chaussée, et sa maison était précédée d'un étroit parterre fermé par une grille. Des plantes grimpantes accrochaient leur rideau de feuillage et de fleurs aux barreaux de la clôture.

Il était fort heureux pour le blessé dans l'état pitoyable où il se trouvait, qu'il n'eût qu'à franchir le seuil d'une porte pour se trouver chez lui.

Le malheureux avait recouvré connaissance, mais était incapable de se tenir debout. La perte de son sang l'avait épuisé. Son souffle rauque faisait présumer qu'il avait un poumon atteint.

Pierre sonna, puis aida Albine à descendre Duplessis sur le trottoir, en même temps que la bonne accourait à leur rencontre.

La porte franchie, on plaça Michel dans un fauteuil, et non sans peine, on le porta dans sa chambre à coucher.

Dans ce trajet le blessé avait de nouveau perdu connaissance.

— Ne m'abandonnez pas, dit Albine à Pierre Marin. Aidez-moi à le déshabiller et à le mettre au lit, pendant que la bonne ira chercher le médecin.

— Quel médecin? fit Pierre.

— Le seul qui puisse garder notre secret, répondit Albine, votre frère.

— Très-bien, répondit Pierre; je vous l'aurais proposé. Albert ne peut nous trahir.

Afin d'éviter au blessé tout mouvement qui eût provoqué de nouvelles souffrances, Pierre prit des ciseaux et coupa la redingote de Duplessis.

En retirant une partie de ce vêtement, une lettre tomba d'une poche de côté.

Il la ramassa, et la tendit à Albine.

— Qu'est-ce que cela? fit la jeune femme.

— Une lettre tombée de la poche de votre mari; lisez-la, vous en avez le droit, et peut-être vous apprendra-t-elle quelque chose.

Albine distraite, tournait et retournait la lettre entre ses mains, d'un air d'indifférence.

— Savez-vous, reprit Marin, comment votre mari a été instruit de nos relations?

— Non, répondit-elle. Ne serait-ce pas par le cocher?

— Peut-être. Mais ouvrez donc cette lettre. Elle ne sort pas de son portefeuille, ce n'est pas une lettre d'affaires; elle est de date récente, et ne porte aucun timbre de poste.

Albine accéda à son désir.

A peine y eut-elle jeté un coup d'œil:

— Ah! s'écria-t-elle. Vous aviez raison. C'est une lettre anonyme.

— Donnez, fit Marin.

Et il lut:

« Si vous croyez votre femme fidèle, etc. Signé : *Un ami inconnu.* »

— Ce n'est pas le cocher qui a pu écrire cela, dit madame Duplessis.

— Non, repartit Pierre, le regard toujours fixé sur ces lignes infâmes. Ce n'est pas le cocher. Je reconnais cette écriture.

— Que dites-vous?

— Dans vingt ans, je la reconnaîtrais encore. Par quel heureux hasard est-elle tombée entre mes mains !

— Mais de qui donc?

— Cette écriture est de la même main que la lettre qui m'invita, il y a cinq ans, à me rendre au café du Marronnier, aux Prés-Saint-Gervais.

— Lermot !

— Oui. Ainsi le secret de ma retraite est connu de la police, et je serais déjà arrêté, si ce coquin n'avait voulu auparavant vous perdre avec moi.

— Infâme!... mais alors, il faut vous cacher, Pierre, il faut fuir de nouveau.

— Mon frère va venir, dit Marin, il me dira ce que j'ai à faire. Mais c'est trop nous arrêter à cet incident, songeons à votre blessé.

Aidé d'Albine, il porta ce dernier sur son lit, puis se retira dans une pièce voisine, afin de ne pas infliger à Michel la présence de son ennemi.

Cependant la lettre du dénonciateur avait changé tout à coup le courant de sa haine.

Il avait oublié son rival pour ne plus songer qu'au lâche dénonciateur.

Il ne se demandait pas : Que dois-je faire pour lui échapper?

Mais bien : — Comment pourrai-je l'atteindre et me venger?...

Pendant quelque temps, l'amour avait assoupi en lui le besoin de vengeance; cette lettre venait de ranimer toute sa haine.

A cette heure sans doute, Lermot n'était pas loin de lui.

Il avait dû rôder autour de la maison pour voir si sa dénonciation avait été écoutée.

Peut-être savait-il déjà les résultats de sa rencontre avec Michel Duplessis?

Peut-être, — la voiture allait assez lentement pour cela, — l'avait-il suivi jusqu'à la maison de celui-ci ?

En ce cas, il ne lui fallait plus que le temps de requérir un commissaire de police pour procéder à l'arrestation de l'évadé assassin !...

— Je devrais fuir, se dit-il.

Mais le désir de voir son frère, d'avoir son opinion sur l'état du blessé, de l'avertir et de prendre son avis, le clouait à sa place.

Enfin la bonne rentra, suivie du docteur.

Albert Marin traversa rapidement la chambre où se trouvait Pierre.

Ils échangèrent un signe d'intelligence qui voulait dire : A tout à l'heure.

Et le docteur se rendit près du blessé.

VII

Albert Marin était un homme froid et dur, dont la sensibilité s'était depuis trop longtemps blasée au spectacle des misères humaines, pour être capable de vibrer encore.

Son visage était un masque de glace.

Dans les pénibles épreuves que doit subir un jeune homme pauvre pour conquérir le grade de docteur et pour se faire une clientèle, Albert Marin n'avait gardé d'autre affection que celle qu'il portait à son frère.

Pierre l'avait aidé de sa bourse; il lui en était reconnaissant.

Mais cette affection était la seule qu'il eût connue.

Après elle, rien ne pouvait faire battre son cœur que l'horreur de la misère et l'amour de l'argent.

Il avait désapprouvé le second mariage d'Albine, et l'événement venait de lui donner raison.

Tel était l'homme qui, penché sur Michel Duplessis, sondait sa blessure.

La balle du revolver avait traversé la poitrine en déchirant un des poumons, et était heureusement sortie, sans causer d'autre lésion grave.

La vie du blessé était menacée. Sa situation, sans être désespérée, était très-alarmante, et même, pendant un moment, il put croire que Michel allait expirer sous ses yeux.

En effet, lorsque soulevant ses paupières appesanties, l'infortuné reconnut à son chevet le frère de son ennemi mortel, il éprouva une commotion violente.

Albert n'allait-il pas l'achever?

Il dut le penser.

Ses traits se contractèrent . douloureusement.

— Vous!... Vous ici! murmura-t-il.

Et son regard se reporta sur Albine, comme pour lui reprocher d'avoir appelé cet homme près de lui.

Chose étrange! dans le trouble où elle était, celle-ci n'avait point prévu l'impression que devait lui causer la vue du docteur Marin.

— Je m'éloigne, dit celui-ci, ma présence lui est insupportable. Rassurez-le, madame, dès qu'il pourra vous entendre, car il paraît me craindre. Ajoutez que je ne reviendrai plus, et que vous demanderez un autre médecin.

— Mais docteur, pardonnez...

— Je comprends parfaitement, madame, une impression aussi naturelle. Je vais vous laisser une ordonnance, mais dans son intérêt, je ne reparaîtrai plus ici, je me bornerai à prendre chaque jour de ses nouvelles.

Albine voulut protester, mais Albert l'interrompit de nouveau :

— Ma présence le tuerait, dit-il. Adieu.

Il se retira ; elle le suivit.

— Votre frère est ici, lui dit-elle à voix basse.

— Je l'ai aperçu dans la chambre voisine.

— Il n'est plus en sûreté dans l'asile que vous lui avez offert.

— Ah! fit froidement Albert. Eh bien! je lui en trouverai un autre, je vais en causer un instant avec lui.

Mais il ne l'invita point à l'accompagner près de son frère et la salua sur le seuil de la chambre à coucher.

Elle comprit.

Elle ferma la porte et les laissa seuls.

Albert et Pierre s'entretinrent à voix basse.

Un quart d'heure après, elle entendit des bruits de pas dans le jardin ; elle souleva le rideau de la fenêtre et vit les deux frères qui s'éloignaient.

— Parti et sans dire adieu! murmura-t-elle. Lui suis-je donc devenue suspecte, qu'il me cache sa nouvelle retraite?...

« Et à son tour, n'a-t-il donc pas pitié de l'état où il m'a mise et où il m'a laissée!...

« Ingrat!...

« Si j'étais restée sourde à son appel, si je n'avais eu pitié de lui, je ne serais pas aujourd'hui dans cette situation affreuse.

« Comment racheter aujourd'hui ma faiblesse coupable envers cet infortuné, si bon, si dévoué pour moi?

« Destinée étrange! Désormais je me trouve sans appui en ce monde entre un mari mourant et un autre condamné à mort. »

Tout-à-coup une pensée terrible traversa son esprit.

— Et mon enfant! se dit-elle. Mon enfant que j'ai laissé seul dans son petit lit.

— S'il me l'avait enlevé?...

Elle courut précipitamment dans le cabinet où couchait le petit garçon.

La terreur l'affolait.

Le cabinet était sans lumière, elle se jeta sur le lit d'Henri.

L'enfant était là ; il dormait.

Alors la terreur de la mère se changea soudain en une joie délirante.

Elle couvrit l'enfant surpris de baisers et de larmes, lui prodiguant les mille appellations bizarres et charmantes qu'invente la tendresse des mères.

Enfin dans l'accès de son malheur il lui restait encore son enfant.

Soulagée par ce moment d'expansion, elle rentra dans la chambre de son mari.

Michel ne pouvait articuler une parole,

Pendant cinq minutes ils luttaient ainsi.

mais ses yeux parlaient et tout d'abord Albine y rencontra de la tristesse et des reproches.

La bonne venait de poser sur un guéridon la potion commandée par le médecin.

L'ordonnance qu'Albine avait lue prescrivait : Une cuiller par heure.

Elle remplit de la potion une cuiller et la présenta au malade :

Alors la physionomie de Michel s'altéra et exprima un sentiment d'horreur :

— Non, fit-il d'une voix étouffée. C'est de son frère, c'est... du poison...

Albine jeta le médicament dans la cheminée.

— Soit, dit-elle. C'est une prévention injuste mon ami; mais je ne vous contrarierai point, je vais faire appeler un autre médecin.

C'est d'ailleurs le conseil que m'a donné M. Albert en me disant adieu.

Elle sonna, donna des ordres à sa domestique et reprit sa place près du lit.

Michel la regarda un instant d'un air plus calme, puis détourna les yeux.

L'infortunée comprit et se mit à pleurer en silence.

Il fallait attendre ainsi jusqu'au lendemain avant qu'il se présentât un nouveau médecin.

Celui-ci prit connaissance de ce qu'avait fait, dit et prescrit son confrère, et déclara qu'il partageait son opinion sur l'état du blessé et le traitement qu'il devait suivre.

Rien n'était changé en bien ou en mal dans la situation de Michel Duplessis; voyons maintenant s'il en était de même dans celle de Pierre Marin.

VIII

En quittant madame Duplessis, le docteur Albert Marin, s'avança vers son frère qui l'attendait dans une pièce voisine. Celui-ci se leva aussitôt qu'il parut.

Albert lui tendit la main en lui disant :

— Tout ceci est bien malheureux.

— Oui, répondit Pierre. Ce duel n'a rien changé à la situation. Survivra-t-il?

— Peut-être; et votre situation est changée en ce sens que des deux côtés elle s'est aggravée; vous voilà maintenant tous deux hors de combat. La mort seule devait intervenir entre vous.

— C'est vrai, répondit Pierre, et tu ne sais pas tout, mon ami.

— Qu'y a-t-il encore?

— Je dois t'en avertir.

Il tendit la lettre anonyme à Albert :

— Tiens, dit-il, prends connaissance de cette lettre.

Le docteur lut la dénonciation et la rendit froidement à son frère.

— Cela ne m'étonne pas, dit-il. Tu as été imprudent en sortant le soir. Après tout peut-être, l'auteur de cette lettre n'a-t-il épié que ta femme, et ignore-t-il le nom de celui qu'elle allait voir... Mais je ne m'y fierais pas.

— Et tu aurais bien raison, fit Pierre, avec un sourire mystérieux.

— Notre secret, reprit Albert, ne nous appartient plus à cette heure et d'un moment à l'autre il peut être livré à la police.

— Il l'est déjà.

— Que dis-tu?

— Ce que l'écriture de cette lettre m'a révélé. Celui qui m'a dénoncé à Duplessis est le même qui m'a fait arrêter il y a cinq ans.

— Lermot?

— Oui; j'en suis convaincu.

— Mais alors?... fit Albert avec étonnement, comment n'es-tu pas arrêté déjà?

— Cela, je ne puis le comprendre, je m'y perds. Comment la police n'a-t-elle point envahi la maison après notre duel? Comment n'est-elle pas ici?

— C'est inouï. Mais ne nous attardons pas davantage ici, dit Albert, ce serait imprudent. Sortons.

Tous deux sur ces mots quittèrent brusquement la maison Duplessis.

La nuit était noire et rien de suspect ne se montra devant la porte.

— Où allons-nous? demanda Pierre.

— En vérité je l'ignore, lui répondit son frère. Éloignons-nous de Neuilly et de Levallois, descendons vers Courbevoie. L'avenue est déserte, personne ne nous a remarqués; dans un quart d'heure le danger le plus imminent sera écarté.

Ils marchèrent quelque temps en silence, absorbés par les plus graves réflexions.

Le docteur cherchait en vain une réponse à la question qu'il s'était posée : comment

Lermot n'a-t-il pas encore fait arrêter Pierre depuis deux jours? peut-être mon frère se trompe-t-il.

Le sujet des réflexions de Pierre Marin était tout différent.

Lorsqu'ils eurent traversé le pont de Neuilly :

— Sais-tu où nous allons, reprit Pierre.

— Dans un hôtel quelconque répondit Albert, afin de nous asseoir et de causer tranquillement.

— Pardon, reprit son frère, si nous avons à échanger quelques paroles sérieuses, nous sommes beaucoup mieux ici qu'entre les cloisons mal jointes d'un hôtel.

— Mon Dieu, mon cher ami, il ne nous reste plus maintenant qu'à régler les conditions de ton départ.

— Mon départ? fit Pierre avec surprise.

— Sans doute. Tu ne peux prolonger davantage ton séjour à Paris. Quelques précautions que tu prennes, tu y serais bientôt découvert, d'ailleurs qu'y ferais-tu désormais? si Duplessis guérit, voudras-tu le provoquer de nouveau? je ne puis le croire. Cette lutte prendrait un caractère odieux. S'il meurt, je suis là, j'irai trouver sa veuve et je vous servirai d'intermédiaire.

« Tu vas donc, si tu es sage, quitter Paris et si tu le peux, franchir la frontière. Mais quelle frontière? n'est-il pas à craindre que ton signalement soit déjà donné? Il s'agit donc, comme je te le disais, de régler les conditions de ton départ. Il te faut des papiers, et un déguisement complet.

« J'ai déjà pensé à une chose. Tu es à peu près de la taille d'un de nos amis, Victor Aubry, qui a comme journaliste, une passe pour le chemin de fer du nord. J'irai ce matin même lui raconter ton aventure et le prier de te prêter sa passe. Aubry est un bon cœur et le danger que tu cours le

décidera; tu pourras gagner Bruxelles et de là l'Angleterre, le seul asile sûr.

Qu'en penses-tu?

— L'idée est excellente, répondit Pierre, mais sans enthousiasme.

— N'est-ce pas?

— Procure-toi cette passe, si tu le peux. Quant au déguisement je vais y procéder dès que les boutiques de coiffeur et de marchands de confections seront ouvertes et si je réussis, dans quelques jours, je prendrai le chemin de Bruxelles.

— Pourquoi pas ce soir? fit Albert avec inquiétude. Pourquoi différer un départ, une fuite nécessaire? Qu'attends-tu ici? que le sort de Duplessis soit décidé?...

— Non, répondit Pierre avec embarras, j'ai mon idée...

— Voyons, explique-toi; entre nous, mon ami, il ne peut y avoir de mystère.

— Ne t'occupe que de la passe et ne t'inquiète pas du reste.

— Ah! Pierre, ton silence me fait injure.

— Je t'en supplie, mon cher Albert, permets-moi de différer mon départ de quelques jours et ne prends pas pour un manque de franchise ou de confiance un silence que me commande mon amitié pour toi.

— Tu me mets au supplice. Parle, je t'en conjure.

— Je suis certain que tu me désapprouverais et je te causerais une peine inutile, car malgré tout ce que tu pourrais me dire pour me détourner de mon dessein, je resterais inébranlable.

— Eh bien, dit Albert, quelle que soit la nouvelle résolution que tu viens de prendre, je te promets de ne pas la combattre, mais parle, que je sache du moins à quel nouveau malheur je dois m'attendre et me résigner.

— Soit, répondit Pierre. Ma résolution n'est pas nouvelle, mais j'en avais différé l'exécution. Elle date du jour où l'on m'a mis les chaînes aux pieds et aux mains à la Roquette et expédié à Cayenne. Depuis elle ne m'a pas quitté une minute. Elle s'est retrempée dans toutes les tortures que j'ai subies, et elle m'a soutenu dans mes luttes désespérées. Elle a grandi de jour en jour, d'année en année ; aujourd'hui elle est devenue plus impérieuse que jamais et ne souffre plus aucun délai.

— Tu m'as compris sans doute ?

— Je crois te comprendre, répondit Albert avec tristesse.

— Il faut que je me venge ! reprit Pierre Marin d'une voix sourde. Et puisque ceux qui sont restés ici n'ont pas fait leur devoir, n'ont pas tué le traître, il faut que je le tue !

— Tu joues ta tête.

— Je ne crains pas la mort.

— Tu seras arrêté.

— Il est probable.

— Et le monde ne verra en toi qu'un vil assassin.

— Que m'importe le jugement des sots. Serai-je un assassin pour Albine ? non ; en serai-je un pour toi, Albert ?

— Pour moi tu seras un insensé, répondit le docteur avec découragement.

« Et ton fils ?... ajouta-t-il, quel triste nom lui légueras-tu ?

— Henri, fit Marin d'une voix émue, il portera le nom de son père adoptif.

— Ah ! quel dessein funeste... Pierre, je t'en conjure, au nom de notre amitié, au nom de ton enfant renonce à ces projets insensés.

— Je veux purger la terre d'un scélérat.

— Un de moins dans le nombre... fit Albert, il n'y paraîtra pas ; il vaut mieux conserver au monde un honnête homme.

— Ah ! tu parles en philosophe. Cela t'est bien facile et tu n'as pas souffert.

— La vengeance est un crime.

— Même à tes yeux ? fit Pierre avec emportement.

— Pierre, calme-toi, je te prie. D'ailleurs parlons moins haut. Voici un hôtel ; un peu de repos nous est indispensable après cette rude et longue journée.

Pour couper court à une discussion qui menaçait de s'envenimer et qu'il prévoyait devoir être stérile, le docteur sonna à la porte d'un petit hôtel.

Un instant après, ils s'étendaient tout habillés sur un lit en attendant le jour.

IX

Vers huit heures du matin, les deux frères se levèrent, et se rendirent chez un coiffeur.

Pierre se fit couper les cheveux très-courts et raser entièrement sa longue barbe noire.

De là, ils allèrent ensemble dans une des maisons de confections les mieux montées, et Pierre y acheta un costume complet qui acheva sa transformation.

Il ne parla plus de ses projets, et son frère renonça à les combattre. Après le déjeuner, Pierre annonça son intention d'aller habiter Belleville, et pria Albert de lui envoyer au bureau restant, à ses initiales, des nouvelles de Michel Duplessis.

Le docteur le lui promit, et ajouta qu'il lui enverrait de l'argent pour le lendemain.

Dans la soirée, ils descendirent jusqu'à une station de voitures, et se séparèrent.

— Écris-moi, chaque jour, ajouta Albert.

Et ils se dirent non au revoir, mais adieu.

Pierre Marin, en allant habiter Belleville, pensait se rapprocher d'Auguste Lermot, ou y découvrir son adresse. A l'époque de la dénonciation, Lermot habitait rue de Paris. Il était possible qu'il n'eût pas quitté le quartier et même qu'il continuât à y jouer avec succès son rôle de républicain.

Le dernier procès de la Marianne n'avait pas eu grand retentissement, puis à Paris, on oublie si vite. Un homme taré, flétri par la loi ou la publicité d'une action déshonorante, au bout de quelque mois, peut reparaître au grand jour.

Ce Lermot avait d'ailleurs l'effronterie, que donne à certains individus l'inconscience de leurs actes.

Il était infâme sans le savoir et portait sa honte sans la sentir.

Né mouchard, comme d'autres naissent poëtes, c'était de son propre mouvement qu'il avait offert ses services à la préfecture de police, et de ce jour-là, il s'était reconnu une aptitude et un métier de plus.

Enfant, il dénonçait à l'école ses camarades ; homme il était enclin à écouter aux portes de ses voisins, à espionner leurs démarches, à prévenir leurs créanciers, à écrire des lettres anonymes, à répandre la calomnie.

Les moyens vils l'attiraient par leur lâcheté et leur bassesse même, tout aussi naturellement qu'un fait héroïque séduit une âme noble. Le bien lui répugnait.

Il convenait avec quelque fatuité qu'il avait du *vice* ; expression populaire d'une justesse étonnante, quand on y réfléchit.

Généralement on ignore combien sont nombreux les gens de cette espèce, ces mouchards amateurs, la société en est empoisonnée. Ils minent votre réputation, votre crédit, vos intérêts, avec l'ardeur et la patience d'insectes qui dévorent une charpente. Tout cela pour l'amour de l'art, la satisfaction de leur instinct, le plaisir de vous voir souffrir de coups inattendus partis d'une main inconnue.

La politique leur offre malheureusement un sujet d'expansion de plus.

Les bureaux de police sont encombrés de leur correspondance, et je ne sais quel préfet raconte dans ses mémoires, que le temps manque pour le dépouillement des dénonciations qui arrivent chaque jour. Pour la plupart, elles sont jetées au panier sans être lues.

Ce vice chez beaucoup dégénère en manie.

Aussi, qu'une révélation se fasse, nous voyons une foule de délateurs volontaires non salariés sortir du pavé. Ils se jettent dans les petits journaux, publient des bandes de canards empoisonnés, dénoncent, perquisitionnent, font du zèle à cœur joie, et ce ne sont pas les moins ardents à crier à tout propos au mouchard et à faire la chasse aux agents de police. C'est écœurant.

Auguste Lermot était de ces gens-là. La Marianne l'avait attiré par son mystère, non par son but, car il était incapable de se former une opinion politique.

Agir dans l'ombre, conspirer, l'avait séduit ; mais à peine avait-il été affilié qu'il avait été tourmenté de l'idée de trahir.

Ce désir était pour lui plein de jouissances secrètes.

Il avait du plaisir en prenant part aux réunions, à se dire en considérant ses camarades : Quand je le voudrai, sans que vous vous en doutiez, je vous ferai coffrer tous. Il se sentait une puissance. Enfin, comme l'envie, la jalousie, sont encore les qualités dominantes des coquins de cette espèce, il se complaisait à l'avance à choisir ses victimes parmi les meilleurs et les plus heureux.

Pierre Marin qui lui avait rendu quelques petits services était par là même le premier qu'il se réjouissait de perdre.

Marin gagnait de l'argent; lui, Lermot, végétait. La femme de Marin était jolie et celle de Lermot était digne de son époux.

Autant de motifs de haine.

Le coup de filet qu'il avait offert à la police ayant réussi selon ses vœux, il avait pris rang parmi les délateurs importants.

C'était un talent plein de promesses et qu'on devait encourager; on lui accorda une gratification et il devint mouchard de profession.

Ses affaires n'en allèrent pas mieux, mais sa paresse en fut favorisée. Il continua.

Toutefois, il jugea prudent de changer de quartier et fut habiter aux Batignolles.

Ce fut ce que Marin ne tarda pas à apprendre; on lui donna même son adresse.

Comme il ne perdait point de vue les malheureux qu'il faisait envoyer en prison ou au bagne, il avait appris avec plaisir la mort de Pierre Marin; et la nouvelle du second mariage d'Albine lui avait donné à réfléchir.

Albine voyait souvent son beau-frère; il avait d'abord espionné ce dernier, dans l'idée que la veuve et le frère du condamné devaient partager les opinions politiques de celui-ci.

Il savait donc qu'Albert Marin possédait une maison rue des Arts à Levallois.

Après avoir longtemps mouchardé le docteur, son attention s'était tournée vers Michel Duplessis.

« Ne fallait-il pas être républicain enragé pour épouser la veuve d'un forçat?

Ainsi avait raisonné Lermot. Et l'intérieur si paisible du négociant de la rue du Sentier était devenu l'objectif de son espionnage.

Quelle joie et quel succès s'il était parvenu à envoyer le second mari d'Albine rejoindre le premier.

Le hasard offrit à cet être malfaisant une autre occasion de nuire.

A force de rôder avenue de Neuilly, il remarqua qu'Albine sortait seule et furtivement un samedi soir, c'est-à-dire, le jour où par exception son mari était retenu assez tard à Paris.

Une femme qui pour la première fois va à un rendez-vous se dénonce à l'œil exercé d'un observateur par son allure craintive et effarée, par le soin excessif qu'elle prend d'éviter les regards, par l'inquiétude qui se trahit dans ses moindres mouvements.

Il la vit se jeter dans un fiacre qui stationnait non devant sa porte, mais à l'entrée d'une petite rue obscure.

Il ne douta plus, et à toutes jambes il suivit la voiture.

« Quoi! chez le docteur Marin, se dit-il.

Mais il se rappela qu'Albert n'habitait pas sa maison de Levallois. Il vit l'écriteau au-dessus de la porte : *A louer*.

Lorsque madame Duplessis sortit de cette maison et remonta en voiture, il voulut savoir si le docteur était chez lui et se rendit à son domicile. La concierge lui affirma que le docteur n'était pas sorti.

Ce n'était donc pas avec ce dernier qu'Albine avait rendez-vous. Il se promit de savoir avec qui. Mais ce fut en vain qu'il sonna à la maison fermée et qu'il prit des informations dans le voisinage.

Tout le monde lui répondit, que la maison de M. Marin était inhabitée.

Le samedi suivant, à la même heure, il se mit en observation, et comme la première fois, il vit madame Duplessis se glisser dans l'allée d'où elle pénétrait dans la maison mystérieuse.

« Il ne s'agit point là de politique, se dit-il, mais il y a une intrigue qui se noue, un drame qui se prépare et dont je puis d'un mot précipiter le dénouement.

Au mari d'éclaircir ce mystère et nous verrons bien.

Mais la fatalité ne permit point qu'il pût assister, même de la coulisse, au dénouement du drame ; ce samedi-là il fut retenu à Paris.

Il ignorait donc le duel aussi bien que l'existence de Pierre Marin.

S'il eût seulement soupçonné le retour de l'évadé, il se fût chargé de provoquer une intervention autrement redoutable que celle de Michel Duplessis.

Rentré chez lui à une heure avancée de la nuit, il sortit de nouveau le lendemain dès le matin ; c'était un dimanche jour de cabaret. Pierre Marin à son tour, en allant pour le voir, ne trouva que sa femme, dont il n'était pas connu.

En voyant son air contrarié, cette femme lui demanda qui il était et ce qu'il voulait.

— Je suis, lui répondit-il, un de ses anciens amis, qu'il n'avait pas vu depuis cinq ans et qu'il sera très-heureux de revoir. C'est bien regrettable que je ne l'aie pas rencontré, car je ne suis que pour peu de jours à Paris.

La femme parut réfléchir un instant :

— Il ne rentrera pas avant ce soir, dit-elle ; mais il m'a dit cependant de l'attendre pour dîner. Voyez-vous, aujourd'hui, c'est dimanche, et il a beaucoup d'occupation.

— Il travaille donc le dimanche ?

— C'est-à-dire qu'il a beaucoup de monde à voir dans les cabarets des environs. Aujourd'hui, par exemple, si vous alliez à Saint-Ouen, je suis sûre que vous le rencontreriez chez quelque restaurateur de l'île ou du bord de l'eau.

— Mon Dieu, fit Pierre Marin, à cela ne tienne, je lui avais d'avance consacré ma journée, je n'ai rien de mieux à faire que de me promener, j'irai de ce côté.

— En tout cas, reprit la femme, si vous ne le rencontrez pas, il sera très-probablement ici entre sept et huit heures.

Pierre Marin remercia la femme Lermot et s'éloigna. Il était exaspéré, et aucune considération ne pouvait plus l'arracher à ses idées de vengeance.

X

Cependant, que devenaient Albine et Michel Duplessis ?

Dans la matinée, un second médecin était venu.

L'examen de la blessure, dont la gravité était extrême, lui suggéra quelques réflexions, dont il crut devoir faire part à Duplessis.

— Monsieur, lui dit-il, je ne vous cache pas que votre vie est en danger. J'espère votre guérison, cependant, dans votre intérêt et dans celui de votre femme, je vous engagerais à mettre ordre à vos affaires. Vous êtes en ce moment dans un état relativement satisfaisant. Ce soir, vous aurez un accès de fièvre, comme il arrive toujours en pareil cas. Mais, si contre mon espérance et mes prévisions, il survenait ensuite quelque complication fâcheuse, il serait regrettable que vous n'en eussiez pas été prévenu.

— Merci, docteur, répondit le négociant, mes affaires sont parfaitement en ordre.

— Permettez-moi encore une observation, reprit le médecin, et ne voyez, je vous prie, aucune indiscrétion dans l'intention qui me l'inspire.

J'ignore les causes de votre blessure, et je ne demande point à les connaître, mais si un accident imprévu vous enlevait, la justice pourrait les rechercher.

Une légère rougeur colora les joues et le front du blessé, ses lèvres s'entr'ouvrirent pour répondre, le docteur, d'un signe, lui recommanda le silence :

— Je ne veux rien savoir; il est bien inutile de vous fatiguer pour une explication. Votre main droite est libre; madame va poser sur le lit, à portée de votre main, tout ce qu'il faut pour écrire. Dans une lettre testamentaire de quelques lignes, vous pourrez donner l'explication du malheur qui vous est arrivé.

« Encore une fois, cher monsieur, ne vous alarmez point; bon courage, et pardonnez-moi, je vous en prie, l'avis que je vous donne, en faveur de l'intention qui l'a dicté.

— Oui, monsieur, répondit Michel, en s'efforçant de sourire.

Sur ces paroles, le docteur se retira.

Lorsque la jeune femme qui l'avait reconduit fut de retour près de son mari :

— Tu l'as entendu? dit celui-ci.

— Oui, mon ami.

— Qu'en penses-tu?

— Rien.

— N'a-t-il pas raison?

— C'est possible. Je m'en soucie peu. Je ne pense qu'au danger que tu cours. Si tu viens à mourir, que m'importe ce qui pourra m'arriver ensuite?

— Mais *lui*?

— Je le plains, s'il m'aime et s'il peut comprendre tout le mal qu'il m'a fait. Ne parlons plus de ce malheureux.

Le front de Michel parut se rasséréner à ces paroles d'affection sincère.

— Donne-moi ce qu'il faut pour écrire, dit-il.

— Pourquoi te donner une peine inutile?

— Je le veux.

Elle hésitait.

Le soupçon revint à son esprit.

— Qu'as-tu à craindre? fit-il.

— Oh! mon ami, s'écria-t-elle en tombant à genoux au pied du lit, qu'une parole de pardon tombe pour moi de tes lèvres, c'est tout ce qu'il me faut.

— Relève-toi, Albine, embrasse-moi, et fais ce que je te dis.

Albine lui donna un baiser sur le front, essuya ses larmes, et lui apporta ce qu'il désirait.

Il écrivit les lignes suivantes :

« Aujourd'hui matin, après la visite de M. le docteur X., je doute de ma guérison, et je crois devoir écrire la déclaration qui suit :

Hier soir, injustement alarmé par une démarche innocente de ma femme bien-aimée, dans un moment d'erreur, que je déplore et dont je désire garder le secret, j'ai attenté à mes jours, et me suis tiré un coup de revolver dans la poitrine. Si je viens à mourir, que mes parents, mon fils adoptif, ou toute autre personne n'attribuent ma mort qu'à la cause que j'en ai donnée. C'est ma dernière volonté. »

MICHEL DUPLESSIS.

Il remit cette déclaration à sa femme :

— Lis, lui dit-il.

Et lorsqu'elle en eut pris connaissance :

— Est-ce bien comme cela? demanda-t-il.

Pour toute réponse, elle le couvrit de baisers.

— Maintenant, reprit-il, conserve bien

Elle s'empressa d'aller à leur rencontre et les reçut dans le vestibule.

ceci ; puis cherche dans la poche de côté de mon pardessus, il y a une lettre...

— Je sais, répondit Albine.

— Tu l'as lue?

— Oui. Elle est tombée tout ouverte de ta poche. Je ne sais quel instinct m'avertit que c'était une lettre infâme.

— Eh bien, donne-la-moi.

— Je ne l'ai plus.

— Tu l'as détruite?

— Pierre Marin était là. Je me récriais : C'est une lettre anonyme !

« — Donnez, » me dit-il.

Je la lui donnai, et il crut en reconnaître l'écriture. — Celui qui a écrit cette dénonciation, dit-il, est le même qui m'a écrit pour m'attirer dans le guet-apens où m'attendait la police, il y a cinq ans, — c'est un nommé Auguste Lermot, affilié comme moi à la Marianne. Je ne puis me méprendre, ajouta-t-il ; je vivrais cent ans, je n'oublierais pas cette écriture.

— Lermot ? fit Michel à voix basse, je ne connais pas ce nom-là.

« Et qu'a-t-il fait de la lettre ?

— Il l'a emportée.

— Eh bien, si on la trouve sur lui, ma déclaration deviendra inutile.

Puis, avec lassitude :

— Tant pis, ajouta Duplessis, j'aurai fait tout ce que j'aurai pu.

Un morne silence succéda à ces paroles de découragement.

Quelques minutes plus tard :

— Il ne t'a pas dit où il allait, reprit le mari, ni ce qu'il comptait faire ?

— Non, dit Albine. Il s'est retiré dans le petit salon, et il est parti avec son frère sans me donner aucune explication, et même sans me dire adieu.

— Cet homme est funeste !... Dieu nous épargne de nouveaux malheurs !

Le soir vint, et avec lui la fièvre annoncée par le docteur.

Albine s'assit près du blessé, désolée et dévorée par la double inquiétude que lui causaient l'état de Michel et le caractère vindicatif de Pierre Marin. Elle ne doutait pas qu'il ne recherchât Lermot et ne tentât de se faire justice. Elle tremblait de voir les craintes de Michel se réaliser, et la police faire irruption chez elle, et lui demander des explications.

La plus grande partie de la nuit s'écoula ainsi : tantôt prêtant l'oreille aux bruits du dehors, au pas précipité d'un passant, au roulement d'une voiture ; tantôt écoutant les paroles incohérentes que la fièvre arrachait à son mari.

Parfois, le souffle oppressé de cet infortuné lui causait une angoisse profonde. Des sons rauques s'échappaient de sa poitrine déchirée ; son visage se congestionnait, elle croyait le voir mourir.

Ces cruelles alternatives lui rendaient plus cher son second mari, et lui faisaient maudire le jour où le premier était revenu.

Le lendemain matin, la première personne qui sonna à la porte fut Albert Marin.

Albine ne s'était pas couchée ; elle sommeillait dans un fauteuil ; la domestique n'était pas levée ; elle fut ouvrir.

— Qu'y a-t-il ? lui demanda-t-elle effrayée.

— Rien de nouveau que je sache, répondit le docteur.

— Votre frère ?

— Il m'a quitté hier matin, je ne sais ce qu'il est devenu. Mais je viens prendre des nouvelles du blessé.

— Il a eu la fièvre et un peu de délire hier soir ; il paraît plus calme ; il sommeille.

— Qu'a dit mon confrère ?

— Il a trouvé son état très-grave.

— Jetez un mot pour moi à la poste, après la visite de M. X. , je vous prie. Je resterai chez moi toute la journée ; je crains que Pierre ne fasse quelque coup de tête.

— Je meurs d'inquiétude.

— Ne craignez rien de lui, dit Albert, il ne reviendra plus chez vous ; je l'en ai dissuadé.

— Et vous, monsieur, si vous avez de lui quelque nouvelle importante, écrivez-moi aussi, je vous en prie.

— A bientôt, Albine, du courage.

Le docteur Marin se retira, et retourna chez lui.

XI

Ainsi qu'il l'avait dit à la femme Lermot, Pierre Marin alla en se promenant du côté de Saint-Ouen. Il faisait un temps superbe, et la rive de la Seine, déserte d'habitude, était couverte de promeneurs.

Le canotage et la pêche couvraient le fleuve d'embarcations de plaisance. Les mariniers achevaient de nettoyer et parer leurs bateaux. Une gaieté communicative enveloppait de ses chauds rayons les coteaux, le fleuve et les passants endimanchés.

Et cependant, ces bords de la Seine sont exceptionnellement déshonorés par les eaux noires et pestilentielles du grand collecteur dont le siphon se dégorge entre Clichy et Saint-Ouen; le rivage, de ce côté, n'offre aux promeneurs que des talus inégaux, dont la glaise rougeâtre se couvre çà et là des lambeaux sordides d'un tapis de gazon usé. Pas une allée d'arbres, pas un jardin.

Paris semble se retirer des bords de sa rivière infectée.

En approchant de Saint-Ouen, le bouquet d'arbres de l'île fait l'effet d'une oasis, les maisons se rapprochent de l'eau, la rive se peuple, on retrouve l'animation particulière à toute la banlieue de Paris, et, le dimanche, il y a une odeur de friture dans l'air.

Il y avait bien longtemps que Pierre Marin n'avait revu tout cela, mais il passait insensible, fermé à l'influence des souvenirs et de la gaieté qui l'enveloppaient.

Il allait l'œil fixé à terre, tournant et retournant sans cesse dans son esprit ces deux problèmes :

« Comment trouverai-je cet homme?

« Comment le tuer?

Il visita d'abord l'île et ses cabarets; il n'y rencontra pas un visage connu.

Il rentra dans le village et parcourut de même les marchands de vin et les restaurants, ne faisant dans chacun d'eux que la plus courte station possible. Mais on conçoit combien une telle exploration est hasardeuse. On peut dans la foule coudoyer dix fois sans la voir la personne que l'on cherche. La journée s'écoula ainsi. Il dîna et reprit le chemin qu'il avait suivi.

La nuit était tombée; la chaleur du jour avait chargé le ciel de nuages et un voile mobile de vapeurs flottait sur la rivière.

Sur la rive les passants étaient rares. Il y régnait un silence profond à peine interrompu par quelque cri lointain, par le clapotement des eaux ou les grincements des chaînes de fer amarrant les bateaux.

L'obscurité ajoutait encore au caractère désolé et presque sinistre de cette solitude, qui cette fois se trouvait en complète harmonie avec l'âme de Pierre Marin.

Ce dernier était presque arrivé à la bouche de l'égout, lorsqu'il remarqua un individu arrêté pour allumer sa pipe.

C'était un homme court et épais dont le chapeau pointu à larges bords frappa son attention comme un souvenir.

Instinctivement il s'arrêta et fixa cet homme.

L'allumette que tenait celui-ci flamba devant son visage.

Il le reconnut; c'était lui !...

Il s'en approcha aussitôt.

— Tiens! fit-il, je vous cherchais, Lermot.

L'autre le considéra avec surprise.

— Vous me connaissez? demanda-t-il.

— Et vous, vous ne me remettez pas?

— Non.

— Je suis un de vos anciens camarades, que vous n'avez pas vu depuis cinq ans, et qui vient de faire un long voyage dans l'espoir de vous rencontrer. J'arrive d'Amérique et comme tout le monde ici probablement vous me croyiez mort.

— Oh! par exemple! se récria Lermot, vous ressemblez tout de même à un ancien camarade qui est mort il y a quelques années à... à la Guyane.

— A Cayenne.

— Oui.

— Vous voulez parler d'un ingénieur des ponts-et-chaussées condamné pour affiliation à la Marianne, nommé Pierre Marin.

— Oui, justement.

— h bien, c'est moi.

— Est-il possible! fit Lermot, doutant encore mais frémissant déjà.

— Je me suis évadé; on m'a cru mort, je suis passé du Brésil en Angleterre et de là en France. Mais vous ne l'ignorez pas!

— Moi! Sur ma parole, monsieur Marin.

— Allons donc! fit Pierre dont la voix tremblait déjà de colère, votre parole, Lermot!... Vous m'avez déjà dépisté, puisque vous avez averti M. Duplessis de mon séjour à Levallois.

— Je vous jure, balbutia Lermot.

— Mais interdit par cette accusation, il ne savait que répondre. C'était trop de sujets de surprise à la fois.

— Vous comprenez, reprit Pierre, qu'après une séparation si longue et tant d'événements nous avons à causer.

— L'heure et l'endroit sont mal choisis, répondit Lermot.

— Je ne les ai pas choisis, répartit Marin, mais ils me conviennent.

— Allons, voyons, fit Lermot en s'écartant de quelques pas, cela passe la plaisanterie. Quelles histoires de l'autre monde venez-vous me conter là! Pierre Marin est mort et je ne vous connais pas. Suivez votre chemin et fichez-moi la paix.

— Non, non, dit Pierre en allant à lui, cela ne se passera pas ainsi. Nous avons un compte à régler, nous allons le régler sur-le-champ.

Puis élevant la voix et portant la main sur l'épaule du traître :

— Lermot, il y a cinq ans, tu m'as dénoncé et attiré dans un guet-apens. Il y a trois jours, tu m'as dénoncé au second mari de ma femme. Tu sais à quoi sont condamnés les traîtres dans la Marianne.

Tu as fait périr au bagne plusieurs malheureux qui voyaient en toi un frère.

— Vous vous trompez, dit Lermot.

— Ne dis pas cela!... Ceux que tu as trahis et fait condamner t'ont jugé et condamné à leur tour. Seul de tes victimes, j'ai survécu ; je vais exécuter la sentence prononcée au bagne contre toi.

— Oh! oh! s'écria Lermot jetant autour de lui un regard inquiet. Il veut m'assassiner, je crois.

— Non, lâche, je ne veux pas t'assassiner, mais te tuer, si Dieu est juste. Défends-toi!

Il s'élança sur lui.

Lermot avait déjà la main à la poche pour y saisir une arme, sans doute; mais Pierre Marin avait prévu son intention.

Il aurait pu lui brûler la cervelle; il ne le voulut pas.

Sa vengeance eût ressemblé à un assassinat.

Il voulut une lutte, un combat loyal.

— Pas d'armes! lui cria-t-il. J'en ai sur moi, je n'en fais pas usage.

Il l'étreignit et lutta avec lui corps à corps.

Ils étaient du même âge, de même taille et presque de même force. Mais Lermot, abruti par la paresse, alourdi par l'embonpoint, était moins nerveux et moins agile.

Il s'en aperçut bientôt.

Marin l'enlevait de terre et l'entraînait de glissade en glissade sur la pente de la berge, dans le dessein évident de le jeter à l'eau fangeuse de l'égout.

La terreur, le désespoir lui prêtèrent des forces. Pendant cinq minutes ils luttaient ainsi, sans un moment de trève, quand une voix s'éleva dans le lointain. C'était le chant d'un ivrogne qui suivait le bord de la Seine.

« Encore quelques minutes, se dit Lermot, et je suis sauvé...

Il redoubla d'énergie.

Mais Marin lui aussi entendait le passant qui se rapprochait d'eux et il ne tenait pas à être interrompu. Dans un suprême effort, il enleva son ennemi et tomba avec lui sur le sol.

Ils n'étaient qu'à deux pas de l'eau.

Lermot s'attacha à Pierre comme un noyé au sauveteur. Les mains crispées lui firent sentir leurs ongles, et comme Marin cherchait à se dégager, il le mordit au bras.

Au lieu de tirer à lui, Pierre le laissa mordre, puis appuya avec tant de vigueur qu'il lui écrasa les lèvres et l'étouffa.

Le passant se rapprochait lentement, mais il suivait le haut du talus, et si Lermot ne criait point, l'ivrogne passerait sans les apercevoir.

Pierre laissa donc son bras aux dents de Lermot, tandis que l'inconnu chantait au-dessus de leur tête, il lui laissa comme un bâillon, jusqu'à ce que le traître à demi pâmé demeurât sans résistance.

Alors Pierre se dégagea tout à fait, le saisit par les pieds et le précipita à la rivière.

L'endroit où se jette l'égout est profond et le courant rapide.

Le corps disparut sous l'eau noire et méphitique. Et son poids l'entraîna sans doute jusqu'aux fanges du bassin, car presque aussitôt une énorme bouffée de gaz se leva à la surface, en large cloche blanche et en bouillonnements prolongés.

Pierre suivit la berge pendant un instant, l'œil fixé sur l'eau bouillonnante, mais le corps ne reparut pas.

— C'est bien, dit-il, justice est faite.

Et murmurant les noms des malheureux arrêtés avec lui et morts au bagne, il ajouta :

— Vous êtes vengés !...

XII

Albert écouta son frère avec un intérêt douloureux.

Lorsque ce récit fut terminé, il y eut entre eux un long silence. Pierre s'en inquiéta.

— Eh bien, fit-il, tu ne m'approuves ni ne me blâmes. Quel jugement portes-tu donc sur moi ? Me croirais-tu coupable ?...

Albert lui tendit la main :

— Tu n'es que malheureux, mon ami. Tu t'es battu loyalement avec cet homme qui t'aurait donné un coup de couteau s'il l'avait pu. Tu as été le plus fort, tant mieux. Ta vengeance est un juste châtiment.

— Alors pourquoi cette tristesse que je lis sur ton visage ? demanda Pierre.

— Eh ! qu'éprouves-tu toi-même ? se récria le docteur. As-tu banni toute crainte et tout regret ?

— Non, sans doute, mais une voix intérieure, celle qui ne trompe jamais, me dit : Tu as bien fait.

— Et maintenant, que comptes-tu faire ?

— Ce que tu me conseilleras.

— Eh bien, si tu veux suivre mon conseil, pars pour Londres, sans retard.

— Mais cependant... fit Pierre Marin.

— Je devine ton objection et je vais au-devant d'elle, interrompit Albert avec vivacité. Prolonger ton séjour à Paris, c'est paraître espérer à la situation de Duplessis un dénoûment fatal.

— C'est attendre que le Ciel prononce entre nous, dit Pierre.

— Mon ami, reprit Albert, tu ne voudras pas être inférieur à Duplessis en générosité. Apprends donc ce qu'il vient de faire ; Albine m'en a fait part ce matin.

Se sentant plus mal, et justement alarmé

de son état et de la position critique où il laisserait sa femme, dans le cas où l'on rechercherait les causes de sa mort, il a remis à Albine une lettre où il assume toute la responsabilité de l'événement.

— C'est d'un bon cœur, dit Pierre Marin. Cet homme mérite de vivre.

Puis il ajouta :

— Albine doit l'aimer.

— Elle l'aime, dit Albert.

« Enfin, reprit-il, autre considération qui doit hâter ton départ : Tu as jeté à l'eau ce Lermot, mais est-il mort? C'est douteux.

— Il a disparu sous l'eau noire, dit Pierre. J'ai interrogé la rivière pendant quelque temps, je ne l'ai plus revu.

— Mais il était en syncope, reprit le docteur.

— Oui.

— Souviens-toi donc que la syncope prévient l'asphyxie chez un homme tombé à l'eau. Il est allé au fond tout d'abord. Le courant qui est assez fort en cet endroit, l'aura entraîné au-delà de la portée de tes regards. Où l'aura-t-il déposé? Nous l'ignorons. Le dimanche, il passe beaucoup de monde le long de la Seine, il est possible qu'on l'ait repêché. En ce cas, tu comprends, tu n'es pas en sûreté ici.

— Je suis habitué à jouer ma vie, répondit Pierre, et que m'importe, à cette heure, de vivre ou de mourir !

— Moi, je veux que tu vives, répartit son frère. A Londres, tu seras près de moi. J'irai t'y revoir, et un jour, j'y arriverai accompagné de ton enfant. Ne cède pas ainsi à un découragement indigne de toi.

« Partons et séparons-nous. Rends-toi à la gare du Nord, et puisses-tu arriver à temps pour t'embarquer à Boulogne. Moi, je vais à Clichy et sur le bord de la Seine. Aussitôt que je serai fixé sur le sort de Lermot, je t'enverrai une dépêche.

Pierre Marin se rendit à ces conseils.

Tous deux s'apprêtaient à sortir, quand tout à coup on sonna bruyamment à la porte.

Albert courut à la fenêtre, et jeta un coup d'œil dans la rue.

— Attendons, dit-il aussitôt. Tiens-toi dans ce cabinet.

Et il descendit ouvrir lui-même.

XIII

Avant de dire quel incident retardait le départ des deux frères, il est indispensable de raconter ce qu'était devenu Lermot.

Le flot noir de l'égout s'était refermé sur le misérable délateur.

Le corps inerte, ainsi que le docteur l'avait supposé, était descendu jusqu'au lit de vase de la rivière, y avait traîné un moment, puis, détaché par le courant, avait été emmené au large, toujours entre deux eaux.

A peu de distance du collecteur, la rivière est partagée en deux bras, par une île inhabitée et couverte d'arbres touffus.

Le courant va frapper à la pointe de cette île, et s'y divise.

Lermot fut lentement entraîné à la pointe de l'île, dont le bord est élevé et abrupte.

Là, d'ordinaire, un nageur pourrait prendre pieds, le fond est plus élevé.

Il était toujours privé de connaissance.

Le courant le heurta à la rive, et le dressa peu à peu contre elle. Pendant quelques instants, sa tête émergea.

La secousse qu'il avait d'abord éprouvée, et bientôt après l'action de l'air qui lui était rendu, le rappelèrent à la vie.

Il respira et se débattit.

Ses mains, avec l'instinct suprême des gens qui se noient, cherchèrent un appui, et ses doigts, à plusieurs reprises, s'enfoncèrent dans la terre humide qui cédait sous ses efforts.

Ses yeux se rouvrirent, interrogeant l'horreur des ténèbres qui l'environnaient.

Puis le sentiment de sa situation lui fut donné ; il jeta à la terre, comme des grappins, ses mains désespérées.

Mais la rive est à pic ; la terre détrempée ne lui offrait pas une pierre, pas un ajonc dont il pût s'aider.

Il voulut crier, mais ses cris rauques étaient étouffés par le bruit des eaux.

Des canotiers qui regagnaient Asnières passèrent sans l'entendre en chantant.

Nul ne pouvait le voir.

Au ciel, pas une étoile.

Il se consuma en vains efforts, pendant un temps dont la durée ne peut être mesurée qu'à l'intensité de la souffrance, ravinant de ses pieds, de ses mains le terrain mouvant, se soulevant pour retomber.

Le misérable ne savait pas nager !

Alors, le châtiment fut complet.

Il comprit qu'il était perdu, qu'il touchait à sa dernière heure ; la lutte, qu'il prolongea en mouvements convulsifs, ne fut plus qu'une terrible et lente agonie.

Il se sentit mourir.

La fatigue, le froid paralysèrent le reste de ses forces ; ses bras se raidirent, il poussa un dernier cri, sans écho ; l'eau le reprit tout à fait et en fit de nouveau son jouet.

Mais était-il bien mort ?

Par instant, sa tête reparaissait encore.

Enfin, le jour se leva.

Deux pêcheurs, — ces gens sont matineux, — en suivant la rive droite de la Seine, aperçurent ce corps ballotté devant l'île, comme une bouteille vide.

— Tiens, fit l'un d'eux, qu'est-ce que cela ? Est-ce un homme ou un macchabée ?

— Faudra voir, dit l'autre ; cela m'a l'air d'un noyé. Il y a une prime, et nous trouverons bien une barque aux environs.

Ils descendirent vers Saint-Ouen, détachèrent la première nacelle qu'ils rencontrèrent, et ramèrent vers la pointe de l'île.

— C'est un homme ! Il gigotte encore, dit l'un.

— Non, c'est le courant qui le secoue, répliqua l'autre.

— Attrape-le au collet. Tiens bon !

Pendant ce court dialogue, une femme apparaissait sur la rive.

A leur vue, elle poussa un cri d'effroi. Mais les pêcheurs n'y prirent garde. Ils avaient fort affaire de retirer ce corps boueux, et de le déposer dans leur étroite nacelle.

— Est-il mort ?

— Il en a tout l'air. Le diable n'y verrait goutte. On dirait qu'il a pris un bain de goudron, ou de graisse à machine. Gagnons d'abord le rivage, et pendant que tu le garderas et essayeras de le ravigoter, si c'est possible, j'irai prévenir l'autorité à Saint-Ouen.

Cependant la femme s'agitait, et se lamentait sur le rivage.

— C'est lui ! s'écriait-elle en se tordant les mains de douleur. Mon Dieu, c'est lui !..

— Tiens, fit un des pêcheurs, en la regardant. Voilà sa connaissance.

Et ils abordèrent.

La femme Lermot, que l'inquiétude avait conduite jusque-là, descendit la berge, au risque de rouler à la Seine.

— Ah ! messieurs ! mon mari ! Il est mort ! gémissait-elle.

— Allons ! disaient les hommes, ne vous désolez pas comme ça. Il faut voir. Remontez la berge. Prenez garde de tomber à l'eau. Nous vous dirons ce qui en est quand il sera débarbouillé, le pauvre homme.

Ils le montèrent sur le talus. L'un d'eux lui tint la tête penchée, et avec sa blouse, débarrassa son visage d'une partie de l'ignoble enduit qui le recouvrait.

Les yeux, les oreilles, la bouche du délateur étaient remplis de boue !

Ils dénouèrent sa cravate, l'examinèrent un instant encore.

Mais il avait cessé de vivre.

— C'est une vengeance, dit la femme, on l'a jeté à l'eau ; il ne savait pas nager, le pauvre homme. Mais je connais celui qui a fait le coup.

— Vous raconterez tout cela au commissaire, dit un des pêcheurs en s'éloignant, je vais le chercher. Restez ici avec mon camarade.

La femme Lermot s'assit à terre près de son mari, dont elle posa la tête sur ses genoux.

Une demi-heure plus tard, le commissaire de Saint-Ouen, accompagné d'un médecin et suivi, comme toujours, d'une foule de curieux, arriva près du cadavre.

— Ah ! s'écria tout d'abord le commissaire, je le reconnais ; c'est ce pauvre Lermot.

Puis à la femme :

— Comment donc, ma chère dame, ce malheur est-il arrivé ?

— Ah ! monsieur le commissaire, répondit la veuve, je me doute bien qui a_fait le coup.

— Un crime ?... Vous allez voir à cela, Monsieur Bourgeois, dit le magistrat au docteur.

— Levez-vous, Madame.

Et tandis que le docteur examinait le cadavre, le commissaire prenait à part la veuve Lermot :

— Qui donc vous a prévenue ? lui demanda-t-il. Et comment êtes-vous accourue ici ?

— J'étais inquiète, répondit-elle. Je n'avais pas dormi de la nuit. Hier soir, j'attendais mon mari pour dîner. Vers neuf heures, ne le voyant pas rentrer, j'ai pressenti un malheur, car il m'avait bien promis de venir dîner.

Le matin, un individu que je ne connais pas est venu pour le voir. Il a paru très-contrarié de ne pas le trouver. Il était, disait-il, un ancien ami de Lermot ; il ne l'avait pas vu depuis cinq ans, et n'était de passage à Paris que pour peu de jours. La figure de cet homme ne me revenait pas. Mais il paraissait réellement si contrarié de partir sans avoir revu Lermot, que je lui dis qu'il pouvait revenir le soir. Mon mari, lui dis-je, est allé passer la journée à Saint-Ouen ; il en reviendra pour les sept heures.

« Eh bien, me répondit-il, je n'ai rien de mieux à faire aujourd'hui que de me promener, je vais aller de ce côté-là. »

— Quel homme était-ce ?

— De taille moyenne, très-brun, le visage basané, comme celui des bateliers ou des gens de la campagne, vêtu d'un costume assez cossu. L'air comme il faut, et pourtant quelque chose de mauvais dans le regard.

— Il ne vous a dit ni son nom, ni d'où il venait ?

— Non, Monsieur.

— Et après ? Que savez-vous de plus ?

— Rien, Monsieur ; mais dès que l'heure où j'attendais Auguste fut passée, je pensai à cet homme, et je regrettai de lui avoir dit où était allé mon mari.

Le commissaire se retourna vers le médecin :

— Eh bien, docteur ?

— Le corps ne porte aucune blessure ; mais des contusions, et quelques légères écorchures permettent de conclure qu'une lutte désespérée a précédé l'immersion. Les mains et les genoux sont couverts d'ecchymoses, et en gardent les traces. L'état de ses vêtements le prouva également.

— Et le cou?

— Je n'oserais me prononcer d'une façon absolue, répondit le docteur ; il me semble cependant qu'une pression violente y a été exercée, bien que la peau ne porte ni des coups d'ongles, ni l'empreinte des doigts.

« Enfin, sur le côté gauche de la poitrine, il y a une tache bleuâtre qui semble provenir de la pression d'un casse-tête que Lermot avait dans la poche de côté de son paletot. Il a été probablement saisi à bras-le-corps, et étreint avec une vigueur extraordinaire.

« L'autopsie nous en apprendra davantage. »

Le commissaire fouilla les vêtements du mort. Il retrouva son argent, sa montre, ses armes et son portefeuille, — ce qui excluait la supposition d'un vol.

Il entendit ensuite les dépositions des deux pêcheurs. Il se fit conduire à la pointe de l'île, et remarqua qu'à l'endroit où le corps avait été trouvé, la terre de la rive portait encore les traces des mains qui s'y étaient enfoncées à différentes reprises.

Dans les ongles de Lermot, cette terre rougeâtre était restée.

— Il n'était donc pas mort en tombant à l'eau? se dit le commissaire.

De retour sur la berge, il explora le terrain, demandant au sol de nouveaux indices.

Ceux-ci ne tardèrent pas à s'offrir à ses regards.

On distinguait facilement du sommet du talus et sur son versant, jusqu'au bord de la rivière, toutes les empreintes laissées par une lutte acharnée entre Lermot et son agresseur inconnu.

— C'est ici qu'il s'est battu ; c'est là qu'il a été précipité à la Seine, dit le commissaire.

Et il put reconstruire presque entièrement le drame que nous avons raconté.

Afin d'éviter que la foule des badauds ne foulât le lieu de la lutte et n'en fît disparaître les traces, il y plaça deux gardiens, en attendant l'arrivée du Procureur impérial ou du Juge d'instruction.

Les traces des souliers de l'inconnu se distinguaient facilement de celles des bottes de la victime.

Il fit ensuite enlever le corps pour le soumettre à un examen médico-légal, et pria la veuve de lui répéter ses renseignements, en s'efforçant d'obtenir d'elle les détails d'un signalement complet.

Comme elle lui répétait ce propos de l'étranger :

« Je n'ai pas vu votre mari depuis cinq ans. »

Il se récria tout à coup :

— Cinq ans!...

Une date, des faits d'une signification saisissante se présentèrent à sa mémoire.

Il se rappela les procès de la Marianne.

C'était dans les fossés des fortifications, près de Clichy, qu'en 1854, l'agent Lagrange avait découvert les premières affiliations à cette société secrète.

C'était en 1855, qu'il avait connu Lermot, et avait appris le rôle qu'il jouait parmi les conspirateurs.

Il était donc logique de rechercher le coupable de la veille, parmi les premières victimes du délateur.

Dans cette pensée, dès qu'il fut de retour à son bureau, il consulta les documents relatifs au dernier procès de la Marianne, les signalements des accusés et les jugements.

Ce travail, très-intelligent et digne d'un magistrat instructeur, donna des résultats d'une précision étonnante.

Chaque signalement portait des traits d'un caractère distinctif, qui ne permettaient aucune confusion, et l'un d'eux, qui se rapportait parfaitement aux indications qu'avait données la femme Lermot, était celui d'un condamné à la déportation, Pierre Marin.

Plusieurs personnes de Saint-Ouen affirmèrent en outre avoir vu dans la journée l'homme que signalait la veuve de la victime.

Ces témoignages étaient aussi sérieux que sincères. Bien que ce fût un dimanche et qu'il y eût beaucoup de Parisiens dans la petite localité, cependant Marin y était un étranger et y avait été remarqué sans qu'il s'en doutât; il portait avec lui, dans ses flâneries sans but et sans compagnie, dans son air désorienté, préoccupé et ennuyé tout à la fois, ce je ne sais quoi étrange, qui attire l'attention des gens du pays et des habitués.

Puis, Pierre Marin avait aussi dans ses allures ce je ne sais quoi que nous rapportons tous d'un long séjour à l'étranger.

Après avoir recueilli ces renseignements, le commissaire de police de Saint-Ouen se rendit à la préfecture.

Il était convaincu d'avoir découvert la bonne piste.

XIV

Bien qu'on ne s'émeuve pas facilement à la préfecture, l'affaire de Saint-Ouen y parut d'une exceptionnelle gravité, et le préfet de police lui-même voulut prendre connaissance, dans ses moindres détails, des éléments d'instruction déjà recueillis par le commissaire.

Il n'y voyait pas seulement un meurtre accompli, mais il en redoutait les suites, c'est-à-dire des débats où l'on verrait comparaître en cour d'assises un revenant de Cayenne, un condamné de la Marianne que l'on avait, à l'expiration de sa peine, expédié en vertu d'un pouvoir discrétionnaire, justement détesté en France, aux bagnes de la Guyane.

Ce déporté que l'on croyait mort et qui revenait, agitant des souvenirs terribles, remettant en discussion des abus de pouvoir d'une iniquité révoltante; ce revenant de Cayenne l'inquiétait... lui faisait peur.

Il fallait s'attendre à un scandale.

L'évadé meurtrier n'était pas un criminel vulgaire. La vengeance seule l'avait fait homicide, et sa vengeance ressemblait à la justice.

Celui qu'il avait frappé était le dernier des misérables et n'avait droit ni à aucune sympathie, ni à aucune pitié.

Pierre Marin allait devenir un héros populaire, un personnage politique.

Après avoir écouté la lecture du procès-verbal, le Préfet demeura quelque temps silencieux et perplexe :

— Si vos soupçons sont justes, dit-il enfin, si ce Pierre Marin existe et a commis ce crime... c'est fort malheureux. Voilà une fâcheuse affaire.

Et mentalement sans doute il ajouta : « Il faudrait l'étouffer. »

Il reprit :

— Vous êtes venu directement de Saint-Ouen ici?

— Oui, monsieur le Préfet.

— Je suis le seul à qui vous ayez jusqu'à présent communiqué ce procès-verbal?

— Pardon, monsieur le Préfet...

— Comment ?

— J'ai porté plainte à M. le procureur impérial.

— La justice est saisie!

— Oui, monsieur.

— Depuis quand?

— Depuis le moment où je suis arrivé sur le lieu du crime.

Le visage du Préfet s'assombrit de nouveau.

— Je regrette, dit-il, que vous ne m'ayez pas vu auparavant. Enfin nous verrons.

Puis, d'un ton dénué de toute bienveillance.

— Dorénavant, pour tout ce qui surviendra et qui sera relatif à cette triste affaire, c'est à moi que vous en référerez tout d'abord. Je vous recommande la plus grande discrétion. Je vais appeler le chef de la brigade de sûreté et lui communiquer vos renseignements.

« Vous pouvez vous retirer.

Le commissaire s'inclina profondément et sortit.

Il avait cru à un succès... sa surprise était grande, et sa déception amère. Il s'en retourna en maudissant Pierre Marin et sa découverte, et en se promettant bien de ne plus mettre tant de zèle à une affaire aussi fâcheuse pour la Préfecture.

Cependant le Préfet avait fait demander le chef de la brigade de sûreté, et avait avec ce dernier un entretien sérieux.

Après l'avoir mis au courant, il l'engagea à lui donner franchement son opinion.

— Que pensez-vous de tout cela? demanda-t-il, je me fie à votre expérience.

— Comme vous, monsieur le Préfet, je pense que cette affaire est fort grave.

— Vous croyez donc à l'existence de ce Pierre Marin ?

— Elle n'a rien d'invraisemblable. On s'échappe tous les jours de Cayenne. Nous avons des évadés ici, à Paris même, des évadés que nous surveillons, et que vous connaissez. Quant à la mort de Marin... Vous conviendrez que l'identité d'un homme dont on ne retrouve que les restes défigurés par les bêtes féroces qui l'ont en partie dévoré est assez difficile à établir, et que le décès constaté n'est pas certain. En tous cas, nous le saurons bientôt, et dès à présent...

Le chef de brigade s'interrompit :

— Parlez, je vous en prie, insista le Préfet. Dès à présent que devons-nous faire?

— Nous devons, monsieur le Préfet, agir comme si nous étions certains de l'existence de cet homme ; mettre nos hommes en campagne... je réponds de leur discrétion comme de leur habileté... et nous assurer de cet homme.

Le Préfet soupira.

— Voilà une capture bien embarrassante.

— Certes!... je crois le comprendre comme vous. Mais M. le Procureur impérial va se rendre à Saint-Ouen, s'il n'y est déjà. Ce soir le crime sera raconté dans tous les journaux. Il faut que l'affaire suive son cours naturel et légal, et enfin il vaut mieux, quoi qu'il en arrive, que ce soit nous qui arrêtions Pierre Marin, que le premier venu.

— Très bien!... Très bien!... approuva le Préfet ; nous nous comprenons, je le vois.

— D'ailleurs, ajouta le chef de la sûreté, le champ de probabilités qu'il nous reste à parcourir est assez vaste. En admettant que nous arrêtions en réalité Pierre Marin, son identité sera-t-elle facile à établir? N'a-t-il pas intérêt à cacher son nom? Avant de reconnaître en lui l'assassin de Saint-Ouen, n'avons-nous pas reconnu l'évadé de Cayenne, et en ce cas n'appartient-il pas au bagne plutôt qu'à la maison d'arrêt? N'est-ce pas à Cayenne qu'il doit être envoyé tout droit? Avant tout, c'est un évadé. Un évadé pris en flagrant délit sur le territoire de la Guyane n'est pas incarcéré dans la ville de Cayenne et jugé dans cette ville ; il est réintégré au bagne, où il est jugé et exécuté. Je ne suis pas jurisconsulte et les suppositions que je fais sont peut-être entachées d'erreur.

— Nous avons au-dessus de nous le ministre de la justice, dit le Préfet. En attendant, comme vous le dites, gardons le silence et agissons.

— Enfin, reprit le chef de la sûreté, permettez-moi encore une dernière supposition.

— Dites.

— Il est permis de croire qu'un homme aussi violent que Pierre Marin, et un désespéré comme lui, ne se laissera pas mettre la main au collet sans opposer une vive résistance. Il est armé; mes agents le sont aussi, et malgré la prudence et la modération qui leur est recommandée, je ne réponds pas que la lutte puisse être évitée, et qu'il n'en résulte pas quelque fâcheux accident.

— Ah! quant à cela, fit le Préfet, tant pis pour lui.

L'entretien entre le haut fonctionnaire et son subordonné se termina sur ces paroles.

Le chef de la sûreté se retira pour organiser sa chasse à l'homme.

En quittant le Préfet, le chef de la sûreté se transporta sur le lieu du crime. Il y arriva avant le Procureur impérial. Grâce aux précautions qui avaient été prises par le commissaire, il trouva le terrain présumé de la lutte à peu près intact.

Les agents ramassèrent aussi dans la boue un bouton de métal arraché et auquel adhérait encore un fragment d'étoffe.

Ce bouton pouvait appartenir au premier venu, mais il avait cela de particulier qu'il avait été arraché, puis qu'il était de fabrique anglaise.

Là se bornèrent leurs trouvailles.

Le chef de la sûreté voulut aussi voir le cadavre de Lermot. Il retourna à Saint-Ouen et y arriva au moment où la voiture de la Morgue allait enlever le corps de la victime, afin de le soumettre à l'examen médico-légal.

Comme le commissaire, il constata que Lermot n'était pas mort au moment où il était tombé à l'eau et que ce n'était point de son vêtement que provenait le bouton de métal qu'il avait ramassé.

Il reprit ensuite le fiacre qui l'avait amené avec ses agents en réfléchissant à ce qu'il avait à faire.

De retour à Paris, son plan était arrêté selon les règles de la logique.

— Avant de courir, dit-il à ses hommes, il faut bien savoir ce que l'on cherche et où l'on va. Nous allons donc rentrer à la préfecture, nous y prendrons la collection de la *Gazette des tribunaux* et nous y lirons ensemble le dernier procès de la Marianne. L'individu sur lequel se portent mes soupçons est un condamné de cette société, dénoncé par Lermot et devenu ainsi l'ennemi mortel de ce dernier. Il se nommait Pierre Marin. Je ne doute pas que les débats du procès de la Marianne ne nous fournissent des éclaircissements et des renseignements précieux.

En conséquence ils prirent le journal qui est le meilleur répertoire des affaires criminelles, et comme l'avait prévu le chef de la sûreté, ils y trouvèrent tous les renseignements désirables.

Le rédacteur de la Gazette leur donnait même un portrait de Pierre Marin, qui valait une photographie.

Mais ce qui les frappa le plus, ce fut naturellement la liste des témoins.

Elle leur apprit l'existence d'Albine et du docteur Albert Marin. Ces deux témoins devaient exister encore... D'après les dépositions, la femme aimait son mari et les deux frères étaient unis d'une amitié étroite.

Cinq années à peine s'étaient écoulées depuis le procès, elles n'avaient pas suffi à éteindre des affections si solides.

Ils se communiquèrent ces réflexions et attendirent les instructions de leur chef.

— Vous pouvez vous mettre en campagne sur-le-champ, dit celui-ci. Il n'est pas encore tard; vous pouvez dès aujourd'hui retrouver la femme Marin et le docteur.

Les deux agents partirent pleins de confiance dans ce simple raisonnement :

Si Pierre s'était évadé de Cayenne, comme ils le supposaient, c'était chez son frère qu'il avait dû chercher un asile; — à moins que ce ne fût chez sa femme?

Ils ignoraient que celle-ci s'était remariée.

Le dictionnaire Bottin leur donna l'adresse du docteur.

Pour obtenir l'adresse d'Albine, ils songèrent à la veuve Lermot.

Ils retournèrent à Clichy.

Cette femme venait de rentrer chez elle.

Elle était seule avec ses enfants, en pleurs, sans un ami, sans un voisin charitable qui compatît à ses peines.

L'ignoble métier de Lermot était connu des gens du quartier.

— Madame, lui dit un des agents, essuyez vos larmes, nous vous apportons une bonne nouvelle.

— Qui êtes-vous, messieurs? demanda la veuve à ses consolateurs inattendus.

— Nous sommes, madame, des agents de la Préfecture.

— Ah! fit-elle, il est arrêté?

— Pas encore, mais cela ne tardera plus guère.

La femme Lermot essuya ses yeux et avança des siéges aux deux messieurs qu'elle considérait à tort comme les collègues de son mari.

— Il est déjà peut-être bien loin à cette heure, ajouta-t-elle, car ce n'est pas de ces pauvres diables qui n'ont pas le moyen de changer d'habits et de prendre le chemin de fer. Du reste, il n'a pas assassiné mon pauvre homme pour le voler. Auguste avait encore son porte-monnaie dans sa poche.

— Alors l'homme dont vous parlez est riche?

— Il a du moins l'air cossu.

— Quel vêtement portait-il ?

— Un paletot de drap demi-saison, de couleur grise.

— Avez-vous remarqué les boutons de son paletot?

— Oui; c'étaient des boutons de bronze.

— Comme celui-ci alors? fit un des agents en montrant le bouton retrouvé près de la rivière.

— Oui, oui! s'écria la femme. Comme celui-là!

— Mes soupçons sont fixés.

— Pas encore, mais cela ne tardera plus guère. Nos soupçons sont fixés. Le signalement de l'individu qui est venu hier matin demander votre mari se rapporte parfaitement à un affilié de la Marianne, condamné à la transportation, le nommé Pierre Marin.

— Pierre Marin? repartit la femme en secouant tristement la tête. Mon cher monsieur, vous vous trompez; ce n'est pas lui; voilà deux ans qu'il est mort.

— Comment cela? En êtes-vous sûre?

— Parfaitement, monsieur. Je le tiens de mon mari d'abord, mais tous les journaux l'ont raconté. Pierre Marin a tenté de s'évader du bagne avec deux forçats, et ils ont péri, à quelques lieues de Cayenne. Des chasseurs ont retrouvé leurs restes dans une forêt.

— Est-ce bien vrai?... fit l'agent, sceptique de caractère et de profession.

Il lui en coûtait de renoncer si vite à ses espérances.

— Je n'ai pas de confiance dans les

faits-divers des journaux, reprit-il. Si Marin s'est évadé, son premier soin, en arrivant en Europe, aura été de faire répandre le bruit de sa mort.

Le connaissiez-vous?

— Non, mais mon mari le connaissait beaucoup; il était entrepreneur-architecte, je crois. Enfin, son décès est enregistré.

— On vous l'a dit, repartit l'agent toujours incrédule.

— Il est facile de vous en assurer.

— Sans doute, mais nous n'avons pas de temps à perdre en démarches inutiles. Donnez-nous seulement l'adresse de sa femme, si vous la connaissez.

— Sa femme?... Elle est remariée.

— Sérieusement?

— Très-légitimement, avec un négociant de la rue du Sentier, qui habite avenue de Neuilly, M. Duplessis. Vous voyez bien que vous vous trompez, et que Pierre Marin est mort.

Cette fois, les agents s'entre-regardèrent avec déception. Il fallait en rabattre de leurs espérances. Ils risquaient de se couvrir de ridicule en poursuivant un fantôme.

— Eh bien, reprit l'un d'eux, il nous est facile de nous édifier là-dessus. Si le mariage est réel, le décès l'est également, et nous aurons fait fausse route.

Ses collègues se rallièrent à son opinion. La veuve Lermot leur donna l'adresse de M. Duplessis, et ils partirent pour Neuilly.

XV

Parvenus à l'adresse indiquée, ils rencontrèrent la bonne qui allait sortir.

— Monsieur Michel Duplessis? demanda le chef de l'escouade.

— C'est ici, monsieur.

— Il est à la maison?

— Oui, mais il est très-malade et ne peut recevoir personne.

— Et sa dame? pourrait-on lui parler?

La bonne regarda avec étonnement ce groupe de visiteurs, d'une tenue douteuse.

— Je vais avertir madame, dit-elle. Votre nom, s'il vous plaît?

— Je n'ai pas l'honneur d'être connu de madame Duplessis.

— Et ces messieurs? fit encore la domestique.

— Ce sont des amis qui m'attendront ici.

— Entrez, monsieur.

L'agent fut introduit dans un vestibule, où, au bout d'un instant, Albine parut à son tour, en ouvrant un petit salon.

— Pardon, madame, dit le visiteur en saluant, je suis envoyé par la Préfecture de police.

Albine, déjà très-pâle, pâlit encore davantage..

— J'ai, madame, reprit l'agent, un renseignement à vous demander. Vous vous êtes mariée en 1863 ou 64, à M. Pierre Marin?

— Oui, monsieur.

— Où est-il à cette heure?

— Mon Dieu, monsieur, répondit Albine avec un sourire amer, puisque vous êtes attaché à la Préfecture, vous devez le savoir aussi bien que moi. M. Marin a été condamné pour politique à quelques mois de prison, et, à l'expiration de sa peine, transporté à Cayenne, où il est mort.

— Madame, Pierre Marin n'est pas mort.

— Etes-vous envoyé pour me l'apprendre, monsieur?

— Non, madame, car vous le savez bien, comme moi. Pierre Marin s'est évadé de Cayenne, et s'est caché chez vous.

— Chez moi?...

— J'ai un mandat d'arrêt contre lui, madame, reprit l'agent élevant la voix, et j'entends l'exécuter.

— De grâce, monsieur, dit Albine, parlez moins haut; mon mari est au lit très-malade, et pourrait s'inquiéter.

— Sérieusement, madame, êtes-vous donc remariée à M. Duplessis? Pardonnez-moi la brutalité d'une semblable question, mais je ne connais ici que madame Marin.

— Je puis, monsieur, vous prouver par des actes authentiques, que vous êtes ici chez monsieur et madame Duplessis.

— Faites cela, madame, et je me retire.

— Veuillez me suivre, monsieur, dans le cabinet de mon mari. Là, se trouvent tous les papiers qui constatent le décès de Pierre Marin, et la légitimité de mon second mariage.

L'agent suivit Albine.

Celle-ci plaça sous ses yeux, d'abord un vieux numéro du *Moniteur* où, parmi les nouvelles officielles des colonies, se lisait le récit de la mort de Pierre Marin; puis un extrait d'acte de décès; enfin, les papiers relatifs à son second mariage.

L'agent, convaincu qu'il avait fait erreur, se leva confus, et surtout désappointé.

— Madame, dit-il, je vous prie de me pardonner, je n'ai fait qu'exécuter des ordres qui m'étaient donnés. Je vais rendre compte à mes chefs de ma démarche, et les prévenir de leur erreur.

Sur ces paroles, l'agent de la sûreté se retira.

— Nous sommes fumés, cria-t-il à ses compagnons, en les rejoignant. Le décès de l'un, le mariage de l'autre, tout est exact et prouvé.

Il faut chercher ailleurs.

Dès qu'ils se furent éloignés, la domestique de madame Duplessis prit une voiture, remit une lettre pour Albert Marin à un commissionnaire, et dit à ce dernier de porter cette lettre au plus vite.

XVI

En lisant le billet d'Albine qui, en peu de mots, informait le docteur de ce qui venait de se passer, Pierre Marin s'écria :

— Je suis sauvé !

— J'en doute encore, repartit Albert.

— Doute tant que tu voudras; pour moi, je suis certain que la police renoncera à poursuivre un fantôme.

— Qui sait? fit Albert. La police peut renoncer à poursuivre Pierre Marin, mais maintenir le signalement que lui aura sans doute donné la femme Lermot. Elle s'est cassé le nez une fois, elle reviendra à la charge. Nous n'en sommes délivrés que momentanément. Tu serais déjà arrêté si, au lieu d'aller chez Duplessis, ils étaient venus ici. C'est à trembler d'y penser seulement.

— Mais en ce cas, reprit Pierre, si mon signalement, comme tu le crois, est déjà donné, je cours grand risque de me faire prendre dans la première gare où je me présenterai.

« Ce que j'ai de mieux à faire, c'est d'attendre encore quelques jours avant de me mettre en route, et de continuer à faire le mort. »

Albert dut reconnaître la justesse de ce raisonnement, et il prit aussitôt les mesures nécessaires pour assurer le séjour de son frère à Paris ou aux environs.

Sans qu'il l'avouât, ce n'était pas la crainte qui retenait Pierre Marin, mais un autre sentiment. Déjà plusieurs fois il avait voulu quitter Paris, mais, au moment de partir, il avait hésité, retenu par d'inavouables regrets.

« Mon sort n'est pas encore décidé », se disait-il.

Cependant il n'osait plus ni revoir Albine ni même lui écrire.

Plusieurs jours se passèrent.

Enfin, la crise se déclara. La blessure de Michel, au lieu de se cicatriser, s'ulcéra, et aux questions de sa femme, éperdue de chagrin, le médecin répondit :

— La science est impuissante. La nature seule pourrait y suppléer et le guérir. Voici l'hiver. A sa poitrine déchirée, il faudrait l'air tiède et balsamique des forêts de pins d'Arcachon ou d'Hyères. Mais à peine peut-il supporter qu'on le retourne dans son lit.

Il n'arriverait pas au terme d'un si long voyage...

Ainsi plus d'espoir...

Albine baissa la tête, consternée.

Elle demeura seule, inconsolée au chevet du mourant, avec le poids de son terrible secret.

— L'infortuné, se disait-elle, quel malheur pour lui de m'avoir connue!...

. . . .

Un soir, le malade parut plus calme; la fièvre l'avait quitté.

Il tourna vers sa femme son visage pâle qui, pour un moment, reprit l'expression de calme heureux et de bonté affectueuse des jours passés.

D'un geste, il l'appela près de lui.

Elle se pencha vers lui et l'embrassa, et il lui dit tout bas, à l'oreille :

— Je t'aime!...

Puis, ses yeux se fermèrent à demi; son regard s'éteignit, sa gorge éprouva une légère contraction; une goutte de sang monta au coin de ses lèvres... il expira.

. . . .

Quelques heures plus tard, Albine envoya au docteur Albert Marin ces trois mots :

« Michel est mort. »

Le lendemain matin, deux hommes sonnèrent à la porte de la maison Duplessis. La bonne qui était allée leur ouvrir revint en courant.

— C'est monsieur Marin et son ami, dit-elle.

— J'y vais, répondit Albine.

Elle s'empressa d'aller à leur rencontre, et les reçut dans le vestibule.

— Messieurs, il est mort, répéta-t-elle.

Pierre Marin était aussi pâle qu'elle.

— Dieu a prononcé entre nous, dit-il d'une voix mal assurée.

— Oui, répondit Albine. A lui la tombe, à moi le deuil; à vous l'exil!

Elle s'inclina et rentra dans l'appartement.

Pierre et Albert se retirèrent silencieux.

Lorsqu'ils furent dehors :

— Je lui obéirai, dit Pierre.

— Et moi, dit son frère, je tiendrai ma promesse; j'irai te voir à Londres. Quelque jour, j'y conduirai ton fils, et qui sait?...

— Si tu ne m'oublies pas, répondit Pierre, veille sur lui et sur elle; reste leur ami.

Le soir même, Pierre Marin regagna l'Angleterre.

FIN DE LA MARIANNE.

Nous terminerons cet ouvrage par l'hisoire des *FENIANS*

LES FENIANS

James Stephens, chef du fenianisme en Irlande.

I

LOISIRS DE GENTLEMEN.

A quelques milles de la ville de Dublin, parmi les cottages qui se sont disputé les collines de la plus riante campagne, s'élève Pretty-House, propriété d'un noble *lord de coton*, très-connu sur le boulevard Montmartre, au Casino de Dieppe, et à la maison de conversation de Bade, si bien connu, enfin, que nous serons obligé, dans cette histoire contemporaine, de le désigner sous le pseudonyme de John Meercraft, esquire.

Meercraft, personnage d'une comédie de Ben-Johnson, est ce que l'on appelait jadis l'homme à projets, *the projector*, ce qu'aujourd'hui nous appelons un *faiseur*. La spéculation, l'art d'attirer les dupes, de les grouper en vue de bénéfices fantastiques, d'inoculer la fièvre de l'or à des gens dont, jusqu'à un certain âge, la malhonnêteté latente était demeurée inactive, improductive, et de faire espérer à ces gens qu'ils pourront être escrocs comme tant d'autres, et en donnant un shelling gagner une guinée; la spéculation véreuse, telle est la source de la fortune de Meercraft.

Ce personnage, qui date du seizième siècle, n'a pas vieilli, et Balzac le croyait tout jeune, lorsqu'il le rencontra sous le nom de Mercadet.

John Meercraft, vers le printemps de 1866, s'étant retiré des affaires, s'installa à Pretty-House avec sa famille.

Cette famille était composée de mistress Sidonia Meercraft, et de ses deux fils : Richard et Francis.

Ces deux jeunes gens, dont l'aîné, Richard, atteignait sa vingt et unième année, aux qualités faciles des prodigues ne joignaient point les vertus commerciales de leur père. Nés riches, ils songeaient moins à acquérir qu'à dépenser.

C'était pour les soustraire aux penchants d'une dissipation ruineuse que leur père s'était retiré dans une campagne irlandaise.

Là, il avait moins à craindre pour ses fils la dame de pique et la dame aux camélias.

Là, à moins d'employer le télégraphe, ces jeunes gentlemen ne pouvaient risquer de grosses sommes au Derby ou à Newmarket.

Il en avait coûté à John Meercraft de renoncer à la Bourse, à la Cité, à Londres, capitale des affaires !.., Son cœur avait saigné.... mais après avoir obtenu un arrangement avec les créanciers trop nombreux de ses fils, et licencié l'armée des huissiers, il avait héroïquement pris son parti, avait acheté (nous dirons comment) une propriété en Irlande, et y avait transporté ses deux fils.

Et il ne trouvait pas la mer d'Irlande trop large !...

D'ailleurs, pour atténuer ce qu'une telle mesure avait de cruel, le père avait réservé la promenade aux eaux du continent.

La famille Meercraft devait passer une partie de l'été et de l'automne à Paris et en Allemagne. Le printemps et l'hiver confinaient Richard et Francis à la campagne.... Oh ! c'était dur !... ne nous le dissimulons pas.

Bien que Dublin soit une grande ville, et que Pretty-House fût un délicieux séjour qui réunissait les plaisirs de la chasse et de la pêche dans une propriété immense ; bien que les deux jeunes gens jouissent de la plus complète liberté, et que mistress Sidonia baissât complaisamment les yeux chaque fois qu'il plaisait à ses fils d'arrêter leurs regards sur quelque femme du voisinage, cependant le séjour de la campagne irlandaise durant deux saisons était dur.

Richard et Francis, désœuvrés, tête vide, cœur vide, affolés de confort, d'oisiveté et de désirs vagues, ruinaient leur imagination à l'emploi de leurs journées.

La chasse, la pêche, les courses à travers champs, les grisettes de Dublin, les amours buissonnières, tous ces plaisirs dont les plus simples et les plus honnêtes suffiraient amplement à compléter la somme de bonheur due à un homme laborieux, étaient pour eux fades et insignifiants.

Il leur eût fallu le concours d'une société nombreuse.

La solitude, loin d'apaiser leurs passions, les irritait.

Ils ne comprenaient rien des beautés de la campagne.

C'était avec la tête de plomb du spéculateur qu'ils regardaient ce qui parle à l'âme des poètes : le ciel, la mer, la végétation luxuriante et ce qui est si éloquent au milieu d'une riante et riche campagne : — la misère du paysan.

Le paysan... l'Irlandais... le catholique Paddy !...

On fût mal venu à leur dire un mot bienveillant pour ce paria de l'Angleterre.

Et tout ce qu'un Anglais peut avoir de mépris aveugle pour un Irlandais fermentait au fond de l'âme chez ces deux gentlemen, prêt à se transformer en haine.

Paddy, surnom de l'Irlandais, n'est-ce pas à Londres le synonyme de fainéant, de menteur, d'ivrogne, de voleur, de coquin de la plus basse espèce ?

Il est plus facile à la France qu'à l'Irlande de se concilier les bons sentiments de l'Angleterre.

La Manche est moins profonde et moins large que le canal Saint-Georges, semble-t-il,

quand on se rappelle du règne d'Elisabeth à celui de Victoria toutes les haines qui ont creusé l'abîme qui sépare les deux îles.

Ces haines aujourd'hui sont loin d'être éteintes.

Paddy et John Bull, réunis sous le même pavillon, sont toujours deux ennemis.

John Bull est le plus fort.

Tout ce qu'il a pu faire pour anéantir son adversaire, il l'a fait.

Mais, chose remarquable pour tous ceux qui étudient les passions, — à mesure que s'est accrue la détresse de Paddy, John à l'orgueil de sa victoire, au sentiment de sa force, a senti se mêler un injuste et froid mépris pour le vaincu.

Cette Irlande spoliée de ses mains lui paraît méprisable sous les haillons ; cette Irlande enchaînée de ses mains (et par quels moyens, grand Dieu !) ne lui inspire pas même la compassion due au courage malheureux !...

Malheur au vaincu !

Il faut que l'Irlandais disparaisse, il y a antagonisme de race.

Enfin il y a antagonisme religieux :

Paddy est catholique ; John Bull est protestant... S'il était musulman, ce serait moins grave.

Mais nous en avons long à dire sur ce sujet : suivons d'abord sir Richard et son frère et qu'il soit bien entendu que ces deux fils de la Cité ne peuvent considérer leurs concitoyens d'Irlande que comme des sauvages, inférieurs aux Indoux.

Ces sentiments, ces opinions sont nés avec eux, ont grandi avec eux à Londres et n'ont fait que se fortifier à Dublin et à Pretty-House.

Les habitants de ce pays, — une agglomération d'une centaine de cabanes au pied du coteau, entre les murs du parc et les bords d'une petite rivière, — sont misérables au possible, sales, déguenillés, mais supportent leur misère avec une résignation telle qu'un Anglais doit se dire dans son orgueil : — les lâches !...

Ayant faim depuis plusieurs générations, ils sont énervés, pauvres de sang et de muscles, et de là travaillent mal ou peu...

« Les lâches !... »

Leur tombe-t-il une pomme de terre ou une croûte de pain, ou un morceau de lard, ils sont en fête !...

« Les misérables !... »

Ils rient au nez de la misère et de l'Anglais.

Il y a chez le premier un fond de gaieté joviale antipathique au second.

En traversant le village sur leurs chevaux de race, Richard et Francis jetaient à peine un regard dédaigneux aux cabanes du domaine ; et les jolies filles, — le village en comptait plus d'une, — n'étaient pas plus remarquées des deux jeunes Londoniens que les vaches qui, curieuses, avançaient la tête au-dessus des clôtures de la prairie.

Il en était une cependant d'une beauté vraiment remarquable.

Suzanne Howel était une jeune fille de dix-huit ans, bien faite, d'une carnation et d'un teint admirables. C'était pitié qu'une si belle créature marchât pieds nus et jambes nues et laissât frapper son cou délicat et ses bras par le hâle, la brise de mer et le soleil. Elle avait les yeux grands, limpides, la bouche petite, et dans le regard et le sourire une expression de douceur et d'étonnement lorsqu'elle vous causait. Sa chevelure était couleur d'or et valait de l'or ; — les marchands de cheveux le lui disaient bien !...

Mais, malgré la misère, elle n'avait jamais consenti à vendre ses cheveux.

Vanité, coquetterie, disaient Lucia, Betsy, Mary, Emilia, ses camarades... Non !... Mais dignité, dirons-nous. Il lui répugnait de se laisser tondre comme une bête. Suzanne, comme on dit au village, était fière.

Elle était recherchée par plusieurs jeunes gens, mais ne prêtait l'oreille à aucune proposition ; elle n'aimait pas, son cœur était vierge comme ses lèvres.

Le sentiment le plus vif que jusqu'alors lui eussent inspiré les hommes, c'était la crainte.

Depuis quelque temps elle était recherchée par un individu de mauvaise renommée, vagabond, farouche, qui ne vivait que de rapines. Patrick — c'était le nom de cet homme, — était braconnier et contrebandier. Suzanne exceptée, nul ne le rencontrait que le soir ou à l'aube et, bien qu'on ne lui connût aucun domicile, on croyait généralement qu'il gîtait dans les falaises.

Suzanne, à force de le craindre, l'avait pris en horreur ; c'était, comme l'on dit ici, sa bête noire.

Patrick n'avait d'ailleurs rien qui pût plaire à une jeune fille, ni taille élégante, ni visage gracieux, ni toilette.

Il était aussi noir que Suzanne était blonde et fraîche ; son regard était dur, sa voix rauque ; sa démarche était brusque et il apparaissait à la jeune fille comme le diable d'une boite à surprise, tantôt du fond d'une barque où il était couché, tantôt d'un buisson, ou d'un fossé.

Evidemment Patrick aimait Suzanne, cependant il ne lui avait jamais adressé la parole. Lorsqu'elle passait près de l'endroit où il était tapi à la manière des bêtes fauves, il surgissait et la dévorait des yeux ; mais à cela se bornait son indiscrétion.

Un matin du mois de juin 1866, Suzanne, un râteau de bois sur l'épaule, descendait le long de la rivière vers un pré récemment fauché.

Elle suivait un petit chemin sablé que le pré séparait de quelques mètres de la rivière, et probablement songeait à son adorateur importun quand retentit derrière elle le galop de deux chevaux. — Elle craignait aussi les chevaux.

Elle se retourna et aperçut les deux gentlemen de Pretty-House.

Ces cavaliers ralentirent leur course et arrivèrent au pas près de la belle paysanne.

Ils échangèrent un regard malicieux.

Suzanne s'était rangée, craintive.

— Ho! la belle faneuse, interpella Richard ; un instant, que l'on t'admire.

Les deux cavaliers s'arrêtèrent, et, avec flegme, se mirent à examiner des pieds à la tête la paysanne, comme ils eussent fait d'une curiosité quelconque.

— Regardez-moi cette créature, Francis, c'est certainement la première que vous ayez vue aussi joliment faite.

— En vérité, Richard, si cela était déniaisé et décrotté, cela ferait une fort belle fille.

— Il lui faudrait six mois de Londres ou de Paris.

— Regardez-moi, Richard, ces grands yeux étonnés, comme ils reflètent bien leur bêtise irlandaise.

— Moi, je m'extasie devant cette carnation splendide obtenue avec des pommes de terre et du porc salé.

— Ces chairs manquent de solidité, c'est un épanouissement éphémère d'une jeunesse qui sera bientôt flétrie.

— Voyez donc comme elle tremble.

— Nos chevaux lui font peur.

— Vous croyez?

— Certes, vous allez le voir.

Puis à Suzanne qui, immobile, frémissait et pâlissait sous les naseaux fumants des chevaux :

— Eh! la fille, tu as donc peur d'être mangée par nos chevaux?

Elle voulut répondre, elle voulut sourire, mais, effrayée, elle balbutia et se recula au bord du chemin.

— Veux-tu répondre! cria Francis en feignant la colère et en faisant cabrer sa monture.

— Je vais te faire manger par mon cheval.

Suzanne s'élança dans le pré et s'enfuit, prise d'une terreur folle.

— Prends !... Hopp !... Prends-la !... dit Francis à son cheval qu'il fit sauter dans le pré. Hopp! mange-la! mon garçon !

Suzanne fuyait éperdue.

Richard trouva la plaisanterie amusante et y prit part.

Et nos deux gentlemen firent caracoler leurs chevaux autour de la paysanne qui, affolée de terreur, fuyait en criant vers la rivière.

— Hopp! prends! mange! criaient les joyeux jeunes gens.

Ils s'attendaient à voir la fille tomber de son long dans l'herbe.

— Par instants, la tête des chevaux la touchait.

Elle s'était réfugiée dans les saules, mais les impitoyables mauvais plaisants l'y suivaient ; ni les fossés, ni les buissons n'arrêtent deux hunters (1).

Suzanne ne criait plus ; elle ne savait même plus où elle était, où elle allait.

Soudain elle disparut.

Les deux cavaliers s'arrêtèrent.

— Aoh! fit Richard, elle est tombée à la rivière.

— Eh bien ! répliqua Francis, repêchons-la.

Et sans attendre l'assentiment de son aîné, il sauta à l'eau avec son cheval.

C'était l'heure de la marée basse ; le courant était rapide.

Il aperçut la malheureuse Suzanne entraînée vers la mer et il nageait vers elle.

Déjà il allait l'atteindre, quand un sauveteur inconnu s'interposa entre lui et la paysanne et, saisissant celle-ci d'une main, nagea vigoureusement vers la rive opposée à celle où Richard était resté en spectateur.

A la vue de cette intervention, Richard partit d'un éclat de rire.

Mais Francis, brandissant sa cravache, répliqua à son frère :

— Je l'aurai !...

A cet endroit la rivière est assez large, comme tout cours d'eau qui reçoit l'assaut des marées ; le sauveteur avait besoin d'un cou-

(1) Chevaux de chasse.

rage et d'une énergie rares pour gagner la rive.

Sans avoir entendu l'exclamation de Francis, il avait deviné l'intention de celui-ci et redoublait d'efforts pour lui échapper.

Francis nageait dans sa direction.

Son hunter, habitué à traverser les cours d'eau comme à franchir les fossés, les barrières et les haies, ne pouvait être longtemps distancé dans cette course odieuse et insensée.

Bientôt son long cou s'allongea vers le sauveteur.

— Prends! commanda Francis.

Et le cheval, ouvrant la bouche, saisit l'homme par sa vareuse et le mordit au-dessous de l'épaule.

L'homme hurla de douleur, se débattit, mais ne lâcha point Suzanne et nagea encore.

— Lâche prise! lui cria Francis, qui fit relever la tête à son cheval. Misérable! tu es mort!...

Ce fut le cheval qui lâcha.

L'homme prit pied, fit deux ou trois pas, puis tomba sur la rive, son fardeau sous le bras.

Francis à son tour s'élança vers le bord, tandis que son frère, inquiet sur l'issue de cette « escapade », traversait à son tour la rivière.

Le premier mouvement de Francis fut de saisir l'homme et d'essayer de dégager Suzanne.

Au fond, il regrettait une plaisanterie qui pouvait causer la mort de l'Irlandaise. Il craignait que la jeune fille ne fût noyée.

Quelques paysans, occupés dans les champs, tout en restant à distance respectueuse, les observaient.

Mais à peine avait-il sauté à terre, à peine s'était-il penché vers l'inconnu, qu'une plainte douloureuse avait retenti derrière lui : il se retourna et vit son cheval le poitrail rouge de sang qui tombait près de lui.

Il avait reçu un coup de couteau en plein poitrail... Voilà pourquoi une minute auparavant il avait lâché prise.

— Misérable! s'écria Francis furieux en revenant à l'inconnu, la cravache levée.

Mais l'inconnu était debout.

Il avait dégagé son front de ses longs cheveux noirs, et, le couteau à la main, attendait.

— Patrick! s'écria le jeune homme stupéfait.

— Oui, sir Francis Meercraft.

— Au secours! cria Richard aux paysans. Au meurtre!...

Patrick fit un pas vers Francis.

— A bas la cravache!

Francis obéit.

— Vous voudriez venger votre cheval, n'est-ce pas?

Francis garda le silence.

— Moi, reprit Patrick, j'ai d'autres vengeances à exercer. Prenez garde!... Et prenez garde d'abord que cette jeune fille ne succombe!... Vous me connaissez, sir Francis? Et par saint Patrick, patron de ce pays, le sort de Suzanne décidera du vôtre.

Comme il disait, une foule de paysans appelés par Richard étaient accourus, armés de râteaux et de fourches.

— Arrêtez cet homme, cria Richard.

— Sauvez cette fille d'abord, dit Patrick.

— Et à la vue du contrebandier, les paysans s'arrêtèrent incertains sur le parti qu'ils devaient prendre.

— Secourez cette jeune fille, commanda Patrick.

Les paysans entourèrent Suzanne.

En voyant la défection des alliés sur lesquels ils comptaient, les deux gentlemen s'entre-regardèrent.

Tous deux pensaient : « Nous sommes en pays ennemi; ils sont les plus forts à cette heure, patience, attendons! »

Cependant Suzanne revenait à la vie.

Patrick, à genoux dans l'herbe, penché vers elle, épiait avec anxiété son premier souffle, son premier regard.

A mesure que la jeune fille reprenait l'usage de ses sens, une ineffable expression de joie transfigurait le visage ingrat de son sauveur.

Cet homme avait oublié ses ennemis qui le tenaient en leur pouvoir. Il avait jeté son couteau sur l'herbe et semblait perdu en extase.

Soudain Suzanne tourna vers lui ses grands yeux ; un effroi indicible s'empara d'elle. Elle poussa un cri et détourna brusquement la tête,

Ce signe de répulsion frappa douloureusement Patrick.

— Elle a repris connaissance, dit-il avec un sourire amer ; cette marque d'antipathie en témoigne assez clairement.

Il se leva.

— Elle vit? demanda sir Francis.

— Oui, sir, dit un paysan, tout aussi bien que Votre Honneur.

— Vous la porterez chez elle, braves gens ; je lui enverrai bientôt le médecin de Pretty-House. Quant à cet homme...

— N'achevez pas ! interrompit Patrick.

— Eh ! pourquoi, je te prie?

— Achevez alors, sir Meercraft.

— Quant à cet homme, il aura bientôt à rendre compte de ses crimes.

Patrick se redressa fièrement, et toisant du regard l'impertinent gentleman :

— Après, toutefois, qu'il aura été te demander compte des tiens!

Francis dévora sa colère et ne répliqua point. Et sur l'échange de ces menaces, les deux gentlemen et le vagabond irlandais se séparèrent.

II

SUZANNE.

Les témoins de cette scène eurent du mal à réprimer l'explosion des sentiments qui les agitaient, mais s'ils n'osèrent saluer le départ des deux frères par des grognements et des huées, ils se dédommagèrent amplement lorsque ces derniers disparurent derrière les saules.

Ce fut à qui crierait les plus grosses injures, parmi lesquelles celles d'hérétiques et de voleurs revenaient le plus souvent.

— Patience ! leur disait Patrick, un jour viendra où l'on chassera de l'île tous ces brigands. Pour le moment, point de vaines manifestations ; occupons-nous de cette infortunée que sir Francis voulait faire dévorer par son cheval.

— Quoi ! Est-ce possible?

— Ils se sont amusés à chasser Suzanne dans la prairie, comme ils chassent le renard.

— Oh ! s'écrièrent tous les paysans, quelle infamie !

— Quand ils n'auront plus de renards, ils chasseront l'Irlandais, dit Patrick ; pour eux ne sommes-nous pas des bêtes?

— Moins que des bêtes, fit un faneur ; nous sommes moins à leurs yeux qu'un cheval ou un chien.

— Mais comment Suzanne est-elle tombée à l'eau ? demanda une femme.

— Voyant qu'elle ne pouvait échapper à ces chasseurs, elle se jeta à la rivière, et Francis Meercraft mit à l'eau son hunter et la poursuivit jusqu'à la mort. C'est un sport d'un nouveau genre.

Mille exclamations d'indignation et de haine éclatèrent.

— Alors, je sautai à l'eau, et atteignis bien Suzanne ; mais Francis n'avait pas renoncé à son gibier ; il piqua son cheval, redoubla d'efforts, parvint à me rejoindre, à deux ou trois brasses de la rive, et dit à son cheval : Prends !... Et le cheval m'enfonça ses dents dans les chairs et me souleva comme un paquet... Mais j'avais un couteau à la ceinture !...

— Hurrah ! applaudirent les paysans.

Tandis que Patrick racontait, on avait coupé des branches de saules et préparé un brancard pour Suzanne.

Celle-ci était toujours très-faible et ne paraissait point avoir repris complétement connaissance ; loin de remercier son sauveur, chaque fois que son regard rencontrait Patrick, elle tressaillait et détournait la tête.

Enfin, on la plaça sur la civière, et, tandis que Patrick s'éloignait vers la falaise, son séjour ordinaire, faneurs et faneuses portèrent Suzanne à la chaumière de son père.

Cette chaumière était une des moins laides du pays, mais elle ne saurait être comparée aux chaumières proprettes de Normandie et ressemblait plutôt à quelque affreuse bâtisse du haut Nivernais.

La chaumière irlandaise est, en général, au-dessous de toute calomnie : étroite, peu élevée, ses murs s'élèvent à peine à trois ou quatre pieds du sol. Afin d'économiser la bâtisse, le paysan creuse le terrain et s'enterre à moitié, pour se loger.

Ces gîtes informes n'ont que deux ouvertures, et souvent n'en ont qu'une seule.

Le mobilier est digne de l'habitation. On ne saurait se faire une idée d'une pareille misère.

Une litière de paille ou de joncs, maintenue dans un cadre de bois : tel est le coucher ; une table, quelques siéges de bois, un chaudron pour cuire les pommes de terre, quelques outils ou engins de pêche : voilà ordinairement le mobilier du pauvre paysan irlandais.

Quelques-uns, comme le père Howel, ont derrière leur chaumière un champ de pommes de terre qui leur permet d'élever un cochon, — immense ressource ! . . .

Avec un champ de pommes de terre, une cabane et un cochon, une famille irlandaise se trouve presque riche ; — mais la misère est si grande que beaucoup ne peuvent payer le loyer du champ et acheter le cochon.

Cet animal n'est pas engraissé comme ses congénères d'Angleterre ; mais il n'en est pas plus malheureux. Au lieu d'être condamné à un embonpoint qui n'est qu'une précoce infirmité, le cochon irlandais jouit de l'usage de ses pieds et va, vient, trotte où bon lui semble, plus libre que son maître, dont il partage le toit et les repas.

Comme Suzanne Howel rentrait au village, un gentleman, vêtu de noir et cravaté de blanc, allait de chaumière en chaumière demandant après elle : — c'était le médecin ordinaire de la famille Meercraft, le docteur Vildoë.

A la vue de la civière, il s'avança vers la jeune fille ; le cortége s'arrêta.

— Eh bien, fit-il, comment va la malade ? Comment allez-vous, jeune fille ?

— Bien, répondit laconiquement Suzanne.

— Pourquoi ne marchez-vous pas ? Êtes-vous blessée ?

Suzanne sourit et ne parut pas comprendre.

Le docteur la considéra attentivement et remarqua qu'elle avait l'air égaré.

— Elle a eu peur, n'est-ce pas ? demanda-t-il à un paysan.

Celui-ci raconta l'aventure, non sans essayer d'atténuer ce qu'elle avait de plus odieux.

Misérable! s'écria Francis furieux (page 6).

Le docteur l'écouta impassible.

— Est-ce bien vrai tout cela, jeune fille? demanda-t-il.

Suzanne regarda tout le monde avec un sourire, passa lentement la main sur son front et garda le silence.

La raison de Suzanne était ébranlée.

En ce moment le père Howel s'avança près de sa fille.

Il avait entendu le récit du faneur, il avait lu dans les yeux de sa fille tout ce que cette infortunée avait souffert; la douleur et la colère gonflaient son cœur, et si un Meercraft se fût trouvé en ce moment à la portée de son bras, il eût tiré de cette infamie une prompte et terrible justice.

— Ma pauvre Suzanne! s'écria-t-il, en embrassant sa fille.

Puis au docteur :

— Vous venez de la part des Meercraft?

— Oui.

— Dites à ces scélérats...

— Silence, bonhomme, interrompit Vidloë avec un geste impératif; il ne s'agit pas de sir

Francis et de son frère, mais de lady Sidonia, la mère respectable de ces deux écervelés. C'est lady Meercraft qui m'envoie ici pour vous offrir tous les secours et toutes les indemnités désirables. C'est une dame pieuse et charitable, et tenez pour certain que les deux coupables ont lieu à cette heure de se repentir. J'ai de l'argent à votre disposition, John Howel, ne poussez donc pas de grands cris, comme c'est la coutume dans ce pays.

S'adressant ensuite aux paysans :

— Vous avez tous entendu ce que je viens de dire, trouvez-vous que la dame de Pretty-House soit charitable et juste?

Un seul paysan répondit :

— Lady Meercraft est vraiment trop honnête. Votre honneur ignore-t-il que le cheval est mort?

— Non.

— Eh bien! sir Francis a fait en la personne de son cheval une perte douloureuse ; le bonhomme Howel est fou, s'il réclame quelque chose. Ne sait-on pas qu'un cheval anglais vaut plus qu'une fille d'Irlande?

Le docteur fronça le sourcil, et le mot *ingrat* effleura ses lèvres.

— C'est à vous, Howel, d'accepter ou de refuser nos actes de réparation ; mais allons jusque chez vous ; c'est assez causer sur le chemin.

Suzanne fut portée à la chaumière. Quand le docteur et le père se trouvèrent en tête à tête :

— Howel, dit Vidloë, votre fille est gravement atteinte ; ne vous laissez pas conseiller par la colère ; les parents du jeune gentleman sont disposés à réparer autant qu'il est en leur pouvoir le dommage que leurs fils vous ont causé. Laissez-moi donc soigner votre fille : si vous me refusez, songez-y bien, vous la tuez!...

— Sauvez-la! s'écria le père, avec l'élan d'une indicible tendresse, qu'elle vive! Et tout sera oublié!

Le docteur remit à Howel quelques médicaments, lui prescrivit les soins dont la malade avait besoin, et regagna Pretty-House.

En quittant la chaumière d'Howel, le docteur Vidloë s'abandonnait aux réflexions les plus sombres.

La conduite des jeunes Meercraft n'était ni plus ni moins scandaleuse que celle d'un grand nombre d'autres jeunes gentlemen, et depuis quelque temps le bruit courait d'une sourde agitation populaire.

Le docteur n'était pas de ces indifférents qui s'endorment paisiblement au pied du Vésuve après avoir entendu les détonations souterraines qui présagent une prochaine éruption.

Il vivait depuis longtemps en Irlande et se souvenait des dernières éruptions du sentiment patriotique de ce pays.

Habitant Pretty-House, où il partageait son temps entre quelques soins médicaux et des études de botanique, heureux de l'existence paisible qu'il y coulait, il tremblait à la pensée de la guerre civile.

Sans doute il ne se faisait point d'illusion sur la haine invétérée des indigènes pour les Anglais, mais il croyait qu'en ménageant les premiers, en les traitant avec justice et bonté l'on pourrait, en cas de crise, s'épargner de grands malheurs.

Cette opinion, partagée par Meercraft et sa femme, était dédaignée de Richard et de Francis qui ne pouvaient concevoir que l'on redoutât des misérables privés d'armes et d'instruction, affaiblis par les privations et le travail, pâles, décharnés, prêts à fuir ou à s'humilier à la première menace.

Leur parlait-on d'insurrection :

— Je voudrais voir cela, répondait Richard, tant qu'il y aura à Pretty-House cinq ou six fusils de chasse et quelques livres de poudre, je m'embarrasse bien des Irlandais!

— Des fusils! se récriait sir Francis, le fouet de mon piqueur Jack serait plus que suffisant pour dissiper cette canaille.

— Ne croyez pas cela, disait le docteur, il y aurait des flots de sang versé.

— Du sang irlandais alors, répliquait sir Richard. Eh bien, rien de mieux. Les insurrections sont peut-être nécessaires, comme les famines périodiques, pour débarrasser peu à peu cette île d'une race dégénérée ; car mettons de côté toute fausse philanthropie, et raisonnons : puisque les deux races sont irréconciliables, puisqu'il faut que l'une des deux disparaisse, il me paraît juste que ce soit la moins nombreuse, et il me paraît humain de souhaiter que cette destruction s'accomplisse le plus vite possible. Un fidèle sujet de la reine ne doit pas penser autrement.

— L'Irlande n'est pas aussi abattue que vous le croyez, disait le docteur. Désespérés par mille vexations, fanatisés par des chefs de sociétés secrètes, ces pauvres diables, si timides aujourd'hui, pourraient être demain des insurgés redoutables. Quant à moi, je me loue de n'avoir mérité la haine personnelle d'aucun de nos voisins irlandais.

— Vous êtes un trembleur.

Cependant, depuis la rencontre de Patrick, ces intrépides gentlemen semblaient avoir modifié leurs opinions, et, avant de rentrer à la maison, ayant aperçu Vidloë ils étaient allés le prier de donner ses soins à Suzanne.

Patrick faisait donc exception pour eux parmi les hommes de sa race ?

Ils n'avaient pas dit au docteur un mot de l'intervention de ce dernier ; mais bientôt ils devaient expliquer la perte du cheval de Francis, et l'aventure devait être bientôt connue tout entière.

A son retour de chez Howel, le docteur fut prié de passer dans un petit salon où les Meercraft l'attendaient avec la plus vive impatience.

Francis avait tout raconté, et l'on tenait un véritable conseil de famille.

— Eh bien ! docteur, s'écria Meercraft en accourant au devant de Vidloë, quelles nouvelles du village ?

— Assez mauvaises, fit celui-ci d'un air attristé.

— Cette fille est en danger ?

— Oui, elle est gravement malade ; je l'ai laissée en proie au délire, et je crains fort que sa raison ne soit troublée pour le reste de ses jours. Enfin, les gens de l'endroit paraissent furieux. J'ai fait ce que j'ai pu pour calmer la douleur du père, et j'ai pris sur moi de dire que j'étais envoyé par lady Meercraft.

— Merci, docteur, fit la dame.

— Et j'ai ajouté, certain de ne pas être désavoué, que ni les soins, ni les médicaments, ni les secours d'aucune espèce ne manqueraient à la malade.

— Vous avez fort bien fait, vous avez deviné nos intentions et je ferai plus encore.

Pour qui eût connu ou seulement vu la digne épouse de Meercraft, tant de charité aurait été un sujet de profonde surprise.

— Je saurai vaincre mes répugnances, et, reprit-elle, dussé-je paraître ridicule, j'irai voir cette fille.

— Vous ne savez pas ce que c'est que cette contrée, ma mère, objecta Richard.

— Je l'apprendrai.

— C'est sale, c'est infect ; je mets au défi votre courage : vous n'y resterez pas dix minutes.

— Mon intention n'est point d'y demeurer davantage ; mais c'est à vous, Richard, de m'épargner à l'avenir d'aussi pénibles sacrifices.

— Permettez-moi de proposer mieux encore, dit Francis. C'est de faire des rentes au vieux papiste et de prendre ici sa fille en pension jusqu'au parfait rétablissement de sa santé.

— Bravo ! s'écria Richard en riant.

— Tu railles, fit Meercraft ; mais ton projet n'a rien d'aussi excentrique que tu peux le croire.

— Oh ! mon père ! s'écria Francis ; vous n'y songez pas !... Je raillais en effet.

— Quoi ! sir Meercraft, vous penseriez à faire venir cette fille ici ?

— Mais oui.

— Cette fille à Pretty-House, sous le même toit que nous! Une papiste et une folle?

— Justement.

— Il ne peut y avoir à ceci qu'un empêchement sérieux, dit Vidloë.

— Lequel, docteur?

— C'est le paysan et sa fille qui refusent vos offres hospitalières.

— Mais enfin, demanda Richard, d'où vous vient ce subit amour pour les Irlandais? Je sais bien que, selon vous, il ne faut pas se faire d'ennemis chez ces misérables ; je n'ai pas oublié les menaces du coquin qui a tué le cheval de Francis et je sais ce dont il est capable, mais, en ayant l'air de les craindre, vous ne ferez que doubler leur audace. En vérité, pour une fille qui a pris un bain forcé et les menaces d'un bandit, je ne m'attendais pas à voir ma famille plongée dans la terreur.

— Je suis sûr, moi, dit Meercraft, que le docteur a déjà deviné la cause de mes craintes et apprécié la sagesse des précautions que je me propose de prendre ; n'est-il pas vrai, cher docteur ?

Le docteur sourit d'un air mystérieux.

— Ah! docteur, dit Francis, vous nous rendriez grand service en nous prêtant vos lumières sur ce point.

— Prenez le *Times* de ce matin, répondit Vidloë, et vous lirez les nouvelles d'Irlande ; vous verrez ce que l'on dit de la situation de l'île et l'agitation du parti fenian.

— Les fenians! nouveau mystère, s'écria Francis en se levant pour chercher le journal. Qu'est-ce que ces animaux-là?

— Vous allez l'apprendre. Vous ne lisez que le *Sporting-Gazette*, vous autres jeunes gentlemen,

— Et en quoi Suzanne Howel peut-elle nous servir en ces circonstances? demanda sir Richard. Cette fille est-elle un préservatif contre le fenianisme?

— Oui, fit Meercraft.

— Comment cela, mon père ?

— En cas de bataille, elle nous servira d'otage. Et doutez-vous que le coquin que vous avez rencontré il y a quelques heures ne fasse partie d'une société secrète de fenians?

— C'est vrai, dit Francis pensif, et cet individu aime Suzanne.

III

L'IRLANDE ET L'ANGLETERRE.

S'il plaît au lecteur de nous suivre, il rejoindra avec nous Patrick, le vagabond, l'amoureux, le vengeur, cet individu qui, tout d'abord, s'est classé parmi ceux qui contreviennent, avec une persistance obstinée, aux lois de l'État et à la morale de convention.

Patrick, ainsi que nous l'avons dit après avoir délivré Suzanne Howel de ses persécuteurs insensés, s'était éloigné dans la direction des falaises.

Là il trouvait mieux qu'un refuge, mieux qu'un abri : un lieu où, tout en se délassant, il pouvait donner à son âme toute liberté.

La liberté d'action et de pensée était le salaire de son pénible et dangereux vagabondage.

L'endroit où il grimpa et s'installa n'était pas précisément confortable; il était même d'un accès assez difficile : il n'était guère connu que des mouettes et des goëlands.

Les flots, dans les tempêtes si violentes de cette mer étroite, y jetaient parfois leur écume; mais jamais un garde-côtes n'y plongeait son regard. C'était une excavation profonde, où jadis les vagues faisaient tapage, et abandonnée par elles.

Cette caverne était assez vaste pour contenir une cinquantaine de personnes.

Elle s'était creusée selon le caprice de la mer et la friabilité plus ou moins grande de la roche.

L'entrée en était étroite et sombre; l'intérieur en était parfaitement obscur.

L'œil exercé de Patrick pouvait néanmoins, à la faible lueur du dehors, en mesurer la hauteur des voûtes, en compter le nombre des piliers, en éviter les trous qui, pareils à des puits, communiquaient encore avec la mer.

Les parois des roches étaient pour la plupart revêtues de coquillages ; des monceaux d'herbes desséchées s'entrevoyaient çà et là.

Durant les tempêtes, le choc des vagues remplissait la grotte d'un vacarme assourdissant, et semblait la menacer d'en ébranler les roches.

Mais quels spectacles plus grandioses et plus émouvants que ceux des drames qui s'accomplissaient en vue de la falaise !...

La grotte de Patrick pouvait être aussi bien la retraite d'un penseur, d'un poëte, d'un artiste que l'asile d'un proscrit.

Elle pouvait aussi favoriser les desseins d'un conspirateur.

Patrick en avait découvert l'itinéraire indescriptible et il ne le comprettait point avec les contrebandiers. Il y dormait le jour, il en sortait la nuit.

Le jour où commence notre drame, il était un peu en retard pour rentrer à son gîte favori, et cela pour deux raisons :

La première, c'est qu'il courait risque d'être observé par les douaniers et les gens de police, qui à cette époque déjà surveillaient activement la côte ;

La seconde, c'est qu'il y avait donné pour le soir un premier rendez-vous à quelques amis.

Des contrebandiers ? des pillards ?... non, des conspirateurs.

Patrick conspirait, non-seulement de cœur et de pensée, mais activement, contre l'éternelle ennemie de son pays et de sa race, contre l'Angleterre.

Mais avant de mettre en scène les fenians, peut-être n'est-il pas inutile de dire ce que c'est que le fenianisme.

L'origine des fenians remonte au deuxième siècle de notre ère.

A cette époque l'Irlande était divisée en plusieurs royaumes ; le souverain le plus puissant exerçait sur les autres des droits de suzeraineté et prenait le titre de roi d'Irlande.

Chaque royaume comprenait plusieurs clans ou tribus dont les chefs recevaient des terres de la couronne, à charge d'équiper et entretenir un certain nombre d'hommes d'armes.

Les forces de ces clans, organisées pour la défense de l'île contre les ennemis du dehors, s'élevaient à environ dix mille hommes.

Elles formaient un corps d'élite auquel pouvait s'adjoindre une armée de volontaires.

Au troisième siècle, sous le roi Cormac le Grand, le chef du clan de Baoisgne, dans la province de Tara, nommé Finn, ou Fingal, fut chargé d'organiser toutes les milices de l'île et en prit le commandement général.

Au comble de la faveur, au faîte de la puissance, Fingal épousa la fille du roi.

Mais le pouvoir du chef militaire porta ombrage au roi Cairbre, fils et sucesseur de Cormac, et une querelle s'étant élevée entre Fingal et le chef des clans de Morna, le roi d'Irlande envenima la querelle. Les clans de Tara et de

Morna s'exterminèrent et Fingal fut tué dans un combat, en 283.

Le mot anglais *fenian*, — génitif du mot irlandais *fionn*, qui, lui-même, vient de *fiona* ou *finn*, — était le nom que portaient les hommes d'armes de Finn ou de Fingal.

Depuis l'an 283 jusqu'à nos jours, l'histoire d'Irlande ne nous parle plus des fils de Fingal ou Fenians.

Mais aux clans du héros légendaire chargés de défendre le sol de l'Irlande, contre l'invasion, ont succédé, de siècle en siècle, d'autres héros plus nombreux que les hommes d'armes du roi Cormac le Grand, plus forts, moins faciles à exterminer, car ils ne portent les armes que pour la liberté, et la cause qu'ils servent, les droits auxquels ils se dévouent leur font des amis, — ou, si vous le voulez, des complices, — dans les rangs mêmes de leurs oppresseurs.

La cause irlandaise est la cause de tous les peuples opprimés.

Et qu'on nous permette de l'affirmer dès à présent, nous nous engageons à fournir plus tard les preuves : tout Irlandais, aujourd'hui, que l'émeute gronde ou non, appartient au grand parti démocratique dont une des branches est le fenianisme.

Les plus graves questions de politique et de morale s'agitent aujourd'hui en Irlande.

L'attention, l'intérêt du public français, semblent, au moment où nous écrivons, s'en être détournés ; mais attendons demain.

Les questions qui se débattent en Irlande ont été vidées chez nous en 89-93 ; elles doivent être résolues en Angleterre.

En 1832, après deux voyages en Irlande, M. G. de Beaumont écrivait :

« Il existe un pays, l'Angleterre, où l'aristocratie est encore pleine de vie et de puissance ; où l'inégalité civile et politique, maintenue dans les lois, s'est conservée entière dans les mœurs ; où le vieux privilége féodal se trouve si singulièrement mêlé aux libertés les plus jeunes, les plus hardies, qu'en voyant l'empire absolu qu'exercent dans ce pays la naissance et la fortune, on le croirait en arrière de toutes les nations, et qu'en y regardant le bien-être et la liberté du peuple, on le juge en avance de toutes ; où, enfin, l'aristocratie est aussi attaquée, mais où elle est assez puissante pour tenir tête à ses ennemis.

« C'est un grand combat qui se livre, poursuit M. de Beaumont, et il ajoute (ce qui de prime abord a tout l'air d'un paradoxe) : c'est de l'Irlande que la démocratie souffle sur l'Angleterre ses plus ardentes passions ; c'est de l'Irlande que partent les coups les plus capables d'ébranler dans sa base le vieil édifice de la constitution britannique. »

Cette opinion peut, nous semble-t-il, s'expliquer ainsi : c'est que l'agitation constante de l'Irlande contre l'aristocratie éveillera chez le peuple anglais, sinon des sentiments de fraternité, du moins un sentiment de justice, et la démocratie moderne a la justice pour principe.

Il ne faut pas espérer que l'affranchissement de l'Irlande s'obtiendra à Dublin : il ne peut s'obtenir qu'à Londres.

Pour pouvoir juger de la situation actuelle de la patrie d'O'Connel et de Stephens, pour connaître les fenians, leurs origines, leur but, leurs ressources, il faut se rappeler au moins succinctement les luttes les plus importantes que l'Irlande soutint contre l'Angleterre.

Conquise sous Henri II, mais non soumise, elle oppose à ses dominateurs ou ses tyrans une résistance vigoureuse encore pour être sept fois séculaire.

La haine qui anime les deux pays l'un contre l'autre paraît inextinguible.

Elle a deux origines :

La première est dans l'antipathie des deux races l'une pour l'autre ;

La seconde dans la réforme religieuse.

L'antipathie native s'accuse déjà de la part des Anglais dans les premières lois qui régirent leur établissement en Irlande. Ainsi, Henri II interdit aux Anglais d'avoir aucun rapport commercial ou autre avec les indigènes du pays conquis ; le mariage entre individus des deux races fut défendu sous peine de mort.

Le comte Desmont, ayant épousé une Irlandaise, fut condamné à mort et décapité.

Les excès commis par les vainqueurs ; les revanches prises par les vaincus, ne firent qu'envenimer ces haines réciproques.

Mais la réforme religieuse mit le comble aux misères des vaincus.

Les Irlandais, par haine des Anglais, — il est permis de le croire, — étant restés fidèles à la religion catholique, soulevèrent contre eux le fanatisme protestant.

Elisabeth condamna, comme rebelle, tout Irlandais qui n'adopterait point la religion de l'Etat à être expulsé et à voir ses biens confisqués.

L'Irlande résista : elle fut écrasée.

La reine dépensa 86,000,000 fr. à faire massacrer les populations ; le pays devint un désert.

Six cent mille acres de la province de Munster furent mis en vente à la condition que les colons ne souffriraient pas sur leurs terres un seul Irlandais d'origine.

Jacques Ier, Charles Ier continuèrent cette œuvre de spoliation et d'extermination.

Jacques réunit aux domaines de la couronne cinq cent mille acres.

Cependant un grand nombre de proscrits, réfugiés dans les montagnes et les forêts, en quarante années donnèrent naissance à deux générations qui devinrent redoutables aux étrangers habitants de la plaine.

Charles Ier venait de s'emparer de la province de Connaught, la seule qui restât aux malheureux Irlandais, lorsque, sous les ordres d'O'Nial, trente mille patriotes s'armèrent et se ruèrent sur leurs oppresseurs.

Cette revanche fut terrible.

En peu de temps douze mille Anglais furent massacrés ou brûlés vifs dans leurs habitations. Mais les plus cruelles représailles ne pouvaient se faire longtemps attendre, et la colonie n'était pas de force à résister à l'armée de Cromwell.

« C'était en 1849, dit M. G. de Beaumont (1), environ deux siècles après, je parcourais en Irlande les lieux où passa Cromwell et je les trouvai encore pleins de la terreur de son nom. »

Voici quelques faits :

Cromwell assiégeait la ville de Drogheda : il offrit aux assiégés la vie sauve ; ceux-ci capitulèrent : Cromwell les fit passer au fil de l'épée.

De même pour Wexfort.

Son lieutenant Ludlow raconte qu'après avoir longtemps parcouru des campagnes désertes, privées de culture, il surprit à la lisière d'une forêt une bande de misérables qui s'enfuirent à son approche. Il en tua quelques-uns et donna la chasse au reste.

Les fugitifs disparurent dans une caverne ; il fit braquer une pièce de canon à l'orifice de cette caverne et fit tirer plusieurs coups au hasard ; puis, doutant du résultat de sa canonnade, il résolut d'enfumer les malheureux échappés à sa rage.

Mais la lutte ne fut suspendue que pendant le temps nécessaire aux Irlandais pour reprenpre des forces : vingt ans.

____

(1) *L'Irlande sociale, politique et religieuse.*

IV

LES WHITEBOYS.

Une association mystérieuse jeta son réseau sur l'île tout entière : la société des Whiteboys (enfants blancs) ou Niveleurs.

Le nom de Whiteboys leur a été donné parce que dans leurs expéditions nocturnes ils mettaient une chemise blanche par-dessus leurs vêtements ; et le nom de Niveleurs, du but de la société qui était de détruire les barrières et les clôtures des propriétés.

Leur conspiration éclata vers 1760 ; on pourrait les surnommer encore les fenians du dix-huitième siècle.

Voici comment sir Arthur Young s'exprime sur leur compte :

« Ils ont l'habitude, dit-il, de parcourir le pays réunis par bandes, et ils font prêter serment aux habitants des campagnes de ne jamais les trahir.

« Ils les contraignent à ce serment au moyen de menaces souvent mises à exécution.

« Ils se constituent les redresseurs de tous les torts, infligent des châtiments à tous ceux qui spéculent sur le prix des terres ou qui surenchérissent sur le loyer des fermes. En prenant en main l'administration de la justice, ils en font une singulière distribution.

« Ils forcent les maîtres à relâcher leurs apprentis ; enlèvent les filles des riches fermiers et mettent celles-ci dans l'obligation de les épouser ; on cite quatre exemples de cette nature arrivés dans le cours d'une quinzaine.

« Ils lèvent des taxes sur les petits fermiers et ceux de la moyenne condition, afin d'avoir un fonds pour soutenir leur cause, pour payer les avocats dans les procès criminels dont ils sont l'objet.

« Quelquefois, à l'aide de ces contributions, plusieurs d'entre eux vivent des années sans travail. Quelquefois ils s'introduisent dans les habitations et y commettent des vols considérables. »

Cette assertion est démentie par plusieurs historiens et entre autres par G. Lewis :

« Les whiteboys volent rarement ; souvent ils prennent des armes, non pour eux, mais pour leur parti. Exemples de plusieurs qui trouvent de l'argent sous leur main et ne le prennent pas. »

Sir Young continue :

« Au milieu de ces excès, il arrive souvent qu'ils brûlent les habitations et détruisent le mobilier de leurs ennemis.

« Les actes de barbarie qu'ils commettent sont révoltants.

« Un de leurs châtiments favoris et qu'ils pratiquent au milieu de l'hiver consiste à arracher de son lit l'individu désigné à leur vengeance, et à lui faire faire tout nu une longue course à cheval ; après quoi, ils l'enterrent jusqu'au menton dans un trou creusé perpendiculairement et garni de bruyères, où ils le laissent, non sans lui avoir coupé une oreille (1). »

Sans doute, le procédé est cruel, mais si Arthur Young a dénoncé les actes les plus barbares commis par les whiteboys, il faut en convenir, ces derniers étaient encore loin d'appliquer envers les ennemis de leur race, les voleurs et les assassins de leurs frères, le proverbe antique : Œil pour œil et dent pour dent.

---

(1) Traduction de G. de Beaumont.

Richard.

Les whiteboys osent à peine reprendre leur argent en faisant main basse sur l'argent de ceux qui détiennent les terres irlandaises en vertu d'infâmes spoliations.

Quant aux cruautés que l'écrivain anglais leur reproche, elles sont justifiées en quelque sorte par celles plus atroces et plus nombreuses des Straffort, des Cromwell, des Ludlow.

Les whiteboys se considéraient comme des justiciers; ils s'éloignaient dans leurs actes de la violence et de la perfidie des envahisseurs.

Voici comment ils procédaient.

Apprenaient-ils qu'un Irlandais était obligé de payer un fermage trop élevé, ils intervenaient entre le fermier et le propriétaire.

Ils faisaient placarder à la porte de ce dernier une affiche imprimée ou manuscrite, dans le genre de celle-ci :

« On vous fait savoir que nous ne supporterons pas plus longtemps l'injustice de payer un fermage le double de ce qu'il devrait être.

« Celui qui ne tiendra pas compte de cet avis sera traité avec la plus grande sévérité.

« *Signé* TERRY'S MOTHER. »

De même, si des ouvriers étaient réduits à un salaire insuffisant, l'association des whiteboys venait à leur secours, en menaçant d'un côté les exploiteurs et, d'autre part, en stimulant la résistance chez les exploités par l'affiche suivante :

« A partir de ce jour nul ouvrier ne travaillera (pour telle ou telle industrie), si ce n'est avec le salaire de dix shillings par semaine.

« Malheur à qui travaillera pour un prix inférieur.

« *Signé* TERRY ALT. »

Les catholiques étaient obligés par la loi à payer la dîme au clergé anglais.

Un jour parut cette affiche rédigée d'une façon saisissante :

« Point de dîmes.
« Point de dîmes.
« Point de dîmes.

« Si vous payez la dîme vous pouvez commander votre bière. Que vous restiez dans le pays ou que vous le quittiez, votre mort est assurée.

« *Capitaine* ROCK. »

Au-dessus était dessiné un cercueil.

Jamais les whiteboys ne menaçaient en vain ; leurs sentences étaient toujours fidèlement exécutées, même au prix des plus grands sacrifices. Leur justice ne reculait devant aucun obstacle.

Chaque membre de l'association avait juré d'exécuter aveuglément les ordres de celle-ci.

Fallait-il aller à une grande distance pour exécuter les arrêts de la société mystérieuse, le membre désigné pour remplir ce devoir partait et ne reculait devant aucun obstacle et aucun danger.

Si l'arrêt prononcé était un arrêt de mort, le whitehoys, si timide qu'il fût, ainsi que jadis le franc-juge en Allemagne, s'armait d'un poignard et mettait la sentence à exécution.

Etait-il arrêté, emprisonné, traduit enfin devant un tribunal, il était protégé par l'article suivant du Code de l'association : — « Quiconque portera témoignage en justice contre un whiteboys sera puni de mort. »

Les sentences de ce tribunal secret étaient exécutées avec une régularité qui ajoutait à son prestige. On ne doutait plus de l'accomplissement de ses menaces.

L'association avait ses percepteurs des taxes qu'elle jugeait nécessaire de frapper sur les colons anglais, et la terreur était telle que les taxes des whiteboys étaient payées plus régulièrement que celles du gouvernement.

Beaucoup de petits fermiers faisaient partie de cette société secrète, et les bandes des niveleurs s'affiliaient la plus grande partie des populations rurales.

Le whiteboysme devenait un État dans l'État.

Mais le secret faisait toute sa force.

Dès lors qu'il eût tenté une insurrection, et accepté le combat en plein jour, il eût été écrasé par l'armée anglaise. Il pouvait fatiguer, ruiner, harceler les oppresseurs de l'Irlande, il ne pouvait songer à rendre au pays son indépendance.

Ainsi la lutte des malheureux Irlandais fut toujours désespérée ; la constance n'en est pas moins admirable.

L'association des whiteboys se divisa peu à peu en plusieurs sociétés.

Ces sociétés nouvelles étaient en 1764 les Sak-Boys ; en 1772 les Steel-Boys ; les Right-Boys et Peep of day Boys en 1785.

Au commencement du siècle, des sociétés à peu près semblables s'établirent sous les noms de Thrashers, Terry-Alts, Whitefeet et Blackfeet.

D'après ce que nous avons dit des whiteboys on peut juger de leurs successeurs.

V

LES FENIANS.

Le mouvement libéral qui avait porté le gouvernement français à soutenir l'émancipation des colonies anglaises, — plus tard la Révolution, — firent espérer aux patriotes irlandais l'appui de la France.

Un moment, il est vrai, la France songea à soutenir les droits de l'Irlande, mais ce fut moins par sympathie pour ce malheureux pays que par haine de l'Angleterre. La cause irlandaise, si peu connue de nos jours, était encore plus ignorée alors.

D'ailleurs ce n'est point tant sur la similitude ou la communauté des souffrances que sur la nature des tendances politiques et la communauté des principes que se fondent les sympathies entre nations.

Le mouvement français était philosophique et politique, celui de l'Irlande était patriotique et religieux.

Le cri de liberté était le seul qui chatouillât l'oreille de la nation française; poussé au-delà de l'Océan, il arrivait jusqu'à elle.

On attendait chez nous que ce cri de liberté s'élevât d'un point quelconque de l'horizon.

Tout le monde était prêt à le répéter.

Ce cri entendu, les volontaires se levèrent par milliers; Franklin eut sa cause gagnée; le gouvernement subit en quelque sorte la pression de l'atmosphère morale; M. de Lafayette partit, comme bien d'autres gentilshommes; M. Caron de Beaumarchais équipa à ses frais des navires pour la cause de l'indépendance américaine...

L'eût-il fait pour l'Irlande ?... Non.

Telle émotion se fût-elle jamais produite en faveur de cette île parmi nos gentilshommes, nos philosophes, nos bourgeois ?... Non.

Le sentiment de l'époque n'était point à la croisade.

Allons plus loin :

Qui se souciait en France que les colonies d'Amérique fussent accablées d'impôts, subissent des lois prohibitives onéreuses et d'une injustice révoltante ?... Personne.

Mais la France pouvait sympathiser avec une jeune nation qui, au mérite incontestable d'être en guerre avec l'Angleterre, joignait, entre autres, celui d'être représentée par un bourgeois philosophe, tel que Franklin.

Enfin si un gouvernement catholique eût osé se targuer de sa qualité de coreligionnaire pour intervenir dans le Royaume-Uni, ce n'eût jamais été pour demander l'indépendance de l'Irlande.

Cette malheureuse île devait rester fatalement sans alliés : isolée du continent moins par la mer que par sa misère, son ignorance ses croyances religieuses.

Que dire de la période historique comprise entre la chute de Napoléon et notre époque ?

Combien d'émeutes ! Quelle agitation entretenue par l'éloquence d'O'Connel !

Mais la religiosité de cette période n'était pas la foi du temps des croisades, mais celle de l'hypocrisie, et l'Irlande n'avait rien à espérer de l'Europe.

Cependant cette ère nouvelle de 1788, qui pendant longtemps avait semblé devoir être stérile pour elle, fécondait par-delà les germes de son indépendance.

Les Irlandais étaient nombreux parmi les colons de la jeune Amérique.

Les catholiques y avaient fraternisé avec les émigrants de la Grande-Bretagne. Et tandis que leurs frères étaient restés dans la mère patrie, sous la bannière d'un clergé ennemi de toute liberté, ils avaient participé à la fondation de la république la plus libre du monde.

Loin d'oublier leur ancienne patrie, ils n'avaient cessé de faire des vœux ardents pour son indépendance, et plus encore pour sa liberté. Ainsi qu'il est naturel, les Irlandais émigrés, dans les grandes villes surtout, n'ont pas oublié les liens d'une commune origine. La voix du sang, si l'on peut dire, parle chez eux et les empêche d'oublier les malheurs de l'Irlande et l'oppression anglaise.

Mais comme si cette dernière ne voulait pas leur permettre d'oublier et voulait les poursuivre jusqu'au-delà de l'Océan, elle se perpétue au Canada où l'Irlandais, réfugié primitivement dans une colonie catholique et française, s'est retrouvé sous le joug de la race anglo-saxonne. Aussi est-ce dans le Canada que devaient se développer le plus rapidement les germes de révolte dont nous avons parlé tout à l'heure.

C'est dans cette contrée que devait naître la société secrète des Fenians.

L'idée de l'association remonte à 1848 ; mais ce fut seulement après la guerre entre le Nord et le Sud des Etats-Unis que James Stephens et Mahoney entreprirent la réalisation de leurs gigantesques desseins.

L'Irlande fut divisée en cercles commandés par un head-centre ou colonel, en districts commandés par des capitaines et en paroisses commandées par des sergents.

Dans leurs correspondances les fenians désignent (ou désignaient ?) un head-centre par la lettre A ; une capitainerie, par la lettre B ; une paroisse, par la lettre C.

D'après le *Fenian volunteer*, journal de l'as-sociation, voici la formule du serment prêté par chaque membre lors de sa réception :

« Je jure solennellement sur mon honneur et sur ma foi d'honnête homme, de travailler sans relâche à délivrer l'Irlande du joug de l'Angleterre, pour établir à sa place sur le sol irlandais un gouvernement libre et indépendant. Je m'engage à aimer, défendre et propager de toutes mes forces l'association feniane .. »

A l'époque où nous écrivons (mars 1868), la société a adopté la constitution de Philadelphie (Etats-Unis) de 1865.

Depuis le mois de décembre 1867 elle est dirigée par un sénat présidé par John Mitchell, et où se trouvent réunis les partisans de deux chefs déjà célèbres, M. Roberts et J. Savage.

Depuis deux ans à peine, quel immense progrès a fait cette société qui, tout d'abord, ne paraissait, aux esprits prévenus ou étonnés, qu'une secte sans avenir, une importation américaine excentrique, et qui depuis a fait trembler le gouvernement de la reine et le parti conservateur.

Etincelle qui devient incendie.

Le parti fenian, en séparant franchement les intérêts religieux des autres intérêts, en cherchant ses points d'appui dans les principes de la révolution, et ses moyens dans l'insurrection, se rattache étroitement au grand parti républicain socialiste.

Chaque jour les faits complètent cette explication. On a pu même remarquer récemment combien la scission entre les nouveaux patriotes et les anciens est profonde :

Les premiers ont été accueillis par les anathèmes du haut clergé et en maintes circonstances combattus par des compatriotes aveuglés, tandis qu'ils étaient soutenus par le clergé catholique inférieur et même par des protestants anglais.

Ainsi l'évêque catholique de Kerry, le docteur Moriarty, blâma son clergé d'avoir célébré un service funèbre en l'honneur des trois fenians exécutés à Manchester, et M. Waterworth déclara que le fenianisme devait être combattu par tout catholique zélé, tandis que M. O'Brien, chanoine de Limerick, publia une brochure dont nous empruntons à M. B. Saint-Anne la traduction suivante :

« Nous ne sommes alliés ni aux whigs, ni aux tories, ni aux radicaux. Nous n'appartenons à aucun parti en dedans ou en dehors de la constitution. Mais nous avons étudié l'état de l'Irlande dont le désespoir prend la forme de l'émigration ou celle du fenianisme. Nous le comprenons. Un éminent prélat ne disait-il pas récemment que, si le Grand-Turc venait dans ce pays et montrait l'intention d'en chasser les Anglais, tous les Irlandais, hommes, femmes et enfants, prêtres ou laïques, accourraient en foule sous sa bannière ? »

Il ajoutait avec la même franchise :

« Les législateurs anglais ne peuvent rien pour l'Irlande. L'économie politique est aussi impuissante. Rien n'y fera, tant qu'on ne rendra pas à ce pays appauvri, désespéré, son parlement et son droit de se gouverner comme il l'entendra. »

Les libéraux anglais comprennent la gravité du mouvement fenian et la légitimité des plaintes de l'Irlande.

Il y a quelques mois M. Goldwin Smith, le célèbre agitateur, disait au *Club de la Réforme* de Manchester : « Cette heure marquera dans l'histoire du monde la crise la plus décisive qu'il ait traversée depuis la Réforme. Le mouvement qui commence est à la fois politique, intellectuel, social et religieux...

« L'Europe est arrivée à une période de transition...

« Les institutions de l'Angleterre sont évidemment sur le point d'éprouver un grand changement qui ne se bornera point à un bill anodin de réforme voté dans la dernière session...

« Il ne s'agit point d'une réforme, mais d'une révolution. »

Cette opinion est également celle de l'illustre économiste J. Stuart Mill.

Dans un récent meeting (17 avril 1868) lord Russel, se ralliant à M. Gladstone, prononça les paroles suivantes

« J'ai un grand plaisir à paraître devant vous, au milieu de ce grand meeting, parce qu'il me semble que *nous sommes arrivés à une crise nationale de la plus grande importance.* Nous espérons, nous peuple d'Angleterre, nous espérons mettre fin à une guerre qui n'est point une *guerre de trente ans*, mais, si j'ose m'exprimer ainsi, une guerre de *trois cents ans.*

« J'ai la confiance que nous sommes tous d'accord sur le besoin de faire un traité perpétuel de paix et d'amitié avec l'Irlande et sur la nécessité de donner pleins pouvoirs à M. Gladstone. »

Cependant l'abolition de l'Eglise d'Irlande, la suppression des dotations aux corporations religieuses sont aux yeux des fenians des concessions ou des réformes aussi tardives qu'insuffisantes. On peut s'en convaincre par la lecture du manifeste suivant, publié en 1867 dans tous les journaux anglais :

PROCLAMATION

Du peuple irlandais au monde.

« Nous avons souffert des siècles d'oppression, de pauvreté dégradante, de misère navrante.

« Nos droits et notre liberté ont été foulés aux pieds par une aristocratie étrangère qui, nous traitant en ennemis, a usurpé nos terres et dépouillé notre infortuné pays de toutes les richesses essentielles.

« Les propriétaires réels du sol ont été expulsés pour faire place aux bestiaux, et contraints de traverser l'Océan pour chercher les moyens de vivre et les droits politiques qu'on leur refusait chez eux.

« Nos hommes de tête et d'action ont été condamnés à perdre la vie et la liberté, mais nous n'avons jamais perdu ni la mémoire ni l'espoir d'une existence nationale. Nous avons en vain fait appel à la raison et au sentiment de justice du pouvoir dominant. Nos remontrances les plus modérées ont été accueillies avec dédain et mépris.

« Nos appels aux armes n'ont jamais réussi.

« Aujourd'hui, n'ayant plus d'autre alternative, nous en appelons à la force... C'est notre dernière ressource.

« Nous acceptons les conditions de cet appel, noblement persuadés qu'il vaut mieux périr dans la lutte pour la liberté que de continuer dans un vil esclavage.

« Tous les hommes naissent avec des droits égaux, en s'associant pour se protéger les uns les autres et partager les charges publiques. La justice veut que ces associations reposent sur une base qui maintient l'égalité au lieu de la détruire.

« Nous déclarons en conséquence que nous ne pouvons plus endurer le fléau du gouvernement monarchique; nous aspirons à fonder une république basée sur le suffrage universel, qui, en tout, garantira la valeur intrinsèque du travail.

« Le sol de l'Irlande, à présent possédé par une oligarchie, nous appartient à nous, le peuple irlandais, c'est à nous qu'il doit être restitué.

« Nous faisons aussi cette déclaration en faveur de la liberté absolue de conscience, ainsi que de la complète séparation de l'Eglise et de l'Etat.

« Nous en appelons au tribunal le plus élevé pour la manifestation de la justice de notre cause.

« L'histoire est là pour constater l'immensité de nos souffrances, et nous déclarons à la face de nos frères que nous voulons faire la guerre non contre le peuple anglais, mais contre la vermine aristocratique qui a mangé la verdure de nos champs, contre les sangsues qui ont épuisé notre sang et le leur.

« Républicains du monde entier, notre cause est votre cause, notre ennemi est votre ennemi : que vos cœurs soient avec nous.

« Quant à vous, ouvriers d'Angleterre, ce ne sont pas seulement vos cœurs que nous voulons, ce sont encore vos armes. Souvenez-vous des horreurs de la faim, et de la dégradation que l'oppression du travail fait asseoir à vos foyers. Rappelez-vous le passé, portez vos regards vers l'avenir et vengez-vous en donnant la liberté à vos enfants dans la lutte qui va s'engager pour l'indépendance humaine.

« Nous proclamons donc la République irlandaise.

« LE GOUVERNEMENT PROVISOIRE. »

Cette déclaration de principes peut se passer de commentaires.

Le gouvernement anglais a pris l'alarme ; le peuple irlandais a jeté le premier cri d'appel révolutionnaire au prolétariat : cet appel a été entendu.

. . . .

Revenons maintenant à notre drame.

VI

LA GROTTE DES FALAISES.

Patrick, avons-nous dit, avait donné rendez-vous dans une grotte des falaises à plusieurs de ses amis.

La nuit vint, la marée en baissant quitta la base des rochers, et alors apparurent çà et là comme des points noirs mobiles ces enfants, ces femmes ces pauvres gens qui vont chercher sous la pierre encore humide, dans les trous remplis d'eau, les homards, les crabes, les coquillages, ce que les Italiens appellent fruits de mer.

Puis, suivant le flot qui se retire au loin, les pêcheurs de crevettes.

Patrick examinait ces pêcheurs et les trouvait plus nombreux que d'ordinaire.

Bientôt quelques-uns se rapprochèrent du rivage et peu à peu arrivèrent jusqu'au pied des rochers où Patrick était assis. L'ombre était épaisse, à peine ce dernier pouvait-il distinguer les nouveaux venus, cependant il put apercevoir l'un d'eux soulevant et agitant à trois reprises son filet au long manche.

Il répondit à ce signal en allumant une lanterne sourde dont il laissa filtrer un rayon vers la plage.

Les pêcheurs, s'aidant les uns les autres, escaladèrent les premières roches qui les séparaient de la grotte, et, parvenus sur une corniche où, semblait-il, ils devaient renoncer à leur périlleuse ascension, ils trouvèrent une échelle que Patrick venait de glisser le long de la roche.

En un instant, ils furent près de leur ami.

Les mêmes manœuvres se répétèrent plusieurs fois, et en peu de temps les conspirateurs se trouvèrent réunis au nombre d'une vingtaine.

— L'assemblée est complète, dit Patrick, nous n'attendons plus personne.

À l'aide de quelques bottes de varech l'ouverture de la grotte fut masquée, des flambeaux s'allumèrent, et à leur clarté mystérieuse, les fenians sans ordre hiérarchique, ainsi qu'il convient à des amis de l'égalité, s'assirent çà et là sur les blocs de granit.

D'un accord tacite ils firent silence et attendirent que celui qui les avait convoqués prît la parole.

C'étaient de rudes, mais nobles physionomies que celles de ces conspirateurs, pour la plupart pêcheurs, ouvriers des champs ou de la ville.

Par le costume ils se ressemblaient presque tous, mais, rien qu'à leurs barbes, il eût été facile de reconnaître, parmi les indigènes, les Anglais à leurs favoris taillés en côtelettes, les Américains à leurs longues barbiches fourchues.

Tous étaient vigoureux et jeunes.

Et l'éclair de leur regard disait assez qu'ils n'étaient pas seulement des hommes de pensée, mais des hommes d'action, prêts à manier la carabine et le révolver.

Patrick fit signe de la main qu'il voulait parler et sans se lever de la place qu'il avait choisie :

— Frères, dit-il, je vous ai invités à cette

réunion, pour vous prévenir que, dans quinze jours, la nuit, à la marée de onze heures, un brick américain, frété par la société, monté par des frères, doit arriver en vue des falaises. Ce bâtiment est chargé d'armes et de munitions.

Et d'un geste indiquant la grotte :

Et voici les magasins. Inutile de vous dire à quels dangers le brick s'expose en courant des bordées dans des parages si fréquentés et si bien gardés. Je fais appel à ceux d'entre vous qui savent manier la rame.

Une douzaine d'hommes se levèrent en s'écriant :

— Moi ! Moi !...

Patrick, après les avoir comptés, reprit :

— Vous êtes plus de monde qu'il ne faut. Nous n'avons besoin que de deux canots et de quatre hommes par embarcation. S'il est parmi vous des hommes chargés de famille, qu'ils se retirent.

Personne ne bougea et ne dit mot.

— Voyons, pas de faux amour-propre ; dans une telle opération l'on risque sa vie. Il est juste que les célibataires s'exposent plutôt que les pères de famille.

Cinq jeunes gens se déclarèrent libres et vinrent se ranger du côté de Patrick.

Restaient sept hommes mariés entre lesquels s'engagea une touchante dispute.

Patrick dut intervenir. Il les interrogea l'un après l'autre, et après avoir choisi, selon l'équité, les trois marins qui lui manquaient, il se leva et s'écria d'une voix grave :

— Et maintenant, citoyens, nous jurons de nous conduire en frères envers les veuves et leurs enfants si ces braves périssent dans l'entreprise.

Tous les fenians debout, la main levée, s'écrièrent :

— Nous le jurons !...

— Ce n'est pas tout, dit Patrick, pour recevoir les armes ici, il faut du monde.

— Combien ? fit une voix.

— Six, des plus robustes d'entre vous et des hommes capables de manier convenablement le révolver et le couteau, car il est possible que nous soyons découverts et que nous ayons à soutenir un siége.

Lorsque le choix des six hommes fut fait, Patrick s'assit de nouveau ;

— C'est tout ce que j'avais à dire ; quelqu'un désire-t-il parler ?

Tous ces braves gens s'entreregardèrent un moment, les uns n'ayant rien à dire, les autres se demandant si ce qu'ils diraient valait la peine d'être écouté, aucun d'eux n'éprouva la démangeaison de discourir, encore bien moins de pérorer.

Enfin un jeune homme nommé O'Brien s'enhardit :

— Sais-tu, Patrick, si une prise d'armes est prochaine ?

— C'est le secret du gouvernement provisoire.

Un membre repartit d'un ton rude :

— Je ne serais pas fâché de connaître le secret de cet invisible gouvernement. S'il s'agit de se battre, je ferai comme les camarades, mais je le dis hautement, je trouve la lutte entre les bandes fenianes et l'armée du gouvernement *provisoire* de la reine aussi absurde que disproportionnée.

Ces paroles soulevèrent quelques murmures, le léger bourdonnement d'une surprise et d'un mécontentement étouffés.

Chez les républicains la majorité penche toujours vers la dictature.

— Voyons ! reprit l'opposant, qui s'appelait James Ellis, sans discuter le mandat du comité directeur, on peut exprimer sa façon de penser sur l'opportunité de certaines mesures. On arme : pourquoi ? Si c'est pour entretenir l'agitation par des escarmouches, donner à réfléchir aux indifférents, entretenir l'inquiétude chez les régulateurs du crédit, chez les grands manieurs d'argent, — rien de mieux, à la condition que l'on évite de faire des victimes. —

Pretty-House.

Mais s'il s'agit, ainsi que je l'entends dire parfois, d'attaquer ouvertement le gouvernement, et d'enlever les positions de vive force, je le répète : c'est insensé.

James Ellis regarda autour de lui, cherchant un contradicteur.

— Tu as raison, dit Patrick ; mais pour faire de l'agitation encore faut-il des armes, et n'arrive pas qui veut à jeter des bâtons dans les roues puissantes de la grande machine industrielle. Un parti désarmé n'alarme personne et ne saurait fixer sur lui l'attention d'une grand nation tout entière. Pour se rallier la majorité composée de gens timides, il doit s'annoncer comme redoutable. D'ailleurs, dans la lutte inégale qui s'engage, quelles armes nous seront données ? des canons, des fusils ?... Non point, mais des armes de duel, des armes à courte portée, des couteaux et des pistolets.

— Hurrah ! crièrent quelques-uns.

— Enfin, conclut Patrick, s'il se **trouvait** parmi nous un traître, nous pourrions être **tous**

arrêtés sans que la République fût menacée ;
voilà la raison qui oblige le gouvernement provisoire à garder l'incognito.

— Hurrah ! pour la république irlandaise.
Hurrah ! pour le gouvernement provisoire !
s'écria l'assemblée.

Le meeting était terminé.

Les fenians, sans échanger aucuns signes bizarres, ainsi que cela se pratiquait dans la plupart des sociétés secrètes autrefois, se séparèrent en se donnant de cordiales poignées de
main.

On aura remarqué sans doute que cette réunion avait eu lieu sans mise en scène, sans ces
façons théâtrales dont usèrent les carbonari,
dont la franc-maçonnerie abuse encore.

C'est qu'aujourd'hui il n'y a plus de maîtres
et d'adeptes, de meneurs et de menés ; tous les
membres d'une société secrète politique se reconnaissent égaux.

Ces meetings secrets n'ont pas même le défaut de nos assemblées parlementaires qui, paraissant avoir à cœur de justifier leur ancien
nom de parlement, perdent tout leur temps en
paroles.

Dans les réunions fenianes, celui qui a quelque chose à dire, le dit ; celui qui n'a rien à
dire, se tait. Progrès immense.

Il est vrai, nous devons en convenir pour
être justes, que leurs tribunes, jusqu'à ce jour,
n'ont pas les mille échos de la presse quoti-
dienne et que celui qui prend la parole ne
s'adresse qu'à l'assemblée, et ne peut avoir
d'autre intérêt que celui d'éclairer son opinion
ou d'éclairer celle de ses frères.

Un geste, un mot, un grognement, un hurrah remplacent souvent de longs discours.

Certaines opinions ne demandent pas à être
développées, et la rhétorique est un luxe pour
des gens qui ne se réunissent pas à leur aise et ne
sauraient aspirer même au quarante et unième
fauteuil d'une académie politique. Ajoutons,
pour être complets, que, ne s'intéressant qu'à
la lutte et non aux profits personnels, n'ayant

ni compagnie industrielle ou commerciale à
protéger, ni fructueuses sinécures à obtenir, ces
pauvres diables sont naturellement plus laconiques.

Tous se retirèrent en silence, suivant les indications de Patrick, familiarisé avec le dédale
de la grotte.

Ce dernier, préférant les dunes à tout autre
gîte, ayant, d'ailleurs, le droit de s'y considérer
comme chez lui, rentra dans ses souterrains
pour y attendre le jour.

Il avait éteint presque tous les flambeaux et
amoncelé les bottes de varech en quantité suffisante pour se faire un coucher, quand tout à
coup un pas insolite résonna sur la roche sonore.

Il tressaillit, se redressa la main au couteau
passé dans sa ceinture.

Un inconnu se présenta.

C'était un homme de haute taille, vêtu (que
l'on nous passe l'expression) à la mode des anciens conspirateurs.

Long manteau, large chapeau de feutre ra-
battu sur les yeux, bottes d'écuyer.

Le masque manquait ; mais l'ombre du feutre
et une barbe touffue le suppléaient.

— Qui va là ? dit Patrick.

L'inconnu s'arrêta et répondit :

— Un frère.

— C'est possible, mais...

— Un chef.

— C'est moins possible encore.

— Très-bien, fit l'inconnu, je vais t'en fournir les preuves.

Il fit quelques pas vers Patrick.

— Arrière ! cria celui-ci.

Puis tirant son révolver ;

— Tenons-nous à distance convenable,
ajouta t-il.

L'inconnu, toujours impassible, s'arrêta.

— D'où viens-tu, comment as-tu pénétré ici
et depuis quand y es-tu ? demanda le maître de
la grotte.

— Qu'il te suffise de savoir que j'arrive à l'instant.

— Cela ne saurait me suffire. Si tu es, comme j'ai le droit de le supposer, un agent de police, je n'ai qu'à t'expédier au plus vite.

— Si j'étais un policeman, je ne serais pas seul et sans secours ici. Mais je t'ai offert de te prouver que je suis un fenian...

Il passa sa main sous son manteau et jeta à Patrick un pli cacheté et scellé aux armes de la république.

Patrick, non sans hésitation, se baissa, ramassa le papier, et sans prêter aucune attention à un sceau qui pouvait être l'œuvre d'un faussaire, examina la suscription.

Cette suscription, par la forme des lettres et la disposition des mots, lui prouva sa provenance et, soudain délivré de tout soupçon, il fut à l'inconnu en lui tendant la main.

— Tu es un frère, lui dit-il; je n'exige plus que tu me dises d'où tu viens, ni comment tu as appris les issues secrètes de cette retraite; parle; qu'as-tu à m'apprendre?

— Assieds-toi, répondit l'inconnu : j'ai beaucoup à te dire. Je ne te cache pas que je suis arrivé dans cette grotte avant la fin de la réunion ; mais je ne pouvais prendre part à cette réunion.

— Pourquoi?

— Parce que ce que j'ai à te dire n'intéresse pas seulement nos frères, mais t'intéresse personnellement. Permets d'abord que je vienne à ce qui t'est personnel.

Patrick n'eut garde de refuser.

— Parle. De quoi s'agit-il?

— C'est toute une histoire.

— Je t'écoute.

— Il s'agit de Pretty-House.

Patrick tressaillit.

— Et de Susannah Howel.

Patrick d'ordinaire restait toujours maître de lui-même ; mais il ne put dissimuler une émotion violente en entendant un étranger, un inconnu, prononcer le nom de celle qu'il aimait.

Il rougit.

— Vous savez en quel état elle se trouve? reprit l'inconnu, sans paraître remarquer son émotion.

— A peu près. Je crains pour sa santé et pour sa raison.

— Vous savez où elle est?

— Comment !... Mais chez son père, je pense?

— Elle n'est plus chez son père.

— Et où donc est-elle?

— A Pretty-House.

La foudre fût tombée à ses pieds, Patrick n'eût pas ressenti une commotion plus violente. Il fut plusieurs minutes avant de reprendre ses esprits.

— En vérité !... je n'ai pas l'honneur de vous connaître... mais je crois à ce que vous dites... Et cependant?... C'est inconcevable.

— C'est ainsi.

— Mais comment?... Mais pourquoi?...

— Comment? reprit l'inconnu. Je vais vous le dire. Le bon docteur Vidloë est descendu au village et s'est rendu chez Howel. Il lui a dit que l'état de sa fille était grave, qu'à la chaumière elle manquait de tout ce qui est nécessaire à une malade, que mistress Meercraft, émue d'un sentiment maternel, désolée du malheur dont ses fils étaient cause, désirait que Suzanne fût transportée au cottage où elle recevrait des soins assidus. Le père a hésité. — « La vie de votre fille en dépend, » s'est écrié le docteur. Le père, le cœur gros, a cédé. « Vous pourrez venir la voir quand il vous plaira, a ajouté le docteur, et vous trouverez bon accueil et bon déjeuner à l'office. De belles tranches de jambon, Howel!... Du rosbif à discrétion!... Puis, la dame s'intéressant à votre fille, vous ne sauriez imaginer tout ce qu'il peut en résulter d'heureux pour elle et pour vous. Croyez-moi, les jeunes gentlemen sont des écervelés qui se repentent amèrement et leurs parents sont désolés. L'Evangile a dit : A tout péché miséricorde. Il ne faut pas résister à leur bon vouloir,

Howel. » — Et peu après, Suzanne fut transportée au cottage. Que le père Howel n'ait rien compris à tout ceci, je le conçois, mais vous, Patrick, vous devez comprendre?

— Pourquoi? demanda encore le chef fenian. Pourquoi supposez-vous que je dois comprendre?

L'inconnu sourit d'un air mystérieux :

— Mais, dit-il, parce que je sais... tout ce que vous savez de l'histoire de Suzanne et de la famille Meercraft.

— Quelle histoire ? En vérité, je ne sais rien que ce que tout le monde peut connaître : Meercraft est un coquin, ses fils sont de mauvais drôles, c'est une vermine dont je veux un jour purger le pays, mais voilà tout. Je ne pense pas que vous croyiez me faire une révélation bien intéressante en m'apprenant qu'il a volé la fortune dont il fait un si bel usage.

— Non, ce n'est pas cela.

— Et quant à Suzanne, je puis vous assurer que sa biographie est fort simple et peut se résumer en deux mots : — Elle a vécu chez son père vingt ans de travail et de vertu.

— Alors j'ai beaucoup à vous apprendre, dit l'inconnu.

— Si vous m'appreniez d'abord votre nom ? fit Patrick.

— Je vous le dirai plus tard.

— J'aime peu les mystères.

— Ils sont nécessaires parfois. — En tout cas, rassurez-vous, et songez que, si je viens ici vous avertir de ce qui se passe, vous éclairer sur ce qui s'est passé, ce ne peut être en ennemi, mais bien en ami.

— En ami? fit Patrick, méfiant comme tout conspirateur.

— Si vous aimez Suzanne, répliqua l'inconnu, moi je hais Meercraft. Et vous verrez bientôt s'il n'existe entre nous aucun point de contact et de sympathie.

— Parlez, je vous en prie; je vous écoute avec la plus vive curiosité.

L'inconnu raconta ce qui suit :

— Il y a douze ans, un soir de l'hiver 1855, j'avais dîné chez le curé de.... et je prenais congé de lui lorsqu'une jeune fille, ou plutôt une enfant vint prier l'abbé Bateman de se rendre chez sa mère qui était en danger de mort.

« L'abbé se mit en route sans délai, malgré le froid très-vif, et comme les chemins sont peu sûrs, la nuit au mois de janvier, je voulus l'accompagner. La femme qui se mourait était la femme Howel. Ce dernier était absent au moment où nous entrâmes : il était allé chercher le médecin des pauvres.

« Il n'y avait qu'une chambre et une espèce de cabinet qui servait d'étable au cochon. Pas d'autre éclairage que la lueur du charbon. Tout était sombre et triste autour de nous. L'abbé Bateman me dit à voix basse :

« — Si vous voulez m'attendre à l'auberge qui est à l'entrée du village ?...

« — Volontiers, répondis-je, puisque je ne puis vous être utile à rien. Cette misère me navre.

« Je sortis et fus dans une auberge située à cent pas de la chaumière d'Howel; là s'arrêtaient beaucoup de voituriers ; mais vous la connaissez, Patrick, elle existe encore. J'y étais depuis une demi-heure, lorsque la petite fille entr'ouvrit la porte et, timide, se glissa jusqu'à moi.

« — M. le curé m'envoie, dit-elle ; il demande si Votre Honneur veut revenir chez nous. Il vous prie d'apporter une plume, du papier et de l'encre.

« Rejoindre ce brave curé était facile, mais apporter du papier, une plume et de l'encre, était-ce possible ? J'en doutai.

« — Attends-moi, petite, répondis-je. Bois un peu de bière, cela te réchauffera.

« Je la fis boire une gorgée à mon verre et fus au maître de la maison que ma demande plongea dans un étonnement facile à concevoir.

« Après m'avoir assuré qu'il était tout à mon service et qu'il ferait tout son possible pour me procurer les objets que je lui demandais, il fut de table en table et enfin eut la chance de rencontrer un colporteur qu'il m'envoya. J'achetai ce qu'il me fallait, remerciai et partis, la main de la petite fille suspendue à un de mes doigts.

« De retour à la cabane, le premier mot de l'abbé fut :

« — Avez-vous ce qu'il faut pour écrire ?

« — Oui.

« — Ah ! c'est miracle. Dieu soit loué : asseyez-vous ; vous allez écrire.

« — Mais, dis-je, il manque quelque chose.

« — Quoi donc ?

« — Eh ! de la lumière.

« — Enfant, dit le curé en s'empressant de remettre quelques pennys à Suzanne, courez acheter une chandelle.

« L'enfant sortit en courant.

« La femme soupira : « Je meurs… »

« Le curé s'approcha du lit ; il paraissait en proie à une inquiétude extraordinaire.

« Après s'être penché vers la malade et avoir écouté son souffle devenu pénible, il revint au siége qu'il avait quitté.

« — Eh bien ? demandai-je.

« — Encore un peu de vie, murmura-t-il, mais bien peu.

« — De quoi s'agit-il donc ? hasardai-je.

« — De quelque chose de très-grave.

« — De quoi ?

« — D'une révélation qui intéresse à la fois l'enfant qui vient de sortir et une famille riche du pays. En un mot, je veux la déclaration écrite d'un aveu que je viens d'entendre en confession.

« L'enfant rentra.

« La lumière se fit, c'est-à-dire la chandelle répandit dans la chambre cette clarté triste, insuffisante, bordée d'obscurité. Je m'apprêtai à écrire.

« Si faible que fût cette lumière, elle excita légèrement la vue de la mourante et réveilla son attention. Bateman l'exhorta à prendre courage et à parler : alors, avec mille interruptions que je ne saurais qu'indiquer, la brave femme nous raconta ceci :

« Il y avait douze ans environ, elle nourrissait sa petite fille, âgée de deux mois ; son mari, pour je ne sais quel délit, un délit de braconnage, je crois, venait d'être arrêté et emmené en prison à Dublin, lorsqu'un gentleman et sa femme vinrent à la brune frapper à la porte.

« La dame portait un enfant enveloppé ou plutôt caché sous sa mante.

« Le gentleman dit à la femme Howel :

« — Vous nourrissez une petite fille de deux mois ?

« — Oui, sir.

« — Votre mari est en prison ?

« — Oui, sir.

« — Qui vous donne de quoi vivre ?

« — Personne.

« La dame tressaillit, de peur sans doute, son mari s'empressa de la rassurer :

« — Vois donc cette carnation fraîche, lui dit-il, les gens de cette classe vivent de peu et ne s'en portent pas plus mal, au contraire. D'ailleurs, il nous est facile de ne la laisser manquer de rien.

« Puis, s'adressant à la femme Howel :

« — Eh bien, ma chère, puisque malgré toutes vos privations vous êtes si belle nourrice, nous venons vous apporter une seconde petite fille, de l'âge de la vôtre, à peu près, et grâce à celle-ci, vous ne manquerez plus de rien.

« — Grand merci, Votre Honneur, mais un seul enfant me suffit, je suis heureuse comme cela, répondit l'Irlandaise à l'Anglais.

« — Mais votre mari est en prison !

« — Il en sortira, sir.

« — Quand en sortira-t-il ?

« La femme Howel baissa la tête, humiliée,

« — Dans trois mois, dit-elle.

« — Ne faites pas la mauvaise tête, femme, et dans quelques jours il sera près de vous.

« La mère de Suzanne réfléchit, puis bientôt sourit au gentleman :

« — Vrai ? dit-elle, vous me rendrez Howel ?

« — Je suis sir Meercraft, esquire, et je vous le promets.

« — Oh ! je vous bénirai et j'aimerai votre enfant si elle rend à la mienne son père. Donnez !... Comment l'appelez-vous ?

« — Betty.

« — Betty sera la sœur de Suzanne, dit la jeune mère.

« Les Meercraft laissèrent des cadeaux, de l'argent et se retirèrent en promettant une prochaine visite.

« La femme Howel se crut heureuse.

« Quinze jours s'écoulèrent, sans qu'elle revît les Meercraft et eût de leurs nouvelles.

« Sur ces entrefaites son enfant tomba malade. Elle en fut profondément affligée.

« — Que va dire Howel à son retour, si son enfant est mort ? pensait-elle. Il croira que j'ai négligé ma fille pour l'enfant de ces Anglais. Lui qui hait les Anglais, il me maudira.

« L'enfant mourut.

« Je vous laisse à juger du désespoir de la mère. Mais, ô surprise ! Tandis qu'elle se désolait près du corps de son enfant qui venait d'expirer, quelqu'un heurta à sa porte, puis presqu'aussitôt entra.

« C'était sir Meercraft.

« — Qu'avez-vous, bonne femme ? s'écriat-il en la voyant en larmes.

« La mère l'amena près du berceau de son enfant, ou plutôt devant deux berceaux ; l'un où était la petite morte, Suzanne ; l'autre où dormait paisiblement Betty.

« Meercraft se méprit.

« — Dieu ! s'écria-t-il, l'enfant est morte. Pauvre petite Betty.

« La nourrice se hâta de le rassurer :

« — Ce n'est pas votre fille, s'écria-t-elle, mais la mienne qui est morte.

« A sa grande surprise, le visage de sir Meercraft se rembrunit.

« Elle le regarda interdite.

« Que se passait-il donc dans l'âme de cet homme ?

« Comme il gardait le silence, elle répéta sa déclaration, puis, s'abandonnant de nouveau à sa douleur, exprima la crainte que son mari à son retour ne l'accusât d'avoir négligé son enfant pour celui d'un étranger.

« — Qu'à cela ne tienne, bonne femme, répliqua sir Meercraft ; aimez-vous un peu la petite Betty ?

« — Oh ! sir ! une si charmante enfant.

« — Gardez-la... comme votre enfant.

« — Que voulez-vous dire ?

« — Appelez-la Suzanne et déclarez que ma fille est morte.

« — Quoi !

« — M'avez-vous compris ?

« Elle hésitait à répondre oui tant la proposition était étrange.

« Meercraft reprit :

« — J'ai des raisons pour ne pas aimer cette enfant. Substituez-la à la vôtre qui est morte, déclarez au médecin qui va venir que l'enfant morte s'appelle Elisabeth Meercraft, et chargezvous de Betty, et tout ce que j'ai d'or dans mes poches, bonne femme, sera pour vous.

« Il tira sa bourse et tendit à la femme Howel une poignée de livres sterling.

« . . . . »

« Au lit de mort, la pauvre femme nous disait : « En voyant briller cet or, j'eus un éblouissement ; cependant je sentais que ce n'était pas bien de l'accepter, que c'était mal, et ma main ne fut pas au-devant de la sienne ; il dut poser son or sur une petite table qui était près de là. Mais lorsque cet or fut sur la table, je ne pus m'empêcher de le couver des yeux ; malgré moi je me mis à rire et je sentis bien que le diable entrait dans ma peau. »

« Pauvre femme !... Elle n'avait jamais vu pareille somme, — une vingtaine de livres au plus, — elle se crut la plus riche du Royaume-Uni.

« Elle accepta.

« Sir Meercraft, méfiant, lui dit d'aller chercher le médecin, afin d'entendre de ses oreilles la déclaration de décès.

« Il se cacha dans l'étable à porcs... qui était vide, heureusement pour lui; la déclaration faite, il quitta la chaumière pour n'y plus reparaître.

« Et Betty Meercraft devint Suzanne Howel. »

Patrick ne put réprimer un mouvement de la plus vive contrariété.

Il lui déplaisait fort que celle qu'il aimait fût du sang de l'homme qu'il méprisait et détestait le plus.

L'inconnu devina ce qu'il éprouvait.

— Je comprends ce que cette révélation a de pénible pour vous, dit-il; mais que la belle Suzanne ne perde rien du charme qu'elle exerce sur vous. Elle n'est pas ce que vous pensez.

— Expliquez-vous, je vous en conjure. Que vous reste-t-il encore à m'apprendre sur Suzanne?

— Tout.

— Comment?

— Son origine.

— Mais, ne venez-vous pas de me la révéler?

— A demi seulement.

— De grâce!...

— Suzanne n'est point la fille d'Howel; la déclaration de la femme Howel l'atteste, et cette déclaration dictée par elle quelques moments avant sa mort, signée par elle d'une croix et signée par le curé Bateman et par moi, en est un témoignage irrécusable. D'après cette déclaration, Suzanne serait née de parents inconnus à qui elle aurait peut-être été enlevée par Meercraft. Voilà pourquoi ce dernier s'est écrié : « J'ai des raisons pour ne pas aimer cette enfant. »

« Maintenant j'espère découvrir un jour le dernier mot de cette énigme. Quant à présent, vous pouvez tenir pour certain que Suzanne n'est la fille ni d'Howel, ni de Meercraft. Comme je sais ce dernier capable de tous les crimes, cette substitution n'a rien qui m'étonne, mais elle m'intrigue. Vous aimez cette jeune fille et elle m'intéresse. Que vous dirai-je encore? J'ai des soupçons; il me semble déjà percer les mystères de son origine, mais je ne sais rien de positif, et j'attends le jour prochain où Meercraft lui-même sera obligé de m'éclairer à ce sujet.

« Encore un mot; ainsi que je vous l'ai appris tout d'abord, Suzanne est à Pretty-House, elle est sous ce toit maudit, près d'un homme qui la hait, situation épouvantable, vous en conviendrez!... »

— Certes!... s'écria Patrick.

Puis après un silence :

— Que faire? reprit-il.

— Vous me le demandez?... Il faut la sauver.

— Sans doute, mais comment?.. ces preuves écrites, les avez-vous?

— Oui.

— Où sont-elles?

— Chez moi.

— Où cela? Il faut que je sache enfin qui vous êtes.

— Oh! cela est toute une autre histoire.

— Votre nom?

— Il me répugne de vous donner un faux nom, laissez-moi l'incognito qui m'est cher et tâchons, avant tout, de confondre et de châtier les gens de Pretty-House. — Là est l'important. N'êtes-vous point de mon avis?

— Parfaitement. En dehors des intérêts généraux qui m'occupent, je n'eus jamais d'autre pensée que le bonheur de Suzanne. — Quant au châtiment des Meercraft, je vous dirai que je n'en avais jamais fait une question à part avant ce qui s'est passé ce matin, les Meercraft étant une classe sociale condamnée.

Il appuya sur ces dernières paroles et répéta :

— N'êtes-vous pas de mon avis?

L'inconnu répondit affirmativement d'un simple signe de tête.

Cette réponse en disait beaucoup ou n'en disait pas assez.

Patrick l'interpréta dans le premier sens; avait-il raison? La suite de cette histoire nous l'apprendra.

VII

SUZANNE A PRETTY-HOUSE.

Patrick n'insista point pour connaître le nom de son nouvel allié. Il consentit même à se mettre à sa disposition.

— Quand le moment d'agir sera venu, lui dit l'homme-mystère, je reviendrai ici, dans cette grotte, et je vous apporterai la déclaration de la femme Howel, alors nous nous concerterons sur ce que nous devons faire ; car, voyez-vous, pour Meercraft pas de grâce et pas de délai. La justice du peuple est trop lente ; c'est la justice des anciens qui, disait-on, s'avançait d'un pas sûr mais boiteux ; ma justice à moi diffère complétement de cette dernière, elle ne marche point, après avoir attendu son heure, elle bondit.

Sur ces mots Patrick et l'inconnu se séparèrent. Dans les grottes les flambeaux se mouraient ; le jour se levait au dehors.

Nous ne dirons rien des réflexions et des perplexités de Patrick, nous rejoindrons Suzanne au cottage, où l'avait conduite le bon docteur Vidloë.

Quel changement dans l'existence de la pauvre fille !

Au moment où elle quittait la chaumière natale, Vidloë, prévoyant la perturbation nouvelle que son installation à Pretty-House pourrait jeter dans son esprit, lui fit prendre quelques pastilles au laudanum.

Elle s'endormit en voyage, et se réveilla à peine lorsqu'on la transporta de la voiture dans la chambre qui lui était destinée.

Là elle se rendormit sur un lit dont elle n'eût jamais imaginé les moelleuses et chaudes caresses, sous de beaux rideaux de soie de Chine pleine d'oiseaux et de fleurs fantastiques.

Le parquet était couvert d'un immense tapis où l'incomparable industrie française avait imité à s'y méprendre le dessin et les couleurs vives d'une mosaïque romaine ; c'était frais, gracieux, vivant.

Le meuble avait la même élégance.

Par moments, les yeux de la malade s'entr'ouvraient, puis se refermaient, comme éblouis.

A son chevet se tenait Vidloë.

Dans l'antichambre, Fanny, une jeune Irlandaise que l'on avait attachée au service de Suzanne, afin de l'apprivoiser sans doute, ainsi qu'à un oiseau sauvage on donne un oiseau fa-

Sir Meercraft

milier pour compagnon, — attendait ses ordres ou ceux du docteur Vidloë.

On voit que les Meercraft étaient décidés à bien traiter leur protégée ou leur prisonnière.

Sir Meercraft, — dois-je le dire ? — ignorait la déclaration faite *in extremis* par la nourrice de Betty, et sa femme était à cent lieues de se douter de la vérité.

Les jeux de l'amour et du hasard n'en font pas d'autres.

Il nous serait difficile d'analyser les premières impressions de Suzanne à son réveil ; pendant quelque temps, sans doute, elle crut continuer les rêves bizarres de l'opium.

Peu à peu l'inquiétude s'empara d'elle.

Elle se leva sur son séant, promena sur le lit, dans la chambre, des regards effarés, murmurant à demi-voix cent paroles confuses ; cherchant à se rendre compte de la transformation qui s'était opérée autour d'elle ; puis, ne pouvant y parvenir, effrayée, elle se laissa retomber sur l'oreiller en s'écriant :

— Mon Dieu !... je suis folle !...

Le docteur l'entendit, se montra et lui parla de sa voix la plus douce :

— Suzanne, qu'avez-vous, mon enfant?... Ne me reconnaissez-vous pas?

— Si, mais où suis-je?...

— Vous ne vous souvenez point que je suis venu chez votre père vous chercher pour vous conduire à Pretty-House?... Vous êtes chez mistress Meercraft.

Suzanne, à ces noms de Pretty-House et de Meercraft, trahit une inquiétude profonde.

— Vous paraissez effrayée; que craignez-vous? Voyez le beau lit, la belle chambre; vous serez traitée ici comme une reine, et lorsque votre santé sera rétablie, vous serez libre et pourrez satisfaire toutes vos volontés et vos moindres caprices. Je vous le répète, Suzanne, on fera tout son possible pour vous rendre heureuse.

La paysanne, crédule autant que naïve, commençait à se rassurer.

— Et mon père?

— Il viendra vous voir quand vous le désirerez; mais pour aujourd'hui vous avez besoin de calme. Mistress Meercraft elle-même ne peut entrer ici sans que vous le lui permettiez. Voici un cordon de sonnette qui vous servira à appeler la domestique attachée à votre service. Tirez ce cordon, elle viendra.

Suzanne tendit la main vers le gland de soie, puis hésita, comme elle eût hésité à essayer un talisman; enfin, encouragée par le docteur, elle sonna, la servante parut.

Suzanne l'avait souvent rencontrée dans la campagne; elle fut heureuse de la revoir près d'elle.

— Bonjour, Fanny, dit-elle.

— Bonjour, miss Suzanne.

Cette qualification de *miss* colora d'une vive rougeur les joues de la paysanne.

— Me voici donc devenue une demoiselle?

— Oui, miss.

— Que dois-je penser de tout cela? Ne ris pas de moi, cependant, Fanny; vois, je souffre beaucoup.

— Je n'ai pas à rire de vous, miss Howel, et je suis votre servante.

— Non, reprit Suzanne le front dans la main, le regard pensif et se parlant à elle-même, tout ce qui m'arrive ici n'est pas naturel... tout cela est incompréhensible...

Comme elle songeait, un bruit sec et cadencé retentit dans la cour.

Soudain elle releva la tête; ses yeux s'ouvrirent dilatés par la terreur, elle devint pâle jusqu'aux lèvres.

Le bruit se renouvela.

La terreur de l'infortunée devint plus intense.

Elle poussa un cri et se jeta hors du lit en murmurant :

— Les voici!... Sauvez-moi!... Les chevaux!... Les chevaux!...

Elle se lança dans la chambre, éperdue, toujours criant; le docteur et la servante eurent une peine infinie à calmer son agitation et à obtenir d'elle qu'elle se recouchât.

Cette crise se prolongea pendant près d'une heure, et Vidloë demeura convaincu que l'intelligence de cette infortunée était fortement ébranlée.

A la secousse violente qu'elle venait d'éprouver succéda, comme il arrive toujours, un état de torpeur.

Vidloë en profita pour lui faire prendre par petites cuillerées une potion opiacée qui la plongea de nouveau dans le sommeil.

Mistress Meercraft, ayant entendu du bruit, des cris, demanda à entrer chez la malade.

Fanny lui ouvrit.

Elle s'approcha et la contempla, curieuse d'abord, puis bientôt touchée d'une pitié voisine de la tendresse.

Le docteur lui apprit ce qui venait d'arriver.

— Cela ne se renouvellera plus, dit-elle, je ferai sabler la cour et donnerai des ordres en conséquence.

Puis les yeux fixés sur le charmant visage de Suzanne :

— Pauvre enfant ! fit-elle.

Longtemps la vieille dame demeura penchée sur cette jeune fille dont le sommeil ressemblait à la syncope bien plus qu'à un repos réparateur.

Son esprit s'abîmait dans cette contemplation au point que Vidloë, qui jusqu'alors avait cru connaître la sensibilité de la dame de Pretty-House, en demeurait étonné, comme s'il se fût trouvé en présence d'un phénomène en dehors de toute prévision.

Jusqu'alors le cœur de mistress Meercraft n'avait battu que pour ses fils, et jamais elle ne s'était montrée émue d'un malheur qui n'atteignait pas un des siens.

En proposant de transporter Suzanne chez elle, elle avait paru obéir plutôt à la prudence qu'à un sentiment généreux. D'où provenait cette tendresse ?

Telle était l'intensité de son émotion qu'elle oubliait le témoin attentif et perspicace qui se tenait silencieux à quelques pas d'elle, et que par instants elle laissait s'échapper en exclamations, en paroles décousues les pensées qui l'agitaient. Tout à coup, se retournant par un mouvement machinal, ses yeux rencontrèrent le regard du docteur : elle frissonna.

Vidloë lui-même fut embarrassé ; son indiscrétion était flagrante ; il s'inclina en priant mistress Meercraft de lui permettre de se retirer un instant.

— Vous êtes libre, monsieur, lui répondit celle-ci. Cette jeune fille repose ; j'attendrai son réveil.

Elle prit une chaise et s'assit ; le docteur, saluant de nouveau, se retira.

— Cet homme m'épiait, pensa-t-elle ; mon trouble est trop grand pour qu'il ne l'ait pas observé, j'ai parlé haut... qu'ai-je dit ?...

Puis revenant à Suzanne :

— Mais, non, c'est invraisemblable. Où ai-je l'esprit ?...Pour que cela fût vrai il faudrait que la paysanne eût voulu adopter cette enfant pour se consoler de la perte du sien. Pareille chose s'est-elle jamais vue ?... On n'adopte pas un enfant quand on est jeune et pauvre. Ce n'est point la pauvre Betty qui est là, c'est Suzanne. Quelle étrange aberration est la mienne !... Mon cœur bat, mon imagination s'égare...

Cependant le docteur en se retirant emportait ces paroles échappées au trouble de la dame : « C'est son image... elle n'est donc pas morte ? Cette bouche, ces traits... C'est lui !... »

— Qui, *lui* ? se demandait le sagace docteur. Assurément, se répondait-il, la Suzanne ne ressemble pas à Meercraft...

En s'éloignant ainsi, tout songeur, les mains plongées dans les poches de son paletot, la tête baissée, un sourire ironique aux coins des lèvres, il se heurta au mari.

— A quoi songez-vous donc, docteur ? fit celui-ci.

— Moi ?.. mais à cette pauvre.... Betty... répondit-il étourdiment.

— Comment ? se récria Meercraft.

— Suzanne, voulais-je dire. L'état de cette malheureuse est tel... que...

— Que vous souriez ?...

Vidloë leva sur Meercraft des yeux effarés.

— Je souriais ?

— En vérité, et d'un sourire malicieux.

Avec un aplomb éloquent :

— Vous vous serez mépris, sir Meercraft.

— C'est possible, mais à quel propos nommez-vous Betty ?

— J'en suis étonné moi-même. C'est, je crois, parce que ce nom fut prononcé tout à l'heure par votre femme.

— Oh ! ma femme parlait de Betty. Et à quel sujet, je vous prie, docteur ?

— Mais au sujet de Suzanne Howel.

Meercraft fit la grimace ; puis soudain, avec la mobilité de physionomie propre aux gens de commerce, il reprit un air affable :

— Pardonnez-moi, mon cher Vidloë, mais votre préoccupation et votre sourire avaient quelque chose d'extraordinaire dont je fus surpris.

L'incident demeura clos; cependant il laissa beaucoup à penser au vieux marchand et au docteur.

Quelques jours se passèrent sans que rien parût déranger la vie ordinaire des habitants de Pretty-House.

La santé de Suzanne s'améliorait visiblement. Chaque jour son père était venu prendre de ses nouvelles, et il lui avait fait plusieurs visites. Howel paraissait très-satisfait des soins donnés à sa fille et de l'accueil qu'il recevait. Ajoutons, pour être complet et bien déterminer les situations respectives, qu'il avait reçu un sac de pommes de terre et un jambon.

De tous nos personnages ce pauvre diable était le seul qui fût sans chagrin et sans souci.

Au cottage, sans se communiquer ses impressions, chacun voyait dans la présence de Suzanne un danger pour la paix domestique.

Richard et Francis fuyaient la maison et, affectant une parfaite indifférence à l'égard de leur victime, désapprouvaient tacitement l'hospitalité qui lui avait été donnée.

Sir Meercraft marquait une froideur sensible à sa femme. Il devenait songeur, se méfiait de Vidloë, qui lui-même participait à la gêne générale.

Quant à mistress Meercraft, elle passait une partie de ses journées dans la chambre de la malade, et n'en disait mot à son mari dont elle sentait la secrète hostilité.

Ses premières et instinctives sympathies s'étaient peu à peu développées et transformées en une tendresse presque maternelle.

Elle s'était attachée à Suzanne; elle l'aimait. Elle aimait cette jeune fille parce qu'elle était malheureuse et était cause de son malheur.

Elle l'aimait enfin parce qu'elle savait que son mari *ne l'aimait pas* et tremblait pour elle.

Un orage se préparait lentement.

Chacun le sentait sans se rendre nettement compte de ses causes.

Huit jours s'étaient à peine écoulés et déjà le docteur, las de cette atmosphère orageuse, se disait : « Ou je quitterai Pretty-House, ou cette malheureuse retournera chez son père. »

Après le thé, lorsque mistress Meercraft se fut retirée, il se décida à rompre le silence :

— Je vous préviens, sir, dit-il, que la jeune fille est complétement rétablie. L'œuvre de charité que vous avez entreprise est accomplie : la fille Howel jouit à cette heure d'une santé parfaite, tant au moral qu'au physique. Je vous déclare donc, cher ami, que nos soins ne lui sont plus nécessaires.

Cette déclaration fit une sensation profonde sur Meercraft et ses fils.

— A votre avis, docteur, cette fille peut sans danger être rendue à son père?

— Oui, sir.

Après un moment de réflexion.

— Eh bien ! nous vous félicitons, docteur, et je vais dès aujourd'hui faire prévenir Howel de cet heureux résultat de votre science et de vos soins.

Comme il achevait , un bruit extraordinaire se fit dans la cour. Tous se levèrent soudain de table.

Presqu'aussitôt, aux cris des domestiques, aux hennissements d'un cheval dont les sabots retentissaient sur le sol, des cris de terreur éclatèrent dans la maison.

Que se passait-il?... Quel fâcheux venait d'être introduit ?...

Les cris plaintifs de Suzanne donnaient un terrible démenti au docteur!

VIII

LE FEU AUX POUDRES.

Meercraft, qui s'était précipité dans la cour, se trouva en présence d'un étranger qui venait de mettre pied à terre, après avoir confié son cheval rétif à un domestique de la maison.

Le visiteur inconnu, par sa mise et la distinction de toute sa personne, paraissait être un gentleman dans l'acception la plus haute de cette qualité; c'était de plus un homme de mine altière, un de ces cavaliers avec qui un Meercraft sent de suite qu'il n'a pas la ressource de prendre l'air d'importance dont il aimait à se parer.

Il fut au-devant de l'étranger avec la politesse que l'on se doit entre gens civilisés.

Meercraft n'était pas toujours poli, cela soit dit en passant, comment eût-il pu l'être?

Comme nombre d'individus à qui l'éducation fit défaut, et qui plus tard ayant, *per fas et nefas,* conquis droit de bourgeoisie, pensent marquer leur supériorité par des excès d'impolitesse, Meercraft était volontiers grossier avec les personnes dont il n'avait pas besoin, et lâchement brutal avec qui dépendait momentanément de sa triste personne.

Caractère rogue, suffisant et hargneux des parvenus, des petits bureaucrates, des portiers parisiens et des gens de livrée mal stylés.

Mais aussi, croyait-il avoir affaire à un homme riche ou haut placé, Meercraft courbait l'échine, grimaçait le meilleur sourire qu'il eût pu inventer, faisait le chien couchant.

Comme l'étranger mettait le pied sur le seuil, Meercraft maladroitement lui demanda :

— Qui ai-je l'honneur de recevoir?

— Je vais vous l'apprendre, monsieur, répondit froidement l'inconnu.

Meercraft lui livra passage en s'inclinant, l'introduisit au salon, lui avança lui-même un siége.

Le visiteur s'assit en le remerciant.

— A quoi dois-je l'honneur de votre visite?

— Le but de ma visite, monsieur, ressortira de l'entretien que je viens vous prier de m'accorder. J'ai à vous dire les choses les plus graves, auxquelles votre fortune et votre honneur sont intéressés.

En parlant ainsi, il couvrait Meercraft d'un regard sombre.

— Je vous en remercie à l'avance, monsieur, dit celui-ci un peu étonné que cette intention bienveillante gardât cet air farouche; mais permettez-moi de vous faire observer que, pour un ami inconnu, vous prenez un ton bien sévère au début de cet entretien.

— Je ne suis pas votre ami, monsieur, et je crois avoir le droit d'être sévère.

Meercraft rengaîna ses façons aimables.

— Et qui êtes-vous donc?

— Votre ennemi.

— Voici qui est plaisant.

— Pas autant que vous pourriez le supposer, et pour en juger attendez la fin.

— S'il me convient de vous entendre?

L'inconnu se leva et arrêtant sur Meercraft un regard menaçant :

— A votre choix; mais si je sors d'ici sans avoir été entendu, redoutez ma vengeance.

— Parlez, fit Meercraft de l'air d'un homme

qui se dit : Soyons patient et ne contrarions pas un fou.

— Il s'agit de votre passé d'abord, reprit l'inconnu, et j'ose dire que personne ne le connaît aussi bien que moi. Il est nécessaire que je vous rappelle une existence si bien remplie, depuis le jour où votre mère vous mit au monde dans un workhouse et mourut, jusqu'au jour où vous avez pris possession de ce joli cottage.

Meercraft tressaillit de honte ou d'indignation, l'inconnu le remarqua :

— N'allez pas du moins me supposer l'intention de chercher à vous humilier en vous rappelant que vous êtes né d'une femme pauvre, mendiante, vagabonde ; la misère, à mes yeux, est digne de respect et de sympathie, comme toutes les faiblesses, et si j'avais quelques motifs d'indulgence à votre égard, je ne les trouverais que dans la misère qui tua votre mère et vous prit au berceau.

« Je continue.

« Une nourrice vous emporta à la campagne ; votre constitution robuste vous permit de survivre aux mauvais traitements de la mercenaire ; mais vous étiez devenu un enfant bien chétif, lorsque le propriétaire d'une fabrique du voisinage, — honnête homme s'il en fut, — vous vit, vous prit en pitié et se chargea de votre avenir.

« Cet homme de bien avait un fils à peu près de votre âge, dix ans, il se nommait William ; vous en souvenez-vous ?

« Vous fûtes placé sous sa protection.

« William avait l'excellent cœur de son père ; il partageait avec vous fraternellement ses jouets, ses friandises et ses moindres plaisirs.

« Vous partagiez aussi l'instruction élémentaire qui lui était donnée ; bienfait inappréciable !...

« Plus tard, lorsque vint l'âge où l'homme doit choisir sa carrière ou du moins travailler pour gagner le pain quotidien, vous avez trouvé une place dans l'usine de votre protecteur.

« Cette place était lucrative et vous pouviez en économiser le salaire, car vous aviez toujours une jolie chambre et place à table.

« Vous en avez profité et largement, — car vous étiez, s'il vous en souvient, plus thésauriseur que travailleur, plus économe qu'actif et entreprenant.

« A l'âge où l'on songe aux plaisirs, vous n'aimiez que l'argent ; votre cupidité d'abord secrète, concentrée, ne put se dissimuler longtemps et bientôt dans l'établissement vous fûtes surnommé par les ouvriers : l'avare.

A mesure que s'entassaient vos économies, votre fièvre d'acquérir s'accroissait.

« Quelques ouvriers, joueurs, débauchés, vous proposèrent alors de leur prêter à gros intérêts... à la petite semaine. Cette nouvelle source de gains ne vous répugna pas ; loin de là. Il vous parut si commode de faire travailler l'argent, comme l'on dit, au lieu de travailler, d'exploiter les vices et les misères, que vous avez résolu de quitter le toit hospitalier où vous aviez été recueilli.

« Sans penser être ingrat, tant votre conscience était oblitérée, vous avez remercié votre bienfaiteur, quitté son usine, sa famille, et vous vous êtes établi à votre compte... usurier !...

« Il me semble voir encore ce repaire que je me fis montrer, il y a quelques années, et qui existe encore tel qu'il était lorsque vous l'avez occupé.

« Voyez-vous, dans une ruelle boueuse, infecte, de Saint-Gilles, cette porte basse située entre une taverne et une maison de filles ? La porte était toujours ouverte, le corridor était étroit, sans lumière, humide... Au fond une seconde porte, celle-là presque toujours fermée !...

« C'était la porte de votre banque !... Il y avait un heurtoir. De huit heures du soir à huit heures du matin, vous étiez derrière cette porte dans une sorte de caverne, sans pavé et sans meubles.

« On entrait... on n'apercevait d'abord personne à la lueur de la lampe fumeuse accrochée à la muraille ; puis on distinguait au fond de l'antre un trou carré fermé par une grille et derrière cette grille votre pâle visage.

« C'était la caisse.

« L'argent et vous y étiez en sûreté, à l'abri de toute méchante entreprise.

« La prostituée vous apportait son châle, et s'il valait dix schellings vous lui en prêtiez un, à huit jours ; la mère de famille, son anneau... ; le voleur, ce qu'il n'avait pu vendre... Le joueur vous empruntait sur parole, quand vous le connaissiez.

« Bref, après quelques années de ce commerce abject, comme le ver devient papillon, on vous vit apparaître dans la cité, riche, important, vous faisant place parmi les trafiquants, mettant toujours à profit, mais sur une grande échelle (ce qui change beaucoup le mérite des opérations aux yeux de la plupart des gens), votre doctrine favorite ; au lieu de travailler au bonheur de la société, il est plus logique et plus facile de faire servir le travail de la société à notre propre bonheur.

« Votre fortune s'accrut rapidement.

« Quelle distance franchie depuis le workhouse !...

« Cependant, sir Meercraft, — et en cela je vous applaudis, — la tête ne vous tourna point !...

« Non, vous aviez gardé votre sang-froid pour jouer à la bourse, et votre prudence commençait à y être appréciée, quand le hasard vous fit de nouveau rencontrer William, le fils de votre protecteur, votre bon compagnon de jeunesse.

« Vous lui fîtes part de votre fortune ; — en revanche, il vous avoua que ses affaires étaient dans un état déplorable.

« Son père était mort. Il s'était marié, mais la faillite d'un banquier lui avait enlevé une partie de sa fortune. Bref, il était à la veille de la ruine.

« Vous lui offrîtes vos services.

« — Je suis tout à vous, cher Will ; ne dois-je pas à votre père la vie et l'origine de ma fortune ? Tout ce que je possède est à votre disposition.

« Admirables paroles qui devaient être suivies d'une conduite plus étonnante encore !

« William se confondit en actions de grâces et bientôt il se crut hors de danger.

« Je n'entrerai pas dans les détails de cette affaire ; ce serait trop long, et j'en ai dit assez pour vous prouver que je n'ignore rien de ce qui se passa entre vous et le fils de votre bienfaiteur.

« Votre argent se trouvant, — à gros intérêts, — dans les affaires de William, celui-ci vous pria de diriger les opérations ; il s'effaça et ne garda qu'une direction nominative.

« Tout aurait dû prospérer entre vos mains habiles, sir Meercraft !... Il n'en fut rien. Après avoir paru se relever quelque temps, la fabrique languit de nouveau. La gêne reparut plus cruelle qu'auparavant. A quoi attribuer ce malheur ?... Chacun le cherchait en vain ; je vais vous le dire :

« William n'était pas un spéculateur, dans l'acception vraie de ce mot. Il était intelligent, mais répugnait aux moyens, aux expédients d'une moralité douteuse devant lesquels des concurrents, moins intelligents mais aussi moins scrupuleux, n'auraient pas hésité. Il ne savait pas confondre l'habileté avec la fraude. Il eût fait un excellent contre-maître, mais il était un directeur sans avenir. Il eût vivoté, si sa fortune n'eût été atteinte par un de ces désastres financiers qui deviennent de plus en plus fréquents, et sans les secours onéreux que lui prêtait le bon Meercraft. »

A ces mots Meercraft protesta du geste, il voulut parler, se récrier... L'inconnu lui ferma la bouche et le cloua sur sa chaise :

— Attendez que je vous aie accusé de trahison et de vol, dit-il, alors vous aurez sujet de protester. — J'y viens.

« Je ne crois pas me tromper beaucoup en supposant qu'à cette époque vous étiez tourmenté du désir d'étaler au soleil une partie de la fortune amassée dans le bouge de Saint-Gilles?...

« Quelle plus belle occasion pouvait jamais s'offrir à vous pour vous procurer à bas prix une maison et une usine?

« Je ne doute pas non plus que votre conscience n'ait murmuré et ne vous ai dit que dépouiller le fils de votre bienfaiteur et votre ami d'enfance était une lâche, une infâme perfidie... Non, si bas que l'on soit descendu dans l'échelle morale on entend toujours, plus ou moins étouffée, la voix importune de la conscience. Vous l'avez entendue cette voix; vous avez su ce que vous faisiez, mais vous n'avez pas reculé.

« Cela se fait tous les jours, vous êtes-vous dit; la reconnaissance, la générosité, ce sont des bêtises, des sentiments. Les affaires sont les affaires, et quand je fais une spéculation je n'ai d'autre calcul que celui de mon intérêt, ou je ne suis plus un spéculateur; un homme d'affaires, un homme fort. — William, d'ailleurs, se coulerait entièrement sans moi; sa fortune s'éparpillerait en des mains étrangères, il est juste que j'en profite.

« Et sur ce beau raisonnement, vous avez dépouillé le fils de votre bienfaiteur. »

— Qu'en savez-vous?... fit Meercraft avec une rage péniblement contenue.

— Je tiens le fait pour certain; quant aux moyens, je les saurai sous peu et nous en reparlerons. Ce que je sais, c'est qu'un jour le fils de William fut renvoyé du collège parce que son père avait cessé de payer sa pension. Arrivé à la maison paternelle, il apprit que sa mère était morte après avoir mis au monde un second enfant, que son père avait réalisé ses biens, était parti pour acheter une petite propriété rurale et n'avait plus donné de ses nouvelles.

Son ami Meercraft était également disparu. Savez-vous ce que sont devenus William Murray et son enfant, sir Meercraft?

— Je l'ignore. Nous nous sommes quittés à Londres et depuis je n'eus jamais de ces nouvelles.

L'inconnu se recueillit un instant, oppressé par la tristesse de ses souvenirs.

— Avez-vous tout dit? demanda Meercraft, et ai-je mis assez de patience à écouter ce tissu de calomnies? Que me voulez-vous en définitive?

— Je vais vous l'apprendre.

— Et qui êtes-vous pour parler si savamment de mes relations avec William Murray?

L'inconnu se leva et fixant Meercraft :

— Qui je suis?... Je suis le fils de celui que vous avez trahi, que vous avez dépouillé, je me nomme Charles-Edouard Murray.

— Vous m'étonnez, sir Murray, votre père n'était pas un calomniateur.

— Prenez garde!... s'écria Murray d'un ton menaçant.

— Maintenant où voulez-vous en venir et que prétendez-vous?

— Attendez, reprenez votre chaise; je n'ai pas tout dit.

— Je vous préviens que je suis las de vous entendre.

— J'en suis désolé, mais vous m'entendrez jusqu'au bout.

— La prétention est vraiment insensée et vous oubliez que je suis chez moi.

— Chez vous! ricana Murray.

— Insolent!... Si vous ne sortez à l'instant, je vous fais jeter à la porte par mes domestiques.

— Osez!... Osez attirer sur vous toutes les rigueurs de ma haine, de ma vengeance. — Vous êtes chez vous, oui, cette maison a bien été achetée et payée de vos mains, mais avec quel argent?... Les roses de ce parc vous font-elles oublier les fanges de Saint-Gilles? et

chaque pierre de cette maison n'est-elle pas payée avec une infamie?

— Assez d'insultes!

— Soit, venons à la réparation et au châtiment.

— Ah! fit Meercraft, vous venez la menace et l'injure à la bouche me demander de l'argent?

— Précisément, sir Meercraft.

— Le procédé est admirable.

— Vous en jugerez mieux tout à l'heure.

— Daignez me dire la somme qu'il vous faut?

— Tout à l'heure, vous dis-je.

— Daignez vous expliquer, honnête gentleman.

— Voici, respectable Meercraft. Mais je vous préviens, en passant, que personnellement je n'ai point besoin d'argent.

— Ah! fit Meercraft avec surprise.

— Je suis riche. L'argent que vous me remettrez ou restituerez est destiné à une personne à laquelle vous devez beaucoup.

— Qui donc, je vous prie ?

— Vous avez chez vous une jeune fille nommée Suzanne Howel?

— Oui, elle est malade.

— Je sais qu'elle est malade et je sais pourquoi. Vos fils sont dignes de vous, monsieur. — Mais passons... Vous avez fait transporter cette jeune fille chez vous, vous lui avez prodigué tous les soins que réclamait son état, c'est très-bien. Ainsi l'on apaise l'opinion publique soulevée, et l'on espère désarmer la vengeance des parents et des amis de la victime. Sur ce point je n'ai qu'à vous féliciter. Mais, voyons, entre vous et moi, je viens de vous le prouver, il ne saurait y avoir de mystère, croyez-vous avoir assez fait pour réparer tous *vos torts* envers Suzanne ?

— Mais que puis-je faire de plus ?

— Quand Suzanne sera rétablie, elle rentrera chez le père Howel. Elle est en âge de se marier.

— Ah ! je devine vos intentions, sir Murray, vous voulez une dot pour Suzanne.

— Précisément.

— J'y consens volontiers; et mistress Meercraft ne fera aucune opposition à cet acte de bienfaisance.

— Bien plus, si j'avais l'honneur d'obtenir de votre femme un entretien de quelques instants, je ne doute point que votre femme ne consentît à la traiter comme sa propre fille.

— Que voulez-vous dire ?

— N'est-il pas vrai qu'en venant vous fixer ici vous avez confié à la femme d'Howel une petite fille nommée Betty ? Etait-ce votre fille ?

Meercraft hésitait à répondre.

— Oui, dit-il enfin.

— Je saurai si vous dites la vérité.

— C'était notre dernière enfant.

— Eh bien, Betty eut pour nourrice la femme Howel dont l'enfant s'appelait Suzanne. Cette dernière est morte.

Meercraft pâlit.

— Et, poursuivit l'inconnu, le jour où elle mourut, Betty, votre fille, prit le nom de Suzanne.

— C'est une calomnie !

— Je le tiens de la femme Howel.

— C'est un abominable mensonge !

— Non, car ce que je vous répète, elle me le dit à son lit de mort. On ne ment pas en un pareil moment.

Meercraft était dans un état d'exaspération impossible à décrire.

À bout de dénégations et d'objections, il se démenait, grommelant cent paroles confuses entre ses dents serrées par la rage, en se promenant à grands pas dans le salon.

Édouard Murray le suivait des yeux, jouissant de sa fureur qu'il allait bientôt porter à son comble.

Tandis que Meercraft s'agitait, se démenait, les poings crispés, les dents serrées, il poursuivit froidement :

— Voilà pourquoi je vous disais que l'infortunée recueillie ici devait être traitée comme votre propre fille, et votre fille aînée, c'est-à-dire l'héritière de votre fortune. Rien de plus logique et rien de plus légitime. Animé envers elle des sentiments les plus généreux, vous vous proposiez de lui donner une dot : votre femme eût acheté l'anneau des fiançailles, elle eût jeté dans la corbeille de la pauvre paysanne un beau fichu et un bonnet brodé, peut-être lui eût-elle fait arranger un trousseau avec le superflu fané de sa garde-robe. — Vous, non moins magnifique, vous auriez joint à ces cadeaux quelques centaines de livres. — N'est-ce pas?

— Et que pouvez-vous exiger de plus ?

— Je croyais vous l'avoir dit, ou du moins vous l'avoir fait pressentir ?

— Tout ce que vous me dites est d'une telle extravagance, fit Meercraft.

— Eh bien, je vais essayer d'être plus clair et plus précis. De votre côté, veuillez ne pas avoir l'air de me prendre pour un écervelé et prêter à mes paroles l'attention qu'elles méritent : — Ou vous reconnaîtrez Suzanne pour votre fille aînée et votre héritière légitime, ou vous lui céderez la moitié de votre fortune. Vous avez cinquante mille livres de rente, sir Meercraft, c'est vingt-cinq mille livres de rente que vous lui devez.

— Très-bien : La bourse ou la vie.

— Comme vous l'avez dit tant de fois aux pauvres gens de la Cité.

— Croyez que j'accepte de grand cœur des propositions si justes et si modérées, repartit Meercraft avec ironie.

— Ne vous pressez pas, reprit de même sir Murray : vous avez quinze jours pour vous décider.

— C'est fort honnête.

— C'est plus que vous ne méritez.

— Et s'il ne me plaît pas de vous faire cadeau à vous, ou à votre protégée, de cette bagatelle de cent mille livres, vous comptez venir l'exiger l'arme au poing ?

— Non.

— Que ferez-vous ?

— Je vous ferai pendre.

Meercraft se prit à rire, mais d'un rire forcé.

— Et si la justice ne vous envoie pas à la potence, ainsi que vous y avez droit, je me chargerai de vous châtier. Vous doutez ?... J'avais oublié de vous dire que la déclaration de la femme Howel a été écrite sous sa dictée, signée par elle et deux témoins, et déposée chez un notaire. Vous y êtes accusé d'avoir par promesses et par menaces obtenu de cette femme de substituer votre fille à la sienne qui venait de mourir. Il y a là matière à un procès criminel. Ah ! vous reprenez votre sérieux. Enfin, je me résume si vous échappez à la justice de la reine, vous n'échapperez pas à la mienne.

Meercraft en effet était devenu sérieux ; — mieux que cela, il tremblait.

— Maintenant encore un mot, reprit sir Murray, vous répondez sur votre tête et sur la tête de votre femme et de vos enfants de la parfaite santé de miss Betty Meercraft, ou Suzanne,

comme il vous plaira de l'appeler. J'ai dit. Si d'ici quinze jours vous avez quelque communication à me faire, écrivez-moi bureau-restant à Dublin.

Sur ces mots, Murray sortit et fit signe à un domestique de conduire son cheval à la grille.

Meercraft était resté dans une stupéfaction profonde.

En regardant Murray s'éloigner, il se rappelait les paroles; en parlant de sa justice, il donnait à penser qu'il disposait d'une puissance mystérieuse. « Cet homme serait-il un chef de fenians ? se dit-il. En ce cas que dois-je faire ? Il m'a menacé du gibet, du poignard ou de la ruine... et il conspire contre le gouvernement de la reine... Si je le faisais surveiller et arrêter, lui et les siens ?... Eh ! mais, c'est de bonne guerre, et je ne dis pas non. Je n'ai pas son adresse, mais il demeure à Dublin. C'est un gentleman d'une physionomie très-caractérisée et il n'a aucun motif pour résider à Dublin sous un faux nom, il me sera donc très-facile de le signaler à la vigilance de l'autorité. En ce temps d'alarme mes avis seront certainement bien accueillis.

« Et s'il s'agit de lui tendre un piége, cela ne me sera-t-il pas facile ?... La santé de Suzanne... puis... »

Il interrompit et se frappa le front, comme tout homme qui tombe subitement en arrêt devant une idée qui lui semble lumineuse :

« Puis... ce prétendant, cet amoureux, pour lequel sans doute Edouard plaide autant que pour Suzanne, n'est-ce pas ce vagabond, ce Patrick qui passe pour appartenir à la secte des fenians ?... J'y suis. Patrick et Murray doivent être en relations. Ils conspirent ensemble. Patrick habite le village, je puis le faire épier. Mais comment ?... Voyons ; il faut trouver sans retard, car quinze jours sont vite écoulés... Oh ! je trouverai !... »

Et il trouva, comme on le verra bientôt.

IX

CAPITAINE JOSUAH.

Charles-Edouard franchit rapidement la distance de Pretty-House à la ville.

Londres était sa résidence habituelle, mais il venait souvent en Irlande et, depuis plusieurs mois, il avait loué, dans une des rues les plus belles de la seconde capitale des trois royaumes, un riche appartement.

Nous savons que Murray appartenait au fenianisme; nous l'avons vu dans les grottes de Patrick avant de le rencontrer chez Meercraft, mais ses opinions n'étaient point connues, et s'il pouvait être suspect à la police, il avait, en cela, une raison de plus pour ne point faire de sa vie un mystère.

Une allure mystérieuse vous dénonce toujours, pour un conspirateur, la maison de verre du philosophe antique serait peut-être plus sûre que les cavernes des falaises.

Ses relations étaient de nature mixte, c'est-à-dire qu'il voyait également des Anglais conservateurs, des Irlandais ralliés et des fenians.

Seulement, à l'égard de ces derniers, il prenait certaines précautions, autant pour eux que pour lui-même.

Murray était aussi prudent que brave, aussi entreprenant que circonspect.

Si je ne craignais que l'on prît le mot de travers et dans une acception ridicule, je dirais que c'était un esprit chevaleresque; je me servirai d'une expression moins démodée : c'était un esprit supérieur.

A preuve:

Il eût pu, comme la plupart des gens riches, économiser sur ses revenus, entasser, thésauriser, diminuer ses jouissances, rétrécir son horizon intellectuel, atrophier (une économie!) ses facultés morales, vivre de peu, ne presque plus vivre, — ô idéal! — et mourir fabuleusement riche...

Il eût pu vivre de la bonne, grasse et plantureuse vie de la plupart de nos gens du *haut* commerce, de la *haute* banque, qui, sans se refuser le confortable dans la plus large acception du mot, et même les parties fines, les orgies secrètes, travaillent sans cesse, et qui, tout en jetant l'argent par la fenêtre, font rentrer l'or par les portes... toutes les portes...

Combien de misérables eût-il pu enrégimenter et ployer sous son sceptre de grand industriel!...

Et à quels honneurs n'eût-il pu prétendre?... Mais entre les honneurs de convention, de mode, et cet honneur rayon glorieux d'un grand événement historique, Murray n'avait pas hésité.

Orphelin et dans un état voisin de la pauvreté, il s'était embarqué pour les Indes, avait travaillé avec ardeur et, son intelligence aidant, autant que de heureux hasards, il avait fait fortune.

Lorsque sa fortune fut à la hauteur de ses désirs et de ses aptitudes à jouir de la vie, il suspendit ses travaux, il étudia, il voyagea. Il chercha à connaître le plus possible de la vie et du monde... où l'on a si peu de jours à passer!...

Après avoir donné à son égoïsme ce noble exercice, après avoir vécu par lui-même, s'être agrandi et fortifié par mille connaissances, avoir décuplé sa personnalité native, il voulut vivre par autrui, se mêler de nouveau à la foule, non en humble travailleur qui cherche son salaire quotidien et l'épargne de la vieillesse, mais en travailleur libre, indépendant, riche, en pionnier du progrès social.

Pour cela, comme un sauveteur, sûr de sa force, se dépouille froidement de ses habits avant de se jeter dans la furie des vagues, il se dépouilla sincèrement de tout préjugé et se jeta dans la furie du mouvement démocratique.

Il se dévoua.

Qui n'a pas inscrit une fois dans sa vie le mot dévouement ne connaît ni son cœur ni la vie, n'a pas vécu.

Tel était Edouard Murray.

Lorsqu'il rentra chez lui, son valet de chambre le prévint que quelqu'un l'attendait au salon.

— Son nom? demanda-t-il.

— Capitaine Josuah. Il attend Votre Honneur avec la plus vive et, j'oserai dire, la plus bruyante impatience.

Murray passa de suite au salon.

Tout au milieu il aperçut sir Josuah, assis les jambes allongées sur le dos d'un second fauteuil, tenant déployé tout ce que l'on peut tenir en main d'un grand journal.

— Bonjour, capitaine.

— Bonjour, sir; vous êtes en retard d'une heure et vingt minutes, répondit Josuah en daignant tourner la tête vers Murray. Avez-vous lu le *Times*?

— Non, pas encore.

— Vous le lirez.

— Quoi de nouveau?

— Vous le verrez. C'est votre affaire de lire les nouvelles. Que savez-vous de neuf?

Murray s'assit nonchalamment, à distance calculée:

— Rien.

— C'est peu, fit le capitaine.

— Du moins, ce que je sais je l'enverrai en partie aux correspondants de l'*Irishman* et du *Times*, vous le lirez.

— Hein !

— C'est votre affaire de lire les nouvelles.

Après un silence:

— Dans le *Times*, dit le capitaine, je lis que nos affaires se brouillent de l'autre côté. On gaspille les fonds et l'on...

— Ah!... Je sais... je sais... Passez-moi le journal ?...

— Ce n'est pas tout, nous sommes en pleine anarchie'; notre avant-garde a été battue aux frontières du Canada.

— Mais passez-moi le *Times*, capitaine.

— Et nous comptons sur de prompts secours... Savez-vous que ce n'est pas trop de deux câbles pour s'entendre d'un hémisphère à l'autre, par ce temps de brouillamini et de confusion... Et le vieux câble ne fonctionne plus...

— Je le savais, fit Murray.

— Vous le saviez? C'est impossible.

— Pourquoi impossible?

— C'est la nouvelle de ce jour.

— Vous plaisantez, capitaine.

— Sur ma parole ! s'écria Josuah.

— Permettez !...

— Tenez, lisez plutôt : quatrième colonne de la troisième page.

Et le capitaine tendit le journal à sir Murray, qui le prit en souriant.

— Enfin!... dit-il en reployant sur ses genoux l'in-folio quotidien, je ne le savais pas, mais je l'ai deviné, et vous voilà désarmé, mon cher capitaine. Maintenant causons.

Le capitaine s'agita sur ses fauteuils et se tourna, sans rancune vers son ami ; ce qui équivalait à sa première question : « Quoi de neuf?... »

Murray reprit :

— J'ai beaucoup à vous dire...

— Moi aussi.

— Je vous cède la parole, capitaine.

— Merci ; j'aime mieux vous entendre.

— Soit. — Sachez donc, Josuah, que le brick

le Caïman, capitaine Johnson, est entré dans le canal. Vous savez ce qu'il vient faire.

— Non, et je souhaite qu'il le sache lui-même.

— Il le sait fort bien. *Le Caïman* est moins un corsaire qu'un contrebandier.

— Il est chargé de volontaires ?

— Il y en a quelques-uns à bord, en effet, mais il est aussi chargé d'armes : carabines, revolvers et poignards. Il doit débarquer ses armes au-delà de Dublin, dans les rochers. Là, vous le savez, nous avons des grottes immenses, connues de nous seuls et qui peuvent nous servir de magasin ou d'arsenal. Je veux prendre part à cette opération. Vous m'accompagnerez ?

— Non pas.

— Et pourquoi ?

— Pour deux raisons. La première, c'est que courir le long de la côte, m'exposer à la rencontre des douaniers ou, qui pis est, des agents de police, ramper dans des galeries souterraines, tout cela n'est pas mon affaire. Je suis marin ; je reste marin. La seconde, c'est que je me réserve à d'autres exploits. Quand mon navire sera armé, j'en prendrai le commandement et vous entendrez parler du capitaine Josuah !... Ces deux raisons vous suffisent-elles ?

— Parfaitement.

— J'en avais une troisième, mais, puisque les deux premières vous suffisent, je garde la dernière.

— Donnez-la toujours.

— Mais ma franchise peut vous déplaire, vous voudrez me réfuter et je n'aime pas les discussions.

— Je vous promets d'être sobre de paroles, capitaine, et de vous écouter comme si j'étais à votre bord.

— En trois mots, voici mon opinion : faire la guerre civile en Irlande est absurde. Ce n'est pas sous les murs de Dublin qu'il faut livrer bataille, c'est à Londres qu'il faut porter la guerre : il faut détruire Carthage.

— Sans doute il ne faut pas livrer bataille, ni en Irlande ni ailleurs ; eussions-nous Garibaldi à la tête de nos volontaires, nous serions écrasés, mais il faut nous armer ici, être prêts à un coup de main. Cork, Dublin ne sont pas des places à dédaigner, et c'est le moins que la révolution soit représentée en Irlande quand elle se fait par l'Irlande et pour elle. Que l'insurrection triomphe à Londres, il faut qu'elle triomphe à Dublin le même jour.

— Soit, mais occupez-vous de Londres avant tout et n'oubliez jamais que les Anglais sont vos frères...

— Mais, capitaine ?...

— C'est vrai, j'oubliais que vous êtes Londonnien. Enfin je dis qu'il nous faut des corsaires, bien construits et bien armés. Qui attaquons-nous, est-ce seulement le gouvernement de la reine ?

— Non sans doute.

— Est-ce l'armée, est-ce la flotte cuirassée que nous espérons vaincre ?

— Pas davantage.

— Nous attaquons, continua le capitaine avec vivacité, le parti du vieux monde, le parti conservateur. Nous attaquons l'arbre à la racine : car ce parti mis aux abois, mis en déroute, nous sommes à notre tour maîtres de l'armée et de la flotte. Je vous le répète, sir Murray ; à Londres ! à Manchester ! à Liverpool ! à Birmingham ! et partout de l'agitation. Tandis que vous ferez cette besogne, que l'on nous donne, à nous autres marins, des vaisseaux armés pour la course, et l'Angleterre tremblera au nom des fenians !

— Savez-vous, capitaine, que vous êtes éloquent ?

— Tout citoyen américain est orateur, sir Murray.

— Et si je n'avais depuis longtemps l'intention de rentrer à Londres pour la besogne dont vous parlez, vous m'auriez persuadé d'y rentrer.

— Raillez ; mais vous ne raillerez plus dès que Josuah aura repris la mer !

— Quand cela ?

— J'attends de jour en jour, d'heure en heure, la dépêche qui m'avertira de me rendre à mon poste. Je partirai avec un chargement de coutellerie et d'outils, et je reviendrai avec un brick armé à l'américaine, avant un mois ; à moins que je n'aille croiser dans les mers de l'Inde.

Le capitaine Josuah qui, à l'heure où nous écrivons, cherche encore sa proie sur les mers et qui aspire à l'illustration du capitaine Semnes, est un grand gaillard de six pieds, d'une charpente solide, à qui son nez aquilin, le hâle de la mer et sa longue barbe donnent un aspect farouche.

Au fond ce n'est pas un mauvais diable : bien qu'il ne soit pas tendre, qu'il ne recule devant aucun moyen pour se défaire d'un ennemi, ses plus grands défauts sont d'être despote jusqu'à la tyrannie et trop prompt à s'emporter.

Sa vivacité et sa brusquerie sont extrêmes, et lorsqu'il gesticule, ses bras semblent s'allonger et ont la raideur des anciens signaux télégraphiques. Murray et lui s'étaient connus aux États-Unis et avaient l'un pour l'autre une égale estime.

Murray s'amusait des façons excentriques du marin, et celui-ci, faveur exceptionnelle, supportait ses railleries et, sans se fâcher, se laissait appeler amiral de la république irlandaise.

Après avoir causé politique, les deux amis se séparèrent. Le corsaire fut fumer un cigare et boire un grog sur le port ; Édouard Murray dépouilla son courrier et répondit à quelques lettres. La plupart étaient fort laconiques ; citons-en quelques-unes.

« *A James X.*

« Nous ne voulons pas de caisse centrale, nous ne voulons même pas que les administrateurs des caisses des différents districts se connaissent entre eux. Nous avons une caisse principale, mais elle restera hors de la portée de l'ennemi, aux États-Unis. Il faut éviter aussi que les secours soient distribués d'une façon ostensible ; inutile de signaler nos ressources à l'ennemi.

« Donnez peu à la fois et le moins possible à ceux qui ne travaillent pas et qui feraient trop sonner leur argent dans les cabarets.

« Vous êtes surveillés.

« A vous fraternellement,
« C. E. M. »

« *Mon cher X,*

« Répondez à votre ami que la république n'a que faire d'amants platoniques ; elle ne veut que des passionnés et des violents.

« Qu'il écrive son livre et en récolte la gloire, mais, s'il veut que nous le comptions au nombre des fenians, qu'il soit homme d'action. Toujours la devise italienne : *Pensée et action.* L'une ne peut marcher sans l'autre ; la pensée surtout ; nous avons six mille ans de réflexion ; sachons agir pendant quelques mois.

« A vous fraternellement.
« E. »

« *A Th. W.*

« Il faut, mon ami, convaincre vos nouveaux amis, par un commentaire éloquent de la devise républicaine : « Un pour tous, tous pour chacun. »

« En un mot, que tous en soient bien convaincus : les captifs seront délivrés, les morts seront vengés.

« Votre frère et ami,
« C. E. »

« *A John M.*

« Sir, je vous engage à quitter Londres et à passer sur le continent. Inutile de vous dire pourquoi, je pense ?... Nous avons notre police, nous aussi.

« *Un fenian.* »

Après nombre d'autres billets chargés de conseils et d'encouragements, Murray écrivit la lettre suivante :

« Cher Arthur Read,

« Vous pouvez informer votre mère que je n'ai pas oublié l'usurier de Saint-Gilles, je le tiens et vais lui faire rendre gorge. Je serai à Londres sous peu, car je compte terminer promptement cette petite affaire.

« De ce qui se passe ici que vous dirai-je ? Le clergé et les grands propriétaires, dont l'influence est un mal invétéré, font contre nous et parmi leurs victimes une propagande désastreuse. De sorte que nos sociétés comptent leurs ennemis les plus acharnés parmi les indigènes des deux classes extrêmes : ceux qui ne possèdent absolument rien et ceux qui possèdent presque tout. Mais l'intelligence irlandaise est vive, prompte à saisir le côté juste des choses ; je ne désespère pas. L'affaire M... fera un peu de scandale salutaire. Ici, il faut s'adresser au cœur et à l'imagination, tandis que, chez nous, où l'existence est infiniment meilleure, ce sont les questions positives qu'il faut agiter. Je vous en dirai plus à loisir, car j'espère être plus utile à Londres qu'à Dublin.

« A bientôt et fraternellement à vous,

« E. M.

« P. S. — Communiquez ma lettre à St... (1). »

Ainsi le retour de Murray à Londres était décidé et devait s'effectuer sous peu.

Attendrait-il quinze jours, ainsi qu'il l'avait dit à Meercraft ? Et celui-ci, avant l'expiration de ce délai, trouverait-il le moyen de le faire tomber, lui et Patrick, dans les filets de la police ?

En attendant, s'il plaît au lecteur, nous allons rejoindre le capitaine Josuah.

Ce brave marin, après avoir respiré, le long des bassins, pendant un quart d'heure, les senteurs combinées de l'eau de mer stagnante, du goudron et des cargaisons exotiques, avisa une taverne qui n'était pas trop encombrée et y entra.

X.

LA TAVERNE DU CHARDON.

« Le Chardon... » Cette enseigne lui plut.

On sait que le chardon figure dans les armes de l'Irlande.

On raconte qu'un émigrant irlandais, ayant apporté en Australie quelques graines de cette plante ingrate, et ces graines ayant produit, vit bientôt son jardin l'objet de la curiosité sympathique de tous ses compatriotes.

Le chardon avait jusqu'alors manqué à l'Australie.

Chacun désira avoir de la graine d'une plante qui rappelait la mère-patrie.

Les graines furent distribuées.

Un an plus tard les champs australiens étaient infestés de chardons ; on les arrachait

(1) Stephens. —

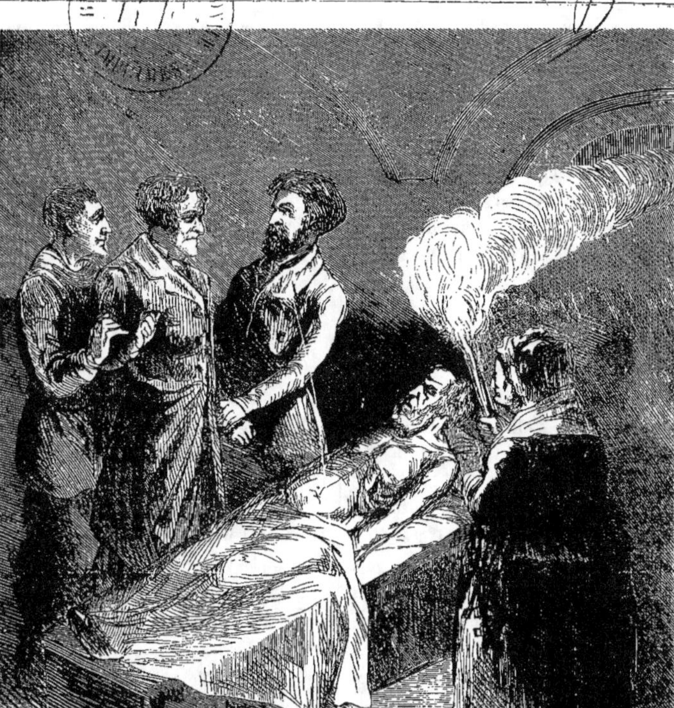

Le cadavre de sir Murray.

par bottes. De toutes les importations, c'était peut-être celle qui avait réussi le mieux ; elle profita à la colonie entière.

La vue de la plante emblématique séduisit Josuah, il s'installa dans la taverne, où des marins de toutes nations buvaient du gin ou de la bière.

La salle était étroite, enfumée.

A la barre se tenait l'individu que vous connaissez, à la face large et violemment colorée, aux proportions herculéennes, représentant de l'ordre et de la prospérité d'un cabaret, où, après avoir vendu du genièvre, le cabaretier est souvent obligé de donner des conseils, et, par-dessus le marché, des coups de poing.

Devant la barre, buvait debout un matelot du commerce, anglais ou américain, peut-être alternativement l'un et l'autre, dont Josuah admira la structure carrée, le teint bronzé et les favoris rouges.

Cet homme, tout en buvant, lançait des regards de flamme à un matelot hambourgeois qui valsait dans le fond de la salle avec la fille du public-house ; tandis que, à droite et à gauche, d'autres travailleurs de la mer, d'humeur plus paisible, de sens plus rassis, vidaient leur pinte d'ale en laissant leur imagination se perdre dans les nuages bleus de leur pipe.

Josuah passait en revue ces diverses physionomies, mais son attention ne tarda point à être absorbée tout entière par Tom Sparre, le marin debout devant le comptoir; de même que celui-ci ne quittait pas des yeux le valseur allemand.

Était-ce admiration?

Non; Tom n'avait jamais éprouvé ce sentiment.

Était-ce jalousie?

Non plus, nous osons l'affirmer, car, pour la première fois de sa vie, il voyait la fille du *Chardon*.

Pourquoi donc ces signes d'irritation sourde et toujours croissante?... Pourquoi ces yeux étincelants? Cela l'agaçait sans doute de voir cette fille tournoyer sans cesse, tantôt renversant la tête et ployant sur le bras du matelot comme fascinée ou enivrée, tantôt se cachant le visage sur sa poitrine, avec une tendresse confuse.

Ce spectacle irritait Tom, qui, bientôt, fermant les poings, fit trois pas au milieu de la salle en hurlant ce cri tout maritime :

— Oh!... stop!... stop!...

Plusieurs assistants se mirent à rire.

La fille, effrayée, voulut s'arrêter, le valseur l'entraîna.

Tom fit encore deux ou trois pas.

— Mary! cria à son tour le maître du public-house, pressentant une tempête.

Mais Mary ne s'appartenait plus et le Hambourgeois répondait à la sommation provocatrice de Tom Sparre en tournant sur lui-même avec une rapidité vertigineuse.

Tom se rapprocha à trois pas, et tomba en garde devant le valseur, en poussant un grognement significatif.

La fille se prit à crier et à se débattre, craignant les erreurs de la boxe et de la passion.

L'Allemand se décida à la lâcher et elle courut se réfugier près de son maître qui, une fois encore, mais trop tard, voulut intervenir. — Force lui fut de prendre rang au nombre des spectateurs.

L'Allemand, nommé Karl Puke, était un gaillard de deux pieds plus grand que son adversaire et d'une musculature fort respectable.

La longueur de ses bras lui donnait un avantage évident, et ce qu'il avait à redouter le plus, c'étaient les coups de tête.

La première passe fut à son avantage.

Cependant Tom parait avec une agilité surprenante chez un homme aussi lourdement bâti.

Un coup droit reçu en plein visage l'inonda de sang et l'obligea à suspendre le pugilat un instant.

A la reprise il montra une ardeur nouvelle, et son adversaire, qui déjà ne doutait plus de la victoire, se découvrant pour abattre un coup décisif sur la tête de Tom, reçut en pleine poitrine un coup qui, en lui brisant une côte, l'envoya rouler au fond de la salle.

— Hurrah! Tom! Hurrah! *for old England!*... cria une partie de l'assistance, tandis que quelques partisans de Karl, ou plutôt des amateurs forcenés de la boxe, essayaient de remettre sur pieds le vaincu et réclamaient une revanche.

— Assez comme cela, déclara d'un ton impérieux le maître du public-house.

Josuah, le sourire aux lèvres, l'air épanoui, car il eût volontiers parié pour Tom, s'approcha de celui-ci, et lui frappant amicalement sur l'épaule :

— Bravo, mon garçon, lui dit-il, viens avec moi, je suis le capitaine Josuah, un amateur d'hommes solides et braves comme tu me parais l'être, j'ai à te dire deux mots.

Tom se laissa faire et, après avoir bu un dernier verre et s'être lavé le visage à grande eau, sortit du *Chardon* pour entendre les propositions du capitaine.

Car il s'agissait d'un engagement, ainsi que l'on a dû s'en douter.

Mais pouvaient-ils causer librement sur le quai encombré de marchandises et du va-et-vient des charrettes et des porte-faix?

— Je veux faire connaissance avec toi, reprit Josuah, et pour causer nous pourrions trouver un endroit plus convenable que celui-ci.

Tom n'y contredit point.

— Conduis-moi dans une taverne paisible, si tu le peux.

— C'est facile en entrant où mes camarades et moi nous ne mettons jamais les pieds.

Ils sortirent du port et furent prendre un grog dans un public-house respectable, garni d'une double rangée de boxes où d'honorables gentlemen buvaient, lisaient, fumaient et même se grisaient d'une façon paisible et parfaitement décente.

A peine en ce lieu tranquille entendait-on le bruit d'une petite cuillère au fond du verre ou le froissement d'un journal.

Le capitaine et le matelot, respectant ce silence, s'entretinrent à voix basse, ce qui devait les gêner plus encore que le tapage.

— Est-ce que tu as servi dans la marine royale? chuchota Josuah en se penchant vers Tom.

— Oui, sir; j'ai fait avec l'amiral Napier la campagne de la Baltique, répondit l'autre d'une voix sifflante, comme s'il eût été à moitié étranglé.

— Comment as-tu quitté la marine royale?

— Nous nous sommes brouillés.

— Pourquoi?

Tom, renonçant à parler, se frotta les épaules, comme s'il eût éprouvé des souvenirs cuisants des coups de corde, —puis le dos, trop souvent écorché par la bastonnade.

— Bien, bien, fit Josuah avec un sourire; tu as toujours été une mauvaise tête. J'aime les hommes comme toi. As-tu un engagement!

— Oui, fit Tom d'un signe de tête, renonçant à l'usage de la parole.

— Tu viens d'arriver?

Même signe affirmatif.

— Quand pars-tu?

— Au premier jour, murmura-t-il si bas que le capitaine ne put l'entendre.

— Dans combien?

Tom promena autour de lui un regard anxieux, avala son grog d'une gorgée, fit effort pour parler bas, puis, d'une voix sonore :

— Capitaine, j'étouffe ici, s'écria-t-il.

Josuah se leva.

— Parle à ton aise, dit-il; tu as raison, on est mal ici pour causer, sortons. Moi non plus, je n'ai pas l'habitude de parler bas; puis ce silence m'endort.

Et tout en sortant sous le feu croisé des regards des habitués indignés de leur *tapage* :

— Tu disais donc? reprit le capitaine.

— Que je pars au premier jour pour les mers du Sud avec un baleinier, le *Lion-de-Mer* ; ce sera mon second voyage; en voilà encore pour un an.

— Le service à bord d'un baleinier est dix fois plus dur que sur un navire de l'amirauté.

— Il est vrai.

— Et plus périlleuse, même en temps de guerre.

— J'en ai fait l'expérience.

— Un homme comme toi, Tom, qui ne crains pas le danger et qui me sembles aimer les aventures, aurait dû prendre un autre parti en quittant la marine de la reine.

— Et lequel, sir?

— A ta place, je me serais engagé sur un corsaire américain.

— J'y avais songé.

— Ah! Et pourquoi n'es-tu pas parti avec le capitaine Semnes ou avec Jack Dickson?

— Je n'ai pas trouvé l'occasion, autrement!... fit Tom, en poussant un soupir de regret.

— Console-toi, pareille occasion peut s'offrir bientôt.

— Le Sud n'est-il pas vaincu? Penserait-il à reprendre les armes? Vous qui êtes Américain....

— Je puis t'assurer que l'ancien État confédéré, réconcilié ou non, ne se relèvera pas.

— Mais alors?...

— Ne parle-t-on pas ici d'une autre guerre maritime?

— Non que je sache, capitaine.

— N'est-il pas une nation mécontente qui s'agite à cette heure et songe à armer des corsaires?

— Eh! mais je vois de qui vous voulez parler.

— De l'Irlande, répondit Josuah.

— Des *fenians*, dit Tom en interrogeant le capitaine du regard.

— Oui, des fenians. N'en parle-t-on pas dans les tavernes?

— On en parle partout.

— Eh bien?

— Je n'ai jamais entendu dire qu'ils avaient des corsaires.

— Ils en auront.

— Vous croyez? fit Tom avec une émotion visible.

— J'en suis certain. J'arrive des États-Unis et plusieurs navires construits pour le compte des fenians sont prêts à armer. Ainsi, avant peu, l'occasion ne saurait te manquer. Qu'en dis-tu? fit le capitaine en s'arrêtant et en regardant le matelot dans le blanc des yeux.

— Je ne dis pas non, répondit Tom en donnant à sa réponse un accent d'assurance significatif.

Ils firent quelques pas en silence.

— Mais tu es Anglais? reprit le capitaine.

— Oui, sir, mais vous-même?...

— Eh bien?

— N'êtes-vous pas Américain? Et vous qui me conseillez de m'engager parmi les volontaires de la Nouvelle-Irlande, n'en feriez-vous pas autant.... si ce n'est déjà fait?...

Josuah fut surpris de rencontrer tant de finesse et de logique chez cet épais matelot... mais, il eût peut-être, en ce moment, préféré en rencontrer un peu moins.

Se dire fenian, c'est toujours grave; cependant, il n'y avait pas à hésiter, la logique du matelot était pressante.

— Je suis citoyen américain, répondit-il, mais je suis Irlandais de naissance et de cœur. Un Irlandais qui a passé la plus grande partie de sa vie aux États-Unis ne saurait que désirer pour son pays natal les institutions de la grande république. Est-ce vrai?

— Oui, capitaine.

— Eh bien, tous ceux qui aujourd'hui sont, comme moi, des républicains d'origine irlandaise et qui veulent appuyer leurs vœux par l'action s'appellent des fenians.

— Très-bien.

— Que penses-tu d'eux?

— Qu'ils ont raison, capitaine.

— Et tous ceux qui en Angleterre sont las, comme en Irlande, des lords qui les maintiennent dans la plus horrible misère, tous ceux qui veulent en finir, se nomment aussi des fenians. Tu es Anglais, Tom, tu es un brave marin, peux-tu devenir amiral?

— Vous riez, sir.

— Peux-tu devenir officier de la marine royale?

— Non plus.

— Peux-tu devenir capitaine marchand? Oui, si tu as l'instruction nécessaire, n'est-ce pas?

— Je ne l'ai pas, et comment aurais-je pu l'acquérir?

— Et combien sont dans ton cas! Tous ces misérables enfants qui grouillent sur les quais, qui vivent on ne sait de quoi, on ne sait comment, tous ces petits enguenillés, s'ils ont la chance de ne pas crever de faim ou de froid et d'échapper à la prison, sont plus tard de braves marins comme toi, qui s'exténuent à travailler pour un mince profit, jusqu'à ce qu'ils servent de pâture aux requins? Est-ce juste?

— Non.

— Et je ne cite là qu'une injustice entre mille. Regarde bien autour de toi. Et lorsque tu vois, non pas des malheurs individuels, ceux-là ne sont pas en cause, mais une misère qui s'étend à une population tout entière, sois sûr qu'il y a une grande injustice à réparer. Me comprends-tu ? Ai-je dit vrai ?

— Parfaitement, capitaine ; mais revenez à ce que vous me disiez d'abord.

— A quoi ?

— Aux armements secrets.

— Ils t'intéressent ?

— Autant que vous-même.

— Oh ! diable ! c'est beaucoup dire.

— C'est ainsi, car je dois partir au premier ordre. Tout est prêt pour mettre à la voile, et si le vent descendait légèrement à l'est cette nuit, cette nuit même je devrais partir.

— Alors, si tu dois partir, que t'importe ? Quand tu seras de retour, la besogne du fenianisme sera faite peut-être.

— Vous ne me comprenez pas.

— Je te demande que t'importe que l'on arme des navires fenians ?

— Parce que, s'il en est un qui soit prêt à prendre le large, moi je suis prêt à m'y embarquer.

— Dis-tu vrai ? s'écria Josuah avec joie. Eh bien ! j'en connais un.

La large face de Tom s'épanouit, mais cet éclair de joie fut rapide et fit bientôt place à un air soucieux.

— En Amérique ? demanda-t-il.

— Non, pas si loin, assez près d'ici.

— Où cela ?

— Je ne puis te le dire.

— Pourquoi ? Vous méfiez-vous de moi ?

— Je dois garder le secret, jusqu'au moment de lever l'ancre.

— Oui, je comprends.

Puis, après un moment de réflexion :

— Mais ce navire... est commandé par un de vos amis ?

— Non, mieux que cela, soit dit sans trop déprécier les camarades.

— Par qui ?

— Par moi.

— Eh bien, capitaine, je suis à vos ordres.

— Fais attention, c'est grave. Comme baleinier tu peux amasser quelque chose, sans risquer d'être pendu.

— Et comme fenian ?

— Comme fenian tu auras ta part dans les prises et la corde en perspective si l'on parvient à te prendre.

— Sans doute.

— Enfin tu auras l'occasion de te battre autant que je pourrai te l'offrir.

— Cela me va.

— Tu ne pars pas ?

— Je pars avec vous.

— Bien, je te fais maître d'équipage. Et ce n'est pas tout.

— Qu'est-ce ?

— Il me manque neuf ou dix hommes. Il faut que tu m'aides à les découvrir. Ces hommes trouvés, nous partons. Mais il me faut des gaillards solides et braves..... tu m'entends..... On ne compose pas l'équipage d'un corsaire avec des jockeys, des marchands de chiens ou de paisibles marins du commerce. Sans doute, n'avoir que des scélérats à bord serait imprudent, mais il ne nous faut pas des gens trop scrupuleux non plus, en cas d'abordage....., et je suis décidé, n'ayant pas de fortes pièces, à pratiquer l'abordage comme mes prédécesseurs l'ont fait.

— C'est entendu, capitaine, et je connais un endroit où vous rencontrerez des hommes tels qu'il vous en faut.

— Conduis-moi, mon brave Tom ; nous n'avons pas de temps à perdre.

— Pardon, capitaine, mais quelle heure est-il ?

— Quatre heures environ.

— Il est trop tôt. Ces gentlemen de nuit dorment encore. Nous avons devant nous dix heures avant de nous rendre dans la cave en question.

— Eh bien, nous aurons le temps de boire un verre et d'aller dîner.

Et tous deux s'acheminèrent vers une nouvelle taverne, qui ne fut ni trop bruyante, ni trop silencieuse.

Nous leur dirons au revoir, et afin de ne point perdre de temps, nous retournerons à Pretty-House; ce qui s'y passait tandis que Josuah et Tom se préparaient à leur excursion nocturne vaut la peine d'être rapporté.

XI

NOUVELLE PERFIDIE DE SIR MEERCRAFT.

On se souvient dans quelles perplexités sir Murray avait laissé Meercraft, et à quels moyens ce dernier avait résolu de recourir pour se débarrasser de ses ennemis.

Soupçonnant Murray de fenianisme, et le voyant si fort dévoué aux intérêts d'une jeune fille qu'il ne connaissait pas, mais qui était notoirement courtisée par un des hommes les plus dangereux du pays, Meercraft avait pensé que Murray et cet homme dangereux, Patrick, devaient se connaître.

Aucun autre lien que des liens politiques ne pouvait exister entre ce gentleman et ce vagabond entaché de fenianisme.

Si ce raisonnement était juste, Murray et l'amant de Suzanne devaient être souvent en relations.

Ou Murray venait aux environs de Pretty-House, ou le paysan allait le voir à Dublin.

L'un devait servir à perdre l'autre.

Tel était le raisonnement de Meercraft.

Mais, pour espionner Murray et son ami, comment s'y prendrait-il?

Dénoncerait-il ces deux hommes? Se reposerait-il de leur arrestation sur une police dont le zèle et surtout l'activité lui étaient peu connus?

Sans doute dénoncer était bon, mais était-ce ce qu'il avait de mieux à faire?

Une idée subite l'éclaira.

— La police se chargera de Murray, se dit-il; quant à Patrick, moi, je m'en charge.

Il se rendit chez sa femme.

Celle-ci était près de Suzanne, il la fit demander par Fanny l'Irlandaise, mise au service de la malade.

Mistress Meercraft vint le rejoindre.

— Ma chère, lui dit-il, je viens de recevoir la visite la plus inattendue.

— Ah! quel était donc ce gentleman dont le cheval a fait tant de bruit et causé une si grande frayeur à notre pauvre Suzanne?

— Je vous le donnerais en mille à deviner.

— Qui donc?

— Le fils de Georges Murray.

Mistress Meercraft poussa un cri de surprise.

— Eh bien? fit-elle avec une curiosité anxieuse.

— Ce jeune homme, je dois vous en prévenir, est un excentrique parfait. Rassurez-vous, il ne sait rien qui puisse nous porter ombrage. Il ignore comment son père est disparu.

— Mais le motif de sa visite ?

— Figurez-vous, ma chère, que l'accident arrivé à cette malheureuse Howel a fait quelque bruit à Dublin ; on parle beaucoup de Pretty-House dans la capitale de l'Irlande. Grâce à cela, sir Édouard Murray a appris que nous habitions à quelques milles de lui, et s'intéressant à la fois à nous, — a-t-il dit, — et à la jeune paysanne, il est venu me voir pour s'informer de la vérité de l'événement.

— Étrange !

— N'est-ce pas ?

— Et il ne m'a pas demandée ?

— Il s'est beaucoup informé de vous ; mais je lui ai dit que vous étiez près de la malade.

— Et il n'a pas insisté pour me voir, ou demandé à voir Suzanne ?

— Pardon, mais j'ai fait ce que j'ai pu pour le dissuader de vous déranger.

— Pourquoi ?

— J'ai mes raisons ; permettez que j'en remette l'explication et poursuive mon récit. Je disais donc...

— Que sir Murray était venu s'informer près de vous de l'événement.

— C'est cela. Je lui racontai tout, en atténuant certains détails. Je vous ai dit qu'il me faisait l'effet d'un excentrique : — il ne se donna point la peine de montrer l'indignation que lui inspirait la conduite de nos fils. — Puis soudain... et voilà le plus étonnant, mistress... ce jeune écervelé m'adressa un speacht pathétique, dans lequel, me rappelant que son père avait été mon ami, que son père avait été pour moi plus qu'un ami, un bienfaiteur... il venait me demander d'être pour la jeune fille aussi bon, aussi généreux que son grand-père et son père l'avaient été pour moi... N'est-ce pas insensé ?

Mistress Meercraft sourit d'un air de compassion.

— C'est du moins fort singulier, dit-elle.

— Je me gardai de le contredire, j'abondai au contraire dans ses idées, et je lui demandai ce qu'il croyait convenable que je fisse pour la fille Howel.

— Elle est jeune, me répondit-il, elle aime un jeune homme de sa condition qui habite le village, il convient que vous lui donniez une dot.

Et comme je me permis de lui dire que telle était depuis longtemps mon intention, il eut l'insolence de me répondre qu'il n'y paraissait guère.

— Que signifie ? m'écriai-je à bout de patience.

— Cela signifie, me répondit-il, que depuis l'événement le fiancé de Suzanne Howel, le malheureux Patrick, est sans nouvelles de celle qu'il aime. Il devient fou d'inquiétude. Permettez à cet homme de venir chez vous, ou, si vous ne le jugez point convenable, ayez au moins l'humanité de lui faire parvenir chaque jour des nouvelles de la santé de l'infortunée que vous avez ravie à son amour. — Là-dessus des phrases sentimentales qui ne finissaient pas.

Enfin je le rassurai et puis l'engageai de faire parvenir, chaque jour, à ce Patrick des nouvelles de Suzanne. — Vous voyez là, ma chère, un surcroît d'ennuis, mais je n'avais pas d'autre moyen de me débarrasser de l'obsession de ce lunatique.

— Et vous avez fort bien fait, Monsieur, répondit la dame. Déjà plusieurs fois Suzanne m'a demandé des nouvelles de ce Patrick, et je ne savais que lui répondre.

— Maintenant, reprit Meercraft, promettre et tenir sont deux. Il me sera peut-être très-difficile de remplir ma promesse. Vous savez ce qu'est ce Patrick ? Un vagabond, une espèce de contrebandier et de bandit, pis encore...

— Oui, je sais, fit la dame avec une moue dédaigneuse, un homme dangereux,

— Un *fenian*... Mon Dieu ! il faut être bien avec tout le monde, autant que possible. Je ne suis pas de ceux qui s'endorment sur un état de choses très-douteux, — pour ne pas dire alarmant. Ces fenians... nous aurons peut-être un jour à compter avec eux... Un Patrick n'est pas à dédaigner aujourd'hui, du moins en apparence, encore moins faut-il s'en faire un ennemi !... Eh bien ! puisque l'occasion se présente, faisons quelque chose pour ces gens-là... Mais, encore une fois, comment nous y prendre ?...

— Je serais fort en peine de vous conseiller. J'admire votre prudence, et suis de votre avis que, par ce temps de troubles, il faut, autant que possible, ne se brouiller avec personne, et avec ces fenians encore moins qu'avec d'honnêtes gens ; mais, en vérité, je ne sais, à moins que vous ne vous serviez du père Howel, par qui vous pourrez faire parvenir des nouvelles de la santé de Suzanne à ce Patrick.

— Le père Howel a la tête trop dure et les jambes trop lourdes, puis, qui sait si les relations de cet aventurier avec sa fille lui plaisent ? Non, mes vues se portent sur une autre personne.

— Laquelle ?

— Nous avons ici une fille du pays.

— Fanny ?

— Elle-même. Si vous le voulez, madame, cette fille peut nous rendre d'importants services, elle peut instruire Patrick de la santé de la fille Howel, et, d'autre part, en y mettant un peu d'habileté, nous pouvons par elle connaître les sentiments de cet homme à notre égard, savoir ce qu'il fait, ce qu'il médite. Qu'en pensez-vous ?

— C'est parfait.

— Vous comprenez qu'il est nécessaire que cette fille ne se doute nullement de nos intentions.

— Elle est d'une naïveté incroyable.

— Et vous, mistress, sans vous flatter, vous êtes, lorsque vous le voulez, d'une incroyable habileté.

— Mais ce Patrick va tout d'abord se méfier ?...

— Je m'y attends.

— Il va questionner Fanny, et lorsque cette fille lui aura dit que vous l'interrogez sur son compte, notre ruse deviendra inutile sinon dangereuse.

— Bien raisonné. Mais pour parer à cet inconvénient, voici ce qu'il faut faire : — Dès aujourd'hui Fanny et Suzanne seront plus souvent en tête à tête. Il faut qu'elles deviennent bonnes amies. Vous, de votre côté, mistress, vous capterez la confiance de la servante, ce qui ne doit pas être difficile, et vous lui parlerez des amours de Suzanne et de Patrick dans les termes de la plus vive sympathie... Vous voyez la marche à suivre... De temps en temps par un mot qui semble vous échapper, vous jetez l'inquiétude dans l'esprit de Suzanne, vite celle-ci dépêche sa messagère à Patrick, et à son retour ce que la première ne vous dira point l'autre vous en fera confidence. Cela me paraît tout simple, tout naturel.

— En vérité, vous êtes d'une sagacité admirable, s'écria la dame avec l'accent d'une profonde conviction.

Et les deux époux, si bien assortis, se comblèrent l'un l'autre des témoignages d'une réciproque admiration.

Au moment où sa digne moitié le quittait pour rentrer chez elle, Meercraft l'embrassa... ce qui ne lui était pas arrivé depuis la Noël.

Resté seul, il réfléchit quelque temps et, passant ensuite dans son cabinet de travail, y écrivit la lettre suivante :

« *A l'honorable* ***, *esq., chef de la police... Dublin.*

« J'ai l'honneur de vous informer que, dans une discussion d'intérêt que j'ai eue ce matin avec sir Charles-Édouard Murray, j'ai été menacé en des termes qui ne me laissent aucun doute sur les détestables principes de ce gentleman et ses intrigues coupables.

« Bien qu'il n'occupe aucune fonction de l'État, il m'a parlé de sa puissance, et m'a donné à entendre qu'il possédait dans la contrée des pouvoirs occultes, et enfin m'a menacé

de faire tomber sur moi et les miens ce qu'il appelle la vengeance populaire.

« Ce gentleman, que sa fortune et son éducation devraient retenir dans les hautes sphères sociales, fréquente d'habitude les misérables les plus mal famés.

« Il est en rapports fréquents avec un nommé Patrick, vagabond que tout le monde accuse de fénianisme, la terreur des environs de Dublin.

« Tout me porte donc à croire que sir Murray fait partie de la secte féniane, et dans l'intérêt des fidèles sujets de la reine autant que pour ma sûreté personnelle, je vous engage à faire surveiller les démarches dudit gentleman.

« Sir Charles-Édouard Murray est un jeune homme originaire de Londres, qui habite Dublin depuis peu. Je regrette de ne pouvoir vous donner son adresse, mais je pense qu'il vous sera facile de la découvrir.

« Veuillez, etc...

« MEERCRAFT,
« propriétaire de Pretty-House. »

Une dénonciation signée, pensa Meercraft, n'a pas le caractère d'une lâcheté et a plus de poids. Le nom d'un propriétaire-foncier comme moi ajoute énormément à la valeur d'un tel avertissement.

« Il est probable que l'on me répondra demain ou après, au plus tard.

« Il est probable également que Murray ne tardera point à se compromettre et à se perdre, car à Dublin il doit voir assez mauvaise société et avec son imprudence naturelle... »

Il se frotta les mains de joie et, ne voulant pas confier à un domestique une lettre dont la suscription aurait éveillé sa curiosité, il fit atteler et partit pour la ville, où il jeta lui-même à la poste sa dénonciation.

Cela fait, il retourna à Pretty-House, l'âme légère, l'appétit éveillé, comme s'il avait accompli une bonne action, convaincu qu'il n'avait pas perdu sa journée.

Sa digne épouse avait aussi fait un bon emploi de son temps.

Elle avait fait babiller Fanny, tout en lui donnant quelques rubans et différents objets dont elle ne se servait plus.

Le plaisir délie la langue.

Fanny était une jolie et excellente fille, mais elle était coquette et bavardait volontiers.

— Notre pauvre Suzanne paraît toute mélancolique ce soir, dit la dame. Je suis certaine qu'elle a quelque souci dont elle me fait mystère..... quelque peine de cœur sans doute ?...

— Elle pense souvent à celui qu'elle aime, répondit Fanny avec timidité.

— Je l'avais deviné. Pauvre fille... Lorsqu'elle sera rétablie, elle pourra se marier ; j'aurai soin de son bonheur.

— Miss Suzanne vous est bien reconnaissante.

— Que ne puis-je faire davantage !... Peut-être lui ferons-nous plaisir en lui donnant de temps en temps des nouvelles de son futur... Comment l'appelle-t-on ? J'ai su son nom, Patrick, je crois ?

— Oui, madame.

— Le connais-tu ?

— Comme tout le monde.

— Tu sais où il demeure ?

— Non, madame, c'est un homme très-singulier qui ne dort pas deux nuits de suite sous le même toit, mais je sais où je puis le rencontrer. Presque tous les jours, il pêche au bord de la rivière.

— Eh bien, dès demain, tu pourras lui porter des nouvelles de Suzanne. Mais songe qu'il n'est pas convenable qu'une respectable dame s'occupe de ces sortes de relations d'une façon ostensible, et ne dis rien à ce Patrick qui puisse lui faire supposer que je m'en occupe.

Fanny fut enchantée de ces propositions et promit d'être diligente et discrète. Puis elle courut annoncer à Suzanne cette nouvelle bonté de la dame Pretty-House.

Le lendemain matin Fanny, toute joyeuse

et toute pimpante, descendit le coteau de Pretty-House, traversa le village et, sans s'attarder autrement que pour échanger quelques bonjours d'amitié, se dirigea vers les prés qui bordent la rivière.

Nul, à voir cette jeune fille, fraîche et rieuse, courant le long des sentiers en glanant les fleurs des haies ou de la prairie, n'eût pu supposer en elle l'instrument de la plus noire perfidie.

Cependant les gens qui travaillaient dans la campagne et qui reconnaissaient la servante de Pretty-House, se demandaient avec curiosité le but de sa promenade matinale.

Meercraft n'avait pas songé à cela, que la moindre démarche à la campagne ne saurait passer inaperçue et, si elle se répète, ne tarde point à éveiller des soupçons.

Fanny longea le bord de la rivière où Patrick avait l'habitude de pêcher, assis sur un rocher, la ligne à la main, ou dans l'herbe sous les saules. Elle descendit jusqu'à la mer, au-delà de l'endroit où Suzanne s'était jetée à l'eau, et allait revenir sur ses pas, lorsque, derrière elle, d'un massif d'aulnes où elle n'avait point pénétré, quelqu'un l'appela : c'était Patrick.

— Ah !... fit-elle en courant à lui, vous voilà donc, je vous cherchais.

— Vraiment ! Et qu'as-tu à m'apprendre ?

— Des nouvelles qui vont vous faire grand plaisir.

— De qui ?

— De Suzanne Howel.

— Elle est guérie ?

— A peu près.

Patrick fronça le sourcil.

— Pas encore entièrement ?

— Non. Sa tête est encore un peu malade.

— Je savais tout cela, ma chère enfant, et j'avais lieu de m'attendre à de meilleures nouvelles. Je te remercie toutefois d'être venue... C'est elle qui t'envoie ?

— Oui, et vous ne savez pas tout, il a été convenu entre Suzanne et moi que, chaque jour, je pourrais venir vous apporter de ses nouvelles et lui porter des vôtres. Suzanne n'a pas de secrets pour moi...

Patrick l'interrompit :

— Mais pour venir ici, tu as dû demander la permission de mistress Meercraft.

— Ah ! sans doute, mais mistress Meercraft ne saurait rien refuser à Suzanne, et vous ne pouvez vous imaginer toutes les bontés que cette dame a pour elle. Ainsi j'ai été mise au service de Suzanne et je dois obéir à ses moindres caprices, excepté toutefois ceux qui seraient contraires aux prescriptions de M. Vidloë. Tout ce qu'elle désire lui est donné sur-le-champ, et mistress Meercraft, qui l'aime beaucoup, je vous assure, est attentive à prévenir ses désirs.

— Tu ne dois pas ignorer, ma chère enfant, que j'ai peu d'estime pour les gens de Pretty-House et leur accorde encore moins de confiance.

— Je le sais, mais vous ne connaissez pas mistress Meercraft.

— Je l'avoue.

— Le docteur Vidloë n'est pas un mauvais homme ?...

— Hum !... c'est un ami de Meercraft.

— Eh bien ! le docteur et madame peuvent seuls entrer chez Suzanne. Jamais sir Meercraft n'y a mis les pieds, il se contente de me demander des nouvelles de miss Howel lorsqu'il me rencontre.

— C'est superbe !... s'écria Patrick avec un sourire ironique.

— N'est-ce pas? reprit naïvement Fanny. J'espère qu'à cette heure vous êtes rassuré sur le sort de Suzanne Howel.

— Complétement.

— Elle ne l'est pas autant sur votre compte.

— Et pourquoi ?

— Elle dit que vous êtes un homme hasardeux, qui cherchez volontiers les aventures et qui voyez des gens dangereux.

— Qu'appelles-tu des gens dangereux ?

— Des contrebandiers sans doute, répondit Fanny avec un embarras qui donna beaucoup à penser au chef fenian.

— Mais je ne suis ni lord ni évêque, je vois de pauvres gens comme moi, comme le père Howel, comme tes parents, Fanny ; les contrebandiers ne sont point des gens dangereux, mais des gens en danger, et ce n'est point d'eux sans doute que Suzanne, *ou plutôt mistress Meercraft*, entendait parler.

Fanny baissa les yeux sous le regard scrutateur de Patrick.

Son trouble, son silence équivalaient à une révélation ; le fenian soupçonna une intrigue à laquelle Suzanne servait de prétexte. Mais quel était le but de cette intrigue?... C'est ce qu'il ne pouvait deviner.

— Va, poursuivit-il, rassure Suzanne ; dislui que tu m'as vu occupé à pêcher comme d'habitude. Puis, cueillant une marguerite des prés, il la porta à ses lèvres et la remit à la messagère en ajoutant :

— Tu lui donneras cette fleur de ma part.

Fanny prit la fleur, souhaita le bonjour à Patrick et regagna le cottage, moins gaie qu'elle n'en était partie.

« Il a eu l'air de se méfier de moi ; pourquoi donc ? se demanda-t-elle. Il ne me croit plus le cœur irlandais ; il croit que je préfère mes maître à mes compatriotes, aux amis de mon enfance. Il m'en veut de mon attachement pour mistress Meercraft, il confond dans sa haine la mère avec les enfants, la femme avec le mari... il a tort. Moi, je ne puis l'éclairer. Plus tard Suzanne lui dira combien mistress Meercraft a été bonne pour elle... »

Et résumant ses impressions :

« En vérité, je ne sais comment Suzanne, si douce, si timide, peut aimer un pareil homme !... Ce Patrick est un sauvage !... »

Je passerai sous silence le babillage des deux jeunes filles et les questions que la dame de Pretty-House adressa à la servante.

Les jours suivants, Fanny retourna chaque matin dans la prairie, le long des saulées, mais ces entrevues avec Patrick furent d'une complète insignifiance.

Meercraft commençait à désespérer.

Il crut que l'heure était mal choisie ; les conciliabules des conspirateurs n'ont lieu d'habitude que le soir, ou pendant la nuit. En vain stylée par lui, Fanny avait-elle questionné Patrick sur l'emploi de son temps. Ce dernier avait esquivé les questions les plus adroitement posées. Sa méfiance s'était accrue de jour en jour. Il en était arrivé à considérer Fanny comme une espionne et avait résolu d'opposer à l'ennemi, — c'est ainsi qu'il regardait Meercraft, — les moyens qu'il employait. Patrick avait pour ami un nommé Michel X...

Ce Michel était son frère de lait.

Cette qualité de frère de lait chez nous est de peu de valeur, en Irlande deux frères de lait sont plus étroitement liés que deux frères consanguins. On a des exemples célèbres de cette fraternité poussée jusqu'à un dévouement réciproque et absolu. Beaucoup d'enfants nés dans la misère ont dû leur fortune à ce sentiment exalté et consacré par les plus anciennes traditions. Nombre d'enfants, nés de parents nobles et riches, ont dû la vie au dévouement de leurs frères de lait, nés dans une condition misérable.

Deux frères de lait demeurent-ils séparés par les nécessités de la vie, ils sont toujours prêts l'un et l'autre au premier appel de l'amitié. C'est un engagement tacite et sacré. Aucune considération d'intérêt ne peut lui être opposée, en lui s'épanche et s'affirme toute la générosité du cœur ; et les cœurs peu généreux en font leur luxe.

Patrick songea à son frère de lait Michel. Ce dernier habitait Dublin.

Patrick lui exposa sa situation tout entière, ne lui cacha rien et lui dit :

— Il faut, mon cher frère de lait, que tu habites Pretty-House, afin, le cas échéant, que tu nous sauves, Suzanne et moi. Tu entreras au service de Meercraft. Il a besoin d'un sommelier, tu feras en sorte d'obtenir cet emploi. Tu ne diras rien de moi à personne, pas même à Suzanne, et tu attendras les événements.

Michel quitta Dublin et, deux jours après, il était au service de sir Meercraft. Cependant, malgré ses soupçons Patrick, manqua un soir à sa prudence ordinaire. En congédiant Fanny :

— Ne viens pas demain soir, lui dit-il, tu ne me trouverais pas ici.

— Que dois-je dire à Suzanne ?

— Ce que je t'ai dit, et tu ajouteras que, le surlendemain matin, je serai au bord de la rivière, comme de coutume, — *si le vent de la mer n'a pas été trop violent pendant la nuit.*

Fanny trouva ces paroles énigmatiques, mais elle pensa que le vent de la mer contrarierait la pêche à l'embouchure de la rivière, et rapporta fidèlement à Suzanne les dernières paroles de celui qu'elle appelait son fiancé.

Celle-ci n'épuisa point son imagination en longs commentaires et adopta de prime abord l'opinion de sa messagère.

Il n'en fut pas de même de Meercraft.

« Il y aura du nouveau demain, pensa-t-il. C'est à moi de suppléer mon *éclaireuse.* Patrick cette fois doit être serré de près, je vais prendre mes mesures en conséquence. »

Meercraft avait-il deviné juste ?...

Nous allons bientôt le savoir, en même temps que nous verrons les dispositions qu'il sut prendre.

XII

CAÏMAN. — PHÉNIX.

La nuit était venue où Patrick avait pris rendez-vous avec ses amis dans les grottes de la falaise, pour le débarquement des armes et des munitions du brick fenian américain *le Caïman.*

Après avoir passé sa journée au bord de la rivière, occupé tout entier, en apparence, au plus paisible des passe-temps, Patrick, à la nuit tombante, enveloppé dans le brouillard, se dirigea vers la falaise.

Ce temps favorable à l'incognito des conspirateurs était des plus mauvais pour les gens de mer, et Patrick, en songeant au danger que courait le brick, eût préféré un ciel clair au brouillard.

A mesure que la soirée s'avançait, la brise s'étouffait sur des masses de vapeurs plus denses.

Il eut même de la peine à ne point se perdre et à suivre les sentiers qui conduisent aux grottes, sans s'égarer, ou, qui pis est, glisser et rouler de roche en roche dans la mer.

Il marchait à tâtons, et souvent était obligé de se mettre à quatre pieds.

Parvenu à l'entrée des grottes qui regardait la mer, il ne distingua qu'à peine quelques lueurs rougeâtres dans le brouillard ; et s'il n'eût connu l'heure de la marée, il n'eût pu savoir si le flot venait à lui ou s'éloignait.

La marée était dans son plein.

Il avait encore trois heure d'attente.

Le brouillard qui avait commencé à la chute du jour se dissiperait-il vers minuit?... Il l'espérait sans y compter positivement. Mais le brick oserait-il se rapprocher de la côte par ce temps dangereux ? Il ne le croyait pas, car il se fût exposé à une perte presque certaine.

« C'est une affaire ou perdue ou remise, » se dit-il.

Quant à ses amis, il n'était pas sans inquiétude sur leur sort.

Il était certain qu'aucun d'eux ne voudrait manquer au rendez-vous, mais comment parviendraient-ils jusqu'aux grottes, quand lui-même avait eu tant de mal à y arriver ?... Du côté de la plage, l'accès en était impossible. — Patrick n'aurait jamais pu les apercevoir du côté de la campagne, on sait les obstacles et les périls qu'ils devaient rencontrer.

Le long des sentiers glissants, au bord des rochers, sur d'étroites corniches d'où le moindre faux pas les eût précipités à la mer, combien allaient risquer leur vie?

Après avoir envisagé la situation sous toutes ses faces, Patrick résolut de sortir des grottes et de se mettre en sentinelle à l'endroit où le sentier offrait le plus de dangers.

Il se munit de cordes et de bâtons ferrés, et descendit à moitié chemin de la falaise.

Là, toujours enveloppé de brouillard, il attendit ses amis pour leur servir de guide.

Il avait devancé l'heure, il demeura longtemps dans l'épaisse atmosphère, avant de voir venir personne. Enfin des bruits de pas se heurtant aux cailloux, des chuchotements lui annoncèrent l'approche de quelques-uns de ses amis.

Bientôt ceux-ci dans les vapeurs grises apparurent comme des ombres ; le mot d'ordre fut échangé.

— Qui vient là ?

— *Caïman*, lui fut-il répondu. — Et qui êtes-vous ?

— *Phénix*, répondit-il à son tour. Combien êtes-vous ?

— Six.

— Je vous attendais pour vous servir de guide. Les sentiers sont périlleux. Que l'un de vous prenne ce bout de corde et me suive en marchant avec lenteur et précaution ; les autres attendront mon retour.

Après quelques protestations, ces offres furent acceptées.

Patrick guida l'un après l'autre ses amis.

Le sixième venait d'être introduit dans la grotte et Patrick, infatigable, s'en retournait déjà à son premier poste pour attendre les dix autres qu'il avait convoqués, quand, à deux pas du souterrain, il distingua sur une étendue assez longue des masses noires et mouvantes.

— Qui va là? demanda-t-il.

— *Caïman*, répondit-on.

— *Phénix*. Soyez les bienvenus.

Puis se ravisant tout à coup:

— Mais comment avez-vous pu parvenir jusqu'ici?

— Nous t'avons suivi pas à pas. Est-ce ici l'entrée de la grotte ?

— Oui.

— Nos amis y sont déjà en grand nombre?

— Six d'entre eux sont déjà arrivés.

— Entrons.

— Combien êtes-vous

— Je ne sais pas ; nous sommes venus chacun séparément, et l'on ne peut se compter dans une obscurité semblable.

Patrick hésita à introduire ces hommes. Une méfiance instinctive s'empara de lui.

— Ton nom ? demanda-t-il au plus proche.

Celui-ci garda le silence ; puis s'avançant vers Patrick :

— Je vais te le dire.

Et, avant que le chef fenian eût eu le temps de se reculer et de se mettre en garde, il se jeta sur lui.

D'une main il le saisit à la gorge et de l'autre lui appuya un pistolet sur la poitrine :

— Si tu dis un mot tu es mort. La montagne est cernée, nous sommes deux cents. Pas de résistance inutile. Guide-nous et tu auras la vie sauve. Dis un mot et tu es mort.

Patrick saisit un sifflet qu'il portait à sa ceinture et donna le signal d'alarme.

Mais le policeman se garda bien de tenir sa promesse. Au lieu de faire feu, il lâcha son arme et saisit le fenian à bras-le-corps.

Patrick était robuste, mais son adversaire ne l'était pas moins.

Avant qu'il pût se dégager, deux hommes le tenaient, le couchaient à terre et le ficelaient comme un colis ; tandis que, passant par-dessus lui, d'autres l'arme au poing s'emparaient de l'entrée de la grotte.

Le coup de sifflet y avait été entendu.

Les six fenians qui venaient d'allumer quelques lampes cherchaient des cordes qui leur permissent de fuir par l'ouverture béante sur la mer.

L'eau avait déjà quitté la base des rochers. Dérouler un câble, le fixer, descendre l'un après l'autre, leur demandait plus de temps que l'ennemi ne leur en laisserait sans doute. Ils avaient encore moins le loisir de délibérer.

Deux hommes, mus par une même inspiration, coururent à l'entrée du couloir étroit qui conduisait à la grotte.

— Cherchez un câble et fuyez, crièrent-ils ; nous défendrons l'entrée.

Armés de révolvers ayant chacun six balles à tirer à bout portant, avant d'avoir à recharger leurs armes, ils espéraient opposer une assez longue résistance pour assurer le salut de leurs amis.

Comme ils disaient, les gens de police s'avançaient dans le couloir étroit à pas lents, sans bruit, tenant leurs falots sous le manteau.

En même temps, un fenian enroulait le bout d'un câble à un bloc de roche et en traînait le reste vers la mer.

Ces mouvements s'exécutèrent de part et d'autre avec une extrême rapidité que nous pouvons à peine indiquer ici ; mais néanmoins nous essaierons de rendre la simultanéité des deux actions.

Le câble glissa le long de la roche ; un fenian le saisit et essaya de descendre.....

Un policeman franchit le *seuil* de la grotte et tomba foudroyé.

— Un ! cria l'un des gardiens de l'entrée.

Un second policeman s'élança.

Second coup de feu.

— Deux ! fit la même voix.

— Tous d'un coup ! crièrent les gens de police.

L'ouverture était étroite ; deux personnes ne pouvaient passer de front. Les derniers se ruèrent sur ceux qui se trouvaient devant eux ; ceux-ci s'élancèrent.

Les coups de révolver se succédèrent rapidement.

Il y eut un monceau de cadavres.

Des cris de rage s'élevèrent.

En même temps, le dernier des quatre fenians restés dans la grotte avait saisi le câble libérateur et criait aux deux gardiens héroïques :

— A vous !... sauvés !... A vous !...

Après avoir essuyé le feu meurtrier des deux révolvers, les policemen, démoralisés, hésitèrent un instant à renouveler leur attaque. Douze morts leur barraient l'entrée de la grotte ; chaque balle avait porté.

Les deux fenians mirent à profit leur hésitation pour glisser dans leur arme douze nouvelles cartouches.

— Ellis, dit l'un des deux à son ami, prends la corde. Il est temps. Je ne tarderai point à te rejoindre.

— Non, pars le premier, repartit Ellis.

— Pas de discussion, ou tu nous perds tous deux.

Ellis obéit.

D'un bond il s'élança à la baie dont il saisit la corde en s'écriant : Edward, adieu !

Au même instant l'attaque fut renouvelée, mais, cette fois, dans des conditions telles que le dernier défenseur de la grotte devait succomber.

Afin de mettre un terme à cette tuerie, les assaillants firent d'un manteau une sorte de sac qu'ils remplirent de terre et s'avancèrent en l'offrant aux balles d'Edward.

Celui-ci, trompé tout d'abord, tira ; puis, bientôt revenu de sa méprise, voulut fuir, mais, les policemen avaient fait irruption dans la grotte, il fut pris, terrassé et garrotté avant qu'il pût essayer de la moindre résistance.

— A mort ! le fenian !... A mort le bandit !... crièrent les gens de police, exaspérés.

Les moins exaltés se contentaient de bourrer le prisonnier de coups de talon de botte ; — sans le constable qui les commandait, Edward eût péri sous les coups.

— Patience ! disait-il, cet homme sera pendu : mais il nous faut des prisonniers et non des morts. Il est assez déplorable que les autres nous aient échappé.

Tout à coup, comme pour donner la réplique au constable, une fusillade s'engagea sur la plage, entre les fenians et le cordon de troupes chargé de cerner la falaise.

Le constable courut à l'ouverture qui donnait sur la mer. Le brouillard s'était un peu dissipé et, à sa profonde surprise, il aperçut à un mille de la côte un bâtiment courant de courtes bordées, et plus près un canot qui s'éloignait à force de rames.

C'était l'équipage de ce canot qui venait de se battre avec la troupe.

— Un corsaire ! s'écria-t-il ; j'espère qu'à Dublin l'on est déjà averti de sa présence. Si on lui donne la chasse, on reprendra à son bord les six fenians qui nous échappent.

Sur ces paroles consolantes, le chef de police procéda avec ses hommes à l'exploration des grottes.

S'il eût attendu un jour de plus, il eût perdu moins de monde et eût trouvé tout un arsenal.

Nous croirions faire injure à nos lecteurs en leur expliquant par qui la police avait été avertie de la réunion feniane, et comment elle avait surpris le mot d'ordre *Caïman, Phénix*.

En somme, l'expédition n'avait pas été heureuse pour les défenseurs de l'autorité. Ces infortunés, emportant douze de leurs camarades, dont plusieurs étaient morts, ou blessés mortellement, et traînant à leur suite Edward et Patrick, rentrèrent à Dublin avant le jour.

Un seul homme était satisfait de ces événements sinistres, c'était sir Meercraft, qui avait pris part à l'expédition, mais avec sa prudence ordinaire.

Il rentra à Pretty-House, sans bruit, comme il en était sorti, si bien que personne ne s'était aperçu de son absence.

Le lendemain, avant qu'il fût levé, Fanny, toujours insoucieuse et ignorante, courut au village. Elle trouva la population en émoi, et ce fut à qui lui raconterait la bataille de la nuit. Chacun la racontait à sa manière : certains disaient que les fenians avaient tous été pris ou tués ; d'autres affirmaient, au contraire, que la troupe et la police avaient été battues ; mais il était un fait sur lequel tout le monde s'accordait : — des gens venus de la ville avaient déclaré que deux fenians avaient été conduits à la prison et qu'ils se nommaient Edward et Patrick.

Fanny regagna le cottage, plongée dans la consternation.

« Que vais-je dire à Suzanne ? se demandait-elle. Dois-je l'instruire de ce malheur ?... »

Parler était bien imprudent, car Suzanne était encore convalescente ; — mais se taire était bien pénible, car l'événement valait la peine d'être conté et « rien ne pèse tant qu'un secret. »

Cependant Suzanne s'était levée, songeant à Patrick et se rappelant avec inquiétude ces paroles bizarres : « Dis-lui que tu me reverras si le vent de mer n'est pas trop violent cette nuit. »

« Il n'y a pas eu de vent cette nuit, se disait-elle, et pourtant je ne suis pas tranquille. Fanny tarde bien à revenir. Que ne puis-je sortir ! Pourquoi m'interdit-on la promenade dans la campagne ? Je me sens assez forte pour faire plusieurs milles sans fatigue. Leurs bienfaits me tiennent prisonnière. »

A chaque fois que Fanny lui rapportait un bouquet cueilli dans la campagne, elle éprouvait la nostalgie des champs et se demandait quand on voudrait bien croire au rétablissement de sa santé. Elle se perdait en conjectures. Et déjà à plusieurs reprises elle avait dit à Fanny :

— Mais franchement, est-ce que tu me crois malade, toi ?

— Vous avez l'air de vous bien porter, miss, mais là-dessus le docteur en sait plus long que nous. Quelquefois on n'a qu'une apparence de bonne santé.

Sa toilette terminée, Suzanne s'était mise à la fenêtre pour guetter le retour de sa messagère.

Son cœur se serra en voyant celle-ci rentrer les mains vides de fleurs et la tête baissée.

Elle pressentit une catastrophe.

— Fanny, cria-t-elle, hâte-toi, je t'en conjure.

Fanny releva la tête et du premier coup d'œil s'aperçut que sa tristesse avait été remarquée.

— Oui, miss, répondit-elle, je vais chez vous.

Mais, au même instant, mistress Meercraft lui barra le passage, et l'entraînant à l'écart :

— Tu viens du village ?

— Oui, mistress.

— Ton air consterné me dit assez que tu y as appris les événements de cette nuit.

— On dit que Patrick est en prison.

— Je le sais, mais il ne faut pas que Suzanne le sache. L'esprit de la pauvre fille n'est pas encore assez solide pour résister à une pareille épreuve ; ainsi pas un mot de tout ce que tu as appris.

— Mais, mistress, miss Suzanne est à sa fenêtre : elle vient de me voir rentrer et je suis certaine qu'elle a lu sur mon visage que je revenais avec de mauvaises nouvelles.

— Cela est fâcheux ; mais Suzanne doit tout ignorer, et je ne te pardonnerais point une indiscrétion aussi grave.

— Mais que dois-je lui dire ?

— Que tu n'as point trouvé ce Patrick.

— Et ma tristesse, comment l'expliquer ?

— Tu lui diras que tu crains qu'elle ne t'accuse de négligence ou de paresse.

— Miss Suzanne, je la connais, va être bien inquiète. Elle me répétera ce qu'elle me dit si souvent : qu'il est temps qu'on la laisse libre de courir les champs comme autrefois, que l'ennui la tue, et qu'elle n'a d'autre maladie que l'ennui.

— Bien, bien, fit mistress Meercraft avec impatience, laissons-la dire ; elle est plus malade qu'elle ne le croit et il faut la sauver malgré elle. — Mais, va, et ne lui dis point que tu viens de me voir et de me parler.

Fanny allait s'éloigner, quand soudain elle se recula en jetant un cri de surprise.

Suzanne, pâle d'émotion, était devant elle.

La porte de la dame Meercraft était restée ouverte ; Suzanne, inquiète, avait écouté sur le seuil.

— C'est inutile, madame, dit-elle, je sais tout !

Puis de ses lèvres blêmes ébauchant un sourire :

— Vous voyez, ajouta-t-elle avec fierté, que je suis assez forte pour supporter cette grande douleur.

— Mais, chère enfant, répliqua mistress Meercraft, si ce Patrick n'est pas coupable, il ne restera pas une heure en prison, on n'a pas le droit de le retenir si l'on n'a contre lui la preuve d'un délit.

— Je saurai bientôt à quoi m'en tenir, mistress, conclut Suzanne, en regagnant son appartement.

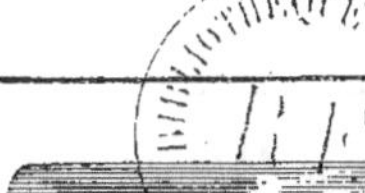

Double évasion.

XIII

PÉRIL EN LA DEMEURE.

A partir de ce jour, les relations entre mistress Meercraft et celle qu'elle appelait sa jeune amie, sa chère Suzanne, perdirent leur caractère d'affectueuse intimité.

La jeune fille se sentait envahie par une invincible méfiance, qu'elle étendait même jusqu'à Fanny. Elle ne se demandait plus quand on lui permettrait de revoir son village ; elle ne hasardait à ce sujet aucune question et évitait de prononcer le nom de Patrick.

Mistress Meercraft, de son côté, sans être moins bonne pour « la sœur de lait de Betty, » se montrait moins expansive et paraissait souvent plongée dans une profonde mélancolie.

Malgré elle, nous croyons l'avoir déjà dit, elle s'était sincèrement attachée à Suzanne.

L'idée d'une inévitable séparation lui était pénible, et la bruyante turbulence de ses fils ne parvenait point à l'en distraire.

Dire combien le fenian Patrick lui était odieux nous semble superflu.

Quant à sir Meercraft, après s'être abandonné à la joie et à l'espérance, il tombait de jour en jour dans une tristesse dont nul n'osait lui demander la cause.

Il y avait à son horizon un point noir sur lequel il tenait constamment ses regards fixés. Ce point noir grossissait de jour en jour d'une façon effrayante.

C'était la vengeance de sir Edouard Murray.

Les dernières paroles de celui-ci lui tintaient encore aux oreilles : « Si vous échappez à la justice de la reine, vous n'échapperez pas à la mienne, et vous me répondez sur votre tête de la vie de Suzanne. Si d'ici quinze jours vous avez quelque communication à me faire, écrivez-moi à Dublin bureau-restant. »

Depuis il avait dénoncé Murray à la police, mais les journaux n'avaient pas encore annoncé que ce gentleman fût arrêté, et le délai allait expirer.

« Je n'y puis tenir, se dit-il, il ne me reste plus qu'un parti à prendre, c'est de quitter ce pays infesté de bandits et de me réfugier à Londres.

Dix jours s'étaient écoulés depuis la visite de Murray; Meercraft fit part à sa famille de son intention de quitter l'Irlande. Cette proposition de départ ne rencontra aucune opposition. Richard et Francis détestaient l'Irlande et leur mère avait deviné les terreurs de son mari.

Meercraft donna pour raison que, propriétaire anglais, habitant une maison isolée, détesté des Irlandais, il ne se trouvait plus en sûreté à Pretty-House.

— Dans quelques jours, dit-il, on va juger à Dublin Patrick et ses complices, nous avons à redouter les vengeances des fenians. Nous partirons demain soir, si vous m'en croyez. Je ferai mettre en vente cette propriété et je prierai le docteur Vidloë de continuer à l'habiter jusqu'à ce qu'elle trouve acquéreur.

— Et Suzanne? demanda mistress Meercraft.

— Il faut sur l'heure envoyer chercher le bonhomme Howel, lui remettre quelques guinées et lui apprendre l'heureux rétablissement de la santé de sa fille.

— Quoi ! nous nous séparons de Suzanne?

— Il en est temps ; je crois que nous avons fait pour elle au-delà de ce que nous prescrivait le devoir.

— Mais, si elle consentait à nous suivre?

— C'est que nous aurions été assez aveugles, assez imprudents pour la prier de nous accompagner; mais nous n'en ferons rien, ajouta Meercraft en donnant à ces dernières paroles l'accent d'une résolution bien arrêtée.

— Suzanne, reprit sa femme, est la sœur de lait de notre fille, je lui porte beaucoup d'intérêt. Si je me sépare d'elle, je ne l'abandonnerai pas tout à fait; j'ai promis de la doter, je tiendrai ma promesse.

— Vous avez le temps d'y songer, fit Meercraft avec un sourire méchant.

— Parce que celui qu'elle aime est en prison?

— Sans doute.

— Mais il en sortira.

— Oui, pour épouser la potence, tenez-le pour certain. Ce bandit a plusieurs meurtres à se reprocher; lui et ses amis ont massacré une escouade d'hommes de police. C'est un scélérat des plus dangereux. Tel est le gracieux fiancé de votre protégée, mistress, l'homme à qui vous réserviez, en dot, le fruit de vos épargnes. Avouez que ce serait là de l'argent bien placé.

— Pauvre Suzanne, soupira mistress Meercraft, si ce Patrick est pendu, elle perdra la raison ou elle ne pourra lui survivre.

Sur ces paroles elle se leva et sortit, pour se rendre près de Suzanne et lui faire part de la décision de son mari. Dans l'antichambre elle rencontra Fanny, qui, l'air tout effaré, s'élança au devant d'elle.

— Mistress, lui dit celle-ci d'une voix à demi étouffée par l'émotion, je vous attendais pour vous instruire d'un avis important que l'on vient de me donner. Je viens du village : comme je montais la rampe qui conduit ici, j'ai rencontré Dick O'Neil, un garçon qui me recherche depuis longtemps, ainsi que vous le savez peut-être. D'ordinaire Dick se contente de me saluer au passage, aujourd'hui il me barra le chemin en me conjurant de ne pas rentrer au cottage. Je le priai de me dire la raison de sa terreur : « Je ne puis te l'expliquer, me répondit-il, mais si tu restes un jour de plus chez mistress Meercraft, je t'aurai vue ce matin pour la dernière fois. »

« Si tu m'aimes, Dick, répliquai-je, tu ne saurais avoir de secret pour moi. Ne me laisse pas rentrer au cottage avant de m'avoir dit le danger que je cours. — Eh bien, me répondit-il enfin, apprends donc que cette nuit Pretty-House sera attaqué par les fenians, qui veulent venger Patrick et Edward qu'on a mis en prison. Ils mettront tout à feu et à sang et je tremble pour ta vie. »

« Dick O'Neil fit tout ce qu'il put pour me décider à me séparer de vous, mistress, je lui promis de vous quitter ce soir si vous me le permettiez. »

— Ne crains rien, ma chère, répondit mistress Meercraft, qui elle-même avait l'air vivement impressionné ; je vais avertir sir Meercraft, qui prendra des mesures en conséquence. Quant à toi, ma fille, si tu as peur …

— Je crois bien, mistress !…

— Tu peux dès cette heure retourner chez ton père.

— Mais ce n'est pas tout, mistress.

— Qu'est-ce encore ?

— Maintenant, après vous avoir avertie, j'ai tout à craindre des fenians ! Si je vous quitte, ils devineront que Dick O'Neil m'a dévoilé leur complot et se vengeront sur Dick et sur moi de la résistance qu'ils rencontreront ici. J'ai voulu vous sauver, mais, je vous en supplie, que sir Meercraft soit après vous la seule personne qui sache que c'est moi qui vous ai avertie. J'ai réfléchi à ce danger et je préfère rester près de vous.

Mistress Meercraft félicita Fanny de sa fidélité, la remercia et lui promit le secret.

— Mais toi-même, ajouta-t-elle, ne dis plus un mot de tout ceci, même à Suzanne.

Meercraft ne parut nullement étonné de ce complot.

— Je pressentais ce qui nous arrive, répondit-il à sa femme. Si vous avez peur, nous allons partir pour Dublin ; mais il faut nous résigner à la perte de cette habitation, qui certainement sera la proie du feu fenian ; si vous avez de l'énergie, je vais armer nos domestiques, demander des secours à la police, et nous attendrons l'ennemi. N'en doutez pas, ces fenians seront pris ici comme au piége ; ceux qui entreront à Pretty-House n'en ressortiront point.

Et comme sa femme gardait le silence :

— Il est temps de prendre une résolution, mistress, ajouta-t-il. Voyons, faites appel à tout votre courage. A quel parti vous arrêtez-vous ?

— Décidez vous-même, sir, vous êtes le maître, je n'accepte pas la responsabilité d'une décision aussi grave.

— Je consulterai Richard et Francis, mais d'avance je suis sûr de leur réponse, nul doute qu'ils ne soient pour le parti de la résistance.

Meercraft sonna son valet de chambre et lui dit de prier Richard et son frère de se rendre près de lui. Les deux jeunes gens, dès qu'il les eut instruits du péril qui les menaçait, déclarèrent qu'ils étaient tout prêts à recevoir les fenians à coups de fusil. Loin d'être effrayés, ces jeunes gentlemen se faisaient fête de cette petite guerre.

— Inutile, se récrièrent-ils, d'aller chercher du renfort à Dublin, nous sommes en forces suffisantes.

— Quand tout sera clos, dit Richard, nous disposerons dans la cour des amas de sapins couverts de résine et de grains de poudre, nous nous placerons au grenier, mon frère et moi avec nos domestiques pour recharger nos armes et nous seconder au besoin. A la première alarme, que les chiens ne manqueront pas de nous donner, nous mettrons le feu aux bûchers, la cour sera éclairée et nous mitraillerons les assiégeants tout à notre aise. Il ne faut pas compter une balle perdue sur vingt. En quelques minutes ces bandits décimés seront trop heureux de reprendre la clef des champs, si nous leur en laissons le temps. Il est donc parfaitement inutile d'appeler des soldats ou des policemen; réservons-nous tout le plaisir du combat et tout l'honneur de la victoire.

— Cela n'est pas seulement inutile, ajouta Francis, je prétends que c'est dangereux; car les fenians seront instruits de l'arrivée de ce renfort et se feront un jeu de nos alarmes. Ils remettront leur attaque à un autre jour. Nous serons ainsi couverts de ridicule.

Mais Meercraft, après avoir réfléchi un instant, secoua la tête d'un air de doute.

— Mes vaillants garçons, dit-il, une douzaine d'hommes peuvent être introduits ici sans qu'ils soient remarqués, et d'ailleurs vous ne pouvez suffire à surveiller les abords d'une habitation aussi considérable. Il est deux heures; je pars pour Dublin; armez les domestiques, faites vos préparatifs de combat; je serai de retour avant les quatre heures. Deux précautions valent mieux qu'une.

Peu d'instants après Meercraft était parti pour la ville.

XIV

LES LIBERTIES.

Il descendit dans un des grands hôtels de Sackville, la magnifique rue qui s'ouvre en face du pont de Carlisles, il y laissa sa voiture, courut un instant à pied le long des quais de la Leffey et prit un cab pour se rendre à la direction de la police.

Il pensait avoir ainsi dépisté les gens tentés d'épier ses démarches.

Le directeur de la police n'avait pas oublié la lettre que lui avait adressée quelques jours auparavant le propriétaire de Pretty-House, il fit à ce dernier l'accueil que méritait son zèle et donna sur-le-champ des ordres.

Il mit à la disposition de Meercraft une petite armée, vingt-quatre hommes, divisés en *deux corps*, le premier chargé de renforcer la garnison du cottage, le second ayant mission d'en surveiller les environs, et de porter secours au premier en cas de besoin.

Meercraft se retira plein de reconnaissance et de joie et se dirigea à pied vers l'hôtel où il avait laissé sa voiture.

Il allait à travers le flot des passants les coudes en dehors, la tête baissée, les yeux fixés au pavé, et le sourire aux lèvres, quand, lui frappant sur l'épaule, quelqu'un l'arracha soudain aux joies de sa rêverie.

Il s'arrêta avec un tressaillement douloureux, et se trouva en présence de sir Edouard Murray.

— Aôh!.. exclama-t-il, que signifie?

— Que Votre Honneur me pardonne ma familiarité, dit sir Edouard. Cette rencontre imprévue est vraiment providentielle, car j'avais l'intention de me rendre aujourd'hui à Pretty-House. J'y allais de ce pas.

— Vous aviez quelque communication à me faire?

Murray s'inclina.

— Aussi sérieuse que celles que j'eus l'honneur d'entendre il y a quelques jours? reprit Meercraft avec un sourire ironique.

— Plus sérieuse.

— Je suis très-pressé de rentrer chez moi, ma voiture est à deux pas, si vous voulez bien m'accompagner au cottage, nous causerons.

— Grand merci, fit Murray; mais votre présence à Dublin m'est nécessaire.

— Ah! fit Meercraft, ma présence ici vous est nécessaire? J'en suis désolé, car je ne puis m'arrêter ici davantage. Je suis attendu chez moi.

— Permettez, j'avais l'intention d'aller vous prier de venir à Dublin, vous avez prévenu cette intention. Le hasard vous amène sur les bords de la Leffey, je ne vous lâche point.

— Prétendez-vous me retenir ici?

— Je le prétends.

Meercraft haussa dédaigneusement les épaules, et déjà il s'apprêtait à poursuivre son chemin

quand, tout à coup, une voiture lui barra le passage : il se sentit enlevé par quatre bras vigoureux et jeté sur les coussins de ce véhicule.

— Vous me suivrez, dit Murray en s'élançant près de lui et en fermant la portière.

La voiture partit au galop.

— Que voulez-vous de moi enfin? s'écria-t-il.

— Vous ne l'avez pas encore deviné !... Vous allez l'apprendre.

— Où me conduisez-vous?

— Aux *Liberties*.

Meercraft donna tous les signes du plus profond étonnement.

Les *Liberties* sont un ancien quartier, ainsi appelé parce que autrefois il était en dehors de la juridiction du lord-maire de la cité et appartenait à l'aristocratie de Dublin.

Les Liberties sont divisées en quatre parties ou *Manor-courts : the Manor-courts of Grange Gorman* a pour président le doyen de Christ-Church, une des principales paroisses de la capitale, la seconde a pour sénéchal le comte de Meath ; la troisième, l'archevêque de Dublin; la quatrième, le doyen de Saint-Patrick.

Ces lords et sénéchaux ont chacun dans leur circonscription les mêmes pouvoirs exercés par le lord-maire dans tout le reste de la cité.

C'est là que jadis demeuraient les nobles, les riches et la plus grande partie de la population anglaise. C'était le quartier Saint-Germain de la capitale de l'Irlande.

Peu à peu la noblesse a émigré sur l'autre rive du fleuve, entraînant ses fournisseurs, sa clientèle de marchands et d'hommes de loi.

Les pauvres alors se sont jetés à l'envi sur les palais abandonnés, s'y sont installés pour jamais, et y ont pullulé dans une proportion effrayante.

On a trouvé récemment cent huit malheureux entassés, pour ainsi dire, dans une seule maison, et on a calculé que le seul quartier des Liberties contenait plus de quarante mille indigents.

Il faut du courage pour s'avancer seul et à

pied dans ce sombre dédale, dans cet abîme de misère et de corruption.

Le soir, de malheureuses femmes en haillons, quelquefois de toutes jeunes filles, des enfants âgées de douze ans à peine, accostent l'étranger, et lui offrent leur corps à vil prix; s'il refuse, alors elles tâchent de l'apitoyer, et lui demandent simplement l'aumône.

Et ces maisons naguère si brillantes, si splendides, sont aujourd'hui noires et délabrées. Les unes n'ont plus de toit, d'autres n'ont plus ni portes ni fenêtres; aussi est-ce principalement dans les caves que la malheureuse population des Liberties cherche un refuge.

On peut dire qu'il n'y a guère que les caves qui soient habitées.

Parfois, sur les marches de ces repaires, vous voyez deux ou trois générations d'infortunés, les enfants demi-nus se roulent et jouent insoucieux aux pieds du père et de la mère, graves et mornes ; puis vient l'aïeule, qui, abrutie par une longue vie de souffrances, immobile sous sa mante trouée, fume une vieille pipe noircie, alimentée par les bouts de cigare du ruisseau.

Quels groupes désolés !... Toutes les expressions de la douleur, tous les résultats de plusieurs siècles de misères sont là ! Qui pourrait à la vue de ces physionomies décharnées, hâves, sinistres, oublier que la terre est couverte de moissons et de troupeaux, et que la plupart de ces infortunés ne savent pas ce que c'est qu'un morceau de pain et de viande?...

Il faudrait le crayon de Gavarni pour esquisser de tels tableaux.

Les hommes sont pour la plupart enveloppés d'un grand manteau à collet, cache-misère irlandais; mais on peut s'apercevoir que beaucoup sont sans linge et même sans pantalon.

La mendicité est interdite en Irlande. Dublin compte de nombreux et magnifiques établissements de bienfaisance, tels que : hôpitaux, maisons de pauvres, sociétés pour l'amélioration de la condition du pauvre, chaque quartier, chaque rue contiennent des établissements de bienfaisance.

La taxe des pauvres, — impôt payé par un grand nombre de travailleurs peu aisés, — entretient annuellement dans les Workouse de trois à quatre mille pauvres.

Mais hâtons-nous de rentrer aux Liberties, sous peine de nous égarer dans mille digressions.

La voiture de sir Murray s'arrêta à l'entrée de cette *cité dolente*.

Le jeune gentleman prit Meercraft par le bras.

— Nous allons dans *the Manor of Thomas Court*, dit-il.

— J'ai consenti à vous accompagner, répondit Meercraft, mais je ne souffrirai pas que vous abusiez de cette complaisance.

— Dans un quart d'heure vous serez libre... à moins de quelque incident fâcheux.

Et il l'entraîna dans les ruelles fangeuses et sombres. Après dix minutes de marche, Murray s'arrêta devant la ruine d'un grand hôtel envahie par la population famélique et haillonnée que vous savez.

Sur le perron élevé de six marches et encore garni de sa balustrade de fer ciselé, se tenaient assis, fumant leur pipe, deux hommes à la barbe blanche, coiffés d'un bonnet de laine de marin et vêtus du grand manteau à collet.

— Bonjour, Kelly, bonjour, Donald, dit sir Edouard.

— Longue vie à vous, sir, répondit les deux vieillards en se levant et en portant la main à leur bonnet.

— Je vous apporte quelques provisions, du tabac et du thé, reprit Murray, en tendant aux vieux marins deux ou trois paquets où sans doute il avait glissé une pièce d'or.

Donald et Kelly le remercièrent, mais en tenant attachés sur Meercraft des regards de surprise.

— Eh bien ! fit Murray, qu'avez-vous donc ?

J'espère que la présence de mon ami ne vous intimide pas.

— Le gentleman est l'ami de Votre Honneur? demanda Kelly.

— Sans doute.

Les deux vieillards échangèrent un coup d'œil qui semblait dire : — C'est étrange. — Meercraft, de son côté, paraissait mal à l'aise.

— Voyons, poursnivit Murray, cessez, je vous prie, cette pantomime inconvenante et expliquez-nous l'étonnement que vous cause la vue de mon honorable ami.

— Que Votre Honneur nous pardonne, répondit Donald, mais le monde est plein de surprises, et l'on voit souvent des ressemblances extraordinaires. Il nous semblait avoir connu le gentleman, votre ami, il y a vingt-cinq ans environ.

— Vous auriez bonne mémoire! fit sir Murray. Et où auriez-vous rencontré mon ami?

— C'est un triste souvenir à évoquer devant Votre Honneur : c'était dans la traversée de Londres à Dublin, sur le navire qui portait votre père et votre jeune sœur, répondit Donald d'une voix étouffée.

Meercraft pâlit; sir Edouard parut en proie à une émotion violente, mais il parvint à se dominer.

— L'honorable gentleman a habité l'Angleterre avant de se fixer en Irlande, dit-il, quoi d'impossible à ce qu'il ait fait la traversée en même temps que mon malheureux père?

— Oh! non! c'est impossible! se récrièrent à la fois les deux vieux matelots.

— Et pourquoi ?

— C'est impossible, sir Murray, parce que celui dont nous parlons était, à bord, l'ami de votre père, parce qu'il l'accompagna de Kingstown (1) à Dublin, parce que c'est lui... c'est lui qui dans notre conviction l'a assassiné.

(1) Kingstown est le port principal de Dublin, il est situé à six milles de la ville dont les vaisseaux marchands remontent seuls la rivière. Kingstown est relié à la ville par un chemin de fer.

— Le nom de cet homme? s'écria Murray.

— Son nom? Avez-vous pu l'oublier? Ne vous l'avons-nous pas dit ?... Cet homme s'appelait Meercraft.

Murray saisit par le bras son compagnon et le secoua avec colère :

— Entendez-vous, sir Meercraft! s'écria-t-il.

— C'est une infâme calomnie! grommela celui-ci entre ses dents serrées. Ce n'est pas la première fois que je l'entends, mais je vous en préviens, sir Murray, ce sera la dernière. Il y a des lois contre les diffamateurs.

— Oui, osez prendre le ton de la menace. Vous niez votre crime devant ces deux témoins. Nous allons voir tout à l'heure si vous pourrez le nier encore.

Puis s'adressant aux deux marins :

— Suivez-moi, braves gens, dit-il. Si cet homme n'est pas un monstre, il ne résistera point à l'épreuve à laquelle je vais le soumettre.

— Que voulez-vous dire? fit Meercraft, essayant de reprendre un ton hautain. Vous parlez de me soumettre? Nous verrons cela.

— Vous me suivrez de gré ou de force. Ne résistez pas, je vous le conseille, avec moi, vous ne serez pas le plus fort.

— Je vous suivrai du moins volontiers hors de cet abominable quartier.

— Et plus loin encore.

— Où donc, s'il vous plaît.

— A Saint-Michan

Meercraft ignorait probablement le but de cette excursion, autrement le nom de Saint-Michan eût suffi pour mettre le comble à ses angoisses; mais ce fut tout le contraire qui arriva et le nom d'une église lui parut rassurant.

Il suivit donc Murray et bientôt le même *jaunting-car* (voiture découverte à quatre places) les transporta tous quatre à la vieille église.

XV

LES CAVEAUX D SAINT-MICHAN.

Saint-Michan, comme Saint-Patrick et tant d'autres basiliques bâties par les catholiques, est devenu un temple anglican.

Son architecture n'a rien de remarquable, mais elle est célèbre par ses antiques caveaux qui jouissent d'une propriété extraordinaire : celle de conserver intacts les cadavres qu'on leur confie.

Les chairs ne deviennent pas noires comme celles des momies égyptiennes, mais gardent leur fermeté et la couleur qu'elles avaient le jour des funérailles.

Là se voient le corps prétendu de saint Michan et les cadavres d'un grand nombre de personnages du siècle dernier.

Le public est admis à visiter ces funèbres caveaux qui tiennent de la morgue et du sépulcre.

Edouard Murray n'en était pas à sa première visite. La vieille qui garde le charnier et sert de cicérone aux étrangers, parut le reconnaître, un sourire entr'ouvrit sa bouche démeublée et ranima, un instant, ses yeux pâles et vitreux.

Puis, marmottant des patenôtres inintelligibles, elle alluma deux torches de résine et pria les gentlemen de la suivre.

— Tenez-vous après moi, dit Murray à Meercraft, car l'escalier que nous allons descendre n'est pas construit d'hier, il est raide, tortu et glissant.

Les torches, mal allumées, répandaient une fumée épaisse.

Tous quatre, précédés de la vieille, descendirent dans l'obscurité la plus profonde.

« Je vais, pensait Meercraft, me trouver en présence d'un tribunal secret des fenians. Qui aurait pu supposer pareille chose dans les caveaux d'une église protestante.... »

— Nous y sommes, dit tout à coup Murray, en posant le pied sur le sol humide du caveau.

La vieille projeta autour d'elle la clarté de ses deux torches.

Meercraft se jeta en arrière en poussant un cri d'effroi, à la vue du plus épouvantable des spectacles.

De toutes parts, le long des parois sombres, étaient amoncelés de hideux cadavres, les uns couchés, les autres assis sur leur séant, d'autres debout et paraissant prêts à marcher à la rencontre des visiteurs.

Ces attitudes à qui la nudité prêtait une étrangeté sinistre, ces yeux sans regards, ces bouches grimaçantes, ces traits contractés par les souffrances de l'agonie, présentaient un tableau capable d'agir sur les nerfs de l'homme le plus flegmatique.

Saisi de surprise et d'horreur, Meercraft tremblait de tous ses membres. Incapable de marcher, il se laissa entraîner par son compagnon, entre deux haies de cadavres.

Parvenu à l'extrémité de la première allée, Murray, prenant une des torches de la gardienne, en éclaira soudain un corps qui portait au-dessous du sein gauche une blessure béante et qui semblait faite de la veille.

— Regarde, misérable ! s'écria-t-il en poussant Meercraft vers le cadavre, reconnais-tu ta victime ?

Meercraft, livide d'épouvante, tomba en face

du cadavre en murmurant des paroles incohérentes, qui pouvaient être interprétées comme des aveux : « Lui !.. lui !.. Murray… Malheureux que je suis !.. grâce !... »

— Non, pas de grâce, répliqua Murray, tu ne sortiras point de ce charnier. Je vais te lier là en face de ta victime et t'y laisser mourir lentement.

Et joignant l'action à la menace, il tira une corde de sa poche et, avec l'aide des deux témoins, il lia les poignets de Meercraft; celui-ci se débattait à peine.

— C'est un guet-apens… une vengeance… un assassinat, exclamait-il avec effort, — ce n'est pas de la justice. Si je suis coupable, eh bien ! qu'on me juge.

— Tu périras ici, ou tu avoueras ton crime. Nous sommes tes juges. Rendu à la liberté, tu te rirais de nous. Avoue et tu sortiras d'ici.

— Jamais !.. Je ne suis pas un assassin.

— Finissez-en, dit Murray à ses compagnons.

En un clin d'œil et malgré ses transports de fureur, Meercraft fut lié et étendu sur le sol.

— Partons, dit aussitôt Murray.

La vieille gardienne des caveaux s'était déjà retirée auprès de l'escalier; une seule torche éclairait encore les voûtes funèbres, cette torche, Murray l'emporta.

— Peggy, dit-il à la vieille, souviens-toi de tes serments. Que personne ne pénètre ici avant que ce traître ait expié son crime.

Mais, comme il posait le pied sur la première marche de l'escalier, Meercraft, dont les ténèbres oubliaient l'épouvante, le rappela à grands cris.

Murray et ses compagnons retournèrent sur leurs pas.

— Délivrez-moi ! s'écriait-il. Dénoncez-moi ! Mais que je sorte d'ici. Tuez-moi plutôt.

— Avoue, dit Murray ; promets une réparation équitable et tu vivras.

Meercraft parut encore en proie à des angoisses cruelles. Pendant plusieurs minutes il se tordit en gémissant, puis, voyant Murray sur le point de s'éloigner de nouveau :

— J'avoue, s'écria-t-il.

— Tu es l'assassin de John Murray, mon père ?

— Oui.

— Déliez-lui les mains, dit le jeune homme d'un ton plus calme.

Puis, présentant à Meercraft un carnet et un crayon :

— Écrivez, ajouta-t-il.

Meercraft pouvait à peine tenir le crayon. Murray dicta.

» Dublin, 2 mai 186*

« Je soussigné, Thomas Meercraft, actuellement propriétaire de Pretty-House, reconnais avoir, dans la soirée du *** 184* assassiné et volé sir William Murray, dont le corps est déposé à Saint-Michan.

« *Signé :* MEERCRAFT. »

Après avoir obtenu cet autographe, non sans des instances et des menaces réitérées, et avoir fait signer les deux matelots, Edouard reprit :

— Ce n'est pas tout. Lorsque mon père fit avec vous la traversée du Canal, il était accompagné d'une nourrice chargée de son dernier enfant. Qu'est devenue cette nourrice ?… Qu'est devenue ma sœur ?

— Je vais vous le dire, répondit Meercraft, qui paraissait recouvrer sa présence d'esprit et son courage. Par mes soins, la jeune enfant votre sœur fut confiée à une femme qui habitait non loin du cottage que je devais acheter quelques mois plus tard. Cette femme, à qui d'abord je ne donnai aucune explication, me crut le père de la petite fille. Un soir étant allé chez cette femme, je la trouvai seule et désolée. La veille son mari avait été mis en prison et le jour même son enfant, baby du même âge que votre sœur, venait de mourir. Je lui appris que Betty était orpheline. Gardez celle-ci pour votre enfant, lui dis-je, et déclarez que l'étrangère est morte. Je lui remis quelque argent, lui fit espérer de faire gracier son mari, et la substitution eut lieu…

— Ah! se récria Murray, je n'avais pas été trompé. Cette femme se nommait Howel. Vous convenez aujourd'hui de cette substitution. Tout s'est passé ainsi que je vous l'ai dit. Avant morir la femme Howel a avoué sa fraude. J'en fus instruit et ma sœur...

— Porte le nom de Suzanne Howel. Maintenant j'ai dit tout. Vous m'avez promis de me rendre la liberté pour prix de mes aveux. Vous savez tout; rendez-moi à l'air libre, à la lumière.

Sur un signe de leur chef, les deux marins coupèrent les derniers liens de Meercraft et l'aidèrent même à se mettre debout.

Murray cependant était demeuré pensif. Tout à coup relevant la tête et lançant à l'assassin un regard de feu :

— Tu sais, Meercraft, fit-il, en t'accordant la vie je t'ai imposé deux conditions : l'aveu de tes crimes et leur réparation, une seule des deux conditions est remplie.

— Qu'exigez-vous? demanda Meercraft.

— Tu m'as dépouillé de ma fortune, tu restitueras le fruit de tes vols à ma sœur, à miss Suzanne.

— Je m'y engage, répondit Meercraft, mais sans pouvoir dissimuler une joie secrète qui n'échappa point au coup d'œil observateur de Murray.

— Quoi qu'il arrive, ajouta ce dernier, ta vie me répond toujours de celle de Suzanne. Tes aveux feront foi soit devant une cour criminelle, soit devant *un autre tribunal*. N'espère point échapper au châtiment.

— Sir Murray, intervint un des deux citoyens des *Liberties*, cet homme garde une arrière-pensée. Cet homme est pétri de trahison et de mensonge. Vous avez tort de vous fier à sa parole; qu'il remplisse ses engagements et nous lui rendrons la liberté.

— Que craignez-vous? fit Edouard avec dédain.

— Avant une heure cet homme vous aura fait arrêter, repartit le vieux Donald.

— Je le sais, mon ami. Du jour où je l'ai vu, je me suis trouvé sous la surveillance de la police, mais qui de nous doit craindre la police alors que la société veille au salut de chacun? Que je sois arrêté, cet homme est perdu. Si l'un de nous meurt par lui ou les siens, il paie cette mort de sa vie. Rien ne saurait le soustraire au châtiment; aucun pays du Vieux ou du Nouveau-Monde ne peut lui donner asile. La police !... Malheur à lui s'il emploie ce dangereux instrument !... J'ai dit qu'il serait libre, il le sera. — Quittons ce caveau.

Tous quatre regagnèrent la sortie du sinistre charnier.

Il faisait nuit. Ils se dirigeaient silencieusement vers les quais. La rue qu'ils suivaient respirait une animation inaccoutumée qui frappa l'attention de Murray et de ses deux amis.

Ils ne tardèrent point à reconnaître des fenians dans la foule. Le nombre des constables était augmenté.

— Il se passe quelque chose d'extraordinaire et qui nous intéresse, se dirent-ils.

Quant à Meercraft, il ne voyait rien. Tout entier au bonheur d'être rendu à la liberté, il ne songeait qu'à atteindre les quais où il pourrait prendre une voiture, se faire conduire rue Sackville et enfin regagner Pretty-House, où l'on devait l'attendre avec une impatience et une inquiétude extrêmes.

Les aveux écrits et signés de sa main, les menaces de ses ennemis ne le préoccupaient nullement.

A la place de Murray, il eût agi autrement : il se fût fait justice et n'eût pas ajourné sa vengeance.

Au moment où ils arrivaient au pont de Whitworth un flot de peuple leur barra le passage. Murray échangea avec un passant quelques signes mystérieux. l'inconnu s'approcha de lui.

— Que se passe-t-il? lui demanda Murray.

— Edward et Patrick viennent de s'évader. Toute la police est sur pied. On parle d'une attaque des fenians, mais aucun de nous ne sait encore où il peut être appelé.

— Où est Patrick?

— Il est sorti de Dublin ; toute sa brigade vient de le rejoindre au rendez-vous qu'il a donné.

— Vous ignorez leurs desseins ?

— Ils parlent de se venger de l'Anglais de Pretty-House. Ils sont animés d'une fureur terrible. Patrick a essayé de les apaiser; ils lui ont déclaré qu'ils n'avaient différé de se venger du traître que pour attendre son évasion. Il a demandé à prendre les ordres de sir Murray, son *head-centre*, sir Murray est absent.

— Le *head-centre* dont vous parlez, dit Murray, c'est moi, et l'homme que vous voyez entre ces deux vieux, c'est Meercraft, le propriétaire de Pretty-House. Écoutez, venez chez moi. Nous avons peut-être le temps de prévenir une nouvelle catastrophe.

Puis se tournant vers Meercraft qui l'observait d'un air inquiet:

— Venez donc, je vous prie, lui dit-il avec un sourire.

Meercraft le rejoignit, et Murray lui prit le bras comme il eût fait à un ami.

— Je viens d'apprendre d'étranges nouvelles, lui dit-il. Votre cottage est investi par les fenians, Patrick est à leur tête et, à cette heure, si je criais à la foule qui nous entoure : Voici Meercraft de Pretty-House, vous seriez écharpé ou jeté à la Liffey. Félicitez-vous donc, sir Meercraft, d'être en ma compagnie.

— Vous êtes trop généreux, répliqua Meercraft.

— Peut-être.

— Mais au bout de ce pont j'ai ma voiture qui m'attend, je serai bientôt hors de péril.

— Détrompez-vous; votre maison est investie, les abords en sont gardés, vous n'échapperez pas à vos ennemis. Vos jours me sont précieux, et tant que vous n'aurez pas rempli tous vos engagements, vous ne me quitterez pas.

— A votre tour, rappelez-vous votre parole de me rendre la liberté au sortir de Saint-Michan. Mon devoir est de courir au secours de ma femme et de mes enfants.

— Faites un pas et je vous signale à ceux qui vous cherchent. Misérable que vous êtes, vous allez me suivre, votre salut n'est qu'à ce prix.

Et le tenant par le bras, il traversa le pont, suivi de trois fenians prêts à lui prêter main forte.

V I

CE QUI SE PASSAIT A PRETTY - HOUSE.

En rentrant chez lui, Murray trouva le capitaine Josuah, qui, selon sa coutume, l'attendait le buste enfoncé dans un fauteuil et les jambes sur le dossier d'un second siége.

— Enfin c'est vous, fit-il avec mauvaise humeur. Je venais de vous accorder un quart d'heure, ce délai expiré, je levais l'ancre.

— Vous manquez de patience, capitaine.

— Patrick en a eu moins que moi.

— Que voulez-vous dire?

— Nous sommes venus ici ensemble. Vous ne l'avez donc pas vu ? Mais d'où sortez-vous donc ?

— Des caveaux de Saint-Michan.

— C'est bien possible ; vous en avez tout l'air. Mais trève de plaisanterie, je n'ai pas un instant à perdre. Sachez donc que votre ami Patrick s'est évadé, que dans deux heures, au plus tard, il rendra visite au gentleman qui a conduit la police dans ses grottes et que dans deux heures je serai à bord du *Phénix*.

— *Le Phénix ?* Qu'est-ce que cela ?

— C'est un brick a hélice assez léger pour marcher à la voile, assez bien armé pour donner la chasse à une frégate de la marine royale. Oh !... j'ai mille choses à vous conter.

Regardant sa montre :

— Je n'ai plus que dix minutes. Si vous pouviez m'accompagner jusqu'a Kingstown, vous auriez un récit complet de mes aventures.

— Non, j'ai affaire ici, mais dites-moi le plus gros : d'où vient votre brick ?... quel est son équipage ?... Où allez-vous ?

— Mon brick vient d'Angleterre et se rend en Amérique pour y compléter son armement, vous devez savoir cela ; son équipage est composé de fenians recrutés à Dublin même. L'autre jour, en vous quittant, je suis allé me promener sur le port. Là, dans une taverne, la taverne du *Chardon*, — si mes souvenirs sont exacts, — j'ai converti un matelot anglais au fenianisme et, guidé par lui, j'ai, dans la soirée, embauché dix fenians, braves marins qui se morfondaient d'ennui et de misère dans les caves des Liberties. Je ne connaissais point cet enfer de la capitale, en aucun pays je n'avais rencontré rien de pareil. Souvent j'en avais entendu parler, mais je n'aurais pu imaginer rien de semblable. Vous me disiez : je viens de Saint-Michan ; eh bien le charnier est moins effrayant que les Liberties. Tout homme de cœur en visitant ce quartier, en allant la nuit de cave en cave, de ruine en ruine, en reviendrait fenian. Tout gouvernement impuissant à guérir une pareille plaie est condamné. Et quels hommes j'ai dé-

terrés de ces décombres !... Depuis dix jours je n'ai d'autre souci que de leur refaire un estomac et des muscles. Aujourd'hui si vous pouviez voir tous ces gaillards-là !... Mais je m'oublie...

Regardant la pendule, puis sa montre :

— Je n'ai plus une minute à vous donner. Je pars. Adieu, Murray.

— Mais enfin, où appareillez-vous cette nuit ?

— Cette nuit. Avant une heure ; calculez : une demi-heure pour être à Kingstown, une demi-heure pour rallier le brick. Allons, adieu.

Il serra la main de son ami, fit quelques pas vers la porte, puis se ravisant tout à coup :

— A propos, dit-il, j'allais oublier un détail qui ne manque point d'intérêt.

— N'oubliez rien, je vous en prie.

— Je vais croiser devant les falaises.

— Ah !... pourquoi cela ?

— C'est convenu avec Patrick. Il paraît que ce malheureux garçon est amoureux.

— Oui, je sais.

— Il doit enlever, ce soir, sa maîtresse, et je dois leur envoyer un canot pour les conduire tous deux à mon bord.

— Ce détail, en effet, m'intéresse plus que vous ne pourriez croire. J'ai besoin d'écrire à Suzanne, j'aurais même besoin de la voir. Où puis-je lui écrire ?

— A New-York.

— Vous n'avez pas dix minutes à m'accorder, capitaine ?

— Pas une seule. Mais qu'avez-vous à dire à cette jeune fille ?

— Oh !... s'écria Murray avec angoisse. Que faire ? je ne puis m'éloigner d'ici et comment lui apprendre...

— Parlez, s'écria Josuah, expliquez-vous sans phrases. Voyons que dois-je dire à cette jeune fille ?

— Vous lui direz donc que Meercraft, le propriétaire de Pretty-House, est ici en mon pouvoir, à ma discrétion ; que cet homme m'a avoué par écrit qu'il était l'assassin de mon père. Vous ajouterez qu'elle ne se nomme pas Suzanne Howel, mais Suzanne Murray.

— Que dites-vous? exclama le capitaine au comble de la surprise.

— Que Suzanne, la fiancée de Patrick, est ma sœur. Enfin que Meercraft, qui nous a dépouillés, elle et moi, après avoir assassiné notre père, est obligé aujourd'hui, sous peine de mort, de nous restituer nos biens et que ces biens lui sont réservés par son frère. Et maintenant, cher capitaine, partez, car je crains que vous ne manquiez le train de Kingstown. Adieu!

— A bientôt! répondit Josuah, et en s'éloignant rapidement : avant d'entrer dans la Manche, je vous enverrai de mes nouvelles.

Après le départ du capitaine, Murray demeura un instant pensif.

« Est-il encore temps de m'opposer aux desseins de Patrick ? se demandait-il. Alors que je puis obtenir de Meercraft une réparation complète, à quoi bon cette attaque de Pretty-House ? Enfin si la police, ce qui est probable, a eu vent de cette entreprise, Patrick va jouer inutilement sa vie. Ah! si je n'étais obligé de rester à mon poste comme *centre*, et de garder à vue ce Meercraft, je courrais moi-même à Pretty-House. Je vais dépêcher à Patrick le fenian qui m'a averti et tenter de conjurer un événement qui, de toutes façons, ne peut nous être que funeste.

En pensant ainsi, Murray rejoignit ses compagnons et Meercraft, qui tous quatre se tenaient dans son cabinet de travail.

— Frère, dit-il au fenian inconnu, nous n'avons pas une minute à perdre. Je vais vous donner un cheval et un billet que vous remettrez à Patrick.

Il traça à la hâte quelques lignes et les tendit au fenian en le priant d'en prendre connaissance.

— Mais si Patrick et les siens sont déjà au cottage?...

— Cet ordre sera nul.

— Et s'ils sont repoussés?... mis en fuite ?...

— Ah! s'écria soudain Murray, saisi d'une idée terrible, s'il était fait prisonnier ou tué?... Meercraft, approchez-vous de cette table et écrivez.

Meercraft obéit silencieusement.

— Écrivez, répéta Murray, et il dicta:

« A mistress Meercraft et à mes fils Richard et Francis.

« Je suis au pouvoir d'ennemis tout-puissants et implacables. Ma vie répond de la vie de Patrick et de sa liberté, et de la vie et de la liberté de ses compagnons.

« *Signé* MEERCRAFT.

« Ayez toute confiance dans le messager que je vous envoie. Ne l'interrogez pas, car il ne peut vous dire où je suis. »

Ce billet écrit, Murray le prit et le remit au fenian...

— Venez, ajouta-t-il, je vais vous donner des armes et un cheval.

Cinq minutes plus tard le messager partait au galop pour Pretty-House.

Il était dix heures du soir environ, Dublin était encore plein de lumière et de foule, mais sous un ciel nuageux la campagne était sombre et déserte.

Bientôt il atteignit les chaumières du village, il ralentit l'allure de son cheval et prêta l'oreille: — aucun bruit.

Il suivit au pas, écoutant toujours, mais tout semblait endormi autour de lui.

Les chouans avaient un cri de ralliement; les fenians ont un cri particulier également.

Le messager fit retentir ce cri, assez semblable à celui de certain oiseau de mer qui annonce la tempête, puis écouta.

La campagne garda son morne silence.

Il erra pendant quelque temps en répétant son appel, mais sans obtenir de réponse.

Il gravit la rampe qui conduit au cottage.

Que signifiait ce silence ?

Que devait-il faire? Frapper à la porte de Pretty-House ou retourner à Dublin ?...

« Peut-être, se dit-il, Patrick se tient-il dans quelque endroit reculé de cette campagne, au bord de la mer... Il n'est pas tard; peut-être attend-il une heure plus avancée. Je ferai bien de me poster aux environs du cottage et d'attendre moi-même. »

Le messager mit pied à terre et, tenant son cheval par la bride, descendit le long de la petite rivière. Mais le bruit de l'eau dans les roches et le grondement de la marée montante lui enlevèrent l'espoir de surveiller la campagne, et de nouveau il reprit le chemin de Pretty-House.

Comme il arrivait au bas de la rampe, un homme se jeta au devant de lui.

— Vous voyagez bien tard, lui dit cet homme. Où donc allez-vous?

— Je vais du couchant au levant.

— Votre réponse est ambiguë.

— Je n'en ai pas d'autre pour un inconnu. Mais, vous-même, où allez-vous?

— De l'esclavage à la liberté.

Le messager se pencha vers le paysan et lui tendit la main ; des signes particuliers à la société féniane furent échangés, et Dick O'Neil, l'amant de Fanny, car c'était lui, reprit à voix basse :

— Vous cherchez nos amis?

— Oui, je croyais les trouver en grand nombre aux environs. N'avez-vous vu personne?

— Si, j'ai vu ceux que vous cherchez et je crains quelque malheur. Ce qui vient de se passer est inconcevable.

— Expliquez-vous, et donnez-moi les détails les plus exacts.

— Nos amis, poursuivit O'Neil, se sont dirigés à pas de loup vers le mur du parc. Tout semblait dormir dans le cottage. J'étais monté sur un arbre, ici près, pour jeter un coup d'œil dans la cour de la maison, je n'y ai rien remarqué d'extraordinaire, et je n'ai pas vu une lumière. Je vis nos amis pénétrer dans le parc, je les aperçus comme des ombres se glisser jusque sous les fenêtres. Bientôt ils disparurent. Ils étaient entrés. Un grand bruit s'éleva à l'intérieur, quelques cris arrachés par la colère et la douleur. Ce vacarme dura près d'un quart d'heure, puis je crus entendre des éclats de rire. Qui riait ainsi?... Je vous le dis, c'est un mystère inconcevable.

— C'est un mystère effrayant. Enfin est-ce là tout ce que vous savez?

— Une demi-heure s'était écoulée, sans que rien de nouveau se produisît, tout était rentré dans le silence, alors je me décidai à descendre de l'arbre. J'errais depuis longtemps autour de l'habitation silencieuse quand je vous rencontrai.

— Que soupçonnez-vous?

— Je crains, dit O'Neil, que nos amis ne soient tombés dans un piége. Je crains que la police n'ait été avertie de leurs desseins, qu'un constable et des agents ne les aient précédés au cottage. On les aura laissés entrer, puis on les aura désarmés et faits prisonniers. Voilà ce que je soupçonne. Ces éclats de rire étaient probablement ceux des jeunes Meercraft.

— Ils ne riront pas toujours, fit le messager de sir Murray. D'après ce que vous venez de m'apprendre, il est à croire qu'il n'y a pas eu de combat meurtrier. Peut-être aucun de nos amis n'a-t-il péri. Je vais m'en assurer sur l'heure.

— Vous?... Connaissez-vous les Meercraft?

— Aucunement, mais j'ai hâte de faire la connaissance de ces joyeux gentlemen.

— Mais vous risquez votre liberté, votre vie, peut-être, se récria O'Neil.

— Pas autant que vous le croyez. Indiquez-moi l'entrée du cottage, je vous prie.

« Allons, encore un qui n'en sortira que pour aller en prison, pensa Dick, et tous ces malheurs pour l'amour de Fanny. Ah ! si ces pauvres fenians se doutaient de mon indiscrétion !... »

Il commençait à éprouver des remords. Il eût voulu empêcher l'inconnu d'entrer dans cette souricière. Tout en le conduisant vers l'entrée principale de la maison, il essayait encore de le dissuader de pénétrer chez l'ennemi.

— C'est à eux de trembler, répliquait le messager, et non à moi. Attendez-moi cinq minutes à cette grille.

— Je vous le promets, dit O'Neil, mais je n'ai pas votre confiance. Il me semble que vous vous jetez dans un gouffre.

Le messager sonna à tour de bras.

Presque aussitôt un domestique accourut avec un falot.

— Qui sonne ? demanda-t-il sans oser s'approcher de la grille.

— De la part de sir Meercraft.

— Vous êtes seul ? demanda encore le domestique en s'approchant lentement.

— Je suis seul. Si vous avez peur appelez vos maîtres.

Le domestique ouvrit et, lorsqu'il eut traversé la cour, le fenian entendit le murmure d'une société nombreuse.

— Qui dois-je annoncer ?

— Un inconnu, envoyé par sir Meercraft.

La porte d'un salon s'ouvrit et le fenian se vit en présence d'une trentaine de personnes qu'il n'était pas difficile de reconnaître pour des agents de police. Richard et Francis faisaient les honneurs du salon.

L'annonce d'un envoyé de Meercraft produisit une sensation profonde.

Les deux gentlemen s'élancèrent au devant du messager.

— Vous venez de la part de mon père ? demanda Richard.

— Oui, sir.

— Pourquoi n'est-il pas avec vous ? que lui est-il arrivé ?

— Où est-il ? s'écrièrent les deux frères.

— Voici un billet de sa main qui sans doute répond à toutes vos questions.

Richard prit le billet, le parcourut avec une curiosité avide.

— Oh ! fit-il à plusieurs reprises. Oh ! incroyable.

Puis, se tournant vers ses « invités, » il lut à haute voix :

« Je suis au pouvoir d'ennemis tout-puissants et implacables. Ma vie répond de la vie de Patrick, de sa liberté et de la vie et de la liberté de ses compagnons. »

La stupeur se peignit sur tous les visages.

Peu à peu cependant, sortant de leur stupéfaction, les gentlemen du salon chuchotèrent entre eux, se communiquant leurs opinions sur la mise en demeure du parti fenian.

La présence du messager les gênait. Richard Meercraft le remarqua. Il avait besoin lui-même de consulter ses auxiliaires. Il pria le messager de passer dans une pièce voisine, en attendant qu'il eût pris conseil de ses parents et amis.

— Il faut que dans une démi-heure j'emporte votre réponse, répondit fièrement l'envoyé de Murray.

Richard le suivit et lui dit en fixant son regard dans le sien :

— J'ai lu le post scriptum du billet que mon père a écrit sous la dictée de ses ennemis. On nous avertit qu'il est inutile de vous interroger, je ne vous interrogerai point, je n'userai à votre égard d'aucun moyen d'intimidation, je vous ferai simplement la proposition suivante : — Voulez-vous me dire où est mon père ? Dès que je me serai assuré de la véracité de votre déclaration je mettrai Patrick en liberté et vous donnerai mille livres sterling.

— Non, répondit le fenian, ne perdez ni votre temps ni votre éloquence à me tenter. Vous m'offririez des millions sans obtenir davantage.

— Ce n'est pas mon père qui vous envoie, mais ses ennemis.

— Vous l'avez dit ; et je vous certifie une chose, c'est que si Patrick et ses compagnons ne sont rendus à la liberté, votre père est un homme mort.

Richard se retira sans répliquer à cette menace et rentra dans le salon, où la discussion était fort animée.

Les fils de Meercraft étaient d'avis de relâcher les prisonniers, les policemen étaient de l'opinion contraire.

« Ils n'étaient point venus à Pretty-House dans le seul but de protéger l'honorable famille Meercraft, mais aussi pour faire respecter la loi. Les prisonniers devaient être au point du jour transférés sous bonne escorte à Dublin. La police de cette ville allait être avertie de la séquestration criminelle de sir Meercraft, elle était assez habile pour le délivrer ; enfin si elle ne parvenait point à le rendre à sa famille, si un assassinat était commis, il était certain que les assassins seraient arrêtés et pendus.

Ni Richard ni Francis ne trouvaient consolantes ces considérations. Quant à mistress Meercraft, la bienséance l'ayant obligée depuis longtemps de quitter le salon, elle ignorait complétement le sujet de ces débats. L'absence prolongée de son mari ne la laissait pas sans inquiétude, mais elle en faisait honneur à sa prudence.

Encore toute tremblante des émotions de la soirée, elle veillait avec Fanny qui, depuis le service qu'elle avait rendu à la maison, lui était devenue chère. Suzanne, à qui l'on avait laissé ignorer l'évasion et l'arrestation récente de Patrick, mais à qui on avait parlé d'une attaque de brigands, veillait également en proie à l'inquiétude. Elle n'avait osé se coucher et se promenait de la porte de sa chambre à la fenêtre, s'arrêtant par moments pour prêter l'oreille aux murmures sourds et confus qui montaient du rez-de-chaussée.

Peu de temps après l'arrivée du messager fenian, elle entendit frapper doucement à sa porte.

Elle eut peur tout d'abord, mais bientôt songeant qu'elle était trop pauvre pour avoir rien à craindre des brigands, elle ouvrit.

C'était Michel, le frère de lait de Patrick.

— Suzanne, lui dit Michel, sans autre préambule, voulez-vous fuir cette maison maudite?

— Oh! bien volontiers, Michel, mais est-ce possible?

— Avez-vous confiance en moi?

— Comme en Patrick lui-même, puisque vous êtes son frère de lait.

— Eh bien, suivez-moi, nous allons descendre dans le parc, là vous attendrez quelques minutes et vous pourrez fuir.

— Avec vous?

— Non, avec Patrick.

— Mais n'est-il pas en prison?

— Avant une demi-heure, il sera libre dans le parc. Tout le monde est occupé à l'office et au salon. Nous pouvons gagner le parc sans être vus.

— Mais les brigands ?

— Pauvre fille ! je vois que vous ignorez encore tout ce qui s'est passé. N'importe ! vous l'apprendrez plus tard, nous n'avons pas de temps à perdre en conversation ; suivez-moi.

— Patrick est libre ?

— Il va vous rejoindre.

— J'ai confiance en vous, Michel, je vous suis.

— J'ai juré à mon frère de lait de vous protéger, et vous savez bien que personne n'a jamais manqué à un pareil serment.

Le corridor, l'escalier étaient couverts de nattes qui assourdissaient le bruit de leurs pas, ils descendirent inaperçus jusqu'à la porte du parc dont Michel avait la clef.

Lorsque Suzanne fut dehors et se fut cachée dans un des nombreux massifs d'arbres qui avoisinaient la maison, Michel rentra pour délivrer son frère de lait.

Les fenians, pris l'un après l'autre, à mesure qu'ils avaient pénétré dans l'habitation, avaient été garrottés et enfermés dans un hangar où des policemen les gardaient à vue ; mais Patrick, considéré comme le plus dangereux de tous, avait été séparé de ses compagnons et emprisonné dans un caveau dont deux soldats avaient la garde.

Au moment où on le jetait dans ce caveau,

Michel s'était approché de lui et avait pu lui dire à l'oreille : « Du courage, je vous ferai évader. »

Mettant donc à profit l'émoi dans lequel étaient ses maîtres et leurs auxiliaires, après avoir fait sortir Suzanne, Michel entreprit de délivrer Patrick.

Il se rendit d'abord à l'office où, en sa qualité de sommelier, on n'avait rien à lui refuser, y prit un falot, un pot de bière, différentes provisions et se dirigea vers le caveau.

— J'apporte à Patrick le dernier souper qu'il fera dans une maison honnête, dit-il aux sentinelles, c'est bien de la bonté de la part de nos jeunes gentlemen pour un pareil coquin.

La porte du caveau lui fut ouverte. Il descendit deux ou trois marches, puis, tout à coup, le pied lui manqua, et il tomba lourdement au bas de l'escalier. Il se releva en gémissant, et lorsqu'il eut rallumé son falot, les soldats se prirent à rire en voyant le sang qui jaillissait de son nez meurtri.

— Riez ! leur cria-t-il en feignant la colère, riez, insolents, poltrons que vous êtes, vous n'avez jamais versé autant de sang pour Sa Gracieuse Majesté.

Cette saillie redoubla l'hilarité des soldats et, tandis qu'ils plaisantaient entre eux, Michel ferma la porte et courut, au fond du caveau, près du prisonnier.

— Mon cher frère de lait, lui dit-il, hâte-toi, prends mes habits et fuis. Les soldats n'ont fait que m'entrevoir et d'ailleurs tu tiendras ton mouchoir sur ton visage; ils n'auront aucun soupçon, puisqu'ils m'ont vu saigner du nez. Je t'en supplie, fuis au plus vite. Tu peux gagner le parc sans être vu, la porte en est ouverte et là tu trouveras Suzanne qui t'attend.

— Mais toi, Michel, répondit Patrick, que feras-tu?

— Moi, je reste à ta place.

— Je ne puis y consentir.

— Je t'en supplie.

— Mais on se vengera sur toi?...

— Qu'importe! ta vie est en danger et tout le risque que je cours, c'est d'être mis en prison.

Tout en parlant ainsi, Michel se dépouilla de ses vêtements que Patrick consentit à revêtir; quelques minutes plus tard le chef fenian embrassa son ami, sortit en se couvrant la figure de son mouchoir, rejoignit Suzanne et se sauva avec elle.

— C'est moi, fuyons, lui dit-il.

Et il l'entraîna hors du parc sans ajouter une parole.

Lorsqu'ils furent en pleine campagne:

— Où m'emmenez-vous? demanda Suzanne, haletante.

— Ma vie est en danger, lui répondit Patrick. Je me suis battu contre les soldats et la police de la reine; si l'on parvient à m'arrêter, je serai condamné à être pendu pour crime de révolte et de haute trahison, je ne puis trouver de refuge ni dans cette campagne, ni à Dublin.

— Mon Dieu! soupira Suzanne avec angoisse, mais où fuir alors?

Patrick étendit le bras vers le couchant:

— Par là, dit-il, il me reste la mer. Un de mes amis, capitaine de vaisseau, doit à cette heure courir des bordées le long de cette côte; à un signal convenu, il m'enverra son canot et je m'embarquerai. Mais vous, chère Suzanne, vous allez donc retourner chez votre père...

— Vous quitter! s'écria la jeune fille avec une douloureuse surprise.

— Puis-je vous associer à une vie d'exil, de peines et de dangers?...

— Et n'est-il pas plus cruel de m'abandonner ici? Ne m'avez-vous pas choisie pour femme? Votre femme ne doit-elle point partager vos peines et vos périls? Patrick, ne me faites pas l'injure de me croire sans courage. Mon amour me donnera assez de force pour supporter avec vous la misère, la fatigue, tous les maux. Il ne m'en donnerait aucune pour supporter plus longtemps votre absence. Si vous m'aimez, Patrick, si vous m'avez choisie pour femme, emmenez-moi avec vous!...

Suzanne, en parlant ainsi, ne faisait que répondre aux vœux les plus chers de son amant.

Il l'embrassa avec passion.

— Viens donc, lui dit-il, tu es bien la femme de la nouvelle Irlande, la femme dévouée au proscrit.

Tous deux descendirent à grands pas vers la plage. Là, Patrick, aidé de Suzanne, alluma un feu de plantes séchées ramassées aux environs.

Le capitaine Josuah ne lui avait pas manqué de parole.

Et bientôt il distingua dans l'obscurité la voile d'un canot qui voguait vers eux.

XVII

MICHEL.

Maintenant que Patrick est en sûreté, revenons à Pretty-House où son frère de lait est resté dans une situation critique.

On se souvient que Richard Meercraft, après avoir inutilement tenté la probité du messager fenian, lui avait demandé quelques minutes pour consulter ses amis.

On se rappelle également sans doute que ces derniers avaient déclaré qu'ils laisseraient plutôt assassiner le gracieux seigneur de Pretty-House que de relâcher le moindre fenian.

— Messieurs, dit Richard revenant à la charge, ce n'est pas seulement la mort de mon père que votre rigueur peut causer, mais celle de ma mère que déterminerait une telle catastrophe. Je vous adjure au nom de l'humanité, au nom de la reine, notre gracieuse souveraine, dont le noble cœur ne veut pas être consolé, au nom de l'intérêt politique du gouvernement de Sa Majesté, de ne pas préférer la punition d'un coquin au salut d'un honorable gentleman et de sa famille.

— Monsieur, répondit le chef de la police, ce que je viens d'entendre me touche profondément et, je crois pouvoir l'ajouter, touche non moins profondément mes honorables collègues. La responsabilité que vous nous signalez est effrayante en effet, et nous ne croyons pas devoir l'assumer tout entière.

— Très bien! firent Richard et son frère, très-bien.

Le chef de police s'inclina et poursuivit :

— Nous ne sommes que des serviteurs zélés, nous ne sommes que des instruments du directeur de la police, nous allons référer de tout ceci à nos supérieurs et nous attendrons leurs ordres.

Un nuage passa sur le front des jeunes Meercraft.

— Mais, objecta Francis, un délai peut être fatal.

— L'envoyé de notre père, reprit Richard, qui ne saurait être que celui de nos ennemis, attend une réponse.

— Vous pouvez, messieurs, communiquer à cet homme notre décision. Il aura à choisir entre un départ immédiat et une attente d'une heure et demie, deux heures au plus. Nous sommes trop près ou trop loin de la ville, à quelques lieues d'ici nous aurions le télégraphe ; mais avec un de vos chevaux on peut être à la Direction de la sûreté publique en trente minutes. Nous regrettons, gentlemen, de ne pouvoir davantage concilier notre devoir et le désir de vous être utiles.

Francis et Richard remercièrent, et ce dernier fut porter au fenian la décision prise en commun.

— S'il en est ainsi, sir Meercraft, répondit le messager, et puisque, dans deux heures, sur un ordre favorable reçu de la Direction de la police, vous aurez pu renvoyer à Dublin Patrick et ses compagnons, dans deux heures le sort de votre père sera décidé.

— Cependant si nous avions quelque proposition à adresser à ceux qui détiennent mon père?...

— Vous ne pourriez la faire parvenir. Car,

notez bien ceci, sir Meercraft, si les gens qui sont avec vous comptent me suivre et découvrir ainsi le lieu où est votre père, ils se trompent. Mes précautions à cet égard sont prises et la réponse que vous venez de me donner sera transmise à Dublin avant que je sois moi-même parvenu en cette ville.

— Eh bien ! s'écria Richard avec colère, vous attendrez ici deux heures encore.

— S'il vous plaît d'user de violence envers un parlementaire.

— Il me plaît !

— Faites, répondit le fenian avec une fermeté dont le calme effraya Richard.

Après un silence ce dernier reprit, mais sur un autre ton :

— Écoutez, je ne suis pas le maître ici, les gens que vous avez vus dans le salon sont des hommes de police, j'ai en vain supplié ces hommes de mettre en liberté les prisonniers, mais voici ce que je puis faire : — Partez et dites-le aux ennemis de mon père, — je puis faire évader Patrick. Il est gardé par deux sentinelles, mais je trouverai le moyen de le faire évader. C'est tout ce que je puis faire. Est-ce assez ?

Le fenian secoua la tête négativement.

Richard lui décocha un regard de haine mortelle.

— Quoi ! si ce Patrick, que Dieu confonde ! rentre à Dublin, ses amis ne se tiendront pas pour satisfaits !...

— Je ne le crois pas, sir. Tout ce que je puis vous promettre, c'est de faire parvenir votre offre.

— Partez donc ! s'écria-t-il blême de fureur.

Et il se disait : — Oh ! si je n'avais la police ici je le mettrais à la question, ainsi que l'eût fait un seigneur du moyen âge.

Quelques minutes après cet entretien le messager de Murray reprenait à la grille du cottage son cheval que Dick O'Neil tenait encore par la bride.

— Frère, lui dit O'Neil, méfiez-vous ; il me semble avoir entendu, il y a dix minutes, un homme qui sautait du talus sur le chemin. Ce doit être quelqu'un du cottage qui veut vous couper le devant, ou vous suivre.

— Je m'en doutais.

— Quelle nouvelle du cottage ?

— Dans deux heures nos amis seront libres ou Meercraft sera mort.

Sur ces mots le messager éperonna son cheval et partit au galop.

Malgré le ton d'assurance qu'il prenait, il n'était point sans inquiétude. La nuit était très-obscure, ainsi que nous l'avons déjà dit, un coureur, avec une avance de dix minutes, pouvait le joindre à l'entrée de la ville et le suivre sans qu'il le vît ; d'autre part, il ne tarda point à entendre sonner derrière lui le galop d'un cavalier mieux monté que lui.

Pour échapper à l'espionnage, il ne lui restait qu'à employer un stratagème, que vous devinez sans doute : c'était de laisser son cheval dans l'écurie du premier hôtel venu, de prendre un cab, et de se faire conduire dans un quartier populeux, aux nombreuses issues : — c'est ce qu'il fit.

Il se rendit de la sorte aux Liberties et là, après avoir passé d'une cave à l'autre, d'une rue à une autre rue par des chemins souterrains au milieu d'une population incapable de receler un traître, il se rendit chez Murray.

Le *head-centre* fut loin d'être satisfait des événements.

— C'est un désastre à réparer, dit-il ; tout le sang du misérable que nous détenons n'y suffira point.

Le sort de Patrick l'intéressait personnellement plus que celui des autres prisonniers, mais il ne pouvait, en bonne justice, se déterminer selon ses sympathies personnelles. Il devait offrir pour tous la même rançon.

Il était bien décidé à mettre à exécution ses menaces.

Il ne fallait pas menacer en vain.

A la double trahison de Meercraft et de ses

fils il fallait répliquer par un acte de vengeance qui épouvantât tous les Anglais de l'île.

C'était du moins son opinion.

La tactique principale du parti fenian est de *terroriser* le parti anglais.

Et comme la voix de la pitié s'élevait en lui, pour lui dire que Patrick seul pouvait être condamné à mort, que ses compagnons n'encouraient d'autre peine que celle de l'emprisonnement et qu'il serait cruel, si Patrick était délivré, de faire périr Meercraft, il se répondait que l'arrêt de mort serait prononcé par le directeur de la police.

Quant à la fortune de l'assassin de son père, quant à la restitution dont il voulait faire profiter sa sœur, en présence d'une catastrophe dont les proportions avaient dépassé toutes ses craintes, il n'y songeait déjà plus.

Les deux heures s'écoulèrent.

La police de Dublin, n'écoutant d'autre inspiration que celle du devoir, envoya à Pretty-House un détachement de cavalerie chargé de protéger le transfert des prisonniers.

Des ordres étaient donnés pour entourer Patrick d'une surveillance toute particulière. Et s'il l'eût fallu, on eût plutôt laissé s'échapper toute la bande des fenians que ce chef voué à la potence.

D'après ce qui précède, on peut se figurer l'impression que produisit sur Francis et son frère l'arrivée de ce détachement de cavalerie et de ces ordres inflexibles.

— Je vais faire évader Patrick, se dit Richard, peut-être les fenians se montreront-ils moins intraitables que les policemen. Enfin si cela ne suffit pas, j'irai trouver le vice-roi et j'implorerai la grâce de tous ces misérables.

Quelques lecteurs pourront se demander peut-être pourquoi sir Murray, sur les dénonciations de Meercraft, n'était pas encore arrêté?

Certes, si de tels faits se passaient à Paris, sir Murray subirait une perquisition, puis serait, sur des preuves toujours faciles à saisir chez un chef de conspiration, envoyé à Mazas, mais en Angleterre il n'en est point de même, et à l'époque où ces faits s'accomplissaient, personne n'avait encore osé demander la suspension de la loi d'*habeas corpus*.

Sir Murray ne pouvait être arrêté chez lui, son domicile restait inviolable.

En Angleterre la police politique a bien aussi la ressource des agents provocateurs, — l'histoire en pourra citer des preuves nombreuses lorsqu'elle racontera la révolution feniane, — mais sir Murray au dehors était d'une prudence parfaite, et, bien qu'on eût la conviction de sa participation au mouvement fenian, on ne pouvait l'arrêter.

Son domicile valait une forteresse, et il fallait attendre qu'il se compromît d'une façon positive.

Mais revenons à Pretty-House.

Richard Meercraft, tremblant sur le sort de son père, songea à faire évader Patrick.

Il était environ quatre heures du matin.

Les dragons campaient dans la cour du cottage, les policemen achevaient, dans le salon, un dernier verre de punch et s'efforçaient de résister au sommeil, sir Richard se dirigea vers le caveau.

— Vous devez avoir soif, mes amis, dit-il aux sentinelles, allez donc faire un tour à l'office.

— Mais la consigne?

— Ne suis-je pas le maître ici?

Les deux soldats ne se firent pas prier davantage et, dès qu'ils se furent éloignés, Richard se hâta de descendre dans le caveau.

— Patrick! appela-t-il, en levant son flambeau à la hauteur de son visage. Patrick!

Point de réponse.

Il s'avance vers le prisonnier accroupi au fond du caveau.

— Ne crains rien, ce n'est pas en ennemi que je viens à toi, je viens t'offrir ta liberté.

Mais soudain il s'arrêta stupéfait en reconnaissant le sommelier Michel.

Michel était blond, Patrick était brun, malgré le travestissement du premier il ne pouvait se méprendre.

— Que signifie ceci? s'écria-t-il. Ce n'est pas Patrick qui est devant moi, c'est un de mes domestiques. Qui es-tu?

— Michel, votre sommelier, répondit le brave garçon en se levant.

— Comment es-tu ici?

Michel baissa le front et garda le silence.

— T'expliqueras-tu?...

Puis, après l'avoir examiné des pieds à la tête :

— Mais ces habits?... reprit Richard, ces habits ne sont pas les tiens ?...

— Ce sont ceux de Patrick, sir.

— Misérable! Tu l'as fait évader. Où est le prisonnier?

— Je n'en sais rien, répondit Michel avec calme, mais quand même je, le saurais, je ne le dirais pas.

— Sais-tu à quel châtiment tu t'exposes? Sais-tu que tu vas payer cher une pareille trahison?

— Je le sais.

— Mais quel intérêt as-tu donc dans tout ceci?

— Quel intérêt? répondit Michel avec un radieux sourire, *je suis le frère de lait de Patrick.* Mais, vous-même, sir Richard, ne veniez-vous pas offrir au prisonnier sa liberté?

— Il est vrai, répondit le jeune gentleman.

Et il expliqua en peu de mots la situation qui lui était faite.

— Il faut donc, ajouta-t-il, que tu me dises où est Patrick.

— Ainsi que je l'ai dit à Votre Honneur, je ne pourrais le lui dire quand même je le saurais.

— Tant pis pour toi alors ; j'aurais pu te sauver, mais je ne le ferai point.

— Hé!... Holà!... cria-t-il, soldats, votre prisonnier s'est échappé.

Presque en même temps, Fanny s'apercevait du départ de Suzanne. La porte de la maison ouvrant sur le parc était restée ouverte; les soldats se répandirent dans le parc pour le fouiller. L'habitation retentissait de cris et d'imprécations. La police rageait d'avoir été jouée de la sorte. C'était un tumulte indescriptible.

Mais toutes recherches furent bientôt reconnues inutiles. On se résigna à attendre le jour.

La fuite de Patrick laissait donc tout en suspens. Les fils de Meercraft ne pouvaient fournir la preuve aux ennemis de leur père de la mise en liberté du chef fenian, si celui-ci se tenait caché dans la campagne, ou s'était enfui dans un autre comté. Enfin la disparition de Suzanne leur serait encore imputée à crime.

Aussi, après quelques heures données à la joie d'une trop facile victoire, tout le monde de Pretty-House acheva la nuit dans la consternation.

Cependant le ciel rougit à l'horizon, une brise du nord-est, toute trempée de vapeurs salines, agita les grands arbres du parc. Le cottage ressemblait à un camp.

Et à quelques lieues de là, sur la mer d'Irlande, parmi les steamers déroulant leurs longs panaches de fumée et les mille voiles blanches et rouges des pêcheurs, un joli brick, assez léger pour se montrer économe de charbon, couvert de voiles, s'éloignait avec rapidité vers le sud.

A l'arrière près de la barre, un jeune homme et une jeune femme, assis l'un près de l'autre, la main dans la main, suivaient d'un regard ravi les côtes bleuâtres qui émergeaient de l'ombre et de, la mer.

Ce brick était le corsaire fenian le *Phénix* ; ces jeunes gens, ces amoureux, c'étaient Patrick et Suzanne.

L'amour, on l'a dit souvent, n'est que de l'égoïsme à deux, peut-être Patrick ne songeait-il plus au pauvre Michel, son frère de lait, demeuré à sa place dans le caveau de Pretty-House?...

XVIII

A BORD DU PHÉNIX.

Le capitaine Josuah avait promis à Murray, ainsi qu'on s'en souvient, de lui donner de ses nouvelles avant d'entrer dans la Manche.

Il lui déplaisait fort de reparaître au port de Kingstown et de s'y arrêter, et, d'autre part, il était impatient de faire savoir à son ami qu'il possédait à son bord Patrick et Suzanne.

Il s'approcha des deux amants et rompant brusquement leur extase :

— Que dois-je dire à Murray ? demanda-t-il brusquement en touchant Patrick à l'épaule.

— Hein ? fit celui-ci en tressaillant. Vous parlez de Murray ?

Le capitaine répéta sa question.

— Dites-lui..., répondit Patrick, assez embarrassé de dicter la dépêche... Dites-lui tout.

— C'est trop long.

— Dites-lui en peu de mots que mes amis sont restés prisonniers à Pretty-House, sous bonne garde, que j'ai été délivré par mon frère de lait Michel. Racontez comment ce cher frère dévoué est, à cette heure, prisonnier à ma place, en butte à la haine, et sous le coup d'une arrestation. Dites-lui de faire tout le possible pour le faire évader à son tour. Enfin ajoutez que Suzanne est avec nous.

— C'est tout? fit Josuah avec un sourire railleur.

— Mais... oui.

— Et il faut que cette longue histoire soit rédigée en peu de mots.

— Évidemment.

— Rédigez donc, car nous n'avons pas une minute à perdre. Mon intention n'est point de relâcher à Kingstown, ni même à Cork ; je vois là-bas un yatch de promenade qui rentre à Dublin, je vais le charger de remettre votre missive au télégraphe du port.

Patrick comprit l'ironie du capitaine.

— Cependant, dit-il, il importe que Murray sache tout ce qui est arrivé.

— Oui, et il importe également que le *Phénix* sorte de ces eaux dangereuses pour un navire fenian. Entre l'intérêt de vos amis de Pretty-House et celui du *Phénix* permettez-moi de choisir le mien. C'est assez naturel. Donc vite une dépêche laconique à Murray, je vais héler ce bateau de promeneurs.

Patrick descendit dans sa cabine et y écrivit la dépêche suivante :

« Suzanne et moi, nous sommes à bord du

Phénix, sauvez Michel, mon frère de lait, qui s'est dévoué pour moi. Adieu.

« PATRICK. »

De retour sur le pont, il vit le canot du *Phénix* se détacher et nager vers le yatch qui s'était arrêté à la prière du capitaine.

— Comment, se récria Patrick, vous ne m'avez pas attendu, Josuah? Et en quels termes est conçue votre dépêche?

— Deux mots : — Patrick et Suzanne sont à mon bord. *Josuah?* — En fallait-il davantage?

— Oui, capitaine; vous vous êtes trop pressé.

— Et que disiez-vous de plus?

— Je disais : Sauvez mon frère de lait Michel qui s'est dévoué pour moi. Ce peu de mots avait une grande importance.

— Une telle recommandation est inutile. Murray saura qui vous a fait évader.

— Peut-être!...

— S'il l'ignore, après tout, qu'importe!... Votre frère de lait sera délivré avec les autres fenians.

— Michel n'est pas fenian.

— Il le deviendra alors, répliqua Josuah avec vivacité.

— C'est de l'ingratitude, murmura Patrick, et si nous n'étions trop éloignés de ce bateau, je sauterais à la mer pour aller lui remettre ma dépêche. Je vais être bien inquiet jusqu'à notre retour.

— A Cork, répondit le capitaine, vous enverrez une seconde dépêche.

— Combien de temps mettrons-nous pour arriver à Cork ?

— Quatorze heures au plus.

— Nous pourrions relâcher à Waterford.

— Sans doute, mais à Dublin même nous pourrions relâcher, fit le capitaine avec humeur.

Le soir vers sept heures, Patrick aperçut les hautes collines, hérissées de roches aiguës qui gardent l'entrée de la rade de Cork et se distinguent en mer à une grande distance.

Mais cette sombre apparence ne sert qu'à préparer un véritable coup de théâtre d'un aspect saisissant et prodigieux.

En effet, à peine a-t-on dépassé la ceinture de montagnes grisâtres qui défendent la partie sud-ouest du Munster, qu'une perspective magnifique, inattendue, s'ouvre tout à coup comme par enchantement.

Qu'on s'imagine un lac majestueux, si vaste que la marine des trois royaumes y tiendrait à l'aise, et si beau, si heureusement encadré de vastes forêts, de jardins, de parcs et de villas, que les poètes, Thomas Moore entre autres, ont pu le comparer au Bosphore.

Les deux rives sont couvertes de villages ; plusieurs îles importantes s'élèvent au milieu des eaux, et ajoutent au pittoresque de la rade.

Cork est la capitale de l'Irlande méridionale, c'est, après Dublin, la ville la plus riche, la plus vaste et la plus populeuse. Son port est un des plus sûrs qui soient au monde.

On parle souvent de cette ville depuis l'insurrection feniane, peut-être quelques détails sur cette ville seront-ils lus avec intérêt.

Cork a été bâtie sur une île marécageuse; de là son vieux nom irlandais *Coreagh*, qui signifie marais ou terre humide. La rivière la Lee enveloppe le cœur de la ville comme la Seine embrasse l'île de la Cité. Au-delà des rives de la Lee s'élèvent de vastes quartiers, mais anciens et plus beaux que la partie centrale.

Les bateaux à vapeur arrivent jusqu'aux quais en granit, dignes d'être comparés aux quais de Paris.

Lorsque le *Phénix* fut entré dans la rade de Cork, Josuah renouvela à Patrick l'offre d'adresser à Murray une dépêche plus explicite que la première.

Patrick, cette fois, envoya un télégramme assez long au *head-centre* et lui recommanda chaudement son frère de lait.

Puis Suzanne et lui firent du regard et du cœur leurs adieux à la patrie.

Le navire poursuivit sa marche rapide ; les

montagnes disparurent sous le manteau bleuâtre de la brume, la nuit tomba.

Laissons ces exilés volontaires continuer leur route et revenons à Edouard Murray.

En même temps qu'il recevait le télégramme de Kingstown, signé de son ami le capitaine, il apprenait que l'autorité prenait des mesures extraordinaires pour assurer le transport des prisonniers de Pretty-House à Dublin.

Ignorant l'évasion de Patrick, il attribuait son départ à la pression qu'il avait exercée sur les policemen et les fils de Meercraft, et, d'autre part, il se demandait s'il ferait sagement de répondre à cette première concession, — la mise en liberté de Patrick, — par la mort de Meercraft et un appel à l'insurrection.

Il avait déploré l'attaque inopportune dirigée par son ami; il était naturel, il était logique qu'il hésitât à employer de nouveau la violence pour délivrer les prisonniers de Pretty-House et livrât bataille en leur faveur.

Aussi, après une nuit consacrée à la réflexion, et pleine de luttes intérieures, le *head-centre*, en recevant la première dépêche du *Phénix* qui lui annonçait la liberté de Patrick et de Suzanne, résolut de renvoyer Meercraft à Pretty-House.

Il fut à ce dernier et lui tint le langage suivant:

— Sir Meercraft, vos fils et la police ont pris mes amis au piége. Patrick a été votre prisonnier, mais j'ai obtenu une demi-satisfaction : Patrick et Suzanne ont pu quitter votre maison et à cette heure ils voguent vers l'Amérique. Les conditions que j'avais mises à votre liberté ne sont pas entièrement remplies, votre vie est entre mes mains; — je vous fais grâce de la vie. Retournez donc chez vous.

Meercraft tressaillit de joie.

— Cependant ne vous bercez point d'un espoir qui vous serait funeste. Pas d'illusion. Ne comptez point par exemple vous embarquer un de ces jours pour Londres. Je vous le répète, que vous soyez à Londres ou sur le continent, vous ne cesserez pas d'être sous le coup du châtiment que vous avez mérité. La société à laquelle j'appartiens est assez puissante pour vous atteindre en quelque pays que vous soyez caché. Résignez-vous donc à remplir les conditions qu'au sortir de Saint-Michan je mis tout d'abord à votre vie et à votre liberté. Dans le délai de huit jours vous aurez mis votre domaine en vente; je m'en rendrai acquéreur, moi héritier de celui que vous avez assassiné et dépouillé, et vous me donnerez reçu du prix de la vente... Vous comprenez?

— C'est trop clair, répondit Meercraft avec un sourire amer. Mais je ne récriminerai point. Je vais sans délai courir chez moi pour mettre fin aux angoisses cruelles que doivent éprouver ma femme et mes enfants.

— Allez, répliqua simplement Murray.

Quelques minutes plus tard Meercraft reprenait sa voiture, rue Sackville.

Mais il n'avait pas fait un mille lorsqu'un spectacle étrange frappa ses regards. Une foule aussi nombreuse que celle qui se presse sur le turf le jour du Derby, et composée comme elle des éléments les plus divers, couvrait au loin la plaine. Seulement, au lieu du bruit joyeux du turf, cette foule faisait entendre un sinistre grondement. Elle barrait complétement le chemin et avait pour centre la bifurcation où, quittant la route de Dublin à Finglas, on prend le petit chemin sablé qui conduit directement à Pretty-House.

Meercraft devina ce qu'attendait cette foule.

Elle était là, soit pour délivrer les prisonniers, soit pour les saluer au passage.

Il s'arrêta indécis sur le parti qu'il devait prendre.

Devait-il retourner à Dublin ou abandonner sa voiture et gagner sa maison en passant à travers champs? Il perdit en hésitation un temps précieux, et tandis qu'il délibérait sur ce qu'il avait à faire, des colonnes de paysans emplissaient les sentiers, semblables de loin à des fourmilières en marche, et le niveau de la foule montait... montait comme le flot.

En se retournant vers la ville, il vit derrière lui autant de monde qu'il en avait tout d'abord aperçu en face.

Il rangea sa voiture sur le côté du chemin et se résigna à attendre les événements.

Bientôt un cri, une plainte immense s'éleva.

Il vit au loin étinceler au soleil les casques et les sabres d'un détachement de dragons.

C'était le convoi des prisonniers.

Un morne silence succéda à la clameur douloureuse. Une trouée se fit dans la multitude et Meercraft put distinguer derrière les dragons des escouades de policemen entourant une douzaine de malheureux qui marchaient, en troupeau, les mains liées, mais le front haut et fier.

Il y avait en l'air l'électricité qui se dégage de multitudes passionnées. Les regards étincelaient d'indignation, de haine, de fureur à peine contenue. Beaucoup n'attendaient qu'un signal pour se précipiter sur l'escorte et la fouler aux pieds.

A mesure que ce cortége s'avançait, Meercraft ressentait une oppression dont chaque seconde augmentait le poids.

Il avait dû laisser quelques curieux monter sur le marche-pied de sa voiture et sur le siége du domestique; il eût voulu pouvoir se dérober derrière eux. Une angoisse inexprimable s'empara de lui.

Enfin les dragons passèrent; après eux les prisonniers... Il vit rouge; ses oreilles tintèrent...

Les fenians l'avaient reconnu.

— Meercraft! s'écria l'un d'eux en levant vers lui ses poignets liés; l'Anglais de Pretty-House!...

— Meercraft!... répétèrent les autres.

Tous les regards de la foule se tournèrent soudain vers le gentleman qui, chancelant sur sa voiture, était devenu pourpre, puis blême, livide d'épouvante.

A ce nom répété de proche en proche, des cris de colère, des huées, des clameurs sinistres s'élevèrent aussitôt; ce fut une tempête.

Il fallait une victime expiatoire, une satisfaction à cette rage si péniblement contenue.

A peine le cortége se fut-il éloigné, la voiture fut pressée par la foule et, par-dessus des hommes à demi broyés contre les roues, des centaines de bras se levèrent au cri: — A bas de la voiture! Jetez-nous Meercraft.

Alors l'individu qui s'était placé sur le marche-pied entra dans la voiture.

— Sauvez-moi, votre fortune est faite! supplia Meercraft éperdu.

Mais l'individu ne l'entendit point, il ne songea qu'à livrer à la foule ce que la foule demandait; il souleva Meercraft dans ses bras vigoureux et le jeta, comme il eût fait d'un paquet, sur la tête et les épaules de quelques spectateurs qui hurlèrent de douleur en roulant sous le choc.

Un tumulte indescriptible s'ensuivit.

Une ondulation immense se fit dans la plaine noire de spectateurs. La voiture craqua sous la double pression exercée sur elle de tous côtés.

Le cheval fut à demi étouffé.

Quant à Meercraft, il disparut!...

Tombé dans la foule, il ne reparut plus. Il y fut submergé, étouffé, mis en pâte, en un instant, et cela sans que personne pût se reprocher sa mort, car ceux qui se trouvaient près de la voiture furent tous plus ou moins contusionnés.

Quelques heures plus tard on retrouva ses restes pétris dans une boue sanglante, à peine reconnaissables. On les jeta dans la voiture qu'un enfant fut chargé de conduire à Pretty-House.

Nous renonçons à peindre l'horreur, la consternation de Richard, de Francis et de leur mère en voyant entrer dans la cour cette voiture funèbre...

Murray n'apprit que le soir la fin tragique de l'assassin de son père.

CONCLUSION.

La mort violente de Meercraft anéantissait les projets d'Édouard Murray, et en même temps par le télégramme de Patrick il avait appris que la liberté de ce dernier n'était pas due aux gentlemen de Pretty-House, mais à Michel le sommelier.

A tous les points de vue il regretta de n'avoir pas gardé Meercraft comme otage. (Celui-ci avait dû le regretter aussi à certain moment...)

Il se consola de ne pouvoir faire restituer à Suzanne la fortune de ses parents, en songeant qu'il était assez riche pour la doter à son retour d'Amérique, puis il s'occupa de travailler à l'évasion du frère de lait de Patrick.

Le pauvre Michel avait trouvé peu d'admirateurs de son dévouement à Pretty-House. On l'avait enchaîné avec les précautions que l'on ne prend d'habitude que pour les criminels les plus dangereux, et pendant le pénible trajet de la maison de campagne à la prison il avait été l'objet d'une surveillance spéciale.

Un journal, l'*Irishman*, avait raconté la ruse spirituelle et touchante qu'il avait employée pour délivrer son frère de lait, afin de préparer l'opinion en sa faveur, dans le cas où il parviendrait à s'échapper.

Cette évasion ne devait pas se faire longtemps attendre.

L'instruction de cette affaire était à peine commencée lorsque Murray fit savoir à Michel qu'il se tînt prêt pour le jour où il serait conduit chez le magistrat instructeur, et reçut en même temps une lime pour se débarrasser de ses fers.

Le jour venu, Michel avait limé ses fers et en avait habilement déguisé l'ouverture. Une voiture de l'administration, flanquée de deux gardes à cheval, vint, vers les dix heures du matin, stationner, ainsi que de coutume, devant la porte de la prison.

Deux gardiens sortirent tenant chacun par un bras le prisonnier et montèrent dans la voiture.

Ce véhicule est un cab à trois places, et non une de ces caisses de fer qui chez nous vont de Mazas au Palais de Justice.

D'ordinaire un public assez nombreux assiste à cette sortie des prévenus, le jour où Michel partit pour l'instruction le nombre des badauds était plus considérable, et la rue était encombrée de mendiants et de marchands de poissons.

Le trajet de la maison d'arrêt au palais n'était pas long; mais les deux gardiens, en s'asseyant à droite et à gauche du prisonnier, frappés de cette cohue inaccoutumée, ne laissèrent pas d'éprouver une vive inquiétude et promenèrent autour d'eux des regards méfiants.

Un d'eux donna le signal du départ; le cheval prit le trot; mais cette allure devint bientôt impossible.

Un policeman voulut faire circuler la masse encombrante. Le gardien de gauche de Michel s'était levé et du geste et de la voix ordonnait aux badauds de faire place.

Soudain un coup de hache brisa la roue gauche de la voiture, qui se renversa à demi. Michel poussa son gardien et, débarrassé de ses fers, s'élança dans la rue.

Les gardes à cheval, faisant cabrer leurs montures, tentèrent de poursuivre le fugitif.

Les deux gardiens, bientôt suivis de nombreux policemen, se jetèrent à leur tour dans la bagarre. Mais Michel avait la foule pour complice. Elle s'ouvrait pour lui et se refermait pour les agents, auxquels elle opposait une muraille vivante.

Que pouvaient quelques hommes contre tout un peuple?...

Enfin le quartier des *Liberties*, ce dédale de ruines et de repaires, se trouve situé non loin de la prison et Michel ne devait pas tarder à y trouver un refuge.

A Londres l'enlèvement du prisonnier eût été moins facile... on le sait du reste par les événements encore récents auxquels Londres servit de théâtre.

L'épisode que nous venons de raconter ne servit que de prologue, si l'on [peut dire, aux scènes de violence et de meurtre de Clerkeuwel et de la tour d'Aberdare ; mais on doit comprendre les sentiments de réserve qu'impose la nature même de ce sujet, et nous pensons que ceux qui nous ont fait l'honneur de nous lire ne nous reprocheront point de n'avoir pas choisi pour sujet de récit les événements graves qui se sont accomplis à Londres.

Si nous avons nettement indiqué l'origine et le caractère de la révolution feniane ; si nous avons eu le bonheur de gagner quelques sympathies de plus à une cause souvent calomniée, nous nous estimerons très-heureux.

Au moment où nous terminons cet ouvrage, il semble que les fenians aient disparu de la scène politique ; qu'ils aient renoncé à l'accomplissement de leurs desseins. Qu'on ne s'y trompe pas.

En présence des efforts tentés par lord Gladstone, lord Russel, J. Stuart Mill et d'autres nobles amis de la cause irlandaise, ils devaient déposer les armes et consentir tacitement à une trève.

Mais l'armée mystérieuse qui fit trembler l'Angleterre il y a quelques mois n'est ni vaincue, ni lassée, ni licenciée, et l'opposition aveugle que rencontre à cette heure la proposition de réforme ecclésiastique ne nous présage que des luttes nouvelles.

Après avoir réclamé contre l'Eglise d'Irlande « cette flétrissure de la conquête toujours imprimée sur le front du peuple irlandais, » selon l'expression de lord Russel, les fenians feront la guerre « à la vermine aristocratique qui a mangé la verdure de leurs champs, aux sangsues qui ont épuisé leur sang. »

Et il faudra que, selon l'expression de J. Stuart Mill, « la terre appartienne à celui qui la cultive et que l'Irlande retourne aux Irlandais. » Qu'il survienne un différend entre les États-Unis et l'Angleterre, et l'on verra la rébellion irlandaise prendre des proportions colossales, désarmer Cork et Dublin, menacer Manchester et Londres. On oublie vite en France, mais en Angleterre on se souvient encore de cette époque (30 décembre 1867), où les habitants de Cowes ont offert à la reine de faire eux-mêmes la garde du château d'Osborne, où l'on redoutait une attaque contre l'arsenal de Woolwich, où la garnison de Cork était augmentée, où à Kingstown des précautions inusitées étaient prises contre les navires suspects ; l'époque enfin où l'on tremblait à la nouvelle de l'apparition fantastique d'un corsaire fenian.

Un temps viendra où le corsaire du capitaine Josuah viendra croiser dans les eaux de l'Irlande, et les Patrick et les Murray proclameront à Dublin la république irlandaise.

FIN DU TROISIÈME ET DERNIER VOLUME.

TABLE DES MATIÈRES DU TROISIÈME VOLUME

TABLE DES GRAVURES CONTENUES DANS CE VOLUME

FIN DE LA TABLE DES GRAVURES DU DERNIER VOLUME.